Dieses Buch *ist für Touristen geschrieben, die einen Besuch in Ländern des größten Erdteils planen. Es will und kann nur Starthilfe und begleitendes Handbuch sein, ein erschöpfendes Werk würde viele Bände füllen. Die Vielzahl der Länder und historischen Ereignisse, der Landschaften, der Fauna und Flora, der Sprachen und Rassen, der Religionen und Kulturen macht eine Auswahl notwendig. Was der Autor als sehenswert, als wesentlich ansieht für einen wenige Wochen selten übersteigenden Besuch, hat er hier festgehalten.*
So bleibt dem Reisenden in asiatische Länder noch manches selbst zu entdecken.
Auch das gehört zur Zielsetzung dieses Buches, gehört zum

REISEN UND ERLEBEN

REISEN UND ERLEBEN

ASIEN

Von Gottfried Aigner

LN-VERLAG LÜBECK

Umschlaggestaltung: Bernd G. Reichert
Umschlagfoto: Hoffmann-Burchardi
Bildarchiv kh. schuster

Foto neben Titel: Schirmmacherin aus Nordthailand

Fotos: G. Aigner (3), Ceylonesisches
Fremdenverkehrsamt (1), R. Glöckner-Mauritius (1),
Haussmann-Mauritius (1), Indonesisches
Fremdenverkehrsamt (2), Japanische
Fremdenverkehrszentrale (2), Mauritius (1),
Nana Claudia Nenzel (7), Bernd Schiller (1)
H. Schmied-Mauritius (1), Siewert-Mauritius (1),
Staatliches Indisches Verkehrsbüro (2),
Thailändisches Fremdenverkehrsbüro (2),
St. Vidler-Mauritius (1), Werner-Mauritius (1),
Winter-Mauritius (2)

Stand der Angaben: Januar 1980

Kartographie: Volker Hildebrand, Frankfurt am Main

Buchgestaltung: Heinz Weiemann

ISBN 3-87498-256-4

Gesamtherstellung LN-Druck Lübeck
Printed in Germany

REISEN UND ERLEBEN
Asien

Kartenskizzen

Der Duft von Fisch und Zimt

Was fasziniert denn so sehr an Asien, wurde ich neulich sehr direkt gefragt. Ich begann zu stottern, denn ich wußte, für meine Antwort war nur wenig Zeit — zu wenig, um die vielfältige Verzauberung dieses Erdteils in wenige Sätze zu fassen.

Hinterher fielen mir ein paar Antworten ein, obwohl auch sie nur hilfloser Ausdrucksversuch eines prallen Gefühls waren.

Bei meinem ersten Besuch einiger Länder in Asien war alles wie ein Film. Auf einer riesigen Leinwand passierten Dschungelszenen und Dschunken, Mandelaugen und malaiische Dolche, Wasserbüffel und wogende Palmen vor meinen Augen. Ich konnte erst später, wieder zu Hause, bewußt registrieren, was ich da alles gesehen hatte.

Dann hörte ich eines Tages eine fremde Melodie, die mich in sehnsuchtsvolle Stimmung brachte. Ich wunderte mich über den fremden, fast angenehmen Schmerz. Gleich sah ich mich in meiner Gasse, die nach Fisch und Zimt roch, erblickte braune Augen, die unter riesigen Binsenhüten blitzten, schmeckte Curry und Kokos, geröstetes Fleisch und schob mit der Hand körnigen Reis in den Mund.

Als die Melodie verklungen war, wußte ich, daß ich wieder nach Asien mußte. Ohne die Antwort auf das Warum zu wissen. Und so geht es seit Jahrzehnten. Irgendwann kommt der Ruf: der Duft eines Jasminstrauches, eine Prise Zimt beim Schlendern durch eine Ladenstraße, der Klang einer fremden Stimme oder ein kleiner Zeitungsbericht über eines der Länder. Dann muß ich wieder für eine längere Reise packen.

Geben Sie acht. Asien kann zum Fieber werden.

Vor der Reise für die Reise

Der Entschluß, eine Fernreise nach Asien zu unternehmen, wird selten von heute auf morgen gefaßt. Langgehegte Sehnsüchte, Träume, geheime Wünsche, vielleicht noch aus der Schulzeit, als Marco Polo mit seinen abenteuerlichen Entdeckerreisen die Herzen höher schlagen ließ, werden endlich verwirklicht.

Eine Asienreise will sorgfältig vorbereitet sein. Die Zeit dafür sollte nicht zu knapp bemessen werden. Reisepaß und Ersatzpaß oder Personalausweis für den Notfall (bei Verlust oder Diebstahl) müssen auf ihre Gültigkeit überprüft und nötigenfalls verlängert oder gar erneuert werden. Sind sie bei Reiseantritt noch sechs Monate gültig, kann nichts geschehen. Auch der Impfpaß muß gültig sein (siehe Gesundheitsvorsorge/Impfplan) und eventuell ein Internationaler Führerschein (nur ein Jahr gültig) beantragt werden, falls Fahrten auf eigene Faust mit einem Leihwagen vorgesehen sind. Einige Paßfotos sollten zusätzlich eingesteckt werden, falls unvorhergesehen noch ein Visum o.ä. in Asien gebraucht werden sollte.

Für mehrere asiatische Länder wird ein Visum benötigt. Da sie nicht alle Vertretungen am Wohnort der Reisenden haben können, muß das Visum häufig schriftlich angefordert werden unter Zusendung des Passes, der verlangten Anzahl an Paßfotos, des ausgefüllten Visumantrages und der Gebühren. Dies sollte rechtzeitig geschehen. Welches Land ein Visum fordert, steht zwar im Informationsteil der einzelnen Länder, kann sich aber kurzfristig ändern und sollte daher rechtzeitig beim Reisebüro, beim Fremdenverkehrsamt des entsprechenden Landes oder direkt bei seiner diplomatischen Vertretung erkundet werden.

Wer nicht organisiert in einer Gruppe reist, muß bei der Einreise seine Weiter- beziehungsweise Rückreisepapiere vorlegen. Die Regierungen der asiatischen Länder, aber nicht nur diese, lassen ungern Reisende ins Land, die nicht nachweisen, daß sie es auch wieder verlassen können.

Noch etwas, das unbedingt ins Reisegepäck gehört: Visitenkarten. Die Asiaten lieben es ebenso wie die Nord- und Südamerikaner, Visitenkarten auszutauschen. So merken sie sich leichter, wen sie getroffen und gesprochen haben, so können sich aber auch umgekehrt die reisenden Europäer einfacher bekannt machen. Sind die asiatischen Namen für Europäer nur schwer zu merken, so gilt dies umgekehrt genauso . . .

Die Gesundheitsvorsorge

Eine Fernreise nach Asien, in fremde Länder mit anderen, unbekannten Gewohnheiten und vor allem hygienischen Voraussetzungen, bleibt auch heute noch ein Abenteuer, das Unvorhergesehenes nicht ausschließt.

Wichtigste Vorbereitung für eine Asienreise ist daher die Gesundheitsvorsorge. Im allgemeinen ist das Fliegen mit modernen Verkehrsflugzeugen für Menschen jeden Alters weder gesundheitsschädlich noch gefährlich. Vorausgesetzt, sie sind gesund. Nicht fliegen sollten Kranke, die laufend unter ärztlicher Kontrolle stehen müssen. Darunter fallen Personen, die eine *Infektionskrankheit* mit hohem Fieber haben, an offener Tuberkulose leiden, vor weniger als sechs Monaten einen *Herzinfarkt* hatten, an schweren Herzklappenfehlern oder starker *Angina pectoris* leiden, sehr hohen Blutdruck haben, stark blutarm sind, an *Bronchial-Asthma* leiden, vor weniger als sechs Wochen eine größere Operation hatten oder ein Anfallsleiden haben. Außerdem sollten Frauen vom achten Monat der Schwangerschaft an, oder wenn in der *Schwangerschaft Komplikationen* aufgetreten oder zu erwarten sind, nicht fliegen. Ausnahmen bestätigen die Regel, doch sollte unbedingt ein Arzt zu Rate gezogen werden. Fluggesellschaften können übrigens die Beförderung von Personen mit bestimmten Krankheiten ablehnen.
Es gibt viele Menschen, die auf Flugreisen nicht schlafen können, auch wenn die ganze Nacht durchgeflogen wird. Kein Wunder, daß sie erschöpft am Ankunftsort die Maschine verlassen. Wer vorbeugen möchte, sollte ein ganz leichtes Schlafmittel (der Hausarzt verschreibt es bestimmt) nach dem Abendessen einnehmen.
Der Flugreisende hat aber bei Fernreisen nicht nur mit der natürlichen Ermüdung durch den langen Flug zu kämpfen. Er muß auch noch die Einwirkungen der *Zeitverschiebung* auf den menschlichen Körper bei Flügen in Ost-West- oder West-Ost-Richtung verkraften. Denn die »innere Uhr« des Fluggastes, also die zahlreichen biologischen Vorgänge in seinem Körper, laufen einfach weiter, und zwar gemäß der Ortszeit am Abflughafen. Ausgedehnte Untersuchungen haben ergeben, daß durch schnelle Ortsveränderungen über mehrere Zeitzonen eine Phasenverschiebung im Tagesrhythmus hervorgerufen wird. Bei einer Ortsveränderung über zehn Zeitzonen sind es bereits vier Tage, die bis zur Normalisierung verschiedener Körperfunktionen erforderlich wären. Der Mensch besitzt zwar die Fähigkeit, die Steuerung der periodischen Vorgänge in seinem Körper selber zu regeln. Er kann aber bei Zeitverschiebungen nach Westen oder Osten seine »innere Uhr« nur zu einem bestimmten Prozentsatz schneller oder langsamer laufen lassen: In 24 Stunden ist eine Zeitverschiebung von zwei bis zweieinhalb Stunden mühelos überbrückt.
Auf jeden Fall ist in der Zeit der Anpassung die Leistungsfähigkeit herabgesetzt. Daher sollte man sich für die ersten zwei bis drei Tage besonders im Anschluß an den Hinflug nicht allzu anstrengende Unternehmungen zumuten. Das gilt auch für den Rückflug, doch hat man in einem fremden Land mit klimatisch meist anstrengenderen Lebensbedingungen mehr zu verkraften als bei der Rückkehr in heimische Gefilde. Touristen sollten zwar auf einer Fernreise nicht überängstlich, jedoch vorsichtig sein. Hat man sich mit bestimmten Regeln erst einmal abgefunden, gehen sie im Laufe der Reise schnell »in Fleisch und Blut über«.

- In den ersten Tagen sich keine größeren körperlichen Anstrengungen zumuten; beleibte Personen haben es schwerer als schlanke!
- Vor direkten Sonnenstrahlen durch Kopfbedeckung und richtige Kleidung schützen.
- Bei starkem Schwitzen genügend — und ruhig mehr als üblich — salzen (morgens das Brötchen mit Butter bestreichen und Salz darauf streuen) und reichlich trinken, aber möglichst leichte Getränke, keinen Alkohol.
- Vor dem Essen Hände gut waschen.
- Möglichst leicht ernähren, kein ungeschältes Obst und Gemüse essen, keinen noch so frischen Salat (Amöbenruhr), in hygienisch vermutlich nicht einwandfreien Gasthäusern keine rohen Fische, Krabben und Krebse oder Fischkonserven sowie Muscheln und Austern (Hepatitisgefahr) verspeisen.
- Speisen gut würzen, weil sie dann die Säureproduktion des Magens fördern.
- Keine kalten Getränke hinunterkippen (wegen Magen-Darm-Katarrh), keine Eiswürfel in den Whisky nehmen (es sei denn, das Hotel hat ganz bestimmt eine Filtrieranlage). Tee und Fruchtsäfte eignen sich am besten für das Wohlbefinden.
- Leitungswasser zum Trinken und auch zum Zähneputzen meiden. Dafür nimmt man die in guten Hotels bereitgestellte Mineralwasserflasche — und zur Not einen Schluck Whisky.
- Aus dem Essen kein Abenteuer machen, indem man in einheimische Restaurants zweiter oder dritter Klasse geht.
- Gegen Insektenstiche (die meisten Tropenkrankheiten werden hierdurch übertragen) schützen: Insektizide, Moskitonetze, Vitamin-B-Präparate und äußerste Hygiene.
- Baden ist nur in einwandfreien Gewässern zu empfehlen, und man sollte zum Schutze vor Fußpilz, Sandflöhen und verschiedenen Würmern niemals barfuß laufen.
- Die Mittelmeerkleidung (ausgeschnittene Blusen, kurze Röcke und Shorts) bleibt zu Hause. In den Tropen sind zweckmäßig: leichte Kleidung aus Leinen, Baumwolle, Popeline und Seide, genügend baumwollene Unterwäsche zum Wechseln, für kühle Abende eine Strickjacke (auch für klimatisierte Hotels wichtig), für die Regenzeit Regenmantel und eventuell Schirm, für Ausflüge und Safaris lange Hosen, Kniestrümpfe und feste Schuhe. Unbedingt eine leichte Kopfbedeckung mitnehmen.
- Sonnenbrille mit mindestens 65 Prozent Absorption sollte in keinem Gepäck fehlen.

Sollten während des Aufenthaltes in den Tropen oder danach unbekannte Beschwerden auftreten oder auch lange anhaltende Durchfälle, Kopfschmerzen, Übelkeit oder eine hartnäckige Erkältung usw., muß sofort der Arzt aufgesucht werden. Treten die Beschwerden auch zu Hause noch auf und kann der Hausarzt nicht helfen, sollte unbedingt ein Tropenarzt befragt werden.

Für alle Fälle: die Reiseapotheke

Falls man normalerweise irgendwelche Medikamente einnehmen muß, sollte genügend davon mitgenommen werden (mit dem Hausarzt absprechen). Der Hausarzt weiß ebenso, welche Präparate auch sein gesunder Patient unterwegs benötigen könnte, also sollte sein Rat unbedingt befolgt werden. Neben diesen Mitteln soll die Reiseapotheke enthalten: 1 Fieberthermometer, 1 kleine Schere, 1 Pinzette, 1 Päckchen Watte, 2 Mullbinden, 1 Päckchen Verbandstoff, 2 Päckchen Schnellverband, Wundschnellverband und Heftpflaster, Wundpuder, Schmerztabletten, Tabletten gegen Reisekrankheiten, je ein Medikament gegen Durchfall und Verstopfung, Salbe gegen Entzündungen, ein Mittel zur Herz- und Kreislaufstärkung, ein Mittel gegen Beinschwellungen, Mittel gegen Erkältungskrankheiten, Mittel zur Unterstützung der Gallen- und Lebertätigkeit sowie gegen Magen-Darm-Erkrankungen, alles gegen Insektenstiche, eventuell leichtes Schlafmittel. Und auf keinen Fall vergessen, falls notwendig: Resochin-Tabletten und die »Pille«.

Stimmt die Krankenversicherung?

Es braucht nichts Schlimmes auf der Reise zu passieren, und doch kann sie ohne eine ausreichende Versicherung teuer werden. Vor der Reise sollte also überprüft werden, ob die eigene Krankenversicherung ausreichend ist. Meistens muß für Reisen in das außereuropäische Ausland eine Zusatzversicherung abgeschlossen werden, die relativ preiswert ist. Für wenige Mark können auch Sozialversicherte eine Urlaubs-Krankenversicherung mit weltweiter Gültigkeit abschließen, die nach Dauer und Höchstgrenze gestaffelt ist. Und da wir gerade von Versicherungen sprechen: Ist Ihre Reisegepäckversicherung ausreichend?

Impfen ist oft unerläßlich

Der gelbe Internationale Impfpaß ist bei einer Fernreise meist ein genauso wichtiges Reisedokument wie der Reisepaß oder der Flugschein. In vielen Ländern wird die Impfpaßkontrolle strenger gehandhabt als die Visumkontrolle. Wichtig ist, daß alle Impfungen, wenn sie von einem Hausarzt vorgenommen wurden, den Gültigkeitsstempel der Gesundheitsbehörde tragen,

sonst werden sie nicht anerkannt. Impfungen werden nicht nur von vielen Zielländern verlangt, sondern auch von der Bundesrepublik bei der Wiedereinreise aus Infektionsgebieten.
Hauptsächlich verlangt wird die *Pockenimpfung,* häufig die Immunisierung gegen *Cholera,* teilweise auch gegen *Gelbfieber.* Die *Malaria*-Prophylaxe ist zwar nicht obligatorisch, sollte aber für die Länder, in denen Infektionsgefahr besteht (siehe Länder-Teil) auf jeden Fall durchgeführt werden, und zwar rechtzeitig. Tropenärzte empfehlen außerdem — besonders für längere Reisen in die Tropen — Impfungen gegen *Wundstarrkrampf* (schadet als Vorsorgemaßnahme auch zu Hause nicht, vor allem Autofahrern nicht!), *Typhus-Paratyphus-Prophylaxe* und die Impfungen gegen *Kinderlähmung* und *Hepatitis.*
Gültigkeitsdauer der wichtigsten erforderlichen Impfungen bzw. Prophylaxen: Pocken 3 Jahre; Cholera 6 Monate; Gelbfieber 10 Jahre; Typhus/Paratyphus 1 Jahr; Tetanus 4 bis 5 Jahre; Malaria während der Tabletteneinnahme.
Die Gültigkeit einer Erstimpfbescheinigung beginnt jeweils erst nach einer gewissen Frist (unterschiedlich sechs bis zehn Tage nach der Impfung), bei Wiederimpfung innerhalb der Gültigkeitsdauer einer früheren Impfung sofort. Da für alle Impfungen die Kontrolle von Impfreaktionen oft notwendig und in jedem Fall sinnvoll ist, sollte man etwa *sechs Wochen* vor Antritt einer Fernreise den Hausarzt, das Gesundheitsamt beziehungsweise den dortigen Impfarzt aufsuchen. Das ist auch wichtig, weil die Einhaltung bestimmter Abstände zwischen mehreren verschiedenen Impfungen vorgeschrieben ist.

Das Problem Malaria-Prophylaxe

Wenn drei Tropenärzte darüber befragt werden, wie denn die Malaria-Prophylaxe am besten und sichersten vonstatten gehe, erhält man üblicherweise gleich drei verschiedene Antworten. In Deutschland wird meistens Resochin verschrieben. Auf der Medikamentbeschreibung findet der neugierige Leser jedoch nur die Anweisung für die Behandlung von Rheuma. Zur Einnahme als Malaria-Prophylaxe befrage man den Arzt. Womit sich der Kreis also schließt und wir wieder bei mehreren Meinungen wären. Jedoch dürfte im Schnitt gelten: Wer sichergehen möchte, sollte zwei Wochen vor Antritt der Reise je zwei Tabletten pro Woche an bestimmten Tagen nehmen (entweder auf einmal oder jeweils zweimal in der Woche an den gleichen Wochentagen), dann während der Reise jeden zweiten Tag eine Tablette (zwei pro Woche genügen zwar auch, doch ist ein regelmäßiger Rhythmus sicherer für eine regelmäßige Einnahme — und die Resochin-Tabletten sind unschädlich). Je nach Dauer der Reise sollte die Prophylaxe zwei bis vier Wochen lang zu Hause fortgesetzt werden, allerdings nur in dem Maße wie vor Reiseantritt.

Vor dem Start (Nur für Neulinge)

Geübte (und oft leidgeprüfte) Globetrotter wissen alles über den Luftverkehr, weniger Flugerfahrene sollten einen Blick auf die nächsten Abschnitte werfen.

Internationale Sprache des Luftverkehrs (und nicht nur für Piloten und Crew) ist *Englisch.* Schon Ihr Flugschein wird auf »Mr.« bzw. »Mrs.« ausgestellt, und wenn Sie Hindi oder Persisch, Japanisch oder Brasilianisch-Portugiesisch nicht lesen oder verstehen können, helfen Ihnen die englischen Zweitbeschriftungen weiter (auf Flugplätzen wie in der Maschine). Auch Durchsagen erfolgen in aller Welt gemeinhin einmal in (eventuell nicht unbedingt verständlichem) Englisch. Auf alle Fälle spricht an den Informationsschaltern der Flugplätze jemand englisch. Englisch ist auch der Begriff *non-stop-Flug,* der wirklich einen ununterbrochenen Flug zwischen zwei Zielorten bedeutet, während *Direktflug* auch dann gebraucht wird, wenn z.B. technisch bedingte Zwischenlandungen (Auftanken etc.) unterwegs das Verlassen der Maschine erfordern.

Zeitangaben für den Abflug werden auf den *Flugscheinen* zwar nach *Ortszeit* angegeben und sollten verläßlich sein, sind es aber dann nicht, wenn das betreffende Land z.B. gerade auf *Sommerzeit* oder Winterzeit umstellt. Unbedingt ratsam (und im interkontinentalen Verkehr ohnehin gefordert) ist es, sich drei Tage vor Abflug bei der Fluggesellschaft zu erkundigen, ob der Flug *»o. k.«* ist und die angegebene Abflugszeit auch stimmt.

»Einchecken« (check in) bedeutet die endgültige Anmeldung des Passagiers am Abfertigungsschalter der Fluggesellschaft. Hier wird der Flugschein geprüft und mit der Passagierliste verglichen, das Gepäck gewogen und der Gepäckschein an den Flugschein geheftet. Hier erhält man seine Bordkarte und evtl. die Sitzplatznummer (sonst beim Verlassen des Abrufraumes zum Anbordgehen). Seit fast überall nach Raucher- und Nichtraucherplätzen unterschieden wird, ist es wichtig, darauf zu achten, daß Sie nach Wunsch auch Plätze in der entsprechenden Abteilung, bzw. rechts oder links des Mittelganges (die Systeme sind verschieden) erhalten. Wenn Sie nicht danach gefragt werden, so erinnern Sie selbst daran; denn bei ausgebuchten Maschinen ist ein späterer Platzwechsel sehr schwierig.

Magenempfindliche sitzen am besten in der Mitte der Flugzeugkabine bzw. über den Tragflächen. Die meiste Beinfreiheit hat man in den Sitzreihen hinter bzw. neben den »Notausstiegen«.

Die Zeit für das *Einchecken* ist unterschiedlich und hängt nicht nur vom Maschinen-Typ und der Flugroute, sondern gelegentlich auch von nationalen Eigenarten und dem jeweils üblichen Abfertigungssystem ab. Im kontinentalen Flugverkehr genügt meist die Ankunft am Schalter eine Stunde vor Abflug, im interkontinentalen und etwa bei der Boeing 747 (dem »Jumbo«)

können es zwei, bei Charterflügen gelegentlich auch drei Stunden sein. Ist die Eincheckzeit in Ihren Reisepapieren nicht enthalten (bzw. die Abholzeit vom Hotel), so ist eine Rückfrage dringend anzuraten. Über nicht in Anspruch genommene Plätze verfügt die Luftverkehrsgesellschaft zugunsten der *Warteliste* (stand by).

Gleich ein Wort hierzu: Sich selbst auf die Warteliste setzen zu lassen, wenn ein Flug, den man haben möchte, ausgebucht ist, ist immer sinnvoll! Die Gesellschaften sind gehalten, vorerst »ausgebucht« zu melden, auch wenn noch Plätze vorhanden sind, die für dringende Notfälle freigehalten wurden. Diese Plätze werden nach Aufruf der abgefertigten Passagiere zum »boarding« (Anbordgehen) freigegeben und an »standby's« vermittelt. Ausschlaggebend ist für diese Platzzuteilung grundsätzlich die Reihenfolge der Eintragungen auf der Warteliste, doch können z.B. Mütter mit Kleinkindern, Verletzte usw. bevorzugt behandelt werden.

Die *Sicherheitsbestimmungen* für die Luftfahrt mögen Ihnen lästig erscheinen (sie sind oft zeitraubend), dienen aber auch Ihrer persönlichen Sicherheit. Die vom Zoll, von der Polizei oder anderen hierfür eingesetzten Beamten vorgenommenen Gepäck-, Handgepäck- und Personenkontrollen unterscheiden sich schon im System: Durchsuchen, Durchleuchten, Detektoranzeige, Abtasten . . . die Zahl der Variationen und Geräte ist beträchtlich. In einigen Ländern müssen Sie auch Ihr vor der Maschine aufgebautes Gepäck zunächst identifizieren, ehe es verladen wird (unbegleitetes, eingeschmuggeltes Gepäck könnte ohne Risiko für den Attentäter Bomben enthalten). Lassen Sie diese Kontrollen gelassen über sich ergehen und verlieren Sie auch dann die Ruhe nicht, wenn der Detektor summt, obwohl Sie meinen, wirklich alles Metall aus den Taschen Ihrer Kleidung entfernt zu haben, und Sie erneut zurück müssen. Eventuell war es nur das Staniolpapier Ihrer Zigarettenpackung und der Detektor auf superempfindlich eingestellt . . .

Wo mit »röntgenähnlichen« Strahlen aus einer Art Kanone das Handgepäck durchleuchtet wird, beruhigt man Sie, daß diese Prozedur Ihren Filmen nicht schaden würde. Es gibt andere Erfahrungen! Am besten nehmen Sie daher Filme in einem Plastikbeutel mit durch die Personenkontrolle.

Sind diese Prozeduren erledigt, werden Sie entweder direkt oder auf dem Weg über einen Abflug-(Warte-)Raum zum Flugzeug geleitet. Abflugräume, »Flugsteige«, Türen etc. sind überall anders bezeichnet, den verschiedenen Systemen entsprechend (z.B. Terminal A, gate 18).

Der Abruf erfolgt gewöhnlich über Lautsprecher mit Angabe der Fluggesellschaft, der Flugnummer und des Zielortes, kann aber auch auf Fernsehmonitoren oder (elektronisch anzeigenden) Tafeln abgelesen werden. Hierbei werden ebenfalls Ausgänge *(gates)* und sonstige Angaben durchgesagt oder durch Anzeige vermittelt. In Frankfurt wird neuerdings nicht mehr zu den Abflügen aufgerufen. Bis zum Erscheinen dieses Buches haben sich vielleicht auch andere Flughäfen diesem System angeschlossen.

Zwischen Start und Landung

Zu den Sicherheitsmaßnahmen gehört auch das *Rauchverbot* auf dem Flugfeld und Flugvorfeld. Es setzt beim Verlassen des Abrufraumes ein und bleibt auch im Zubringerbus und in der Maschine gültig, bis die entsprechenden Zeichen in der Kabine bzw. über den Sitzen (»No smoking«) erloschen sind. Bei Start und Landung leuchten sie ebenso auf wie das Zeichen zum Anlegen der *Sitzgurte* (»Fasten seat belts«), eine Aufforderung, der Sie Folge leisten müssen, auch wenn z.B. während des Fluges (bei turbulentem Wetter) das Anschnallen empfohlen wird. Aus Gründen der Sicherheit darf Handgepäck (außer Mänteln und Hüten) nicht auf unverschließbare Hutborde längs der Kabinenwände gelegt werden. Es gehört (und sollte nicht umfangreicher sein) unter den Sitz.
Hinweise in den Sitztaschen und oftmals auch Demonstrationen des Kabinenpersonals informieren Sie über das Anlegen von *Schwimmwesten* und den Gebrauch der *Sauerstoffmasken,* die bei Druckabfall in der Kabine automatisch aus ihren Halterungen fallen und angelegt werden müssen. Obwohl auch alte Hasen mit Hunderttausenden von Flugkilometern sich nicht entsinnen können, solche Notfälle schon erlebt zu haben: Vorsicht ist besser als Nachsicht — und sich mit diesen Maßnahmen für die Sicherheit vorbeugend zu beschäftigen, ist auf dem Flug reichlich Zeit.

Hygiene

Wer die Toiletten aufsuchen möchte, von denen es je nach Flugzeugtyp unterschiedlich viele gibt, sollte wissen, daß das Rauchen dort streng verboten ist. Auch dürfen die Toiletten nur dann betreten werden, wenn keine Anschnallpflicht besteht. Es kann vorkommen, daß während des Fluges wegen kleiner oder auch stärkerer Turbulenzen oder weil sich die Maschine bereits im Anflug befindet, im WC das Lichtzeichen »Bitte kehren Sie auf Ihren Platz zurück« aufleuchtet. Dieser Hinweis sollte möglichst schnell beachtet werden.
Die Hygiene in manchen Flugzeugtoiletten läßt öfters zu wünschen übrig, vor allem bei sehr langen Flügen. Aber auch bei sauberen Toiletten ist es ratsam, auf die vorhandenen »Schutzbrillen« aus Papier, die auf die Klosettbrille gelegt werden, zurückzugreifen.
Tip am Rande: Für die Morgenwäsche nach dem Nachtflug müssen Sie mit beträchtlichen Wartezeiten rechnen, da selbst reichlich vorhandene Waschräume meist zu dieser Zeit lange blockiert werden. Versuchen Sie, diese »rush hour« zu umgehen, um nicht lange Schlange stehen zu müssen. Alle modernen Maschinen haben übrigens Stecker für Elektrorasierer.

Kurz vor dem Ende eines langen Fluges, meistens jedoch nach der nächtlichen Ruhepause, werden feuchte Tücher gereicht. Achtung: Sie sind normalerweise sehr heiß und zur Erfrischung der Passagiere gedacht. Es ist herrlich, sich damit zuerst das Gesicht und dann Hände und eventuell die Arme abzuwischen — man fühlt sich wie neugeboren. Die Tücher dieses — in Japan erfundenen — »hot towel service« vor Gebrauch mit einem Schuß aus der Kölnisch-Wasser-Flasche zu bedenken, erhöht den Genuß.

Essen und Trinken an Bord

Während des Fluges werden — je nach Tageszeit — Imbisse, Getränke und ganze Menüs serviert . . . mehr und häufiger, als viele Passagiere gewöhnt sind. Sich den Magen bei einer Luftreise zu überladen, ist ebenso töricht wie völlige Enthaltung; doch muß man ja nicht unbedingt alles, was geboten wird, bis zum letzten Happen essen. Getränke (vor allem alkoholische) sind entgegen den Mahlzeiten nicht immer im Flugpreis inbegriffen, jedoch preiswert (zollfrei). Sogenannte »soft drinks« (Säfte, Cola, Kaffee, Tee) werden nicht extra berechnet.
Manche Fluggesellschaften bieten einen »special meal service«: 2—3 Tage vor dem Flug kann man nach eigenen Wünschen Spezialitäten des Landes bestellen, dem die Gesellschaft angehört, und erhält sie gleichzeitig mit den Mahlzeiten der anderen Passagiere serviert. Wer aus Diät- oder religiösen Gründen bestimmte Gerichte nicht essen darf, kann bei Buchung darauf hinweisen oder gegebenenfalls auch auf an Bord befindliche entsprechende Fertiggerichte zurückgreifen (z.B. koschere Speisen).

Kauf an Bord — und Zollfreiheit

Während des Fluges pflegen die meisten Fluggesellschaften verschiedene zollfreie Waren zum Kauf anzubieten: Spirituosen, Parfums, Toilettenwasser, Tabakwaren u.a.m. Der Einkauf kann lohnend sein, weil in vielen Ländern Spirituosen weit teurer sind als an Bord, und Raucher werden in manchen Ländern vergeblich nach ihrer Zigarettenmarke suchen. Was und in welchen Mengen jeweils eingeführt werden darf, finden Sie im lexikalischen Teil unter dem entsprechenden Land aufgeführt. Für die Wiedereinreise in die Bundesrepublik gelten ebenfalls bestimmte Beschränkungen, die sich nach dem Herkunftsland richten.
Als Reisemitbringsel gelten Waren, die Reisende im persönlichen Gepäck zu ihrem eigenen Gebrauch oder Verbrauch, für ihren Haushalt oder als Geschenk mitführen. Solche Waren sind im Rahmen bestimmter Mengen- und Wertgrenzen zollfrei. Bei der Einreise in die Bundesrepublik dürfen Waren bis zu einem Gesamtwert von 100 Mark aus Drittländern und 460 Mark aus Mitgliedsstaaten der EG abgabenfrei eingeführt werden.

Abgabenfreie Waren und deren Höchstmenge

Bei Einreise aus	Drittländern	EG-Ländern
Tabakwaren	200 Zigaretten oder 100 Zigarillos oder 50 Zigarren oder 250 g Rauchtabak	300 Zigaretten oder 150 Zigarillos oder 75 Zigarren oder 400 g Rauchtabak
Alkoholische Getränke	1 l Spirituosen mit über 22% oder 2 l mit bis 22% oder 2 l Schaumwein oder 2 l Likörwein	1,5 l Spirituosen mit über 22% oder 3 l mit bis 22% oder 3 l Schaumwein oder 3 l Likörwein
Wein	2 l	4 l
Parfüm	50 g	75 g
Toilettenwasser	0,25 l	0,375 l
Tee	100 g oder 40 g Teeauszüge/Essenzen	150 g oder 60 g Teeauszüge/Essenzen
Kaffee	250 g oder 100 g Kaffee-auszüge/Essenzen	750 g oder 300 g Kaffeeauszüge/Essenzen

In den Genuß abgabenfreier Tabakwaren und alkoholischer Getränke kommen allerdings nur Personen, die mindestens 17 Jahre alt sind. Reisende mit Wohnsitz außerhalb Europas dürfen 400 Zigaretten oder 200 Zigarillos oder 100 Zigarren oder 500 g Rauchtabak einführen.

Zeitverschiebung

Während in New York die Sonne aufgeht, essen wir in Europa gerade zu Mittag, genießen die Japaner ihre Abendmahlzeit. Die Welt nämlich ist in Zeitzonen eingeteilt, alle 15 Grad muß die Uhr um eine Stunde verstellt werden. Aus praktischen Gründen hat man die »Weltzeit« auf den Nullmeridian von Greenwich gelegt und rechts und links davon Zonen gleicher Zeiten zusammengefaßt. Daß es nicht auf den Längengrad genau klappt, ist logisch; denn sonst hätten allzu viele, auch kleinere Länder, innerhalb ihrer Grenzen gleichzeitig verschiedene Uhrzeiten. Dann gibt es noch Bereiche mit Abweichungen vom Weltzeitsystem: Iran, Afghanistan, Indien, Sri Lanka (Ceylon), Nepal, Burma, West-Malaysia, Singapore, Nord- und Süd-Australien, Guyana, Neufundland, Surinam und Liberia. Und die Sowjetunion addiert bis auf Widerruf zur Weltzeit eine Stunde dazu.

Zeitzonen der Erde

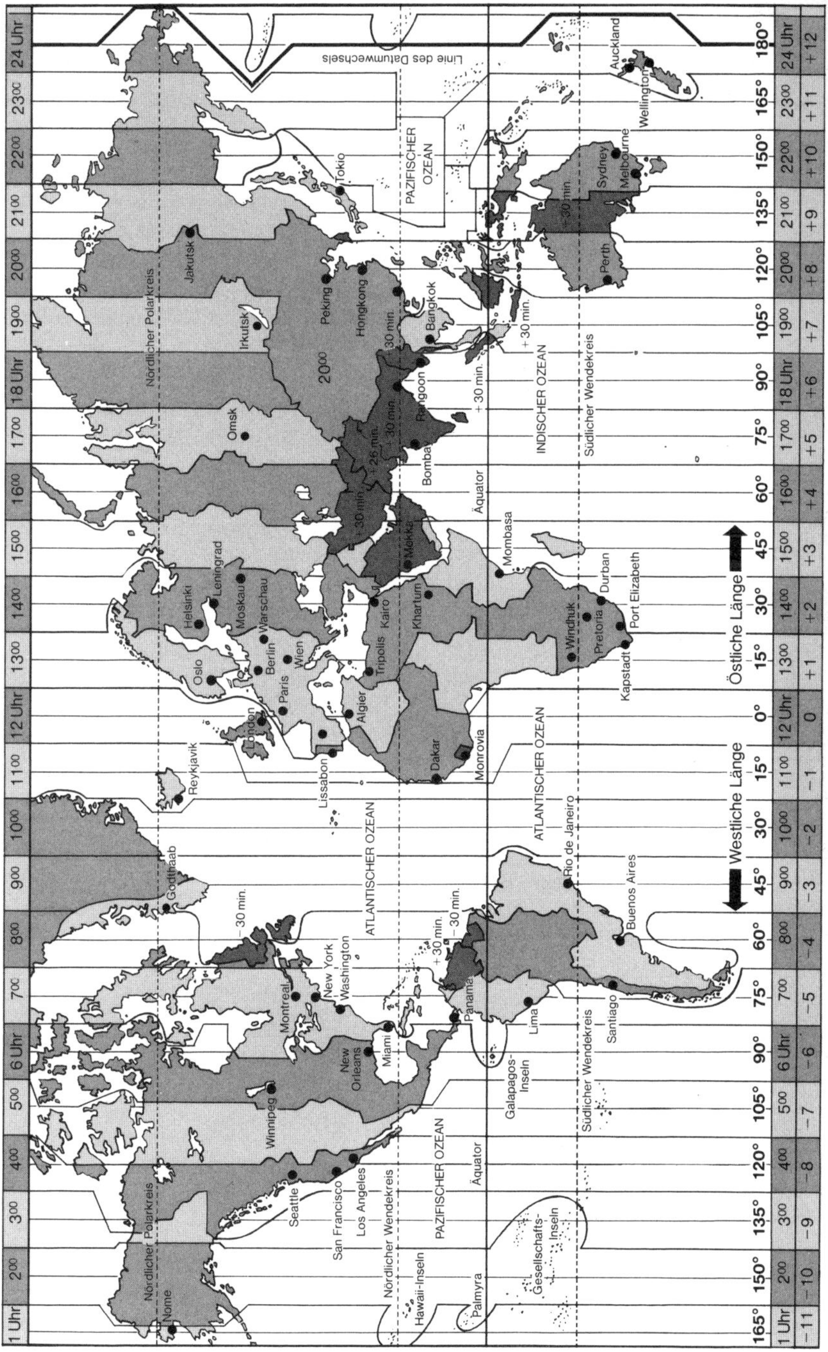

Von Geld, Gepäck und Sitten

Da es auf der ganzen Welt kaum einen Hotelboy gibt, der sich nicht auf ein Trinkgeld für den beförderten Koffer freut, sollten Reisende immer etwas Kleingeld in der Landeswährung mitnehmen. Freilich nur, wenn die Einfuhr der jeweiligen Währung nicht verboten ist. Wieviel Geld in Landeswährung man sonst mitnehmen sollte und wo am günstigsten gewechselt wird — ob zu Hause oder am Zielort —, ändert sich derartig schnell, daß man am besten vor der Abreise bei der Bank danach fragt.
Allgemein gilt jedoch: Niemals zu viel Bargeld mit sich führen. Hier kann eine Kreditkarte sehr nützlich sein, vor allem für Leute, die auf eigene Faust reisen. Da Pauschal-Reisende ihre Reise schon bezahlt haben, dürfte es für die Extras genügen, den größten Teil der Zahlungsmittel gerade auf Fernreisen in Form von Reise-Schecks mitzunehmen, die zudem die höchste Sicherheit vor Diebstahl oder Verlust bieten. Sie müssen beim Ankauf im Beisein eines Bankangestellten vom Kunden ein erstes Mal unterschrieben werden, und zwar entsprechend der Unterschrift im Reisepaß. Wird ein Scheck als Zahlungsmittel verwendet, so muß er zum zweiten Mal unterzeichnet werden — und beide Unterschriften müssen nicht nur identisch sein, sondern auch mit dem Schriftzug im Paß übereinstimmen. Im allgemeinen sollten die Schecks in kleinere Werte gestückelt mitgenommen werden. Denn das Wechselgeld wird meistens in Landeswährung zurückgegeben. Das kann lästig sein, wenn man kurz davor steht, das Land zu verlassen.
Ob US-Dollar-Schecks oder D-Mark-Schecks bevorzugt werden sollten, ist von den bereisten Ländern abhängig. Grundsätzlich dürfte der US-Dollar einfacher einzulösen sein. Doch der D-Mark-Reise-Scheck ist dabei, die »Welt zu erobern«. Bei Verlust werden diese Schecks übrigens bis zu einer Gesamthöhe von 1000 Mark ersetzt.

Im Telegrammstil: Packen

Koffer immer nach dem gleichen System packen, also Hemden obenauf, Unterwäsche rechts unten usw. Das erspart langes Suchen, wenn man unterwegs eilig etwas aus dem Koffer holen muß.

Koffer mit einem farbigen Streifen oder Punkt versehen. So wird er erstens schneller am Flughafen gefunden, nicht vertauscht und weniger gern gestohlen, weil er damit zu auffällig wird.

Ehepaare sind gut beraten, wenn sie für eine lange Reise ihre *Koffer* gemischt packen. Geht ein Koffer verloren, so hat man wenigstens noch eine Hälfte des Gepäcks.

Schmuck und wertvolle Uhren sollten zu Hause bleiben.

Der »morning call« im Hotel, der Weckruf am Morgen, klappt nicht immer, und zwar meistens gerade dann nicht, wenn es darauf ankommt. Vorsichtshalber daher einen *Reisewecker* einstecken.

Eine *Taschenlampe* im Gepäck leistet gute Dienste bei Stromausfall, der unterwegs gar nicht so selten ist.

Auch in den heißesten Gegenden gilt: Je höher man steigt, desto kühler wird's. Besonders in Höhen über 2000 Meter ist ein warmer Pullover unentbehrlich.

Da vom Putzpersonal im Flugzeug alles, was auf dem Boden liegt als Abfall angesehen und entfernt wird: bei Zwischenlandungen nichts auf dem Boden der Maschine stehen lassen!

Mit *Stromspannung* und Steckern erlebt man unterwegs häufiger Überraschungen. Sicherer sind für die tägliche Rasur batteriebetriebene Apparate; sonst Zwischenstecker einpacken.

Ein paar leichte *Hausschuhe* im Handgepäck machen das Fliegen angenehmer; wenn man sie anzieht, schwellen Füße und Beine vom langen Sitzen nicht so sehr an.

Schmatzen ist aller Höflichkeit Anfang

Was Anstand ist, wie man sich benimmt, darüber gibt es viele kniggeähnliche Veröffentlichungen. Der Leser richtet sich mehr oder weniger nach der für unseren Kulturkreis entworfenen Umgangsform. So kann er sich beispielsweise im deutschsprachigen Kulturkreis „anstandslos" bewegen.
Schon im Mittelmeer-Raum sind verschiedene Gebräuche in den Augen des Mitteleuropäers fremd, sozusagen unanständig — und sei es das uns nicht eigene, laute Palaver, verbunden mit wilden Gesten.
In Kleinasien ist manches Benehmen uns schon sehr fremd. So weit es sich um Gesten handelt — beispielsweise das Kopfnicken, das „nein" bedeutet —, finden wir derartige Beobachtungen wert, als touristische Erfahrung weitergegeben zu werden. Peinlich, und deshalb mit Schweigen bedacht, sind dann schon die hingebungsvollen Bohrversuche in der Nase, die allerorten in aller Öffentlichkeit vorgeführt und auch noch optisch begutachtet werden. Mit einem mitteleuropäischen „Igittigitt" erntet man nur erstaunte Blicke. Oder der mit Entsetzen Angestarrte wird verlegen und zieht sich eben aus diesem Grunde in seine Nase zurück.
Wir Touristen machen von Kleinasien aus dann aber Tausendersprünge, über Länder, Kulturen und Sitten hinweg. Da stehen wir dann plötzlich in einem Land, dessen Menschen von unserem Knigge oder seiner Nachfolgerin, der Frau von Pappritz, noch nie ein Sterbenswörtchen gehört haben. Diese Menschen geben sich so, wie man sie seit Jahrhunderten und Jahrtausenden gewähren ließ. Wir, die progressiven Wanderer mit den Siebenmei-

lenstiefeln, müssen verstehen und wissen, daß unsere Maßstäbe in diesen Ländern nicht maßgebend sind.
So begleitet den Besucher quer durch Asien bis nach Fernost auf allen Wegen das schon in Kleinasien „be-anstandete“ Nasenbohren.
Wir haben es häufig als Verlegenheitsgeste deuten können, und brachten wir unsere Guides durch bohrende Fragen noch mehr in die Rolle des Unwissenden, kratzte man sich ob der Verlegenheit — so wie wir uns am Kopf — ungeniert unterhalb der Gürtellinie.
Die Gesten verändern sich von Land zu Land, manchmal auch von Schicht zu Schicht. So muß man sich nicht daran stören, wenn dem Schalterbeamten in Malaysia hinten die Hose klemmt, der Taxifahrer in Singapur vehement den Finger durchs Ohr vibriert, in Korea der befragte Polizist die Antwort mit dem kleinen Finger im hintersten Zahn unterstreicht und dabei das Porträt eines gähnenden Nilpferdes bietet.
Eine andere Gewöhnungsphase muß vom Touristen auf dem Gebiet der Akkustik verlangt werden. Es ist wichtig, sich auf das hohe C des genüßlichen Essens »einzustimmen«, damit dem durch das laut vernehmliche Schmatzen erschreckten Fremdling nicht mitten beim Kauen die karamellisierte Entenhaut oder das mit Kokosmilch beträufelte Lendenstück im plötzlich blockierten Kiefer stecken bleiben.
Man muß es einfach wissen: In Asien wird geschmatzt, wenn's schmeckt. Das probate Mittel für empfindliche Gemüter: Mitgegessen — mitgeschmatzt. Oder: Laut geschmatzt ist aller Höflichkeit Anfang.

ASIEN
der größte Erdteil

Asien ist der Kontinent der Superlative. Knapp 30 Prozent der Landfläche auf der Erde gehören zum größten Erdteil. In Asien finden wir das volkreichste Land (China mit etwa einer Milliarde Einwohnern), den größten Staat (Sowjetunion mit rund 22 Millionen Quadratkilometern) und die 14 höchsten Erhebungen mit mehr als 8000 Meter (Himalaya bis 8848 Meter). In die andere Richtung führt der Philippinische Graben: 10 540 Meter tief. Auch der Erde größter Binnensee liegt in Asien, das Kaspische Meer, mit einer Fläche von rund 370 000 Quadratkilometern so groß wie die Bundesrepublik, Österreich und die Schweiz zusammen. Schließlich liegt auch das größte städtische Ballungszentrum in Asien: Tokio-Yokohama mit mehr als 20 Millionen Einwohnern.
Der Name dieses gewaltigen Erdteils wurde geprägt, ehe die Menschen überhaupt wußten, welche Entdeckungen im Osten auf sie warten. *Aszu* (açu) sagten die Assyrer und meinten »Aufgang der Sonne«. Von ihrem Standpunkt aus war alles Westliche das *ereb,* der »Untergang der Sonne«, Wortstamm für die geografischen Begriffe Europa und Arabien.
Auch die heute gültigen Grenzen zwischen Asien und Europa, willkürliche Trennungslinien, führen weit zurück. Für jene geschichtlichen Völker, die Kultur und Schrift zur Berichterstattung nutzten, für die Griechen und Phönizier, war das Ägäische Meer der Mittelpunkt der Welt. Von hier aus wurden die Erdteile getrennt: Rechts der Ägäis — das war Asien, links — Europa. Seit dem 18. Jahrhundert wurde die Grenzziehung der griechischen Landvermesser Strabo und Ptolemäus etwas verändert, geographischen Gegebenheiten angepaßt. So sind heute, von Nord nach Süd, die russische Insel Nowaja Semlja, das Ural-Gebirge, der Fluß Ural, das Kaspische Meer, die Manytschniederung, das Schwarze Meer und die Landenge von Suez unpolitische Grenzen zwischen Açu und Ereb.

Gliederung Asiens

Um zu einer einigermaßen logischen Gliederung zu kommen, wurden natürliche Grenzen (Gebirge) gewählt, aber auch kulturgeographische Gegebenheiten.
Vorderasien oder Südwestasien wird durch die Gebirgsfolge Kaukasus/nordiranisches Randgebirge/Hindukusch vom übrigen Asien getrennt. Hierher gehören also Iran, die Türkei und die Arabische Halbinsel.
Zu *Zentralasien* gehört geographisch gesehen eigentlich ein Teil Chinas, doch wird dieses Land zu Ostasien gerechnet. Für dieses Buch verbleibt also nur noch die Mongolei.

Südasien umfaßt Vorderindien mit Indien, Pakistan und Bangla Desh sowie Sri Lanka und die Malediven. Auch Afghanistan wird meistens in diese Gliederung mit aufgenommen.
Zu *Südostasien* gehören Hinterindien und der Malaiische Archipel mit den Ländern Birma, Thailand, Malaysia, Indonesien, Indochina und die Philippinen. Zu *Ostasien* zählen Japan, Korea und China.
Das in diesem Buch ebenfalls behandelte Papua-Neuguinea ist zwar durch Irian Jaya mit Indonesien verbunden, also Südostasien, gehört aber zu der Groß-Gliederung Australien und Ozeanien.

Die Bewohner Asiens

Einen gern benutzten Slogan, »Wiege der Menschheit« zu sein, mußte Asien seit den Knochenfunden in der sogenannten Oldoway-Schicht von Ostafrika aufgeben. Trotzdem ist sicher, daß schon vor sieben Millionen Jahren in Ostasien und auf der damals noch mit dem Festland verbundenen Insel Java Frühmenschen mit mehr oder weniger aufrechtem Gang wilde Tiere jagten.
Millionen Jahre vergingen, bis aus parallel verlaufenden Mensch-Entwicklungen die heutigen Rassen entstanden. In Asien finden wir Vertreter aller drei »modernen« Hauptgruppen: mongolische, europäische und negride Rassen.
Die *Mongoliden* herrschen in Ost- und Südostasien vor. Als Erkennungsmerkmal dienen die typische Lidfalte, hochstehende Backenknochen und schwarzes, glattes Haar. Sie verdrängten und überdeckten ältere (paläoasiatische) Rassen, beispielsweise die in Japan noch lebenden Ainus.
Eine der bedeutendsten Untergruppen sind die Malaien, die sich im Aussehen deutlich von den Mongoliden unterscheiden.
Zur europäischen Rassengruppe gehören die sogenannten *Indiden,* der größte Teil der indischen Bevölkerung, die ihrerseits im Laufe der Jahrtausende die Ureinwohner, die Weddas, verdrängten. Reste der weddoiden Rasse sind heute noch auf Sri Lanka (Ceylon) zu finden. Die Indiden unterscheiden sich von der mongolischen Rasse durch das Fehlen der Lidfalte und durch eine schmale, gerade Nase, von den Europäern durch die dunklere Hautfarbe.
Auch die Bewohner Vorderasiens gehören zur europäischen Rassengruppe, wobei Fachleute wieder Unterschiede machen zwischen »orientaliden« und »mediterranen« Untergruppen.
Vertreter der *negriden Rasse* sind in Asien nur selten anzutreffen. Kleine Gruppen gibt es auf den Philippinen (Negritos), auf den Andamanen, der zu Indien gehörenden Inselgruppe südwestlich von Birma, und im Osten des Malaiischen Archipels. Ob die dunkelhäutigen Tamilen in Südindien und die Munda im Gangesdelta der negriden Rassengruppe zugerechnet werden dürfen, ist nicht sicher.

Die Religionen

In Asien leben heute rund 2,5 Milliarden Menschen (ohne Sowjetunion), das sind etwa 60 Prozent der Weltbevölkerung. Der größte Teil der Asiaten wird durch uns fremdartige Religionen geprägt, das tägliche Leben, das Denken, Handeln und Empfinden. Touristen tun sich selbst einen großen Gefallen, wenn sie sich vor der Reise über religiöse und andere Sitten und Gebräuche im Zielland informieren. (Lesen Sie dazu auch die jeweiligen Angaben im Länderteil).

Die größte religiöse Gruppe (über 530 Millionen Menschen) gehört dem *Hinduismus* an, dem Volksglauben Indiens.

Der *ostasiatische Universismus* ist bei 400 Millionen Menschen vertreten (die Zahlenangaben sind sehr unterschiedlich; teilweise gehen sie auf 170 Millionen herunter, da viele Chinesen in der Volksrepublik ohne Religion aufwachsen), vorwiegend in China, Korea und Japan. Der Universismus ist eine Mischung aus Buddhismus, Konfuzianismus, Taoismus und in Japan geprägt durch den Schintoismus.

Rund 400 Millionen Asiaten sind *Moslems,* vorwiegend in Vorder- und Mittelasien, Pakistan, Malaysia und Indonesien.

Der asiatische *Buddhismus* vereint knapp 250 Millionen Gläubige, er ist in seiner reinen Form nur noch auf Sri Lanka sowie in Hinterindien, also in Burma und Thailand, zu finden.

Schließlich gibt es in Asien noch 65 Millionen *Christen,* knapp 2,5 Millionen *Juden* und etwa 230 000 Anhänger des *Parsismus.*

Um die volle Zahl, also 2,5 Milliarden Menschen zu erreichen, müssen noch Anhänger von Naturreligionen, Menschen ohne Glaubensbekenntnisse und Gruppen die sich nicht ermitteln lassen, dazugerechnet werden.

Die Wirtschaft

Dieses Buch ist den Fernreisenden gewidmet. Insofern soll bei einer gemeinsamen Betrachtungsweise der asiatische Erdteil ab dem Iran ostwärts behandelt werden. Denn manche asiatischen Mittelmeerländer müssen aufgrund neuzeitlicher Entwicklungen aus dem asiatischen Wirtschaftsblock ausgeklammert werden.

Ehe wir Asiens Wirtschaft pauschal behandeln, (zur jeweiligen Wirtschaftslage der einzelnen Staaten siehe Länderteil) muß auch noch auf die Ausnahme Japan und neuerdings Süd-Korea hingewiesen werden, sowie auf die Stadtstaaten Singapur und Hongkong, die wirtschaftlich nicht mit dem übrigen Asien vergleichbar sind.

Für die übrigen Länder läßt sich in der Regel behaupten, daß die Hälfte der Bevölkerung und mehr in der *Landwirtschaft* Arbeit findet. Trotzdem sind die wenigsten Staaten Asiens in der Lage, sich mit landwirtschaftlichen Gütern selbst voll zu versorgen. Importe sind in vielen Fällen nicht möglich, da Tauschgüter fehlen.

So arbeiten also Millionen auf den Feldern und müssen trotzdem Nahrung entbehren oder gar hungern. Es arbeiten mehr Menschen auf Wiesen und Äckern als für die Bestellung der Felder überhaupt benötigt werden. Die Gefahr einer noch größeren Arbeitslosigkeit zwingt zu betriebswirtschaftlich unsinnigen Maßnahmen.
Andere Lösungen dieser Misere haben bisher nicht Fuß fassen können. Die Bemühungen, die Kinderzahl zu regulieren, hat sich höchstenfalls bei ein paar Städtern durchgesetzt (Ausnahme China). Bodenreformen, die der Aufteilung der Länder auf wenige Besitzer ein Ende machen sollten, strandeten am Widerstand der Mächtigen oder an der Unfähigkeit der plötzlich Besitzenden, wirtschaftlich zu arbeiten. Eine bessere Nutzung vorhandener Nutzflächen durch Kunstdünger und eine Erweiterung landwirtschaftlicher Flächen durch Bewässerungsanlagen stößt auf unüberwindbare Schwierigkeiten, vor allem reicht das Geld nicht aus.
Kurzum: Die seit Jahrzehnten gehätschelte und mit großer Hoffnung propagierte Entwicklungshilfe hat wenig genutzt. Die immer wieder von Helfern und Empfängern gern vorgezeigten Musteranlagen sind nicht mehr als der berühmte Tropfen auf heißen, kargen Steinen.
Bis Wege gefunden sind, den asiatischen Ländern so zu helfen, daß sie sich selbst versorgen können, wird wieder ein Jahrzehnt vergehen — wenn nicht mehr.
Diesen wirtschaftlichen Grundkurs in groben Zügen sollten Sie stets parat haben, wenn Sie eines der typischen asiatischen Länder besuchen. Europäische Maßstäbe finden hier keine Ansatzpunkte. Manche Zustände sind schlimmer als sie beschrieben werden können. Halten Sie die Augen offen. Wenn Sie nur in den vorwiegend gut ausgestatteten Touristenhotels bleiben, lernen Sie nur den kleinsten Teil Ihres Gastlandes kennen.

Die Sprachen

Wenn wir hier Zahlenangaben machen, darf der Hinweis nicht fehlen, daß die Statistiker in den meisten Fällen auf Schätzungen angewiesen sind. Jedoch stimmen die Relationen ungefähr und geben ein interessantes Bild über die Verteilung der Sprachen in Asien.
Die am weitesten verbreitete Sprache ist *Chinesisch,* sie wird sicherlich von einer Milliarde Menschen gesprochen. Im Vergleich dazu: Englisch wird von etwa 370 Mill., Spanisch von 240 Mill. gesprochen. Ebenso viele Menschen (240 Mill.) sprechen in Vorderindien und in Teilen Südostasiens *Hindi.* In der Reihenfolge, weltweit gesehen, folgen jetzt die Sprachen Russisch (200 Mill.), Arabisch (150 Mill.) und Portugiesisch (145 Mill.). Die nächst große Sprachgruppe ist wieder eine asiatische, *Bengali* (140 Mill.), das in Teilen Indiens und in Bangla Desh gesprochen wird. Ebenso viele Indonesier sprechen die neu entwickelte Staatssprache *Bahasa Indonesia* neben der den einzelnen indonesischen Völkern eigenen Umgangssprache. 115 Millionen

Menschen in Japan und auf Hawaii sprechen *Japanisch.* In der Weltliste folgen dann Deutsch (120 Mill.), Französisch (90 Mill.) und Italienisch (65 Mill.). Von den größeren Sprachen kommen dann noch einmal vier asiatische, die jeweils von knapp 60 Millionen Menschen gesprochen werden: *Javanisch* in Indonesien, *Telugu* sowie *Tamil* in Südindien und *Koreanisch.*

Die Tierwelt

Asiens Tierwelt läßt sich nicht pauschal beschreiben, da der größte Erdteil natürlich sehr unterschiedliche Lebensräume bietet. Vorab ein paar Bemerkungen zu der Verbindung mit der Tierwelt anderer Erdteile, die auf frühere Landbrücken oder größere Verbindungen hinweisen können. So sind Vergleiche mit den Tieren in Südasien und in Ost- und Südafrika möglich. Die Fauna der australischen Region (Neuguinea, Australien) ist auf den Sundainseln (Indonesien) ähnlich. Ostasien wiederum zeigt Ähnlichkeiten mit der Tierwelt Amerikas, Beweis für eine frühere Landbrücke über die Beringstraße. Im Westen schließlich ist die Tierwelt von der europäischen aufgrund der geographischen Verbindungen nicht eindeutig zu trennen.
Tiere richten sich nicht nach Grenzen, deshalb müssen unsere Angaben natürlich etwas großräumig gemacht werden.
Allgemein sind in vielen Teilen Asiens Wasserbüffel, Wildrinder (Jaks), Antilopen, Gazellen und einige Hirscharten vertreten. Auch Bären können in mehreren Gebieten nachgewiesen werden. An allen Wänden und Mauern klettern Geckos, und weit verbreitet sind Erdhörnchen sowie Lemminge. — Die Vogelwelt ähnelt der Europas.
Die für Europäer wohl spektakulärste Fauna bietet der Süden des asiatischen Kontinents und der Südosten.

Südasien/Südostasien

Der indische Elefant wird vorwiegend als Arbeitstier herangezogen. Unter den Großkatzen gibt es den Löwen, Tiger, Gepard und Leoparden; vom berühmten Königstiger soll es nur noch wenige Exemplare geben. Rund 800 Sumatratiger leben noch auf der gleichnamigen Insel. Auch Bären, zum Beispiel Malaienbär und Bambusbär, gibt es in diesen Gebieten. Der seltsame Schabrackentapir lebt in Malaysia und auf Sumatra. In manchen Gebieten sind Muntjakhirsche heimisch, auch das Panzernashorn ist vor der Ausrottung gerettet.
Von den Affenarten gibt es auf Borneo und Sumatra noch den Orang Utan, weiter verbreitet sind Gibbons, Schlankaffen, Makaken und der Koboldmaki, ein Halbaffe. Schließlich sind noch Springmäuse, Haarigel, Hörnchen aller Arten und die Stachelschweine erwähnenswert.
Typisch für den Süden und Südosten sind verschiedene Waran-Arten, in einigen Gebieten auch Krokodile, Riesenschlangen (Python, Boa und Kobra) und Schildkröten.

Vorderasien

Vorherrschend ist hier das *Kamel*; auch *Leoparden* kommen vor. Andere Tierarten siehe unter »Allgemein«.

Zentralasien

Außer vielen der in ganz Asien vertretenen Tierarten gibt es hier Kamele, das *Moschustier, Wolf, Rotfuchs* und *Steppenfuchs.*

Ostasien

Unterschiede zum übrigen Asien gibt es in der ostasiatischen Tierwelt durch das *Wasserreh,* den *Marderhund,* die *Makaken* und den *Chinaalligator.*

Ein paar Asienreisende aus 2500 Jahren

5. Jh. v. Chr.	Herodot bereist Kleinasien, Mesopotamien und das westl. Persien
um 400	Ktesias aus Knidos verfaßt die erste Beschreibung Indiens
329—324	Alexander der Große, Eroberungszüge bis zum Indus
um 100 n. Chr.	Der griech. Kaufmann Alexander erreicht den chines. Hafen Kattigara
1246—1255	Die Missionare J. von Carpin, A. von Longjumeau und W. von Rubruk erreichen Karakorum
1271—95	M. Polo bereist Zentralasien, China und Südostasien
1420 bis 1472	Der Venezianer N. dei Conti erreicht Indien und den Malaiischen Archipel, der Russe A. Nikitin Indien
1498	Vasco da Gama erreicht auf dem Seeweg Indien
1511	D. Fernandes in Thailand
1512	A. de Abreu auf den Molukken; F. Peres de Andrade entdeckt die Malediven
1516	Andrade entdeckt die Riukiuinseln, landet in Kanton
1521	F. de Magalhães entdeckt von O her die Philippinen
1542	A. de Moto erreicht Japan
1635—39	A. Olearius bereist Persien
1643	M.G. de Vries entdeckt die Insel Hokkaido, die Kurilen und Sachalin
1668	Schiffbrüchige Holländer finden Korea
1761—67	C. Niebuhr bereist Syrien, Palästina, Arabien und Persien
1808	M. Elphinstone bereist von Indien aus Afghanistan bis Kabul
1822	W. Moorcroft in Kaschmir
1823—37	J. Crawfurd bereist Birma, Laos und Thailand
1837	W.C. MacLeod am oberen Mekong
1846	E.R. Huc u. Gabet dringen von China über den Kukunor nach Lhasa vor
1855/56	H. und R. Schlagintweit überqueren Himalaya und Karakorum, durchqueren Tibet und dringen ins Tarimbecken vor
1864/65	A. Bastian in der Mandschurei
1870—88	N.M. Prschewalski durchforscht die Mongolei, N.-Tibet, die Wüste Gobi, das Tarimbecken (Entdeckung des Lop Nor)
1894—1935	S. Hedin erforscht auf mehreren Reisen Innerasien
1903—1940	W. Filchner (z.T. zusammen mit A. Tafel) erforscht O-China, Tibet, das Tarimbecken und Nepal

AFGHANISTAN

De Afghanistán Jamhuri Dawlat

(siehe: Karte Seite 28)

Der Einmarsch der Sowjetunion in das Land der Afghanen hat den Tourismus in diesem Teil der Welt für lange Zeit blockiert. Den Eroberungszügen Darius', Alexanders und Tamerlans folgte der des Kreml. Doch Touristen geben die Hoffnung nicht auf. Sobald die Gewehre schweigen, werden sie wieder am Schlagbaum stehen. Wissen sie warum?

Nur der Tee ist heiß . . .

Sicher ist es vor allem die grandiose Landschaft, sind es die geschichtlichen Zeugnisse, die diesen Sog ausüben.
Wer mehr will, könnte Enttäuschungen erleben. Begegnung mit den Menschen ist ein hehres Ziel, doch hier schwierig zu realisieren. Der riesige Turban, die zugekniffenen Augen, die grauschwarzen Bärte, sie starren in Richtung Besucher. Da gehört schon Mut dazu, um nach Fotografiererlaubnis zu fragen, und Verwegenheit, einfach den Auslöser zu drücken.
Vielleicht ein Tee in einem Teehaus in Kabul, Kandahar oder Herat? Ein Zehnpfennig-Vergnügen, das ist es wohl. Doch auch dort, wo Männer unter sich sind, ist nur der Tee heiß, nicht das Gefühl für Fremde. Schon gar nicht mehr, seit die Afghanen von einer aggressiven Weltpolitik gebeutelt werden und im Zustand einer miserablen Wehrlosigkeit neue Denkprozesse erleben. Dieses Denken wird Wut gegen die Fremden erzeugen. Doch selbst wenn sich diese Wut nun auf die Russen konzentrieren sollte: Können die Afghanen zwischen Russen und Deutschen unterscheiden? Und wäre es nicht zu komisch, anbiedernd zu stammeln, daß man nix Ruski, sondern Aleman sei? Und wenn ein Student unter den Mullahs ist, deutschsprechend, was fangen wir an, mit ihm zu diskutieren? Was läge näher als die Politik? Was wissen wir über die gestürzte Monarchie in Afghanistan, über eine erhoffte Verbesserung des Lebensstandards durch den kommunistischen Umsturz? Weiß der Student, was der Tourist unter »Republik« versteht? Und wie soll er sich verhalten, wenn er, der Herr Studienrat aus Buxtehude, nach seiner Meinung gefragt wird: Was er von den Jamait-Islami und den Herbi-Islami halte? Von den Untergrundkämpfern, die im pakistanischen Peschawar ihre Zentrale hätten?
Vielleicht gibt es die Möglichkeit, nach dem Stamm zu fragen. Eine kleine Möglichkeit zu zeigen, daß man auch als Tourist sich vorinformiert hat und interessiert ist. Also, Mian Gul, bist Du vom Stamme der *Belutschen, Kirgi-*

Kaspisches Meer
BAKU
Krasnovodsk
Aralsee
Nukus
Schiwa
Urgentsch
Amudarja
Syrdarja
KSYL-ORDA
Balchasch
Taldy-Kurgan
Tschu
DSCHAMBUL
ALMA-ATA
KULDSCHA
URUMTSCHI
TASCHKENT
FRUNSE
Turfan
RASHT
Babol
Shahrud
TEHERAN
QOM
ARAK
BUCHARA
LENINABAD
ASCHCHABAD
SAMARKAND
ANDISCHAN
OSCH
Kutscha
Mary
DUSCHANBE
MASCHHAD
KASCHGHAR
ISFAHAN
Balkh
Mazar-y-Sharif
Baghlan
Yarkand
CHINA
Yazd
Birjand
HERAT
Bamiyan
KABUL
Gilgit
Khotan
AFGHANISTAN
Farah
SCHIRAS
Kerman
Zabol
PESHAWAR
RAWALPINDI
SRINAGAR
Fasa
Zahedan
QANDAHAR
JAMMU
Bam
Bandar Abbas
QUETTA
GUJRANWALA
AMRITSAR
Pers. Golf
MULTAN
LAHORE
LUDHIANA
Gartok
DUBAI
PAKISTAN
PATIALA
SUKKHUR
SAHARANPUR
DEHRADUN
Indus
Golf von Oman
Khuzdar
BIKANER
DELHI
Gwadar
Masqat
HYDERABAD
JODHPUR
JAIPUR
AGRA
BAREILLY
Pokhara
KARATSCHI
AJMER
GWALIOR
LUCKNOW
OMAN
KANPUR
GORAKHPUR
Darjeeling
Kalimpong
KOTA
Siliguri
UDAIPUR
ALLAHABAD
VARANASI
(BENARES)
PATNA
BHAGALPUR
AHMADABAD
Kharjurao
JAMNAGAR
UJJAIN
BHOPAL
GAYA
BANGLA
DESH
BHAUNAGAR
BARODA
Narmada
INDORE
JABALPUR
RANCHI
ASANSOL
Diu
SURAT
NAGPUR
KALKUTTA
NASIK
AKOLA
RAIPUR
BOMBAY
Godavari
CUTTACK
POONA
SHOLAPUR
Puri
WARANGAL
Mahabaleswar
Arabisches Meer
KOLHAPUR
HYDERABAD
VISHAKHAPATNAM
Panjim
KURNOOL
ELURU
VIJAYAWADA
HUBLI
GUNTUR
NELLORE
MANGALORE
BANGALORE
Golf von Bengalen
MADRAS
MYSORE
KANCHIPURAM
Mahabalipuram
COIMBATORE
THANJAVUR
ERNAKULAM
TIRUCHIRAPPALLI
Cochin
MADURAI
JAFFNA
ALLEPPEY
TRIVANDRUM
Anuradhapura
Trincomalee
Sigiriya
Polonnaruwa
Kandy
COLOMBO
SRI LANKA
Galle
Ceylon
MALEDIVEN
Male
INDISCHER
OZEAN

sen, Pathanen, Tadschiken, Turkmenen oder *Usbeken*? Hast Du mir, dem Touristen, etwas zu sagen?
Der Tourist kann Glück haben. Oder Schweigen ernten. Auch das ist touristische Erfahrung.

Das Land in Stichworten

Geografische Lage: 29—28° nördlicher Breite, 60,5—75° östlicher Länge.
Afghanistan grenzt im Westen an den Iran, im Norden an die UdSSR, im Osten an die Westgrenze Chinas (Sinkiang) und im Südosten und Süden an Pakistan.
Entfernung von Frankfurt nach Kabul 5421 km.

Größe: 647 797 qkm. Zweimal Bundesrepublik und Benelux. Im Landesinneren Hochgebirge, die sich von Pamir und Hindukusch (Tirich Mir 7 699 m hoch) nach Südwesten fächerförmig ausbreiten und an Höhe abnehmen.

Bevölkerung: 21 Mill. Einwohner, ca. 15% städtisch. 60% Paschtu sprechende Afghanen, 25 bis 30% Tadschiken, 5% Usbeken, etwa 3% mongolische Hesoreh, außerdem Minoritäten aus der umgebenden islamischen Welt.
Staatsreligion ist der Islam, über 90% Sunniten; Rest Schiiten und etwa 800 Juden.

Sprachen: Staatssprachen Paschtu und Dari (persisch); Geschäftssprache Englisch; die Bildungsschicht spricht auch Französisch und Deutsch.

Hauptstadt: Kabul (1 815 m Höhe), knapp 340 000 Einwohner.

Großstädte: Kandahar 220 000, Heràt 165 000.

Staatsform: Bis 1973 konstitutionelle Monarchie, seitdem präsidiale Republik mit neuer Verfassung von 1977.

Wirtschaft: 2 Mill. Nomaden betreiben Viehzucht (Schafe, Ziegen, Kamele und Pferde). Ackerbau ist nur auf künstlich bewässertem Boden möglich. Auf etwa 14% des Landes werden Weizen, Gerste, Mais, Baumwolle und Obst angebaut.
Bodenschätze: Blei, Gold, Eisenerz, Erdöl, Kohle und Kupfer, aber kein bedeutender Abbau. Beginn industrieller Entwicklung (Lederwaren, Holzerzeugnisse, Teppiche, Textilien). Hauptausfuhrgüter: Früchte und Nüsse 35%, Erdgas 17%. Karakul-(Schaf-)felle 12%, Baumwolle 10%, Wolle 8%, Teppiche, Ölsaaten und Häute.

Flora: Nur in Flußtälern und stärker beregneten Berghängen Wald, sonst Steppe.

Wichtiges von A bis Z

Wir veröffentlichen hier den Stand vor der Besetzung des Landes durch die Sowjetunion.
Ausweispapiere: Paß, Visum, Impfpaß, internationaler Führerschein.

Devisen: Mitnahme von Fremdwährung bei der Einreise unbegrenzt; Deklaration erforderlich. Ausfuhr in Höhe der deklarierten Einfuhr erlaubt. Noten und Münzen in der Landeswährung dürfen bei der Ein- und Ausreise jeweils bis zum Betrag von 500 Af, jedoch nur in Stückelungen von 50 Af und darunter, mitgeführt werden.

Diplomatische Vertretungen: Im Zielland: Deutsche Botschaft, Shar-e-Nan, Vazir Akbar Khan Mena, Kabul, Tel. 22432; Österreichische Botschaft, Zarghonna Wat, POB 24, Kabul, Tel. 32720.

Einkäufe: Öffnungszeiten Sa.—Do. 8 Uhr bis zum Anbruch der Dunkelheit; Banken im Sommer 8.30—17, im Winter 9—13 und 14—17, Do. bis 12 Uhr. Beim Einkaufen unbedingt handeln. Teppiche und alle Wollwaren sowie Schaffelle (Mäntel und Jacken), Seidenwaren, Seidenstoffe, Altsilberwaren und antiker Schmuck, Kupfergefäße, Lederwaren und afghanische Musikinstrumente.

Essen und Trinken: Kebab und Reis sind Nationalgericht. Pilau ist eine Mischung aus Reis mit Fleisch und frischem Gemüse; Ashak sind Afghanistans Ravioli. Trauben und Melonen sind vorzüglich.
Tee wird überall und zu allem serviert, alkoholische Getränke gibt es — islamisches Land! — nur in Hotels und Restaurants. Der einheimische Wein ist gut.

Feiertage: Nach dem islamischen Kalender ist Freitag der Wochenfeiertag, am Donnerstag wird meist nur noch vormittags gearbeitet. Sonntag wird als Werktag betrachtet. Die religiösen Feiertage sind jährlichen Verschiebungen unterworfen. Die feststehenden Feiertage sind wie folgt: 21. März (Neujahr), 17.—19. Juli, 31. August, 9. September, 15. Oktober.

Entfernungen/Gewichte und Maße: Metrisch; einheimische Maße und Gewichte sind aber außerhalb Kabuls vielfach noch in Gebrauch.

Geld: 1 Afghani (Af) = 100 Puls (Pl); 1 DM = 18,5 Af

Impfungen: Pocken. Malariaschutz empfehlenswert. Gelbfieber und Cholera bei Einreise aus Infektionsgebieten.

Klima: Beste Reisezeit Oktober bis Juni. Kontinentales Klima mit kalten Wintern und meist kurzen und trockenheißen Sommern. Starke Temperaturschwankungen zwischen Tag und Nacht. Juni bis September im Westen »Wind der 120 Tage« mit Sturm, Sand und Staub. Ost und Südost Juli/August zuweilen Monsun mit feuchter Luft und Niederschlägen. Der September ist überall sehr trocken, im Oktober Nachttemperaturen unter 0 °C. Die durchschnittliche Luftfeuchtigkeit beträgt im Sommer ca. 25—42%, im Winter ca. 62—79%.
Kabul: Regenzeit Dezember bis April, Trockenzeit Juli bis September, wärmster Monat ist Juli (33,1 °C), kältester ist Januar (bis minus 7,8 °C).

Stromspannung: 200 bis 220 V, jedoch ständige Stromversorgung nur in größeren Städten, sonst Nachtstrom.

Trinkgeld: In Hotels wird ein Bedienungszuschlag von 10% erhoben.

Trinkwasser: Nur abgekochtes Wasser trinken! Obst immer schälen und Salat auch im Hotel besser meiden!

Uhrzeit: MEZ + 3 1/2 Stunden. Wenn es in Frankfurt 12 Uhr ist, ist es in Afghanistan 15.30 Uhr.

Verkehr: Flugverbindungen zu sonst unzugänglichen Gebieten in Pamir und Hindukusch, z.B. Kabul-Herad, 3mal wöchentlich, 3 1/4 Stunden, ca. 80 Mark. Häufig wechselnde Flugpläne, man muß improvisieren können.
Keine Eisenbahn. Busverkehr daher sehr wichtig, z.B. Kabul-Herad, 1 162 km, 2 Tage, ca. 8 Mark; Platzvorausbuchungen unbedingt notwendig. Es gibt auch preiswerte Privatbuslinien und Sammeltaxis, für 20 km ca. 0,50 Mark. Auf den wichtigsten Strecken gute Asphalt-oder Betonstraßen mit Beschriftung auch in lateinischen Buchstaben.
Taxis ohne Uhr, daher Preis vorher aushandeln, z.B. in der Innenstadt tagsüber 20 Af, nachts 30 Af, für Außenbezirke besser nicht benutzen. Pferdedroschken für kurze Strecken ca. 10 Af. Mietwagen mit und ohne Chauffeur ab ca. 25 Mark pro Tag zuzüglich Kilometergeld. Rechtsverkehr.

Zollvorschriften: Persönliches Reisegut frei; 200 Zigaretten oder 50 Zigarren oder 450 g Tabak; 1 l alkoholische Getränke; Ausfuhr von 30 qm Teppich, 10 Stück Felle (aber nicht vom Karakul), 5 Schaffelljacken erlaubt, Waffen und Antiquitäten aller Art nur mit Genehmigung des Museums in Kabul (wird leicht erteilt).

Rund um Kabul: Schwelgen in Landschaften

Eine Rundreise durch Afghanistan wird immer blutigen Spuren folgen. Zu viele Nomadenstämme, religiöse Fanatiker, selbstherrliche Fürsten und Kolonialmächte haben hier gewirkt. Um die wichtige Karawanen-Kreuzung zu halten, rollten die Köpfe der Aufständischen. Um das Land zu befreien, wurden die Eindringlinge zu Tausenden massakriert, zuletzt fast sechzehntausend Briten, die trotz Zusicherung freien Geleits am Lataband-Paß ihr Leben ließen (1842).

Heute sind es die russischen Besatzer, die gefährdet sind, seit sie versuchen, afghanische Militärs gegen den andauernden Aufstand mächtiger Stämme zu stützen. Reibereien, Aufstände, Kriege, Metzeleien — in Afghanistan werden diese Schrecken noch lange herrschen und Harmonie zerstören.

Zwischen zwei Querelen hat der Tourist vielleicht Zeit, ganz schnell das zwischen die Sowjetunion, den Iran und Pakistan eingebettete Reich zu besuchen. Der Vollständigkeit halber: Auch China grenzt auf ein paar Kilometer Länge an Afghanistan — mit dem *Wakham-Zipfel.* Wer gern Karten studiert, wundert sich ganz bestimmt über den unnatürlichen Wakham-Zipfel im Nordosten Afghanistans. Mehr als zweihundert Kilometer lang, an manchen Stellen vielleicht nur zwei Kilometer breit, ragt der spindeldürre Finger in Richtung China. Nach einem Blick in die Geschichtsbücher entdeckt man wieder ein Stück englischer Kolonialpolitik: Die Wakham-Zone beruht auf einem im Jahre 1885 zwischen Rußland und den Briten abgeschlossenen Vertrag, dessen britische Interessen eindeutig waren. Zwischen der damals von Großbritannien beherrschten Indischen Union und Rußland Pufferzonen zu schaffen.

Zurück zum Tourismus, der in Afghanistan eigentlich noch nie richtig begonnen hatte: Kabul, die Hauptstadt in 1800 Meter Höhe, wird immer der Ausgangspunkt sein. Fahren Sie, wenn möglich und sicher, in die Berge, um Afghanistans Hauptstadt aus der Höhe zu genießen. Unten, in den vielen engen Gassen und rund um die zwei oder drei kurzen Prestige-Prachtstraßen, leben rund 600 000 Afghanen. Für sie ist das Gebiet nördlich der modernen Geschäftsstraße *Jadi-i-Maiwand,* der *Bazar,* der tagtägliche Treffpunkt zum Kaufen, Tauschen und zur Unterhaltung. Bestickte Stoffe und Felle sind hier sehr günstig. Außerdem alte und kopierte Waffen, Lapislazuli, Gegenstände aus blauem Glas von der Stadt Herat, Gegenstände aus Onyx oder Marmor.

Möglich, daß Revolutionen und Aufstände die Sitten und Gebräuche trotz allen Blutvergießens nicht verändern. Dieses Beharren ist oft bei Völkern, die von den Mächten und Mächtigen der Geschichte geschlagen wurden, zu beobachten. So könnte es möglich sein, auch künftig noch an den *Dschuis* im *Zarneghar-Park,* an den Kanälchen, ein Stück herkömmliches Kabul-Leben zu finden. Viel volkstümliches Leben, in Kanälen werden Schafe und Teppiche gereinigt, unter Bäumen sitzen Händler und vielleicht auch morgen noch ein paar Märchenerzähler.

Das *Museum* gibt einen sehenswerten Überblick über die verschiedenen Kulturperioden Afghanistans. Es spricht auch Museen-Muffel an, vorausgesetzt, die Wirren haben nichts verändert.
Von mehreren Moscheen und Mausoleen in Kabul sollten Sie besichtigen: *Masdschid-i-Shah-do-Shamshira,* die im 20. Jahrhundert neu errichtete Moschee, und das *Mausoleum* des Königs Nadir Shah, einen eindrucksvollen Bau mit schönem Blick auf Kabul.
Die landschaftlichen Schönheiten Afghanistans zu genießen, ist eine touristische Sensation. Das Naturerlebnis beginnt mit von Weiden und Pappeln umsäumten Bächen und Flüßchen. Dann geht es bergauf, und in 2 000 Meter Höhe warten wuchtige Eichen mit tosendem Blätterrauschen. Drüben, in Richtung zum östlichen Hindukusch, stehen trotzige Zedern auch noch auf Felsen, die sich bis 3 000 Meter über den Meeresspiegel erheben.
Landschaftlich und auch versorgungstechnisch hat das *Koh-i-Daman-Tal* große Bedeutung. Rundum bewacht von hohen Bergen, liegen hier fette Felder und aus Lehm gebaute Dörfer. In den Lehmhütten trocknen die Rosinen, unter tuchbedeckten Gassen treibt das bunte Bazarleben sein pittoreskes Spiel. »Istalif« ist symbolisch für dieses anziehende Treiben in einer prickelnden Gegend, beobachtet von feindselig wirkenden Augen. Nicht einschüchtern lassen. Ein Stück von der blaugrünen *Istalif-Keramik* brauchen Sie auf jeden Fall als Souvenir — oder einen Silberschmuck.
Auch nach Osten, von Kabul aus, verlangt das Gebirgspanorama einige Superlative bei der Beschreibung. Die Ausdrücke für unbeschreibliche Schönheiten mag der Tourist lieber selber finden. Es reicht, die Richtung anzugeben: über den *Lataband-Paß* zum aufstrebenden Ort *Sarobi* und von dort über die wilde *Tang-i-Gharu-Schlucht* zurück nach Kabul.
Sie werden viele hundert Fotos geschossen haben. Und wenn Sie ihren Freunden diese Pracht zeigen, werden diese fragen, wo denn zwischen Foto 73 und Foto 119 ein Unterschied sei. Machen Sie sich nichts draus. Sie kennen den Unterschied. Den muß man eben »er-lebt« haben.

Bamiyan: Nur die Buddhas blieben übrig

Der Untergang der blühenden Handelsstadt Bamiyan beginnt eigentlich 17 Kilometer östlich, bei *Shar-i-Sokak,* der roten Festungsstadt. Seit 1220 sind wieder einmal die gelben Horden aus der mongolischen Steppe unterwegs, um über Asien Schrecken zu verbreiten: Dschingis Khan zerstört, mordet und plündert.
Im Jahre 1222 steht der Lieblingsenkel des Mongolenfürsten, Mutugen, vor Shar-i-Sokak, das durch seine günstige Lage die Täler der Flüsse Kalu und Bamiyan beherrscht. Die Soldaten der mächtigen Khwarizm geben den Mongolen keine Chance, der Heerführer wird tödlich getroffen.
Da kennt sein Großvater Dschingis Khan keine Gnade mehr. In seinem Schmerz über den Tod des Enkels werden alle Dörfer und Städte, die auf seinem Wege liegen, dem Erdboden gleich gemacht, die Menschen erschla-

In Kabul, der afghanischen Hauptstadt, treffen sich in 1800 Meter Höhe zwei Welten: Nomaden und Beton

gen. Auch an der befestigten Stadt Shar-i-Bamiyan läßt er seine Wut aus. Seit dieser Zeit wird der Ort »Shar-i-Gholgola« genannt: Stadt des Aufschreis.

Das damals bereits verlassene und verwitterte *Felsenkloster* am Nordende des Tals, unterhalb der Bergketten des Koh-i-Baba, übersah der alte Khan. So ist Bamiyan, das Jahrhunderte lang vergessen war, in moderner Zeit wieder berühmt geworden, denn die Klosteranlage mit den beiden 36 und 53 Meter hohen Buddhafiguren ist heute Afghanistans beeindruckendste Attraktion.

Zur Zeit, als die Buddhas aus dem Fels herausgemeißelt waren, im 3. und 4. Jahrhundert, sind sie bemalt gewesen: Der Kleine Buddha trug ein blaues, der Große Buddha ein rotes Gewand, Gesicht und Hände waren vergoldet. Zu dem Klosterkomplex gehören noch Hunderte von Grotten und Nischen, alle aus dem Stein herausgeschält, die Wände bemalt mit Motiven aus der iranischen Sassaniden-Zeit. Treppenaufgänge verbinden die Zellen und Gebetsräume miteinander, und von oben, vom Scheitelpunkt des Großen Buddhas, schweift der Blick über das malerische Hochtal, hinauf zu den Viertausendern des Hindukusch-Gebirges.

Auch das ist sehenswert

Balch: Hier predigte Zarathustra und hier kämpfte Alexander der Große gegen die Nomaden. Trotz vieler Zerstörungen sind die *Ruinen der Stadtmauer* immer noch eindrucksvoll, ebenso die Moschee *Masdschid-i-No-Gumbad* aus dem 10. Jahrhundert und die *Grüne Moschee,* das Mausoleum des islamischen Theologen Khwaja Abu Nasr Parsa.

Band-i-Amir: Rund 80 Kilometer von Bamiyan nach Westen in 3 000 Meter Höhe liegen die fünf *Seen* von Band-i-Amir. Sie sind umrahmt von kargen Bergen, zackigen Höhenzügen und senkrecht abfallenden Kalksteinwänden. Die nackten und bizarren Felsen zusammen mit den blau und grünlich bis violett schimmernden Seen geben ein Bild von fast abstrakter Schönheit ab.

Dscham: Im hohen Norden, Luftlinie knapp 200 Kilometer östlich von Herat, steht das berühmte *Minarett von Dscham.* Die Fahrt dorthin hat schon fast Expeditionscharakter. Das um 1200 erbaute Minarett galt lange Zeit als verschollen, nur schriftliche und mündliche Quellen erzählten von seiner vermutlichen Existenz. Erst im Jahre 1957 wurde das 60 Meter hohe Monument von einem Forscher nach abenteuerlicher Suche wieder entdeckt. Das Minarett wurde aus gebrannten Ziegeln gebaut und ist mit blauen Fayencen verziert.

Ghazni: Diese Stadt ist vor allem von den Paschtunen bewohnt, deren Freiheitsliebe und Wille zur Unabhängigkeit immer wieder Schlagzeilen machten. Aus der Zeit vor dem 13. Jahrhundert stehen nur noch die zwei sehenswerten *Ziegelminaretts,* die übrige Stadt wurde von Dschingis Khan zerstört. Der Basar in Ghazni ist bekannt für seine preiswerte Schaffell-Kleidung.

Herat: Berühmt für feine Textilien (Goldmauri) und seine Lage in einem der schönsten Täler Afghanistans, dem *Herirud.* Von hier kommen auch die Gebrauchsgegenstände aus dem berühmten blauen Glas. Wahrzeichen der Stadt ist die aus Lehmziegeln erbaute *Zitadelle.* Als schönste und größte Moschee des Landes gilt die Freitags-Moschee *Masdschid-i-Dschami,* mit deren Bau schon im 10. Jahrhundert begonnen wurde.

Mazar-i-Sharif: Wallfahrtsort für Schiiten und Sunniten, da hier der Leichnam Alis, des schiitischen Schutzheiligen, begraben sein soll. Sehenswert ist der *Schrein des Hazrat Ali,* eine imposante Moschee, die von Touristen bis zum Hof besichtigt werden kann.

Samangan: Auch unter dem Namen »Haibak« bekannt. Ein buddhistisches Kloster, *Takht-i-Rustam,* wurde im 4. Jahrhundert aus dem Fels gemeißelt. Berühmt ist der herausgehauene Stupa mit einem Umfang von 80, einem Durchmesser von 28 und einer Höhe von 8 Metern.

Surkh Kotal: Eine der bedeutendsten Monumente in Afghanistan ist die Tempelanlage *Surkh Kotal,* die im 2. Jahrhundert, in der Kuschanzeit erbaut wurde.

Geschichte in Kürze

Durchgangsstation sämtlicher Eroberer Indiens bis zum 18. Jahrhundert.

1747 Achmed Schah gründet den Staat und versucht, sich nach Indien auszubreiten.

1839—42 Britisch-Indien versucht, seinen Einfluß zu erweitern. Niederlage im 1. Afghanenkrieg.

1878—80 2. Afghanenkrieg. Großbritannien kontrolliert die Außenbeziehungen.

1907 Nach ständigen Auseinandersetzungen mit Rußland schließen beide Großmächte einen Vertrag. Die Briten setzen sich durch.

1919 Erklärung der Unabhängigkeit durch Aman Ullah Khan. Heiliger Krieg gegen die Briten, die daraufhin im Vertrag von Rawalpindi (8.8.) die volle Souveränität Afghanistans anerkennen.

1929 Sturz Aman Ullahs wegen übereilter Modernisierungsversuche. Nadir Khan (ermordet 1933) und sein Sohn Mohammed Zahir setzen die Reformen vorsichtig fort.

1973 S.M. Daud Khan, ein Verwandter des Königs, übernimmt die Macht durch einen Offiziersputsch. Der König dankt ab. Ausrufung der Republik.

1978 Militärputsch. Ausrufung einer Demokratischen Republik. Parlament aufgelöst.

1979 Erneuter Putsch.

1979 Im Dezember:
Invasion sowjetischer Truppen.

BANGLA DESH

People's Republik of Bangladesh

(siehe Karte Seite 28)

Bangla Desh

Jedes Jahr im Sommer macht Bangla Desh Schlagzeilen in der Weltpresse: Monsun und Gebirgshochwasser setzen gleichzeitig ein, die Ströme *Ganges* und *Brahmaputra* reißen Menschen, Vieh, Hütten und fruchtbare Erde in den gierigen Schlund des 500 Kilometer breiten Deltas.
Doch die Bengali hängen an ihrem Land, denn die Flüsse bringen nicht nur Tod sondern auch Segen: Fruchtbarer Schlamm setzt sich ab und ermöglicht zusammen mit dem warmen und feuchten Klima eine zwei- und sogar dreimalige Ernte im Jahr.
Die Trauer um Tausende Ertrunkener scheint schnell vergessen zu sein und wird übertönt vom Geschrei der Neugeborenen. Pro Minute werden in Bangla Desh sieben Kinder geboren. Diese Geburtenfreudigkeit brachte dem Nachbarland Indiens den zweifelhaften Ruf, dichtest besiedelter Staat der Erde zu sein. Knapp 600 Menschen leben auf einem Quadratkilometer, doppelt so viel wie in der Bundesrepublik. 85 Millionen sind es heute, die in Bangla Desh den Hunger fürchten, bis zum Jahr 2000 soll sich die Zahl verdoppelt haben.

Land ohne Hoffnung

Niemand weiß, wie dieser Menschenflut begegnet werden kann. Theoretisch freilich werden Modelle für Familienplanung entwickelt und beschrieben. Doch das Volk der Bengalen ist unaufgeklärt wie vor Jahrzehnten. Es fehlt an Geld, an Fachkräften und an entsprechenden Gesetzen.
Immer noch werden die Mädchen im Alter zwischen 12 und 14 Jahren verheiratet und sorgen für entsprechenden Geburten-Boom. Kein Wunder, daß 45 Prozent der Einwohner jünger als 15 Jahre sind. Junge Menschen ohne Hoffnung. Die Arbeitslosigkeit beträgt mehr als 30 Prozent. Wer das Glück hat, einfache Arbeit zu finden, bekommt fünf Taka pro Tag, das ist eine Mark. Doch auch bessere Arbeit wird schlecht bezahlt, ein Lehrer hat einen Monatslohn von 250 Taka. Ein Kilo Reis jedoch kostet in Bangla Desh — Inflationsrate um 40 Prozent — heute schon 10 Taka.

Das Land in Stichworten

Geografische Lage: 88—92,5° östlicher Länge, 21—27° nördlicher Breite.
Die Volksrepublik Bangladesh grenzt im Westen, Norden und Osten an Indien, im Südosten hat sie eine kurze Grenzlinie mit Birma, im Süden wird sie vom Golf von Bengalen begrenzt.
Entfernung von Frankfurt nach Dacca 8068 km.
Größe: 1 443 998 qkm. Etwas größer als Österreich und die Schweiz zusammen.

Bevölkerung: 85 Mill. Einwohner, etwa 15% städtisch. Hauptsächlich Bengalen, bis zu 2 Mill. Bihari und 0,5 Mill. Angehörige von tibeto-birmanischen Stämmen.
80% Moslems, 15% Hindus, außerdem buddhistische und christliche Minderheiten.

Sprachen: Staatssprache Bengali, außerdem weitere indo-arische und tibeto-birmanische Sprachen; Umgangssprache Englisch.

Hauptstadt: Dacca, einschließlich Außenbezirke ca. 1,7 Mill. Einwohner.

Großstädte: Chittagong 900 000, Khulna 450 000, Narayangani 200 000, Nymensingh 190 000.

Staatsform: Sozialistische Volksrepublik,

Wirtschaft: Hauptausfuhrgüter sind Jute, Juteprodukte und Tee.

Flora: Angebaut werden Reis, Tee, Jute und Tabak.

Wichtiges von A bis Z

Ausweispapiere: Paß, Impfpaß (Meldepflicht innerhalb 24 Stunden über das Hotel möglich), internationaler Führerschein.

Devisen: Einfuhr von Landeswährung bis 20 Taka, keine Ausfuhr. Fremdwährung deklarationspflichtig.

Diplomatische Vertretungen: Deutsche Botschaft, 7 Green Road, Dhanmandi, Dacca 2, Tel. 31 67 25/26; Österreichische Botschaft siehe Indien.

Einkäufe: Öffnungszeiten Mo.—Do. 8.30—20, Fr. —13.30, Sa.—20 Uhr; Banken Mo.—Do. 9.30—13.30 Uhr, Fr. und Sa. 9—11 Uhr.
Holzschnitzereien, Töpferwaren, Stoffe (hauptsächlich Baumwolle und Seide), Messingwaren.

Essen und Trinken: In den Städten internationale Küche, sonst Curry- und Reisgerichte.

Feiertage: 21. Februar, 26. März, 14. April, 1. Mai, 7. November, 16. Dezember, 25. Dezember; außerdem noch verschiedene religiöse Feiertage.

Entfernungen/Gewichte und Maße: Englisch

Geld: 1 Taka = 100 Paise; 1 DM = 7,7 Tk.

Impfungen: Pocken und Cholera. Gelbfieber bei Einreise aus Infektionsgebieten. Malaria-Schutz außer für Dacca erforderlich.

Klima: Beste Reisezeit Dezember bis Februar. Tropisches Monsunklima mit sehr hohen Durchschnittstemperaturen beinahe das ganze Jahr über (Dacca mittags fast immer 35 °C). Sehr hohe Luftfeuchtigkeit mit starken Regenfällen in den Monaten Juni bis September. Januar ist der kühlste Monat (Nordbengalen ca. 10 °C), Februar noch angenehm, im März beginnt die Vormonsunzeit mit starken Gewittern. April/Mai ist die heißeste Zeit bei Durchschnittstemperaturen von 21 °C. November/Dezember bis Februar sind trockener.

Stromspannung: 220 V, aber stark schwankend zwischen 190 und 245 V (englische Rundstecker).

Trinkgeld: Bedienungszuschlag 10%, Trinkgeld im Ermessen des Gastes.

Trinkwasser: Auch zum Zähneputzen Mineralwasser nehmen!

Uhrzeit: MEZ + 5 Stunden. Wenn es in Frankfurt 12 Uhr ist, ist es in Dacca 17 Uhr.

Verkehr: Linienflüge nach Dacca (Flughafen Tezgaon, 7 km zur Stadt, Taxi),

3mal wöchentlich ab Frankfurt direkt, sonst via Bombay u.a.

Flugverbindungen von Dacca zu den wichtigsten Orten, am häufigsten nach Chittagong, 3 bis 5mal täglich, ca. 60 Mark. Wenig Eisenbahnverbindungen und Buslinien mit unregelmäßigem Fahrplan. Durch häufige Überschwemmungen sind die meisten Straßen während der Monsunzeit nicht befahrbar, daher vor Fahrten ins Landesinnere Einheimische befragen. Taxis: Preis immer vorher aushandeln (z.B. Flughafen — Dacca 10 Takas).

Zollvorschriften: Persönliches Reisegut frei; 200 Zigaretten oder 50 Zigarren oder 225 g Tabak; 1 angebrochene Flasche alkoholische Getränke.

Touristik bei den Bengalen: Zum Beispiel Chittagong

Die Bengali im früheren Ostteil Pakistans, in Bangla Desh, können sich nicht um das Wohl der Touristen kümmern. Hier leben Hunderttausende, die täglich versuchen, am Hungertod vorbeizukommen.

Wer die Grenzen überschritten hat, als Tourist oder Geschäftsmann, wird trotzdem in halbwegs akzeptablen Hotels wohnen. Ansprüche bezüglich permanenter Versorgung mit Strom und Wasser wollen wir in diesen Breitengraden sowieso nicht erwarten. Aber essen kann der Besucher in diesem armen Land trotzdem gut und preiswert. Wie Indien hat auch Bangla Desh vorzügliche Curries zu bieten, Reisgerichte mit Huhn, Hammel, Fisch und Meeresfrüchten. Verlangen Sie dazu das gewürzte Brot *Moglai parota,* eine wahre Überraschung. Wer Fische schätzt, versuche *Hilsa* oder *Becsi.*

Als Getränk empfiehlt sich ein Tee oder Selterswasser. Es sei denn, Sie haben einen Riesendurst oder unendlich viel Geld in der Tasche. Dann macht es schon weniger aus, für ein Bier acht Mark zu bezahlen.

In der Hauptstadt *Dacca* gibt es einige Sehenswürdigkeiten, schließlich wurde diese Stadt schon 1608 von den Moghulen gegründet. Überraschend für jeden Besucher ist, daß es in der Stadt und ihrer näheren Umgebung *700 Moscheen* geben soll. Das nachzuzählen, reicht die Zeit eines Besuches kaum . . . Wer Moscheen mag, braucht sich nur sechs Namen zu merken: *Baidul Mukarram, Kar Talab,* die *Sternen-Moschee, Sat Gumbad, Dilkusha Bagh* und die *Chowk Masjid.*

Bangla Desh, das Armenhaus Asiens, hätte aber für Touristen noch so vieles zu bieten. Zum Beispiel *Chittagong.* Hinter diesem melodischen Namen verbirgt sich die bedeutendste *Hafenstadt* am Golf von Bengalen. Wer Monumente liebt, findet bestimmt am *Grab des Sultans Bayazid Bostami* sowie an den Moscheen Chandanpura, Shahi Jame und Quadam Mubarik seine Befriedigung.

In der Nähe von Chittagong, in den Bergen, liegen zwei Orte, die auch für den westlichen Tourismus einmal bedeutend werden könnten: *Kaptai* und *Rangamati.* Beide Orte wurden am Ufer des Kaptai-Damms gegründet. Der Damm nimmt für sich in Anspruch, hinter seinen Mauern den auf dem indischen Subkontinent größten von Menschenhand geschaffenen See zu bergen.

Etwa 160 Kilometer südlich von Chittagong wartet ein weiterer touristischer, zur Zeit nicht genutzter Höhepunkt, ein wahrer Superlativ: Die Küstenstadt *Cox's Bazar,* Ausgangspunkt zu einem der größten, nicht unterbrochenen *Strände* der Welt, rund hundert Kilometer lang.
Wären diese touristischen Möglichkeiten irgendwann einmal erschlossen, dann gäbe es genügend *Ausflugsziele,* die für Touristen unverzichtbar sein könnten:
Narayangani, etwa 15 Kilometer südlich von Dacca, größter Flußhafen Bangla Deshs. Bootsschwärme, angefüllt mit Jute, ziehen zu den Jute-Mühlen. Ein hartes Leben für die Ruderer, aber ein schönes Angebot für die Neuzeit-Jäger, die Fotografen. — In der Nähe von Narayangani, in der antiken Stadt *Sonargaon,* sind einige geschichtlich interessante Baudenkmäler und Tempel zu sehen.
Comilla an der indischen Grenze birgt in seiner Umgebung reiche Spuren einer bewegten Geschichte. Beispielsweise die Ausgrabungsstätten *Mainamati* und *Lalmai.* Kaum ausgegraben, aber vielversprechend für Archäologen sind dann noch *Salban Vihara, Kutila Mura* und *Charpatra Mura.*
Sylhet im Nordosten von Bangla Desh ist ein Anziehungspunkt für Menschen, die Landschaften mögen: Umrankt von Teeplantagen, zeigt das *Surma-Tal* eine Reihe einmaliger Natur-Motive.
Paharpur ist eine sehenswerte Klosterruine in der Nähe von *Rajshahi,* der Bezirkshauptstadt des Nordwestens. *Somapuri Vihara* heißt das buddhistische und wirklich eindrucksvolle Überbleibsel aus einer fernen Zeit.

Geschichte in Kürze

1947 Britisch-Indien wird geteilt in Indien und Pakistan. Das vorwiegend muslimische Ostbengalen wird östlicher Landesteil Pakistans.

1971 Die Awami-Liga, die Bengalische Unabhängigkeitsbewegung, gewinnt die Wahl. Der Präsident Gesamtpakistans weigert sich, die Nationalversammlung einzuberufen. Am 26. 3. 1971 ruft Mujibur Rahman die unabhängige Volksrepublik Bangla Desh aus. Es kommt zum Bürgerkrieg. Indien interveniert, die Regierungstruppen Pakistans kapitulieren.

1972 Mujibur Rahman übernimmt die Regierung.

1975 Die Awami-Liga wird Staatspartei. Ermordung Mujibur Rahmans. Übernahme der Regierungsgewalt durch die Armee.

1976 Politische Parteien sind wieder zugelassen.

BHUTAN

Druk Yul

(siehe Karte Seite 28)

Die Klosterburg Tashichho Dsong in der bhutanesischen Hauptstadt Thimbu ist Sitz der Regierung. Dort verhandeln die Nationalversammlung und der junge König Jigme Singhye Wangschuk über die Zukunft der 1,2 Millionen Einwohner. Sie wollen behutsam in die neue Zeit geführt werden, die Erhöhung des Lebensstandards darf nicht auf Kosten menschlicher Tugenden gehen. Die Lehre Buddhas, des Erleuchteten, soll auch in der Neuzeit bestimmend sein.
Diese Vorsicht zeigt sich auch in der geringen Zahl an Touristen, denen ein Besuch des kleinen Himalajastaates — etwa so groß wie die Schweiz — gestattet wird. Einzelreisende müssen ein geduldforderndes Genehmigungs-Ritual durchstehen, für Gruppenreisende ebnet der Veranstalter manche Hindernisse. Der andere Weg, die Zahl der Besucher auf einem erträglichen Maß zu halten, sind die hohen Preise. Eine Selektion, die mindestens garantiert, daß im *Druk Yul,* im »Land der Drachen«, der Überblick über die kleine Schar von Devisenbringern nicht verloren geht.

Ein fremdartiges Königreich

Ob den Touristen das kleine Königreich gefallen wird, darüber macht sich niemand Sorgen, denn das fremdartige Leben der Bhutanesen, ihre Heiterkeit und Selbstsicherheit, die Versenkung der Mönche in die Geheimnisse der buddhistischen Lehre, die vielen majestätischen Lamaklöster, die Dzongs, dies alles und die prachtvolle Landschaft zwischen Regenwald und der Gebirgsmauer des Himalaja läßt keinen unberührt. Und wer sich Zeit nimmt, das Ethos des Lamaismus nachempfindet, vor den gigantischen Buddhas und den rachsüchtigen Dämonen steht, seiner Phantasie genügend Spielraum läßt, der wird Sehnsucht empfinden, schon ehe er das Land verlassen hat.
Das ist das Geheimnisvolle dieses Landes, daß Menschen und Landschaft und Bauwerke es schaffen, vorwärtsstürmende Touristen bedächtig und nachdenklich zu stimmen. Ein paar Versuche, das Wesen des Buddhismus zu verstehen, werden gemacht. Die Vereinigung der Geschlechter im Sinne Gautama Buddhas wird scheu zu deuten versucht — Yab, der Vater, und Yum, die Große Mutter, verschmelzen —, läßt die letzte Stufe vor der Erlösung im Nirwana erleben und führt hin zur ewigen Sehnsucht jedes gläubigen Buddhisten: nicht mehr geboren werden zu müssen.

Das Land in Stichworten

Geografische Lage: 89—92° östl. Länge, 27—28,5° nördl. Breite. Liegt am Fuße des östlichen Himalaja, grenzt im Norden an China (Tibet), sonst rundum an Indien.

Größe: 46 600 qkm. Etwas größer als Dänemark.

Bevölkerung: 1,2 Mill. Einwohner. Rund 70% sind Bhotia tibetischer Herkunft, 25% sind nepalesische Volksgruppen wie Leptscha. Die meisten

Bhutanesen sind Buddhisten, einige Hindus.

Sprachen: Die Amtssprache ist Dzongkha, eine tibeto-birmanische Sprache. Englisch ist Handelssprache.

Hauptstadt: Thimbu

Staatsform: Konstitutionelle Monarchie

Wirtschaft: Entwicklungsfähige Agrarwirtschaft. Angebaut werden Weizen, Gerste, Mais, Reis und Hirse. Außerdem Kardamom, Äpfel und Orangen. Holzausfuhr. Wollgewinnung (Schafe, Ziegen). Im Bergbau wird Gold, Zink und Blei gewonnen, ebenso Gips, Graphit und Kohle. Handwerk mit Holzschnitzern, Webern und Silberschmieden.

Wichtiges von A bis Z

Ausweispapiere, Devisen, Diplomatische Vertretungen, siehe Indien.

Einkäufe: Holzmasken, handgewebte Baumwollstoffe, Korb- Lack- und Schmiedearbeiten.

Impfungen: Pocken, Cholera und Malariaschutz sind dringend empfohlen.

Klima: Beste Reisezeit Oktober bis Mai. Monsunregen von Juni bis Oktober. Trockene Winter.

Stromspannung: 220 Volt

Uhrzeit: siehe Indien

Zollvorschriften: siehe Indien

Dzongs: Touristen-Attraktion im Himalaja-Königreich

Um Bhutan und seine wichtigsten Volksgruppen, die tibetanischen Bhotias und die Nepalesen, richtig zu verstehen, müßten wir lange Zeit in diesem Gebirgsland verbringen. Doch Touristen bleiben nur wenige Tage. In dieser kurzen Zeit sollte man sich auf einige Punkte konzentrieren, die helfen, wenigstens einen oberflächlichen Eindruck von dem Land, das eine konstitutionelle Monarchie ist, zu gewinnen.

Die Hauptstadt des Berglandes, *Thimbu,* ist eine relativ junge Stadt, die vom verstorbenen König Jigme Dorji Wangchuk nach altem Stil wiederaufgebaut wurde. Stupas, Tempel und exotische Läden beherrschen das Stadtbild. Der Stolz der Einwohner ist der neue *Dzong,* eine im Jahre 1961 erbaute *Klosterburg.* Des Königs Architekt, Dasho Zori Chichap Yeser, ist stolz darauf, den Komplex ohne Pläne und ohne Nägel erbaut zu haben. Nach 18 Uhr dürfen Frauen nicht mehr in der Klosterburg sein.

Außerhalb der Stadt wird der Besucher von der landschaftlichen Schönheit beeindruckt. Als Abwechslung bieten sich alte Klöster an, zum Beispiel *Phajoding* oder das in der Nähe liegende Nonnenkloster, deren Insassen sich selbst absolute Schweigepflicht auferlegt haben.

Inmitten einer aufregenden Berg-Tal-Landschaft liegt das Städtchen *Paro,* von wo aus früher der Handel mit Tibet kontrolliert wurde. Der Paro Dzong wurde 1910 erbaut, sehenswert sind die Schnitzereien und Malereien im Innenhof. Von Paro aus, in Richtung auf die tibetanische Grenze, führt nach rechts eine Brücke über den Fluß. Von dort kann zu Fuß auf schwindelerregenden Pfaden das *Kloster Tak Thsang,* das »Tigernest«, erreicht werden. Der Weg ist nur Schwindelfreien zu empfehlen. Die Mönche da oben freuen sich über jeden Besuch und zeigen jedem, der kommt, die kleine Kloster-

Bibliothek. Aus Dankbarkeit läßt der Gast dann vor jedem größeren Buddha eine Münze liegen. Das ist so Brauch in Tak Thsang.
An den wenigen Straßen durch den kleinen Staat mit 46 600 Quadratkilometern sind noch viele Klöster und Paläste zu finden. Wer sich dafür ernsthaft interessiert, sollte sich vor der Reise entsprechende Literatur besorgen. Vor Ort nämlich werden spezielle Fragen entweder nicht verstanden, oder es gibt auf zweimaliges Nachfragen zwei völlig konträre Auslegungen.
Sie können es ja einmal in *Punakha* probieren. Punakha ist die alte Hauptstadt, hier steht einer der ältesten Dzongs, hier wohnt das Oberhaupt der bhutanesischen Mönche im Winter. So die offizielle Version. Die geschriebenen Versionen widersprechen sich.

Geschichte in Kürze

9. Jahrh.	Tibet beherrscht das hinduistische Fürstentum.
12. Jahrh.	Der Buddhismus wird Staatsreligion.
1592	Ein weltliches und ein geistliches Oberhaupt teilen sich die Macht.
1774	Die britische Ostindien-Kompanie schließt mit Bhutan einen Schutzvertrag ab.
1865	Überlassung aller Grenzpässe an Großbritannien.
1907	Erbmonarchie. Beendigung der Doppelherrschaft.
1910	Anerkennung der Unabhängigkeit Bhutans durch Großbritannien unter Vorbehalt der Außenpolitik.
1949	Vertrag mit der Indischen Union, die in die Rechte Großbritanniens eintritt.
1969	Ersetzung der absoluten durch eine »demokratische« Monarchie.
1972	Staatsoberhaupt ist Jigme Singhye Wangchuk.

BIRMA/BURMA

Pyi-Daung-Su-Se-She-Lit

Die Union von Burma läßt sich nicht gerne in die Karten schauen. So sind bisher nur Touren bis zu sieben Tagen auf vorgeschriebenen Routen möglich, obwohl das Land angefüllt ist mit einzigartigen Landschaften, vielen tausend Tempeln und Klöstern sowie zahlreichen Dörfern, in denen uns kaum bekannte Stämme ein traditionsgebundenes Leben führen.

Ein Land hinter Bambusbarrikaden

Doch abgesehen von der Abkapselung gegenüber den Nachbarn und von den Beeinflussungen durch politische Großmächte, geschieht es zum Schutze der Besucher, wenn in weite Gebiete des Landes der Zutritt verboten ist: Die sozialistische Republik der Union von Burma besteht aus mehreren Bundesländern, in denen andere Völker, nicht die Burmanen, den Ton angeben. Und viele dieser Völker haben sich nicht freiwillig in das Bündnis begeben. Infolgedessen flackern immer wieder separatistische Aufstände auf. Frei zum Besuch und ohne militärische Bewachung ist Zentral-Burma mit der Hauptstadt Rangun und den touristischen Leckerbissen Mandalay, Pagan, Pegu und Inle-See. Rund 45 Prozent des Landes, das etwa dreimal so groß wie die Bundesrepublik ist, gehören zum *verbotenen Gebiet:* Der *Schan-Staat* im Osten mit der Hauptstadt Taunggyi. Die Schan gehören sprachlich und ethnisch zu den Thais. Sie leben vor allem in den Tälern, während auf den Höhen und an den Gebirgshängen anderssprachige Stämme (rund 40 Prozent) des Schan-Staates meistens vom Brandrodungsbau leben; der *Kachin-Staat* im Norden mit der Hauptstadt Myitkyina. Die Kachin gehören wie die Burmanen der austro-asiatischen Sprachgruppe an. Die Kachin besiedeln vor allem die Berge, in den Tälern leben viele Schan und Burmanen, die vor allem Verwaltungspositionen haben. Die Kachin gelten als gute Soldaten.

Weiter: Der *Karen-Staat* im Südosten bei Thailand, Hauptstadt Pa-an. Die Karen stehen den Thai-Völkern nahe, haben aber eine eigene Sprache. Die meisten sind nicht zum Buddhismus bekehrt, viele hängen ihren animistischen Stammesreligionen an, andere dem Christentum. Die Karen leben weit verteilt im Lande, im Karen-Staat selbst wurde nur ein Drittel dieses Volkes zusammengefaßt.

Der *Kayah-Staat,* ebenfalls im Südosten an der thailändischen Grenze; Hauptstadt ist Loi Kaw. Hier wohnt das gleiche Volk wie die Karen, die früher unter dem Namen Karen-ni einen gemeinsamen Staat bildeten. Dann

aber sorgte die Gruppe der »Roten Karen« (Kayah) für eine Abtrennung. Der *Chin-Staat* im Westen an der Grenze zu Indien und Bangla Desh; Hauptstadt ist Falan. Die Chin sind entfernt verwandt mit den Kachin im Norden. — Das ist die Liste der Tabu-Bereiche.
In Zentral-Burma sind die Burmanen, insgesamt etwa 65 Prozent der Bevölkerung, führend. Sie stammen vermutlich aus dem tibetisch-chinesischen Grenzgebiet, von wo sie durch andere Völker verdrängt wurden. Im 11. Jahrhundert verdrängten die Burmanen ihrerseits das Volk der Mon von der Macht und gründeten in Zentral-Burma ein Königreich mit der Hauptstadt Pagan (siehe Seite 46).
Auch heute noch leben die Mon, etwa 600 000, zusammen mit den Burmanesen in Inner-Burma entlang des Hauptverkehrsweges, des Flusses Irawaddi.
Noch die Antwort auf die ständig wiederkehrende Frage: Burma oder Birma? Eigentlich wäre »Börma« richtiger, denn so sprechen die Einwohner des 30-Millionen-Staates den Namen ihres Landes aus. Genau genommen ist also weder die deutsche noch die englische Schreibweise richtig.

Das Land in Stichworten

Geografische Lage: 10—29,5° nördlicher Breite, 92—101° östlicher Länge. Die sozialistische Republik Burma liegt im nordwestlichen Teil von Hinterindien. Sie grenzt im Norden an die VR China, im Osten an Laos, im Südosten und Süden an Thailand, im Westen an den Golf von Bengalen, Bangla Desh und Indien. Entfernung von Frankfurt nach Rangoon 8 778 km.

Größe: 678 033 qkm. Zweimal Bundesrepublik und Benelux. Im Norden Bergland mit geräumigen Becken, im Osten das Schanhochland zwischen den Flußniederungen des Irawadi und Saluen. Kernland ist das trockene Irawaddibecken. Die Täler liegen zwischen Gebirgsketten, die bis über 5 000 Meter hochsteigen.

Bevölkerung: 32 Mill. Einwohner, knapp 75% Birmanen, bis 9% Schan, 7% Karen, 1% Kachin, 2% Tschin und andere wie Chinesen und Inder. 80% Buddhisten, 3% Moslems, 1% Hindus, 2% Christen und 500 Juden.

Sprachen: Staatssprache Birmanisch; Handelssprache Englisch; Thai-Dialekte und Chinesisch.

Hauptstadt: Rangoon, mit Vororten 2,1 Mill Einwohner.

Großstädte: Mandalay 420 000, Bassein 350 000 und Pegu 260 000.

Staatsform: Sozialistische Republik.

Wirtschaft: Beginn der wirtschaftlichen Kooperation mit ausländischen Firmen vor allem im Bergbau. Nationalisierung und Sozialisierung der Wirtschaft, deren Situation weiterhin relativ kritisch ist.
In den gut bewässerten Tälern werden vor allem Reis angebaut, ebenso Zuckerrohr und auf trockeneren Böden Baumwolle, Mais, Erdnüsse und Sesam. Wenig Viehzucht.
Kautschuk und Teakholz aus den Wäldern. Etwas Bodenschätze und eine am Anfang stehende Industrie.
Hauptausfuhrgüter: Reis (mit Thailand wichtigster Reisexporteur), Ölsaaten, Baumwolle, Holz- und Bergbauprodukte.

Flora: Ertragreichstes Reisgebiet Hinterindiens, üppiger Regenwald in den vom Monsun beregneten Landschaften und an den Berghängen. Auf der Lee-Seite der Berge Trockenwälder und Steppen.

Wichtiges von A bis Z

Ausweispapiere: Paß, Visum (bis 7 Tage kurzfristig erhältlich), Impfpaß.

Devisen: Ein- und Ausfuhr von Landeswährung verboten; Fremdwährung deklarationspflichtig, Einfuhr unbeschränkt gestattet.

Diplomatische Vertretungen: Deutsche Botschaft, 32, Nat Mauk Street, Rangoon, Tel. 5 04 77 ; Österreichisches Honorarkonsulat, 83, Phayre Street, Rangoon, Tel. 1 52 06 (Botschaft siehe Thailand);

Einkäufe: Öffnungszeiten in Regierungsläden 8—15 oder 10—17 Uhr, auch 10—20 Uhr (täglich wechselnd); Privatläden werktäglich 8—22 Uhr; Banken Mo.—Fr. 9.30—16, Sa. —13 Uhr.
Burma-Jade, Saphire und Rubine, Holz- und Elfenbeinschnitzereien, Gold- und Silberarbeiten, Lackmalereien, Perlmutt und Seide.

Essen und Trinken: Die Landesspezialitäten sind scharf, stark gewürzt und grundsätzlich mit Reis zubereitet. Es gibt auch viele chinesische und westlich orientierte Lokale.

Feiertage: 4. Januar, 12. Februar, 2. und 27. März, die 2. Woche im April (4 Tage), 1. Mai, 19. Juli, 8. und 25. Dezember sowie zahlreiche jährlich wechselnde Feiertage.

Entfernungen, Gewichte und Maße: Englisch.

Geld: 1 Kyat (K) = 100 Pyas; 1 DM = 2,65 K.

Impfungen: Pocken. Cholera und Gelbfieber bei Einreise aus Infektionsgebieten. Malariaschutz angeraten.

Klima: Beste Reisezeit Mitte Oktober bis Mitte Februar. Typisches Monsunklima mit drei Jahreszeiten: trocken und kühl November bis Mitte Februar, heiß März bis Mitte Mai, Regenperiode Mitte Mai bis Ende Oktober mit hoher Luftfeuchtigkeit und gemäßigten Temperaturen. Durchschnittstemperaturen: Küste und Deltagebiet 32 °C, in der kühleren Jahreszeit 21 °C. In Rangoon niedrigste Temperatur im Sommer 35°, im Winter 20 °C.

Stromspannung: 220 V.

Trinkgeld: Bedienungszuschlag 10%, Steuer 10%; Trinkgeld nur für besondere Dienstleistungen an Hotelpersonal und Friseure (2 bis 5 Kyats).

Trinkwasser: Nur abgekocht und gefiltert zu benutzen. Vorsicht bei ungeschältem Obst und Gemüse geboten!

Uhrzeit: MEZ + 5 1/2 Stunden. Wenn es in Frankfurt 12 Uhr ist, ist es in Rangoon 17.30 Uhr.

Verkehr: Linienflüge nach Rangoon (Flughafen Mingaladon, 19 km zur Stadt, Taxi), 2mal wöchentlich ab Frankfurt via Bangkok oder London. Nachbarschaftsflugverkehr mit Bangkok, Hongkong, Kalkutta, Delhi, Katmandu und Hanoi mit dichtem Flugnetz auch im Landesinneren (wichtigstes Verkehrsmittel!).
Reisen mit Eisenbahn und PKW (weitmaschiges Netz) offiziell verboten. Taxi: Mindestgebühr 10 K, 1 Stunde 15 K. 3-Rad-Taxi pro Fahrt 2 bis 3 K. Mietwagen ca. 60 K pro Tag.

Zollvorschriften: Persönliches Reisegut frei: 200 Zigaretten oder 50 Zigarren oder 225 g Tabak; 1 l alkoholische Getränke.

Pagoden: Besuch in Buddhas Lieblingsland

Als Tourist in Burma muß man sich umstellen. Obwohl die Bevölkerung grundsätzlich freundlich und zuvorkommend ist: Bei den Behörden wird der Gast das Gefühl nicht los, unwillkommen zu sein. Zollkontrolle, Paßkontrolle, Geldwechsel . . . das alles braucht Geduld. Wer vorbereitet ist, wird sich nicht daran stören. Zur Vorbereitung gehört auch der Hinweis, daß selbst die besten Hotels einen dürftigen Standard haben. Tröstlich ist aber, daß inzwischen auf den vor Jahren noch verlangten Anzug mit Krawatte zum Abendessen verzichtet wird. Und, wie man es landläufig ausdrückt: Um neun Uhr klappen die Burmesen die Bürgersteige hoch. Auch in Rangun.

Doch das ist bald verkraftet, denn Burma verlangt den vollen Einsatz der Touristen, die gekommen sind, um zu sehen. In den wenigen Tagen, die der Besucher bleiben darf, muß er ohnehin von morgens bis abends rennen, um wenigstens einen Teil der Pagoden und Statuen zu erfassen.

Die erste Hauptstadt der Burmanen wurde unter König Aniruddha (1044—1077) in Zentral-Burma erbaut: *Pagan.* Von Rangun aus erreicht man dieses architektonische Schatzkästlein nach knapp zwei Stunden Flug. Überwältigend ist der Anblick des gigantischen Areals, noch überwältigender die Vorstellung, wie schön diese Stadt im »Goldenen Zeitalter« gewesen sein muß. 13 000 *Pagoden* standen damals an den Ufern des hier drei Kilometer breiten Irawaddi. Von 5 000 stehen noch die Ruinen, knapp 70 wurden wieder errichtet. Dies hier, so wundert man sich, war eine Millionenstadt, bis ihr Kublai Khan Ende des 13. Jahrhunderts das Leben auslöschte. Von der phantastischen Vergangenheit zeugen aber auch heute noch Tempel wie *Thatbyinnyu, Ananda, Htilominlo* und *Gawdawpalin* sowie die Pagoden *Dhammayangyi* und *Mingalazedi.*

Zwischen Ruinen geht das Leben weiter, wird mit dem Holzpflug geackert, spielen die Kinder, waschen und kochen die Frauen, ziehen die Bettelmönche mit ihren Reisschalen von Tür zu Tür. Hier fallen die wenigen Touristen noch auf — die bescheidenen finden die schönsten Fotomotive, die meistens nur ein Lächeln kosten.

Während die Burmanen im benachbarten Thailand wüteten und eroberten, beispielsweise im Jahre 1767 die damalige Thai-Hauptstadt Ayutthaya zerstörten, rebellierten die von den Burmanen unterdrückten *Mon* und gründeten ihr altes Königreich *Pegu,* das schon um 570 n. Chr. in ihrem Besitz war. Pegu liegt gute 80 Kilometer nördlich von Rangun und ist per Auto oder Bahn erreichbar. Zur Zeit seiner Gründung war es eine bedeutende Hafenstadt. Später suchte sich der Irawaddi einen anderen Weg und machte die Stadt bedeutungslos. Geblieben sind eindrucksvolle Denkmäler, trotz Zerstörung durch Kriege und Erdbeben (1930). Die Sehenswürdigkeit, die keiner vergessen wird, ist der liegende *Buddha von Shwethalyaung,* der seit der Zerstörung der Stadt durch König Alaungpaya (1757) vergessen war

Höhepunkt für Asien-Touristen: die Shwedagon-Pagode in Rangun, der Hauptstadt Burmas

und erst 1881 beim Bau der Eisenbahnstrecke wieder entdeckt wurde. Die *Shwemawdaw-Pagode* ist eine der meist verehrten im Land. Zwei Haare Buddhas werden hier aufbewahrt.

Mandalay wurde 1857 gegründet und war 28 Jahre lang Hauptstadt des Reiches. Die Burmanen lieben diese Stadt, weil hier die zwei letzten Könige, Mindon und sein Sohn Thibaw, regierten, ehe Burma britische Kolonie wurde. Mandalay ist das kulturelle Zentrum des Landes und trotz seiner Zerstörung im 2. Weltkrieg wieder Burmas schönste Stadt. Zum Schmuck gehören natürlich auch manche bedeutenden Pagoden und Klöster, aber das Flair geben doch die vielen kleinen, hübschen Kultstätten. Hier gibt es so viele Tempelchen und Klösterchen, daß jeder Tourist seinen persönlichen Favoriten wählen kann. Schauen Sie einmal zum *Tahat Htaw Kyaung* in der 35. Straße. Vielleicht macht es auch Ihnen Freude.

Die Landschaft nimmt die Bauwerke auf, setzt weiche, romantische Harmonien. Der *Mandalay-Hügel,* bedeckt mit Pagoden und Tempeln, bleibt unvergeßlich. Unbedingt besucht werden muß die *Kyauktawgyi-Pagode* mit einer aus einem Marmorblock gehauenen Buddha-Statue. Holzschnitzereiarbeiten können im Shwenandaw-Tempel bewundert werden, Buddha-Statuen in der *Shwe Kyi Myint* und eine angeblich 2000 Jahre alte Buddha-Figur in der bekanntesten Pagode, der *Mahamuni* oder *Arakan-Pagode.*

In der Umgebung von Mandalay, vorbei an Büffelgespannen, die Teakholz aus dem Fluß ziehen, stehen die Ruinen von drei weiteren Ex-Hauptstädten aus fast vergessenen Zeiten: *Amarapura* im Süden von Mandalay, Hauptstadt von 1782 bis 1822. Interessant ist eine 200 Jahre alte Brücke aus Teakholz und der Tempel *Bagaya Kyaung.* In den umliegenden Dörfern steht in fast jedem Haus ein Webstuhl. In *Ava* lohnt es sich, den Tempel *Maha Aung Mye Bonza* zu besuchen, *Sagaing* schließlich, die dritte der fast vergessenen Hauptstädte, hat eher eine moderne Sehenswürdigkeit in seiner Nähe: die einzige Brücke, die sich über den Irawaddi spannt. Die Hügel der Umgebung sind mit Pagoden bedeckt, die wichtigsten sind *Tupayon, Ngadatkyi* und *Kaunghmudaw.*

Im Osten, im Schan-Staat zwischen den Städten *Taunggyi* und *Heho,* liegt der romantische *Inle-See.* Rund um den Inle-See stehen die Dörfer auf Wurzelgeflecht, findet der Markt auf Booten statt. Fische, Gewürze und Gemüse werden von Boot zu Boot oder vom Kahn zur Hütte gereicht. Frauen und Mädchen blinzeln unter Hüten, die wie Lampenschirme aussehen, hervor und bieten Melonen oder gackernde Hühner an. Der Fotofreund hat schon wieder einen Film zu wenig dabei. Und das in Buddhas Lieblingsland . . .

Rangun: Eine Ngan pya yay, bitte sehr

Sollten Sie zwischen November und April in Rangun sein, fragen Sie doch nach einem *Pwe.* In der kühlen und trockenen Saison erfreuen sich die Burmesen an dieser Art von Jahrmarkt. Solche Märkte gibt es häufig, auch in den umliegenden Dörfern. Hier lernt der Gast ein Stück burmesischer Volksseele kennen: den Spaß an Zaubereien, Puppenspielen und Tänzen. An den Ständen finden Sie dazu vielleicht ein hübsches Souvenir. Etwa einen der typischen Schirme. Wenn Sie eine der berühmten Gemmen, Schmuck aus Jade, Saphir, Rubin oder Perlen kaufen wollen, müssen Sie in einen staatlichen Laden gehen, wo zu Fixpreisen gegen Devisen verkauft wird.

Bei Ihrem Rundgang ist die größte Attraktion, die *Shwedagon-Pagode,* drei Kilometer nördlich auf dem Singattura-Hügel prunkend, nicht zu übersehen. Für viele Besucher ist es die schönste überhaupt. Jedenfalls ist sie eine der reichsten Pagoden. 14 Tonnen Gold, 5 448 Diamanten und 2 005 andere Edelsteine unterstützen das Flimmern der filigranen Türmchen und Tempelchen, die Pracht der stolzen Pagodenspitze, die sich bis auf 116 Meter in den Himmel reckt. Wie fast immer beim Besuch buddhistischer Heiligtümer: Nicht vergessen, die Schuhe — und hier auch die Socken — auszuziehen, schon ehe Sie die Treppe hochsteigen. Hier ist es üblich, das Schuhwerk und die Strümpfe mit sich zu tragen.

Stolz ist mancher Touristenführer auf die 25 Tonnen schwere Glocke. Die Briten wollten sie als Kriegsbeute auf ein Schiff laden, doch der Koloß fiel ins Wasser. Sie hatten keine Idee, wie sie die Glocke heben könnten und erlaubten den Burmanen, ihr Glück zu versuchen. Die Burmanen machten es mit Geduld: Sie tauchten und banden Bambus an die Glocke, so lange und so viel, bis das Monstrum schwamm.

Im Zentrum Ranguns stehen noch zwei sehenswerte Tempelanlagen: Die 2250 Jahre alte *Sule* mit Buddha-Reliquien und die 2000 Jahre alte, rundum mit Goldplatten bedeckte *Botataung.*

Rund zehn Kilometer außerhalb der Stadt steht die 1952 erbaute *Weltfriedenspagode.* Sie wurde anläßlich der 6. Buddhistischen Synode errichtet und erinnert an die vor 2500 Jahren erfolgte Erleuchtung Buddhas. Am Abend Appetit auf ein echt burmanisches Essen? Vielleicht auf *sibyan,* ein typisches Curry-Gericht, oder die Gemüsesuppe *Hincho* oder *Hinka*? Wer Scharfes mag, findet eventuell an der Fischsuppe *Ngan pya yay* Gefallen. Das Flair der Stadt fängt man am besten in den Gäßchen mit ihren Garküchen ein. Das schmeckt und ist so unwahrscheinlich billig. Der »Evening Bazar« ist für derartige Experimente zu empfehlen.

So richtig in Stimmung, schlendern Sie noch ein wenig durch die Straßen. Lassen Sie dem *Wahrsager* in der *Phayre Road* seinen Spaß, Ihnen ein langes Leben und eine große Reise zu prophezeien. Lächeln Sie zurück, wenn eine Schar junger Burmaninnen, in Baumwolltücher gewickelt, die fremden Touristen neugierig und kichernd begafft.

Geschichte in Kürze

11. Jahrh. König Anorahta (Anawratha) gründet das burmanische Reich.

1287 Die Mongolen erobern das Land. Mon-Reich, Hauptstadt Taungu.

1544 Die Thais herrschen über das in Teilstaaten zerfallene Land.

1555 Bayin Naung einigt das Reich wieder. Er unterwirft Thailand und Laos, doch zerfällt dieses erste hinterindische Großreich rasch.

1824—85 Britisch-burmanische Kriege 1824—26, 1852/53 und 1885. Burma wird etappenweise von den Briten annektiert.

1886 Provinz Britisch-Indiens. Jahrelange Guerilla-Kämpfe.

1937 Eigenständige britische Kolonie.

1942—45 Besetzung durch die Japaner.

1948 Selbständige Republik am 4. Januar.

1962 Staatsreich durch General Ne Win.

1974 Neue, sozialistische Verfassung. Ne Win Staatspräsident und Vorsitzender des Staatsrates.

BRUNEI

(siehe Karte Seite 52)

Sultan Sir Hassanal Bolkiah, erst 33 Jahre alt, regiert ein winziges Ländchen, das nicht leicht auf der Karte zu finden ist. Im nördlichen Teil der Insel Borneo gehören die Staaten Sarawak und Sabah zu Malaysia. Beide Staaten werden durch das Sultanat Brunei getrennt, eine seltsame Konstruktion.

Den Standard auf Öl gebaut

Die Erklärung für dieses Kuriosum liefert die jüngste Geschichte: 1963, als sich die Sultanate auf der Malaiischen Halbinsel sowie Sarawak und Sabah zu einem Staatenbund zusammenschlossen, weigerte sich der Vater des heutigen Herrschers, dem Bund beizutreten. Grund war das Öl, das seit 1922 aus dem Schelf gewonnen wird. Der Gewinn sollte dem Sultan und seinen 180 000 Untertanen zugute kommen. So blieb Großbritannien gegen seinen Willen im Besitz einer Kolonie. 1983 soll das Sultanat endlich selbständig werden. Ob es lebensfähig sein wird, muß sich erst zeigen. Im Augenblick jedenfalls leben alle Staatsangehörigen des Ländchens prächtig. Sie brauchen keine Steuern zu zahlen, Schulen und ärztliche Versorgung sind gratis, das Auto gehört zum Standard, und selbst die Wasserdörfer »Kampong Ayer« haben sich mit einem Antennenwald dekoriert. Fabfernsehen selbstverständlich.

Das Land in Stichworten

Geografische Lage: Im nördlichen Teil der Insel Borneo, trennt die zu Ostmalaysia gehörenden Bundesstaaten Sarawak und Sabah.

Größe: 5 765 qkm. Etwa eineinhalb mal so groß wie Mallorca.

Bevölkerung: 180 000 Einwohner. 54% Malaien, die dem Islam (Staatsreligion) angehören. 26% Chinesen.

Impfungen: Pockenimpfung vorgeschrieben.

Sprachen: Amtssprache Malaiisch. Übliche Umgangssprachen sind auch Englisch, Chinesisch und Iban.

Staatsform: Seit 1971 selbständiges Sultanat. Die außenpolitischen Belange und die Verteidigung werden von Großbritannien wahrgenommen.

Verkehr: Linienflüge nach Bandar Seri Begawan (Flughafen 5 km zur Stadt, Taxi), 6mal wöchentlich ab Frankfurt via Singapore.

Wirtschaft: Wichtigste Ausfuhrgüter sind Erdöl und Erdgas. Von diesen Einnahmen werden auch die täglich notwendigen Güter wie Reis und Fleisch importiert.

Geschichte in Kürze

1440 Schon damals Verbindungen mit Arabien. Durch Raub der für den Sultan von Sulu bestimmten malaiischen

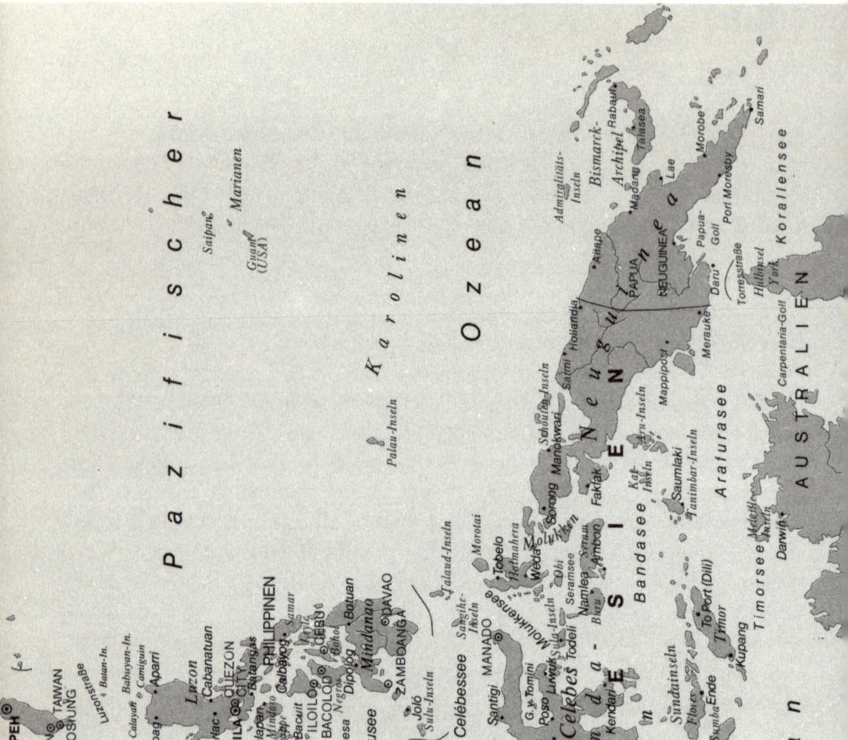
Pazifischer Ozean
Marianen
Saipan
Guam (USA)
Karolinen
Palau-Inseln
Südchinesisches Meer
Andamanensee
Indischer Ozean
Hainan
TAIPEH
TAIWAN
TAINAN
KAOSIUNG
KANTON
HONGKONG
MACAU
HAIKOU
SCHANKIANG
HAIPHONG
HANOI
MALIPO
KOKIU
MANDALAY
BURMA
RANGUN
Prome
LAOS
VIENTIANE
Luang Prabang
TSCHIENGMAI
Nong Khai
THAILAND
BANGKOK
Nakhon Rat Sima
VIETNAM
HUE
DA NANG
Vinh
Pakse
Binh Dinh
Phan Rang
HO CHI MINH STADT
KAMBODSCHA
PHNOM PENH
Angkor
Golf von Thailand
Nakhon Si Thamma Rat
Songkhla
Phuket
Alor Star
PENANG
IPOH
MALAYSIA
KUALA LUMPUR
Kuala Trengganu
SINGAPUR
Luzon
Laoag
Aparri
Tarlac
Cabanatuan
MANILA
QUEZON CITY
Batangas
PHILIPPINEN
Calapan
Mindoro
Palawan
Samar
ILOILO
BACOLOD
CEBU
Mindanao
Butuan
DAVAO
ZAMBOANGA
Sulusee
Celébessee
Jolo
Sulu-Inseln
Borneo
Kota Kinabalu
Sandakan
BRUNEI
Bandar Seri Begawan
Sibu
KUCHING
PONTIANAK
SAMARINDA
BANDJARMASIN
Ketapang
Makasarstraße
Celebes
MANADO
Kendari
UJUNG PADANG
Palu
Sumatra
MEDAN
PEMATANGSIANTAR
Nias
PADANG
Bukittinggi
Pakanbaru
DJAMBI
PALEMBANG
Muntok
TELUKBETUNG
Bangkahulu
DJAKARTA
BANDUNG
SEMARANG
SURABAJA
Java
JOGJAKARTA
SURAKARTA
MALANG
Bali
Lombok
Sumbawa
Flores
Ende
Sumba
Timor
Kupang
Port (Dili)
Kleine Sundainseln
Bandasee
Timorsee
Molukkensee
Molukken
Halmahera
Morotai
Tobelo
Weda
Ambon
Seram
Buru
Namlea
INDONESIA
Sorong
Manokwari
Fakfak
Aru-Inseln
Kai-Inseln
Tanimbar-Inseln
Saumlaki
Arafurasee
Darwin
AUSTRALIEN
Carpentaria-Golf
Torresstraße
Korallensee
Neuguinea
Hollandia
Merauke
PAPUA NEUGUINEA
Madang
Lae
Port Moresby
Papua-Golf
Daru
Bismarck-Archipel
Rabaul
Admiralitäts-Inseln
Samarai

Prinzessin erste Begegnung mit dem Islam.

1510 Das nördliche Borneo und Teile des Sulu-Gebietes gehören zum Sultanat.

18. Jahrh. Allmählich politisch völlig unberechenbar. Seeräuber beherrschen die Szene. Die Bevölkerung verläßt die Siedlungen.

1846/47 Der Engländer Brooke und Singapur bezwingen den Sultan. Großbritannien errichtet auf der Insel Labuan einen Militärstützpunkt.

1882 Gebiete müssen an Sarawak und Sabah abgetreten werden — Brunei erhält seine heutige Ausdehnung.

1888 Brunei wird britisches Protektorat.

1929 Durch Entdeckung von Ölfeldern gewinnt Brunei wirtschaftliche Bedeutung.

1942—45 Besetzung durch Japan.

1946 Das Sultanat steht unter britischem Schutz

1963 Streit zwischen Malaysia und Indonesien um Brunei. Die Briten stellen es dem Sultan frei, sich Malaysia anzuschließen. Er verzichtet.

1965 Neue Ölfelder werden entdeckt.

1971 Brunei wird Sultanat mit innerer Autonomie.

1983 Für dieses Jahr wurde volle Unabhängigkeit vereinbart.

VOLKSREPUBLIK CHINA

Tschung-Hua Jen-Min Kung-Ho Kuo

(siehe Karte Seite 134)

Eine China-Reise hat trotz der Öffnung nach Westen noch das Odeur des Geheimnisvollen. Der Normalbürger, der Tourist, darf das Reich der Mitte *(Zhon Guo)* besuchen, Marco Polo spielen, dort mit Stäbchen essen, wo viele Millionen von Messer, Gabel und Löffel noch nie ein Wort gehört haben.

Ein paar Blicke ins Reich der Mitte

Die Einreiseerlaubnis enthält jedoch auch ein paar Regeln, die dem Vielgereisten lästig erscheinen mögen. Zunächst muß klar sein, daß der Ablauf von China-Touren schon organisiert ist, ehe der Reisewillige überhaupt gebucht hat. Die Möglichkeit, sein Programm häufig frei zu gestalten, ist kaum gegeben.

Für den Erstling bedeutet das nichts Nachteiliges. Allein würde er in diesem riesigen Land mit einer nicht so nebenbei zu erlernenden Sprache, inmitten unverständlicher Schriftzeichen, ohnehin bald einen Weinkrampf bekommen. Ein kleiner Versuch: Bestellen Sie in einem typischen chinesischen Restaurant, wo alle Ingredienzien roh auf den Tischen liegen, der Garküchen-Chef nur seine erlernte Sprache spricht, ein Menu. Oder, nächster Versuch: Gehen Sie zur Post und kaufen Sie Briefmarken für eine Sendung nach Deutschland; natürlich wollen Sie außerdem wissen, wie lange ein Brief für diese weite Strecke braucht. Viel Vergnügen!

Noch ein Hinweis zur richtigen stimmungsmäßigen Einstellung: Die chinesischen Reiseleiter haben die Aufgabe, ihren Gästen ein kompaktes Programm zu bieten. Das heißt, die Tage in China werden von morgens bis nachts voller Aktivitäten sein. Das macht müde. Am nächsten Morgen heißt es aber trotzdem, äußerst pünktlich zu sein. Die sonst in asiatischen Ländern übliche Nonchalance gegenüber Terminen mag der Chinese nicht.

Bei aller Neugierde sollte man Chinesen nicht allzu offen nach ihrem privaten Leben ausfragen. Das mögen sie auch nicht. Wer reden will, zeigt es. Außerdem gilt (noch): Kein Trinkgeld geben, keinem – egal, was er leistet.

Schließlich: Nicht einfach Menschen gegen ihren Willen fotografieren, wie es Touristen häufig so an sich haben. Der Reiseleiter wird sicher bei fotogenen Szenen helfen, das Motiv in den Kasten zu bringen.

Die meisten China-Besucher betreten den kommunistischen Staat am Grenzbahnhof *Shun Chun,* wenige Kilometer westlich von Hongkong; denn Kanton, das sich als erstes Chinaziel überhaupt dem modernen Tourismus zeigte, bleibt noch eine Zeitlang auch das meistbesuchte Ziel in China.

Kanton (Guangzhou) ist die Hauptstadt der Provinz *Kwangtung* (Guangdong). Die Landschaft wird vom Perlfluß (Zhujiang) geprägt, von dessen Ufern sich eines der größten Reisanbaugebiete Chinas ausbreitet.
Die Drei-Millionenstadt bietet moderne und alte Sehenswürdigkeiten. Das moderne China, beziehungsweise die Vielfalt seiner Produkte, sind im Ausstellungs-Zentrum zu besichtigen. Darunter auch beliebte Souvenirs aus Elfenbein, Keramik, Edelsteinen und Seide.
Abwechslungsreiche Spaziergänge sind im *Yüä-hsiu-Park* möglich: tropische Gewächse und kulturhistorische Bauten, darunter *Dschen-hai-lou,* ein sehenswerter fünfstöckiger Pavillon mit *Museum.*
Berühmte Tempel in Kanton sind der *Gwang-hsiau-si,* der älteste der Stadt, und der »Tempel der Sechs Banyanbäume« mit einer neunstöckigen, 60 Meter hohen Pagode. Ebenfalls eine Besichtigung wert ist *Tschen-djia-si,* der Ahnentempel der Familie Chen.
Besucher von Kanton werden es nicht missen wollen, hier chinesische, genauer: kantonesische Küche zu genießen. Sie gilt als eine der gepflegtesten, gut gewürzt aber nicht übertrieben, so recht nach dem Geschmack eines weitgereisten, schon etwas verwöhnten Mitteleuropäers. Viele der Kanton-Menüs sind auch in Deutschland bekannt, weil die meisten Besitzer chinesischer Restaurants aus der Provinz Kwangtung kommen.
Was wir nicht kennen, in Kanton aber eine Spezialität ist, das sind Hund, Katze und Schlange. Der größte Teil der Speisekarte ist jedoch mit Fisch und Meeresfrüchten beschrieben.
Als Vorspeise, und oft auch zwischendurch, gibt es leckere »bao zi«, im Geschmack sehr unterschiedliche, gedünstete Köstlichkeiten. Was es ist? Es schmeckt. Einfach kosten und sich die südchinesische Regel merken: Frage niemals, was Du da gerade ißt!
Die wichtigsten Schlemmereien der Kanton-Küche sind verschieden zubereitete Krabben, Hummer mit Buttersoße, Fisch in Frühlingszwiebeln und Ingwer, Froschschenkel, Hühnerleber und natürlich die berühmten Haifischflossen- und Schwalbennester-Suppen.
Von Kanton aus sind einige Ausflugspunkte zu empfehlen: *Foschan* war früher das Zentrum des chinesischen Buddhismus. Die Stadt bietet heute nur noch wenige aber sehenswerte Reste von religiösen Anlagen aus der Zeit zwischen 600 und 900 n. Chr. Ein Beispiel ist *Dsu-tsi-miao,* ein taoistischer Tempel, der in ein *Museum* umgewandelt wurde. Ebenfalls interessant ist der *Jenschou-si-Tempel,* in dem heute chinesische Künstler ihre Werke ausstellen.
Kwei-lin ist schon wegen der herrlichen Lage in einer bizarren Berglandschaft einen Ausflug wert. Hier verweilten immer wieder chinesische Poeten und Maler, um die Schönheit dieser Gegend zu malen und zu beschreiben. Zwei kulturelle Sehenswürdigkeiten sind der *Eu-bo-Berg* und der *Die-tsai-schan,* der »Viel-Farben-Berg«. Interessant die Grotten und Höhlen mit in Stein geschnitzten Figuren und Gedichten.
Bei größeren China-Rundreisen ist *Shanghai* ein wichtiger Ausgangspunkt

für weitere sehenswerte Ziele. Die Romantik aus alten Seemannsliedern bietet die größte Stadt der Welt (rund 12 Millionen Einwohner) allerdings nicht mehr. Hier wird hart gearbeitet, und der chinesische Reiseleiter wird mit Stolz die Industrieanlagen, Chinas größten Hafen, die Fabriken und die Heere fahrradbewaffneter, immer noch vorwiegend in blauen Drillich gekleideter Arbeiter und Arbeiterinnen vorzeigen. Das muß bewußt sein: Eine historische Tour von Tempel zu Palast und von Schrein zu Mausoleum ohne eine Begegnung mit dem hart arbeitenden Volk, das ist nicht drin im China-Tourismus.

Der Gast wird bestimmt die fünf Kilometer lange Nanking-Straße *(Nanjing Road)* kennenlernen. Alle bekannten chinesischen Waren und immer noch preisgünstige Antiquitäten gibt es hier zu kaufen. Noch etwas interessanter für Westtouristen — und auch noch etwas mehr asiatisch — sind die zahlreichen kleinen Läden in der *Huai hai-Straße.* Hier verkehrt auch gern die Shanghai-Intelligenz, Wissenschaftler und Verwaltungsbeamte, die ihre traditionellen Privilegien weiterhin genießen, weil sie bereit waren, seinerzeit ihr Wissen dem Mao-Regime zur Verfügung zu stellen.

Der unvermeidliche chinesische Tee sollte in Shanghai im auf Pfählen stehenden *Teepavillon* gegenüber dem Palais des Mandarins Yü eingenommen werden. Fraglich, ob — zusammen mit der Umgebung — Shanghai ein gemütlicheres Fleckchen zu bieten hat.

Damit steht man schon mitten in der Chinesenstadt, die ebenso pittoresk und eng ist wie alle Chinesenviertel der Welt. Komisch wirkt nur, daß es in einer chinesischen Stadt ein sogenanntes Chinesenviertel geben kann.

Schließlich, um zu wissen, wie die Chinesen (jedenfalls am Abend) sich auf Straßen und Plätzen gebärden, sich freuen und zärtlich sind, mit ihren Kindern spielen oder Freunde treffen, zwei wichtige Adressen: Der unübertreffliche *Garten des Mandarin Yü,* ein Labyrinth an Wegen, das an Blumenbeeten, kunstvoll drapierten Felsen und Goldfischteichen vorbeiführt; die Quais entlang des Hafens, dort wo die Platanen-Alleen die abendliche Luft schneller frisch werden lassen.

Rund 150 Kilometer südlich von Shanghai liegt *Hang-chow* (Hangzhou), die Hauptstadt der Provinz *Chekiang* (Zhejiang). Attraktion der Stadt mit den vielen Gärten und Kanälen ist der *Westsee.* Gärten und Brunnen, Tempel und Pagoden sind nicht nur für Verliebte ein Ort, um dem Alltag zu entrücken.

Im *Botanischen Garten* können Meisterwerke der inzwischen auch bei uns bekannten Gartenbaukunst »Bonzai« betrachtet werden: Zwergbäume jeglicher Art, die durch Stutzen der Wurzeln in jahrelanger Geduldsarbeit geschaffen wurden. Verkrüppelte Föhren von nur 40 Zentimeter Höhe, wuch-

Die Große Mauer, Chinas Touristen-Attraktion Nummer eins: 6000 Kilometer lang soll sie sein

tige Eichen in gewohnter Proportion, aber nur 50 Zentimeter hoch, Lärchen mit Mini-Zäpfchen und Zwergenstamm.
Kultur- und religionsgeschichtliche Zeugnisse häufen sich in Hangchow: *Liu he ta,* die »Pagode der Sechs Harmonien«, 60 Meter hoch, auf einem Hügel erbaut, ein wunderbarer Blick über den Fluß. Der *Tempel des Seelenfriedens* (Ling Ying Si) ist ein paar Stunden Spaziergang wert, quer durch die Tempelanlage, ziellos durch die bewaldeten Felsen.
Gegenüber liegt die Felswand *Fei Laifeng,* 280 wundervolle, in Stein gehauene Figuren. Tschou en lai (Zhou Enlai) hat diese im 14. Jahrhundert gemeißelten, köstlichen Figuren während der zerstörenden Kulturrevolution durch eine Betonmauer schützen lassen.
Runde neunzig Kilometer von Shanghai entfernt verbreitet das früher als »Venedig Chinas« bekannte *Soochow* (Suzhou) seinen Zauber. Die vielen buckligen Brücken und die unübertrefflichen Gartenlandschaften bleiben lange im Gedächtnis haften. Als Musterbeispiel gilt der *»Garten des Anspruchslosen Verwalters«,* auf chinesisch »Zhuo Zheng-yüan«. Die bizarren Landschaften aus Grotten, Teichen und Dämmen sind schon fast Ausdruck einer religiösen Kunst.
Die vom Tempel der Dankbarkeit gebliebene Pagode wurde das Wahrzeichen der Stadt Soochow. Sie ragt mit ihren neun Stockwerken über das Häusermeer, vom *H-tjiu,* dem Löwenberg, ein besonders gutes Bild.
Etwa 50 Kilometer weiter liegt *Wuxi* (Wusih), bekannt durch den romantischen *Tai-hu-See,* der allerdings noch einmal 20 Kilometer vom Zentrum der gemütlichen Stadt entfernt liegt. 90 Inseln sind im See verstreut, das Ufer wirkt fast unberührt, so, als habe es in China keinen industriellen Aufbau gegeben, der mit der Umweltverschmutzung Hand in Hand ging und geht. Doch vom Tai-hu wird die Industrie ferngehalten. Er ist Trinkwasser-Becken, Bewässerungs-Reservoir und Klima-Regulator für die umliegenden Provinzen. Als Besonderheit kommt hinzu, daß im Süßwasser des 3 620 Quadratkilometer großen Sees etwa 30 Fischarten und Schalentiere leben, die es sonst nur im Salzwasser gibt. Beweise einer um Millionen Jahre zurückliegenden Zeit, als Tai-hu und das Meer noch eine Wasserfläche waren.
Nanking am Südufer des Jangtsekiang ist seit 3 000 Jahren bekannt und war mehrmals Hauptstadt des chinesischen Reiches. Der Stolz seiner Einwohner ist der moderne Platz *Hsin-djiä-Kou* und die 1969 fertiggestellte, fast fünf Kilometer lange zweistöckige Brücke über den *Jangtse.*
Alte und neue Geschichte wird sehr eindrucksvoll in den beiden *Museen Nanjing* und *Taiping* vorgestellt. Der Zeitabschnitt der Ming-Dynastie wird mit etwas Phantasie auf der *Ming-Gräber-Allee* deutlich. Beeindruckend sind vor allem die links und rechts des Weges stehenden, sitzenden und lauernden Figuren. Die Grabstätte des Gründers der Ming-Dynastie (Kaiser Hung-wu, 1398 gestorben) allerdings wirkt nur noch in manchen alten Beschreibungen großartig.

Das Land in Stichworten

Geografische Lage: 18,5—53° nördlicher Breite, 74—135° östlicher Länge. Die VR China grenzt im Osten an die UdSSR, den Pazifischen Ozean und Nord-Korea, im Süden an Hongkong, Vietnam, Laos, Burma, Indien, Nepal, im Westen an Indien, Pakistan und UdSSR, im Norden an die UdSSR und die Mongolische Volksrepublik.
Entfernung von Frankfurt nach Peking 9 388 km.

Größe: 9 560 779 qkm; so groß wie Europa inkl. der europäischen UdSSR. China bedeckt ein riesiges Gebiet, vom innerasiatischen Hochland des Tibet bis zum Pazifik in steilen Bruchstufen abfallend. Man unterscheidet vier große Landschaftseinheiten, geprägt vom höchsten Gebirgszug der Welt, dem Himalaja, von unbewohnten Wüstenstrichen im Norden und tropischen Dschungeln südlich des Yangtse-Kiang. Im Osten liegen die übervölkerten Millionenstädte.

Bevölkerung: Fast eine Milliarde Einwohner, davon rund 95% Chinesen, außerdem Thaigruppen, Turkvölker, Mongolen, Tibeter und Mandschu.
Konfuzianische Lehre, nördlicher Buddhismus und Taoismus. Etwa 45 Mill. Muslims, (keine genauen Angaben), 3 Mill. Katholiken und knapp 1 Mill. Protestanten.

Sprachen: Staatssprache Chinesisch mit vielen Dialekten. In den autonomen Gebieten sind auch andere Sprachen als Amtssprachen zugelassen. Geschäftssprache Englisch.

Hauptstadt: Peking, über 8 Mill. Einwohner.

Großstädte: Schanghai 12 Mill.; Tientsin 4,5 Mill.; Schenjang 4 Mill.; Kanton 5 Mill.; Wuhan 3,5 Mill.; Tschungking 6 Mill.; Nanking 3 Mill.; Harbin 3 Mill.; Sian 1,6 Mill.; Luda 1,7 Mill.; Lantschou 1,5 Mill.

Staatsform: Die Volksrepublik China ist ein »sozialistischer Staat der Diktatur des Proletariats«. 21 Provinzen und 3 unmittelbare Städte (Peking, Schanghai und Tientsin), 5 autonome Gebiete, 29 autonome Bezirke und 65 autonome Kreise.

Wirtschaft: Rund 2/3 der Ausfuhr sind landwirtschaftliche Erzeugnisse wie Tee, Seide, Sojabohnen, Eier etc., der Rest Erdöl, Erze und Textilien. Über 60% des Außenhandels mit westlichen Ländern, darunter mit der Bundesrepublik.

Wichtiges von A bis Z

Ausweispapiere: Paß und Visum, das der gesamten Reisegruppe über die Botschaft auf Antrag des Reiseveranstalters erteilt wird. Impfpaß.

Devisen: Ein- und Ausfuhr von Landeswährung verboten; Deklaration von Fremdwährung.

Diplomatische Vertretungen: Deutsche Botschaft, Tungschimenwai Street Nr. 5, Chayoang District, Peking, Municipality, Tel. 52 21 61/65

Essen und Trinken: Die chinesische Küche hat Weltruhm erlangt; unterschiedlich je nach Landesteil.

Entfernungen/Gewichte und Maße: Metrisch.

Geld: 1 Renminbi-Yuan (RMBY) = 10 Jiao = 100 Fen. 1 DM = 0,80 RMBY

Impfungen: Pocken. Cholera und Gelbfieber bei Einreise aus Infektionsgebieten. Malaria-Prophylaxe für den Süden angeraten.

Klima: Beste Reisezeit allgemein Frühjahr und Herbst. So vielfältig wie die Landschaft sind auch die Klimazonen. Überwiegend Kontinentalklima mit sehr warmen Sommern und sehr kalten Wintern, im Januar mit Temperaturen unter null Grad. Südchina hat weniger extreme Temperaturen, im Jahresdurchschnitt 15,6 °C, die Küstengebiete sind vom Monsun beeinflußt und daher sehr feucht. Peking: Dezember bis März kalt, Juli und August starke Regenfälle.

Stromspannung: 220 V, in Hotels auch Rundstecker.

Trinkgeld: Nicht üblich, gilt sogar als Beleidigung.

Trinkwasser: Lieber vorsichtig sein.

Uhrzeit: MEZ + 7 Stunden. Wenn es in Frankfurt 12 Uhr ist, ist es in Peking 19 Uhr.

Verkehr: Linienflüge nach Peking (Offizieller Name Beijing/Peking, Flughafen Capital, 26 km zur Stadt, Taxi), 1mal wöchentlich direkt ab Frankfurt. Linienflüge nach Kanton (offizielle Bezeichnung Guangzhou/Canton): am besten via Hongkong (siehe dort), dann Bahnfahrt; sonst über Peking oder Shanghai.
Touristen können nur auf den genehmigten Routen reisen. Innerstädtisch gibt es Busse und Taxis. Das Flugnetz ist weitmaschig und wird gewöhnlich nur bei gutem Wetter beflogen. Innerhalb Chinas werden ca. 70 Flughäfen angeflogen.
Das chinesische Eisenbahnnetz weist seine größte Dichte im Osten des Landes auf. Die chinesische Eisenbahn gilt als ausgezeichnet. Die Schlafwagenabteile in den sauberen Zügen haben je vier Betten; fließendes kaltes und warmes Wasser ist vorhanden. Die auf Langstrecken verkehrenden Züge führen in der Regel einen Speisewagen mit, in dem nach Wunsch chinesisches oder europäisches Essen angeboten wird. Die Züge sind im allgemeinen pünktlich, das Bahnpersonal behandelt Ausländer zuvorkommend.

Zollvorschriften: Persönliches Reisegut frei; 200 Zigaretten und 2 Flaschen Spirituosen. Einfuhrverbot besteht für Waffen, Munition und Sprengstoff, Funkgeräte, antichinesische Druckerzeugnisse; belichtete, aber noch nicht entwickelte Filme. Ausfuhrverbot besteht für Edelmetalle und Gegenstände daraus sowie für Antiquitäten, Bücher und Dokumente von historischem Wert.

China ist kein Eintopf

Zu lange haben wir von »dem« China gesprochen und vergessen, daß auch ein streng geführtes kommunistisches Regime die Gleichmachung nicht schafft — oder gar nicht schaffen will. Die Unmöglichkeit, alle chinesischen Staatsbürger im Gleichschritt marschieren zu lassen, wird schon an den Ausmaßen des Landes klar: China ist so groß wie ganz Europa inklusive Sowjetrußland bis zum Ural.
Entsprechend unterschiedlich sind die ethnischen Gruppen und die kulturelle Entwicklung. Zum Beispiel lassen sich die Koreaner in der Provinz Kirin in keiner Weise mit dem Thai-Volk im Süden der Provinz Yunnan vergleichen; doch die Angehörigen beider Minderheiten sind chinesische Staatsbürger. Die Zahl steht noch nicht genau fest, doch eine Milliarde Einwohner dürfte China zur Zeit fast haben. 94 Prozent sind Han-Chinesen. Oberflächlich gesehen, dürften die 6 Prozent Minderheiten keinen Einfluß haben. Doch weit gefehlt. Dadurch, daß die Besiedlungsdichte in weiten Teilen Chinas sehr gering ist, machen die Minoritäten auf etwa 60 Prozent der Staatsfläche einen bedeutenden Teil aus, den auch die Machthaber in Peking entsprechend berücksichtigen müssen und wollen.
Ein Beispiel für Chinas Minoritäten-Politik: Im ganzen Land gelten die Parolen »späte Heirat« und »kleine Familie«. Die Erfolge, die Bevölkerungsexplosion in den Griff zu bekommen, sind beachtlich. Der Staat ließ es

nicht nur bei Parolen; Verhütungsmittel werden kostenlos abgegeben, zur Abtreibung werden einfache Apparaturen überall bereitgehalten.
Nicht so bei den Minderheiten in Grenzgebieten. Dort wird der Zuwachs gefördert. Zusammen mit kultureller Freiheit, Förderung der diesen Völkern eigenen Sprache, zum Teil auch mit der Gewährung einigermaßen selbständiger Verwaltung, baut Peking Bollwerke, auf die sich die Machthaber verlassen können.
Die Kompliziertheit der ethnischen Zusammensetzung, aber auch der Wille Pekings, Eigenständigkeiten zu lassen oder gar zu fördern, geht aus der Zahl der Autonomien hervor: Zunächst gibt es fünf Autonome Regionen, das sind Xinjiang-Uighur (Uiguren), Innere Mongolei (Mongolen), Ningxia Hui (Chinesen islamischen Glaubens), Guangxi Zhuang (Tungusen) und das 1965 annektierte Tibet. Darüber hinaus gibt es 29 Autonome Bezirke und 65 Autonome Kreise. Insgesamt soll es in China 50 ethnische Gruppen geben, darunter außer den bereits erwähnten Völkern auch Kasachen, Kirgisen und Tadschiken,

Peking: Kaiserpalast und karamellisierte Ente

Die Einwohner von Peking (auch *Beijing* geschrieben) wollen es nicht verstehen, daß Touristen aus dem Westen an der *Tschang-an djiä,* an der »Straße des Immerwährenden Friedens«, wenig Gefallen finden. Sie erwähnen mit Stolz, daß der Boulevard die Ost- und die Weststadt auf 44 Kilometer Länge trennt. Sie zeigen erfreut auf den dichten Verkehr, der kommenden Wohlstand signalisiert. Sie ziehen begeistert mit ihren Gästen durch den Staatsladen »Pai huo« und wundern sich, daß das Angebot als mittelprächitg abgetan wird, kein begeistertes Interesse findet.
Das moderne Peking wirkt grau, ist laut, eintönig, bleibt fremd. Vor allem weil keine Zeit ist, einen Blick hinter die trostlosen Fassaden, in die Hinterhöfe zu werfen.
Die Stadt würde vielleicht Leben bekommen, könnte man die Familien Tsui, Yang, Liu und Tang über ihre Probleme und Erlebnisse reden hören.
Bei Tsuis in der Hu tongo, der Altstadt, wird gefeiert. Die Familie hat jetzt drei Fahrräder. Stolz zeigt man den dritten Drahtesel den Nachbarn. Wieder ein Zweirad mehr für die von Rädern beherrschten Straßen der chinesischen Hauptstadt. Frau Tsui hat auch eine Nähmaschine. Eine wohlhabende Familie? Der Dolmetscher korrigiert, Herrn Tsui gefällt »wohlhabend« nicht. »Zufrieden« seien sie, und das wäre doch wohl das höchste Ziel eines Arbeiters.
Familie Yang sitzt in einem Hu nan-Restaurant im East Wind *Market,* einer preiswerten Gegend mit vielen Gaststätten. Yangs haben den Kaiserpalast besucht, zum zweiten Mal schon. Über Touristen, die nur drei Tage in Peking bleiben, wundern sich die Chinesen. Die Yangs haben sich vorgenommen, die »Verbotene Stadt« in den nächsten zwei Jahren richtig kennenzulernen. Alles auf einmal sehen zu wollen, mache doch viel zu müde.

Dann kommt Familie Liu noch hinzu. Der alte Yang bestellt für alle »Shaoxing«, einen warmen Reiswein. Alle sagen »gan bei« und kippen den Zwanzigprozentigen runter. Sie freuen sich gemeinsam über das neue chinesische Strafgesetzbuch, das endlich in allen Provinzen für gleiches Recht und gleiche Strafen sorgt. Das gibt es erst jetzt, ein gleiches Gesetz für ganz China? Der Dolmetscher sagt mit etwas scharfer Stimme, Herr Liu habe gemeint, in Europa seien die Gesetze beispielsweise zwischen Deutschland, Frankreich und England heute noch nicht einmal gleich. Ja, da erinnert man sich wieder: China ist so groß wie ganz Europa, einschließlich der Sowjetunion bis zum Ural.

Die Frauen Yang und Liu freuen sich, daß jetzt auch für Hexen und Zauberer, die ihre Klienten beschwindeln und ihnen dadurch schaden, eine Strafe bestimmt worden ist: bis zu sieben Jahre Haft.

Dann erinnern sich die schnatternden Chinesen wieder an das Problem der Touristen, die vor der schwierigen Aufgabe stehen, in drei Tagen Peking kennenlernen zu sollen oder wollen. Keine Frage ist, daß der *Kaiserpalast,* die »Verbotene Stadt«, die meiste Zeit in Anspruch nehmen wird. Was hier, hinter zwölfeinhalb Meter hohen Mauern, 24 chinesische Kaiser an Bauwerken hinterließen, das ist — wenn man es ernst nimmt — auch in einem Dreiwochen-Urlaub nicht zu meistern. Die Paläste, Hallen, Tore und Gärten bezaubern. Auch der Asien-Tourist, dem so wenig Zeit für die »Mitte der Welt« bleibt, wird bei seinem Rundgang Eindrücke in sich aufnehmen, die unauslöschlich sind.

Über die anderen Sehenswürdigkeiten gehen die Ansichten weit auseinander. Doch sie treffen sich wieder bei den *Ming-Gräbern,* die etwa 30 Kilometer nordwestlich von Peking liegen. Peking ohne einen Besuch der 13 Gräber, das wäre, so sagt Klein-Wang — frei übersetzt — »als wolle man Löwen mit einem Käscher fangen«.

Unvergeßlich ist der Weg durch das aus einem Marmorblock gehauene *Tor des Kaisers Yung-lo* auf die Allee mit den 24 gewaltigen Marmortieren und den 12 Statuen berühmter alter Chinesen. Die vier Meter hohen Tiere verkörpern die Macht (Löwe), die Gelehrigkeit und Geduld (Kamel), den Frieden und die Harmonie (Elefant). Das Pferd ist Symbol der Erhabenheit des Kaisers.

Selbstverständlich bei einem Peking-Besuch ist eine Visite der *Großen Mauer,* angeblich das einzige Stück menschlicher Handarbeit, das vom Mond aus zu erkennen ist (siehe Seite 63).

Trotz des Massenangebots an kulturhistorischen Bauwerken und landschaftlichen Reizen darf das leibliche Wohl nicht vergessen werden. In Peking gilt da die erste Frage der »Peking-Ente«.

Zur Beruhigung: Es gibt sie wirklich. Als Mahnung: Man kann nicht in irgendein Restaurant gehen und einfach so den einheimischen Vogel bestellen. Dieses Spezialgericht ist auch heute noch so speziell und so delikat, daß sein Genuß nur per Vorbestellung zu garantieren ist.

Es kostet Zeit, das Vieh zuzubereiten. Nach einem Wachs-Tauchbad werden auch die letzten Federreste entfernt, dann wird die Ente mit dem Kopf nach oben in den Grill gehängt. Den Hohlraum füllt der Koch nach der Entfernung der Innereien zur Hälfte mit Wasser. Das Fleisch wird also von innen nach außen gegart. Vorher jedoch kommt die Spezialbehandlung: Mit Luftspritzen wird die Haut vom Entenkörper weggedrückt. So hat sie während der Grill-Zeit genügend Gelegenheit, so richtig lecker knusprig zu werden. Die Zuckerlösung, mit der die Enten eingepinselt werden, sorgen für den bekannten Karamell-Geschmack. Und die Spezialisten unter den Feinschmeckern stellen dann auch noch fest, ob das Grillfeuer aus dem Holz des Birn-, des Aprikosenbaums oder des Judendorn stammte.

Die Mauer: 6 000 Kilometer quer durchs Land

Sechstausend Kilometer zieht sich der steinerne Lindwurm, die Große Mauer, quer durch China, vom Gelben Meer bis in die Nähe der Wüste Gobi. Doch »Wan li tschang tscheng«, die »10 000 li lange Mauer«, ist noch nie genau vermessen worden. In der Luftlinie erstreckt sie sich über 2 450 Kilometer, doch wegen der vielen Windungen wird die tatsächliche Länge auf 5 000, in anderen Quellen auf 6 400 Kilometer geschätzt.
Vor zweieinhalb Jahrtausenden standen nur Wachtürme an der Nordgrenze, um die Barbaren zu bekämpfen. Kaiser Shi Huang-ti (221—209 v. Chr.) befahl dann, die Türme und Wälle untereinander zu verbinden. Zehn Jahre lang wurden etwa 300 000 Zwangsverpflichtete beschäftigt. Manche der Verstorbenen oder Verunglückten wurden eingemauert, um die Geister zu beruhigen.
Die endgültige Länge mit 25 000 Türmen erreichte die Große Mauer allerdings erst um 1500 n. Chr. Mit einer Breite zwischen fünf und acht Metern und einer Höhe bis zu 16 Meter war sie allerdings schon um 1215 so beeindruckend, daß sogar der wilde Dschingis Khan zwei Jahre lang 190 Kilometer weiter nördlich verharrte. Erst als der Mongolenfürst hörte, daß die Kaiserfamilie Peking verlassen hatte, um im Süden einen sicheren Ort zu suchen, packte ihn der Zorn. Er überrannte mit seinen Kriegern die Mauer in kurzer Zeit, machte Peking dem Erdboden gleich und massakrierte die Bewohner.
Je raffinierter im Laufe der letzten Jahrhunderte die Waffentechnik wurde, desto weniger Wert hatte das steinerne Ungetüm als abwehrender Grenzwall. Mauer und Türme verfielen allmählich. Doch das restaurierte Stück, 40 Kilometer nördlich von Peking, zeigt dem Besucher auch heute noch sehr eindrucksvoll die imposanten Ausmaße der Großen Mauer.

Shopping: Handeln nicht erwünscht

Einkaufen in einem fremden Land, das ist ein Stück prickelndes Urlaubserlebnis. China, das neue Reiseland . . . was muß es doch an Schätzen bieten! Die Mißachtung religiöser und historischer Kunstgegenstände während der Kulturrevolution, das müßte doch bedeuten, daß Antiquitäten im Reich der Mitte dem Touristen nachgetragen werden.

Träume, alles nur Träume! Bis wir als Touristen kommen durften, waren die so gern beschriebenen, einmaligen Gelegenheiten längst vergriffen. Was also sucht man in China auf seiner Shopping-Tour?

Nun, Antiquitäten gibt es immer noch. Nicht zu Spottpreisen, wie der Besucher manchmal hofft. Und höchstenfalls aus der Zeit des Kaisers Dao guang (1821 bis 1850) von der Qing-Dynastie. Aber der Preis, der verlangt wird, ist reell. Gute Stücke, akzeptable Preise. Wichtig ist, ob eine Ausfuhrbewilligung erteilt wurde. Vor Jahren war es ein roter Aufkleber, als Zeichen, daß der Zoll die Ausfuhr nicht verhindern darf. Das System soll geändert werden. Fragen Sie den Reiseleiter, wenn der Kauf einer Antiquität ernsthaft auf dem Programm steht.

Preiswert gibt es in China auch Gegenstände aus Elfenbein und Jade. Wenn sie teuer sind, ist das Material von erlesener Qualität, billige Schmuck- oder Schnitzgegenstände wurden aus weniger wertvollem Material hergestellt. Wenn das Schmuckstück gefällt, die billige Elfenbeinfigur Sie interessiert, einfach zugreifen. Aus der speziellen Materialkunde wird nämlich häufig eine Philosophie gebastelt, die ihre Redezeit nicht wert ist. Hauptsache, Sie mögen das gute Stück!

Chinesische Seide ist auch eine reizvolle und preiswerte Gelegenheit, wenn man die entsprechende Beziehung zu derartigen Stoffen hat. Besonders günstig — weil dort hergestellt — sind Seidenstoffe in Soochow (Suzhou) und Hangchow (Hang zhou).

Letzter Tip, für Asien etwas ungewöhnlich: In China wird nicht gehandelt. Handeln, also einen niedrigeren als den verlangten Preis bieten, kann sogar als schwere Beleidigung aufgefaßt werden.

Geschichte in Kürze

2205—1766 v. Chr. Altchinesisches Reich

1050 bis 256 v. Chr. Feudalisierung Chinas. Verfall der königlichen Macht.

6. Jahrh. v. Chr. Lao-tse; 551 bis 479 v. Chr. Konfuzius.

480—221 v. Chr. Sieben Reiche kämpfen um die Vormacht.

221—207 v. Chr. Gründung des Staates China durch den Sieger Tjin oder Chin; davon abgeleitet »China«.

214 v. Chr. Beginn des Baus der ersten sog. Großen Mauer.

206 v. Chr.—220 n. Chr. Unter der Han-Dynastie höchste Blüte der chinesischen Kultur. Erfindung des Papiers. Die literarische Bildung erreicht Höhepunkte.

220—589 n. Chr. Zerfall Chinas in Teilstaaten und Niedergang der chinesischen Kultur durch Einfälle von Hunnen, Tungusen und Tibetern. Vorherrschaft des Buddhismus. Das Jangtsebecken wird erobert.

589—618 Reichseinigung.

907—1279 Sung-Dynastie: Gründung eines Beamtenstaates. Blüte der Porzellankunst.

1279—1386 Fremdherrschaft der Mongolen unter der Jüan-Dynastie.

1368—1644 Ming-Dynastie: Zentralisierung der Verwaltung. Konfuzianismus als Staatsreligion.

1644—1912 Mandschu- (auch Tjing-) Dynastie: Eingliederung Tibets, der Mongolei, Ostturkestans und der Mandschurei. Korea, Vietnam und Nepal werden verbündete Staaten.

1840—42 Opiumkrieg mit England.

1850—64 Taiping-Aufstand.

1894/95 Chin.-japanischer Krieg. Verlust von Formosa (Taiwan).

1900 Boxeraufstand.

1905 Gründung des Revolutionsbundes (ab 1912 Kuomintang) durch Sun Yat-sen.

1911/12 Sturz des Kaisertums und Errichtung der Republik.

1921 Gründung der Kommunistischen Partei.

1927—36 Kampf der Kuomintang unter Tschiang Kai-schek gegen die Kommunisten.

1934/35 Langer Marsch der Kommunisten nach Schensi.

1937—45 Chinesisch-japanischer Krieg.

1949 Ausrufung der Volksrepublik China durch Mao Tse-tung. Rückzug Tschiang Kai-scheks nach Taiwan.

1964 Erste chinesische Atombombe in der Wüste Takla-Makan.

1966—68 Große proletarische Kulturrevolution.

1971 Beitritt Chinas zu den Vereinten Nationen (Ausscheiden Taiwans).

HONGKONG

(siehe Karte Seite 52)

Berge werden ins Meer geschüttet, um Wolkenkratzern Platz zu machen. Zwischen den Betonschluchten treffen sich purer, millionenschwerer Kapitalismus mit der unterbezahlten, ungesicherten, rechtlosen Schicht der Arbeitslosen und Gelegenheitsarbeiter. Wer sich allein auf die Straße wagt, wird von Hundertschaften trippelnder, wuseliger Chinesen umringt und irgendwo angeschwemmt. Das ist das eine Gesicht Hongkongs.

Romantik, Folklore und Picknick

Das andere Gesicht: In den New Territories, die bis 1997 von China an Großbritannien verpachtet wurden, leben ausschließlich Chinesen, vorwiegend vom Stamme der Hakka. Die Reisfelder werden mit Holzpflügen bestellt, Wasserbüffel suhlen sich im Schlamm, auf den Märkten werden »hundertjährige Eier«, plattgedrückte Hähnchen und getrocknete Pilze in Säcken von Chinesen-Frauen in alten Trachten feilgeboten. Ihre Hüte ähneln großen Rädern, an deren Rändern als Sonnenschutz Volants hängen. — In Kam Tin, einem ummauerten Dörfchen, sitzen alte Hakka-Frauen mit der Zigarette oder dem Pfeifchen im Mund, spielen Karten oder klöppeln filigrane Spitzendeckchen. Ein Traummotiv für den fotografierenden Touristen. Er muß jedoch darauf vorbereitet sein, daß auch Folklore Geld kostet. Der alte, runzelige Chong paßt da schon auf: Einen Hongkong-Dollar kassiert er pro Klick. Da merkt man erst, wie laut viele Kameras klicken.
Nachts in der Stadt gibt es lärmende Romantik im *Poor Man's Nightclub.* Das sind Straßenmärkte, Flohmärkte mit altem Klimbim und manchen preiswerten nützlichen Dingen vom letzten »Bruch«. Schneider nehmen Maß zwischen Gulaschkanone und Spielzeugstand. Ein Vögelchen zieht den Schicksalsbrief für die niedliche Gymnasiastin, der Wahrsager liest und interpretiert mit theatralischer Stimme, das Mädchen und ihre Freundinnen lauschen mit offenen Mündern. Nebenan gibt es illegale Überspielungen, unwahrscheinlich billige Schallplatten und Kassetten. — Vorsicht ist hier bei den Garküchen geboten. Nicht die billigste wählen, sie könnte die Lust auf die ansonsten verführerische Chinaküche nehmen. Vorsicht auch vor Taschendieben — besser ist es, nichts in den Taschen zu haben oder sie zuzunähen. Das »Nachtlokal für den armen Mann« ist zu finden

- in *Victoria* auf der Insel Hongkong kurz vor dem *Macao Ferry Pier,*
- in *Kowloon* an der Kreuzung *Jordan Road* und *Temple Street.*

Landschaft und Ruhe, grüne Hügel und herrliche Strände gibt es auf *Lantau.* Diese Insel ist doppelt so groß wie die Insel Hongkong und im Tourismus nur wenig bekannt. Vielleicht wollen die Hongkongesen gar nicht, daß

Aberdeen ist der älteste und größte Fischerhafen in Hongkongs Umgebung

Lantau so bekannt wird. Denn die Einheimischen nutzen das stille Paradies am Wochenende für ausgiebige, gelegentlich mehrtägige Picknicks. Manche Familien verknüpfen ihr Religions- und Trimmdich-Programm, indem sie vom Hafen *Silvermine Bay* zum *Buddhakloster Po Lin* wandern. In der Klostergaststätte gibt es am Wochenende ein wohlschmeckendes vegetarisches Menu. Der Reis dampft in hölzernen Fässern, jeder kann so viel nehmen, wie er will.
Vor Jahren noch meinte ich, für Hongkong reichten vier Urlaubstage, um den Überblick zu haben. Dazu stehe ich zwar, wenn es um den Besuch der Schwesterstädte Victoria und Kowloon, eventuell noch der New Territories geht. Doch der britische Besitz in China besteht aus einem Stück Festland und mehr als 200 Inseln. Darunter einige Fleckchen, für deren Entdeckung sich Tage lohnen.

Hongkong in Stichworten

Geografische Lage: 22—23,5° nördlicher Breite, 113,5—114,5° östlicher Länge. Entfernung von Frankfurt nach Hongkong 10 808 km.

Größe: 1 045 qkm, inklusive Wasserflächen 2 916 qkm.

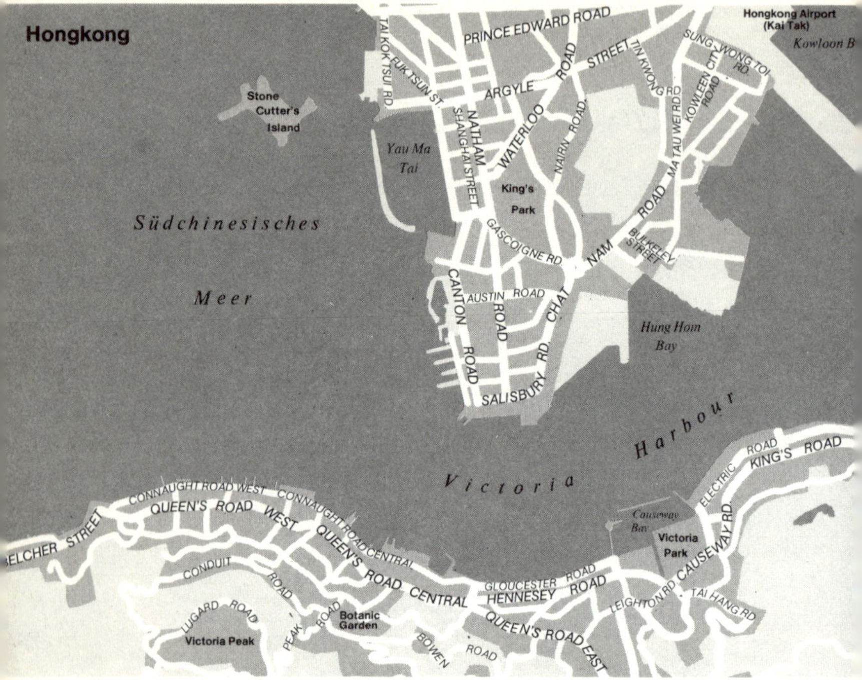

Größter natürlicher Hafen der Welt, teilweise gebirgig mit dem höchsten Berg in den New Territories (rund 1 000 m).

Bevölkerung: Über 4,6 Mill. Einwohner, davon 98% Chinesen, etwa 35 000 Weiße (meistens Briten).
Buddhisten, Konfuzianer und christliche Minderheiten.

Sprachen: Englisch und Kantonesisch.

Hauptstadt: Victoria auf der Hauptinsel, ca. 1 Mill. Einwohner (mit Vororten). In Kowloon, gegenüber Victoria auf dem Festland, leben 1,6 Mill. Menschen.

Staatsform: Seit 1842 britische Kronkolonie, neuerdings wird die Bezeichnung »Verwaltungseinheit« verwendet.

Wirtschaft: Bedeutend als Hauptumschlagsplatz zwischen dem kommunistischen China und der westlichen Welt. Rege vielseitige Industrie, vor allem Werften und Textilfabrikationen. Etwas Eisenerzabbau. Hauptausfuhrgüter: Textilien, Möbel, chemische und pharmazeutische Produkte sowie elektrische Geräte.

Flora: Rund 2 400 Pflanzenarten, in den New Territories Reis.

Wichtiges von A bis Z

Ausweispapiere: Paß, Rück- bzw. Weiterreisepapiere, Impfpaß, internationaler Führerschein.

Devisen: Keine Beschränkungen.

Diplomatische Vertretungen: Deutsches Generalkonsulat, Realty Building, 12th Floor, 71, des Voeux Road, Victoria/Hongkong, Tel. 22 10 31; Österreichisches Berufsgeneralkonsulat, 2201 Wang Kee Building, 34—37 Connaught Road, Central, Hongkong, Tel. 5-23 97 16.

Einkäufe: Öffnungszeiten Mo.—Sa. 9—17.30/18, einige bis 20 Uhr; Banken Mo.—Fr. 10—15, Sa. bis 12 Uhr.
Hongkong ist Freihafen für alle Waren bis auf Alkohol, Tabak, Autos, Parfüm und Kosmetika. Es ist eine Fundgrube mit günstigen Preisen (bis zu 30% billiger als in Europa) für elektrische und optische Geräte, Kameras mit Zubehör, Uhren, Büromaschinen. Außerdem: chinesische Antiquitäten (gute Stücke allerdings selten und teuer), Porzellan, Bronzefiguren (echte sind sehr teuer), Jadefiguren, Elfenbeinarbeiten, Riechflaschen aus verschiedensten Materialien. Kleidung wird in 48 Stunden sehr billig maßgeschneidert, Anzüge ab 150 Mark, gute Oberhemden ab 25 Mark, Damenkleidung ab 130 Mark. Preiswert sind auch Lederwaren, wie Koffer, Handtaschen und Schuhe, ferner Lampenschirme und Kissen, Teppiche und Musikinstrumente, Schmuck aus Edelmetallen, mit Edelsteinen oder Perlen (nur bei renommierten Händlern kaufen!), Sportartikel und Spielzeug. Vorsicht vor Schleppern, die an den Touristen natürlich verdienen wollen! Feste Preise in Kaufhäusern und führenden Läden, sonst ist Handeln unbedingt üblich.

Essen und Trinken: Die kulinarischen Spezialitäten Hongkongs aufzuzählen, ist unmöglich. Besonderheiten aus der vielfältigen chinesischen Küche: Vogelnestersuppe (sehr teuer und allzu fein im Geschmack — beinahe nichtssagend), Schlangengerichte. Affenhirn ist inzwischen verboten.
Kantonesische Küche: mit Honig bestrichenes und über Holzkohle gebratenes Spanferkel; alle Sorten von Fleisch und Fisch mit Gemüse aller Arten wie auch Bambussprossen und Pilzen.
Pekingküche: Peking-Ente, Beggar-Chicken (Bettler-Hühnchen) mit gehacktem Fleisch und Gewürzen gefüllt, in Lehm und Lotusblättern eingeschlagen und stundenlang in heißer Asche gebacken; Mongolian Hotpot ist eine Art Fondue mit Fleischbrühe und viel Gemüse und Kräutern statt Öl.
Hakka-Restaurants mit derberer Kost (viel Fleisch und Innereien): in Salz gebackenes Huhn oder ebenso zubereitete Hühnerleber.
Es wird mit Stäbchen gegessen, in den Hotels aber europäisch.
Tee wird häufig kostenlos zum Essen serviert.
Für den kleinen Hunger: Dim Sum oder Yam Cha wie Klöße, Gemüse- oder Teigtaschen mit Fleisch gefüllt u.a.m. in kleinen Körbchen. Pro Stück bis zu 1 DM — dazu Tee.

Entfernungen, Gewichte und Maße: Englisch.

Geld: 1 Hongkong-Dollar (HK$) = 100 Cents. 1 DM = 2,65 HK$.

Impfungen: Pocken, Cholera bei Einreise aus Infektionsgebieten, aber auf jeden Fall ebenso wie Malariaschutz ratsam.

Klima: Beste Reisezeit ist September bis Anfang Dezember. Mai bis Oktober warm (durchschnittlich 27 °C) und feucht (bis 90%). Kühl November bis April (durchschnittlich 18°). April bis August sehr warm und regenreich. Frühling und Herbst sind sonnig und trocken.

Stromspannung: 220 V (englischer Rundstecker).

Trinkgeld: Bedienungszuschlag von 10% auf der Rechnung, dazu 5% Trinkgeld üblich. Sonst gibt man 10—15%, auch an Friseure und Taxifahrer. Für kleine Dienstleistungen ab 0,5 HK$.

Trinkwasser: Einwandfrei, aber im Sommer zum Teil knapp und stark gechlort.

Uhrzeit: MEZ + 8 Stunden. Wenn es in Frankfurt 12 Uhr ist, ist es in Hongkong 20 Uhr.

Verkehr: Knotenpunkt für den Flugverkehr von und nach allen westlich orientierten Ländern im Fernen Osten. Linienflüge nach Hongkong (Flughafen Kai Tak 7,5 km zur Stadt, mit der Kowloon-Star Ferry oder Bus zum Mandarin Hotel alle 15 Minuten; Flug-

hafensteuer bei der Ausreise 15 HK$). Täglich ab Frankfurt direkt, sonst via Genf oder Zürich bzw. Bangkok oder Delhi. Gut ausgebauter Nahverkehr in Hongkong, Kowloon, New Territories und den größeren Inseln per Taxi (1. Meile 2 HK$ mit Taxameter). Busse im Stadtverkehr 0,30, im Überlandverkehr bis 3,50 HK$. Kurze Straßenbahnlinie auf der Hauptinsel (0,30 HK$). Peak Tram, Seilbahn zum Hausberg, 1,50 HK$, Fähren (»Star Ferry«, 1. Klasse 0,25 HK$) zwischen Hongkong und Kowloon. Eisenbahn nach Kanton. Mietwagen ab 50 Mark pro Tag ohne Meilenbegrenzung.
Linksverkehr (aber abenteuerlich!).

Zollvorschriften: Persönliches Reisegut frei.200 Zigaretten oder 50 Zigarren oder 250 g Tabak. 1,1 l Wein oder Spirituosen.

Auf Inseln und Festland

Nach der Insel Hongkong ist auch die gesamte britische »Verwaltungseinheit« benannt. Dieses Wort ist ein Ersatz für die offiziell nicht mehr erlaubte Bezeichnung »Kronkolonie«. Der ganze Wortlaut für das, was Hongkong staatsförmlich gesehen ist, heißt so: »British administered settlement on the south coast of China«. Auf dem Festland gehören Kowloon und die New Territories, sonst 233 kleine Inseln und die größte des Gebiets, Lantau, sowie die erwähnte Hauptinsel zu Gesamt-Hongkong.
Hongkong-Insel: Im nördlichen Teil der Insel liegt die Hauptstadt Hongkong-City, auch *Victoria* genannt. Und sei der Aufenthalt auch noch so kurz, drei Sehenswürdigkeiten müssen besichtigt werden: Auf dem 550 Meter hohen *Victoria-Peak* kann sich der Besucher im wahrsten Sinne des Wortes einen Überblick verschaffen. Der Blick auf Stadt, Insel und Festland gilt bei vielen Weltenbummlern als schönster Stadtblick der Welt. — Auch *Aberdeen* wird sich niemand entgehen lassen. Vor allem morgens bis 8 Uhr wird deutlich, daß Aberdeen der älteste und größte Fischerhafen in der Umgebung ist. Auf fast 5 000 Dschunken leben zigtausend Chinesen. Wer einen Abend Zeit hat, sollte auf einem der schwimmenden Restaurants kantonesisch essen. — Dritte Attraktion ist der *Tiger Balm Garden,* erbaut von den Gebrüdern Aw Boon, den Erfindern des heilkräftigen Tigerbalsams. Der lustige Garten mit seinen grellbunten Drachen und Dämonen, den vielen Grotten, Höhlen und Brücken, den Tempeln und Pagoden ist nicht nur für Fotografen interessant. Hier wird ein Stück chinesischer Mystik und Religion deutlich.

Kowloon: Das Geschäfts- und Einkaufs-Zentrum auf dem zu Hongkong gehörenden chinesischen Festlandstreifen ist durch ständigen Fährverkehr und einen Straßentunnel mit der Insel Hongkong verbunden. Wer gerne »Shopping« macht, sollte den Schiffsbahnhof *Ocean Terminal* besuchen. Hier befindet sich eines der größten Einkaufszentren Asiens. Sich zu verlaufen ist hier sehr einfach.

Lantau: Auf diese noch relativ unberührte Insel fahren die Hongkongesen am Wochenende. Der Hauptort *Tai-O* ist vor allem deshalb lustig, weil er

Hongkong, die britische »Verwaltungseinheit« im Fernen Osten besteht aus einem Streifen China und mehr als 200 Inseln

durch einen Bach getrennt ist; der Verkehr wird von zwei Chinesinnen aufrechterhalten: Sie ziehen ein Boot mit der Hand an einem festgemachten Tau entlang zum anderen Ufer.

New Territories: Dieser Festlandteil wurde erst 57 Jahre nach dem Erwerb Hongkongs gekauft, deshalb der Name. Hier hat sich echtes chinesisches Landleben erhalten. Die Bewohner dieser Gegend haben außer ihrer Abstammung nichts mit den Stadt-Hongkongesen gemeinsam. — Eine Rundfahrt ist sehr lohnend, fast jedes Dörfchen oder Städtchen hat seinen eigenen Charakter. Zum Pflichtprogramm gehört immer noch *Lok Ma Chau,* ein kleines Grenzstädtchen zur chinesischen Volksrepublik, mit einem Blick über den Grenzfluß *Sum-Chun* ins Große Reich. — Ein Kleinod von ganz besonderer Art ist das 600 Jahre alte Örtchen *Kam Tin.* Hinter dicken Stadtmauern in engen Gäßchen lebt eine sogenannte Kommune, die ein ganz gutes Geschäft macht. Vor dem Tor sitzen die alten Weiber in ihren Trachten und spielen Karten, während der Vorsteher der Gemeinschaft streng darüber wacht, daß kein Foto ohne bare Münze gemacht wird. Im Dorf werden Souvenirs und Antiquitäten verkauft.

Ein Einkaufsparadies

»Eulen nach Athen tragen« ist ein bekannter Hinweis auf Unnötiges. Ebenso könnte man aber auch sagen: »Der trägt Koffer nach Hongkong«.
Erster Tip also: Nehmen Sie Ihre schäbigsten Koffer mit, gut genug für Hongkongs Mülltonnen. Koffer und Taschen kosten manchmal nur die Hälfte dessen, was bei uns verlangt wird. Ebenso günstig sind maßgeschneiderte Anzüge, Kleider, Kostüme und Hemden. Doch Vorsicht vor dem 24-Stunden-Angebot. In dieser Zeit ist kein Kleidungsstück mit gutem Sitz und einwandfreier Verarbeitung zu fertigen. Drei bis vier Tage und zwei oder drei Anproben sollten einkalkuliert werden. Auch für die anderen Herrlichkeiten Hongkongs, die meistens zollfrei angeboten werden, sollten sich die Kunden Zeit lassen. Wer schnell kauft, wirft Geld weg — das ist eine wichtige Hongkong-Devise.
Der asiatische Freihafen verlockt zum Zugreifen. Da muß ein Besucher schon ganz hart gesotten sein, wenn er die britische »Verwaltungseinheit« nicht mit vollen Taschen verläßt.
Hier der Weg, wie große Einkäufe gut gelingen.
Bei Kameras, Uhren, Radios und anderen technischen Gegenständen zuerst in Deutschland Preise vergleichen und notieren. Schon zu Hause Alternativen überlegen.

- In Hongkong bei der Tourist Association im Connaught-Centre, 35. Stock, den Einkaufsführer »The Bargain Guide to Shopping in Hongkong« besorgen. Dort sind Läden aufgeführt, die Qualitätsware führen. An der Ladentür klebt der »Rote Kreis mit schwarzer Dschunke« (HKTA-Siegel).
- In solchen Läden muß auch gehandelt werden, deshalb zuerst in ein Kaufhaus oder ein großes Fachgeschäft mit Festpreisen, um eine klare Basis für das Feilschen zu haben.
- Danach mindestens in drei Läden um den Gegenstand feilschen, damit die unterste Grenze ausgelotet wird.
- Wer wertvollen Schmuck kaufen will, sollte sich zuerst bei der »Diamond Importers Association« im Central-Building, Ecke Pedderstreet/Queensroad, im 12. Stock eine Liste der führenden Juweliere geben lassen. Die aufgeführten Geschäfte bieten eine gewisse Garantie für Seriosität.
- Wer große Bedenken hat oder nach seiner Meinung reingelegt wurde, ist auch in der Wolkenkratzer-Stadt nicht wehrlos. Hilfe und Rat findet jeder Tourist beim »Hongkong Consumer Counsel«, South China Building, Wyndham Street 1, 2. Stock.

Als letzter Rat sei noch eine Warnung erlaubt: Das besonders günstige Angebot, das auffallend von den anderen abweicht, sollte Mißtrauen erwecken. Das Fotoobjektiv kann 2. Wahl sein; die Kamera hat eventuell eine Macke, die man erst zu Hause merkt; der Brillant ist vielleicht eine gute Imitation, die Antiquität kommt unter Umständen direkt aus der Fabrik. Das Jade-Armband hat möglicherweise »Steine« aus besonders gutem Kunststoff. Jade ist überhaupt der große Hit für Hongkong-Besucher. Merken Sie sich: Echte Jade ist selten und teuer. Die Farbe sagt gar nichts, denn Jade kann grün oder weiß oder von anderer Farbe sein. Echte Jade ist so hart, daß sie sich auch mit scharfem Stahl nicht kratzen läßt. Machen Sie den Test. Lehnt der Händler ab, so hat er wohl seine Gründe dafür.

Geschichte in Kürze

1842 Nach dem Opiumkrieg wurde China von Großbritannien gezwungen, seine auslandsfeindliche Haltung aufzugeben. Um die bedrohte Hauptstadt Nanking zu retten, wurde die Insel Hongkong an die Briten abgegeben.

1851 Der Aufbau geht rasch vonstatten, so daß 1851 sogar schon der Cricket Club gegründet werden konnte.

1860 Nach dem sogenannten 2. Opiumkrieg (Auslöser war die Beschießung eines britischen Schiffes durch die Chinesen) bekommt Großbritannien im Friedensvertrag die Halbinsel Kowloon und die Stonecutter-Insel zugesprochen.

1898 Die Briten pachten die New Territories und die 233 vorgelagerten Inseln auf 99 Jahre.

1941 Die Japaner besetzen Hongkong.

1945 Die Briten übernehmen die Verwaltung wieder.

1967 Kurzfristige, kommunistisch gelenkte Unruhen.

INDIEN

Bharat Juktarashtra

(siehe Karte Seite 28)

Es wäre vermessen, Indien kennenlernen zu wollen. Dazu reicht das längste Touristen-Leben nicht. Vielleicht lassen sich Landschaft und kulturhistorische Werke im Laufe von Jahren einigermaßen erfassen. Doch bei den Menschen dieses 650-Millionen-Volkes ist der Überblick zu Ende. Allein das rapide Wachstum macht schwindelig: Alle 1,5 Sekunden kommt ein Inder zur Welt, das sind mindestens 60 000 Menschen pro Tag, jährlich fast 22 Millionen, abzüglich der Sterbefälle ein Zuwachs von rund 14 Millionen pro Jahr. Dieses Problem begegnet dem Besucher bei jeder Landung, sei es in Bombay, Kalkutta oder Delhi. Besonders krass gerade dort, wo Touristen zu wohnen pflegen: vor den Luxusherbergen, wo die Ärmsten der Armen ihr Nachtlager aus Nichts aufschlagen und tags die bettelnden Hände ausstrecken.

Über die Not Indiens wurde schon viel geschrieben, viel nachgedacht, und seit Jahrzehnten werden ständig Versuche gemacht, der Not Herr zu werden. Von außen und von innen. Sie, die Inder, müßten selbst am besten wissen, wie dem indischen Volk zu helfen ist. Doch das politische Stückwerk halbherziger Maßnahmen endet immer wieder in der Sackgasse. Teils, weil Programme unter Mißachtung jeder Menschenwürde ins Volk gedrückt werden und von vorneherein die Auflehnung des primitivsten Unberührbaren heraufbeschwören müssen. Jüngstes Beispiel: die Eindämmung des Bevölkerungszuwachses durch »freiwillige« Sterilisation. Die Brutalität vieler Eiferer, die faschistoide Einstellung mancher Mächtigen gegenüber niedrigen Kasten brachten das Programm und die damalige Regierung zu Fall. Danach kam der Stillstand. Alte Männer meditierten über den Sinn des Lebens, verwechselten senilen Alters-Starrsinn mit politischem Programm, und außer einer antiquierten Lebensphilosophie bot der Premierminister höchstens noch eine Gesundheitslehre, die mit dem morgendlichen Genuß des eigenen Urins begann. Was nach seinem Sturz kam, berechtigt ebenfalls nicht, auf eine Wende zum Positiven zu hoffen.

Wie soll bei solchen Vorbildern ein Volk, das ohnehin per Religion glaubt, das Leben jedes Einzelnen sei bereits mit seiner Geburt festgelegt, sich selbst an den Haaren aus dem Sumpf ziehen? Diese Ohnmacht muß ein Tourist kennen, will er seine Excursion, die zwangsläufig das gesellschaftspolitische und soziologische Problemsystem Indiens streift, einigermaßen ertragreich gestalten.

Das Land in Stichworten

Geografische Lage: 67—98° östlicher Länge, 8—36° nördlicher Breite. Die indische Bundesrepublik grenzt im Nordwesten an Pakistan, im Norden an die VR China und Nepal, im Osten umschließt sie Bangla Desh und grenzt dann an Burma und den Golf von Bengalen, im Süden an den Golf Manar und im Westen an das Arabische Meer.

Entfernung von Frankfurt nach Bombay 6 531 km.

Größe: 3 148 595 qkm, ohne den von Indien beherrschten Teil von Kashmir und ohne Sikkim, sonst 3 287 590 qkm. Dreimal Frankreich und Spanien.
Vom Himalaja-Gebirge reicht das Land über dessen Vorberge, die Schwemmlandebene vom Ganges und Brahmaputra und das Dehkan-Tafelland bis zur Südspitze der Halbinsel Vorderindien. An die Gangesebene schließen sich im Süden zunächst niedrige Mittelgebirge (bis 1 064 m) an, auf die ein von Flüssen zerschnittenes Tafelland bis zu 1 000 m Höhe folgt. An den Küsten von Randgebirgen gesäumt, den niedrigen Ost- bzw. den höheren Westghats (Nilgiri mit 2 633 m).

Bevölkerung: Rund 650 Mill. (190 je qkm!), rund 20% städtisch.
83% Hindus, 11,2% Moslems, 2,6% Christen (über die Hälfte davon Katholiken), 1,9% Sikhs, 0,4% Jains, 0,7% Buddhisten, etwa 200 000 Parsen und 16 000 Juden. Als Ausländer in Indien leben Minderheiten von Tibetanern, Chinesen, Europäern u. a.

Sprachen: Staatssprache ist Hindi, »assoziierte« Sprache und gleichzeitig Umgangs- bzw. Geschäftssprache Englisch. In den Bundesstaaten Gleichberechtigung der Regionalsprachen.

Hauptstadt: Neu Delhi, über 300 000 Einwohner, Delhi mit Vororten über 4 Mill. Einwohner.

Großstädte: Kalkutta (nur Stadt) 3,2 Mill.; Bombay 6 Mill.; Madras 2,5 Mill.; Haiderabad 1,7 Mill.; Ahmadabad 1,6 Mill.; Bangalore 1,6 Mill.; Kanpur 1,2 Mill.

Staatsform: Seit 1950 unabhängige Demokratische Republik als Bundesstaat (die größte »Demokratie« der Welt); seit 1947 unabhängiges Mitglied im Commonwealth. Zu Indien gehören als besetztes Gebiet Kaschmir, insgesamt 21 Staaten mit eigenen Parlamenten und Regierungen, mehrere der zentralen Verwaltung unterstehende Gebiete (darunter Goa mit Darman und Diu) und Sikkim als annektierter Staat seit der Entmachtung des Königs im Jahre 1974.

Wirtschaft: Beinahe die Hälfte der Landesfläche wird landwirtschaftlich genutzt, wobei vielfach mühsam bewässert werden muß. Hauptsächlich angebaut werden: Reis, Hirse, Weizen, Zuckerrohr, Sesam, Erdnüsse und Bananen. Die Viehzucht spielt (allein schon wegen der Heiligkeit der Kühe) kaum eine Rolle. Die Förderung der Bodenschätze gewinnt an Bedeutung: Eisen, Kohle, Bauxit, Mangan, Chrom, Antimon, etwas Gold, Kupfer, Uran, Titan, Blei, Zink u.a. Erze. Ebenso wichtig ist die Industrie mit der traditionellen Verarbeitung von Jute, Baumwolle, Leder und Zuckerrohr und die modernen Stahl- und Eisenindustrie sowie die Metallverarbeitende-, Chemische-, Holz- und Papierindustrie. Hauptexportgüter sind Baumwollwaren, Jute, Tee; außerdem Erze, Häute, Felle, Pflanzenöle, Gewürze, Obst, Gemüse, Tabak, Eisen und Stahl.

Flora: Im Hochland Trockenwald, Savannen und Steppen, an den Küsten teilweise Mangrovendickichte und Sümpfe, an den Gebirgshängen häufig Regenwald.

Wichtiges von A bis Z

Ausweispapiere: Paß, für Nepal-Abstecher kurzfristig Visum an der Grenze oder sicherer bei der Nepalesischen Botschaft in Bonn erhältlich (Paßfotos!), Impfpaß, internationaler Führerschein.

Devisen: Ausländische Reisende müssen neuerdings ihre Hotelrechnungen in harter Währung zahlen. Z.B. D-Mark, US-$, £-Sterling; Rupien werden dafür nicht angenommen. Ein- und Ausfuhr von Landeswährung verboten; Fremdwährung deklarieren.

Diplomatische Vertretungen: Deutsche Botschaft, 6, Shanti Path, Chanakyapuri, New Delhi -3, Tel. 7 43 61; Österreichische Botschaft, 18 Jor Bagh, New Delhi -3, Tel. 61 15 67.

Einkäufe: Öffnungszeiten Mo.—Sa. 9.30—17.30 Uhr und später; Banken Mo.—Fr. 9.30—12 und 13.30 — 17.30 Uhr, manche auch samstags.
Teppiche und Seidenstoffe, Messing-, Elfenbein- und Töpferarbeiten, sehr schöner Schmuck aus Gold und Silber mit Halbedel-und Edelsteinen, Holzschnitzereien, künstliche Blumen (Phulkari), wunderschöne Figuren und Spielsachen aus Pappmaché und Terrakotta, orientalische Kleinmöbel, Artikel aus Kaschmirwolle wie Schals und Wandbehänge sowie Decken. Sehr gute Einkaufsmöglichkeiten in New Delhi am Connaught Circus und in Alt Delhi im Basar Chandni Chowk (aber Vorsicht, man kommt schlecht vorwärts wegen der zahlreichen Bettler, die dem Touristen den Weg versperren).

Essen und Trinken: In Indien kann man auch als Tourist die vorzüglichen einheimischen Spezialitäten in den internationalen Hotels und Restaurants bedenkenlos essen.
Es gibt eine Fülle von Curry-Gerichten (werden auf einem runden Tablett in vielen kleinen Schüsselchen und Schälchen serviert, ziemlich scharf) mit Fleisch, Fisch, Hühnerfleisch, Kokosnuß, Quark etc. Am schärfsten ist der Madras-Curry. Dazu werden »Chapatti« gereicht, eine Art dünnes, gewürztes Brot (lohnt sich mitzunehmen), und »idlis«, Reis-Kekse.
Die indischen Nachspeisen sind sehr süß und häufig sehr, sehr englisch.
Für alkoholische Getränke gibt es strenge Gesetze: Prohibition in manchen Staaten, in anderen nur teilweise. In den Großstädten gibt es »Dry days«, trokkene Tage (beim Apotheker normalerweise), an denen kein Alkohol ausgeschenkt wird. Allerdings gibt es für Touristen Sondergenehmigungen für den Kauf und Genuß von Alkohol (beim Gouvernment Tourist Office erhältlich). Lokale Biersorten sind sehr schmackhaft. Nicht jedermanns Sache ist dagegen der Feni-Schnaps, ein ungewöhnlich riechender »Klarer«, meist aus Nüssen hergestellt.

Feiertage: 1. Januar, 12., 18. und 26. Januar (Tag der Republik), 22. und 24. März, 19. und 20. April, 23. Mai, 15. August (Unabhängigkeitstag), 28. August, 2. Oktober (Ghandis Geburtstag), 11. und 12. Oktober, 1. und 17. November, 25. Dezember (Weihnachten). Außerdem eine Reihe jährlich wechselnder Feiertage.

Entfernungen/Gewichte und Maße: Englisch.

Geld: 1 Indische Rupie (iR) = 100 Paise. 1 DM = 4,4 iR

Impfungen: Gelbfieberimpfungen bei Einreise aus Infektionsgebieten (sehr eng gefaßt); Pocken, Cholera und Malariaschutz sind dringend zu empfehlen.

Klima: Beste Reisezeit Oktober bis März. Der Monsun bestimmt das Klima: im Süden tropisch, im Norden subtropisch. Juni bis Oktober Hauptniederschläge, besonders reich an den Hängen des Westgaht und der anderen Gebirge bis zum Himalaja. Mitte April bis Mitte Juni heißeste Zeit (im Binnenland trocken, an der Küste feuchtheiß), Oktober bis März angenehm, im Süden bis November Regenzeit.

Stromspannung: Fast überall 220 V.

Trinkgeld: Bedienungszuschläge in den Hotels sehr unterschiedlich bis 12%, in Restaurants 10%. Für besondere Dienstleistungen ist kleines Trinkgeld üblich, ab 1 Rupie.

Trinkwasser: Auch zum Zähneputzen Mineralwasser nehmen!

Uhrzeit: MEZ + 4 1/2 Stunden. Wenn es in Frankfurt 12 Uhr ist, ist es in New Delhi 16.30 Uhr.

Verkehr: Linienflüge nach Delhi (Flughafen Delhi 14,5 km zur Stadt, Bus und Taxi, Flughafensteuer 20 Rupien bei der Ausreise), täglich direkt ab Frankfurt. Linienflüge nach Bombay (Flughafen 29 km zur Stadt, Taxi, Flughafensteuer s.o.), täglich direkt ab Frankfurt, sonst auch via Genf oder Zürich bzw. Delhi

(s. dort). Linienflüge nach Madras (Flughafen 16 km zur Stadt, Taxi), 4mal wöchentlich direkt ab Frankfurt via Delhi bzw. Bombay.
Linienflüge nach Calcutta (Flughafen 13 km zur Stadt, Taxi), 1mal wöchentlich direkt ab Frankfurt, sonst via Delhi oder Bombay.
Relativ dichtes Streckennetz der Indian Airlines, doch sind die Flüge sehr stark belegt (Vorausbuchungen notwendig), weshalb es für nichtbenutzte Flugplätze hohe Annullierungskosten gibt.
Buszubringer zur Stadt meistens kostenlos. Knotenpunkte sind New Delhi, Madras, Bombay und Calcutta, z.B. Delhi-Madras 2mal täglich, 2 1/2 Stunden, ca. 200 Mark.
Rückgrat des indischen Verkehrs ist die Eisenbahn: größtes Schienennetz Asiens und das viertgrößte der Welt (59 684 km mit 7 058 Stationen). Der Inder reist mit seiner Bettrolle, Ausländer erhalten in den klimatisierten Zügen kostenlos Bettzeug. 1.-Klasse-Plätze nur mit Reservierung zu haben.
Die Straßen zwischen den wichtigsten Städten sind asphaltiert und gut. Linksverkehr. Keiner beachtet die Verkehrsbestimmungen, über Land geht es langsam voran wegen der Ochsengespanne. Benutzung der öffentlichen Überlandbusse (»Public Carrier«) ist Touristen nicht zu empfehlen, dafür aber die Bustouren in den Städten.
Zollvorschriften: Persönliches Reisegut frei; 200 Zigaretten oder 50 Zigarren oder 250 g Tabak; 1 l Spirituosen; bei der Einreise muß eine Gepäckliste mit allen wichtigen Gegenständen ausgefüllt werden — diese Gegenstände müssen bei der Ausreise wieder ausgeführt werden (wird streng kontrolliert), sonst wird Einfuhrzoll und evtl. ein Verfahren wegen Übertretung der Einfuhrbestimmungen fällig!

Raubbau: Die Äxte liegen in Gottes Hand

Geduld ist die Waffe Indiens — gleichzeitig aber auch die Wurzel des Unveränderlichen. Mit westlichen Maßstäben in Indien auf Veränderungen zu warten, bedeutet Verzweiflung und Resignation.
Es sind nicht nur Armut, Hunger und soziale Ungerechtigkeiten, die scheinbar unabänderlich sind. Auch wirtschaftliche Ignorantenspiele und verantwortungslose Ausbeutung der Natur können in diesem Land jahrelang fortgesetzt werden. Obwohl dadurch ausgelöste Katastrophen schon begonnen haben.
Ein Beispiel sind die Wälder des Himalaja. Die Forstämter vergeben dort die Nutzungsrechte — das bedeutet meistens Kahlschlag — an private Gesellschaften. Der jährliche Monsunregen bringt neue Schrecken: Die haltlose Erde rutscht abwärts und verschüttete bereits 1972 ganze Dörfer, begrub Menschen und Vieh.
In den Nachbardörfern bildeten die Einwohner Aktionen gegen die Holzfäller. »Umarmt die Bäume« klang es von Dorf zu Dorf. Wo die Männer den Axtknechten den Schlag nicht verbieten konnten, klammerten sich Frauen und Kinder um ihre Bäume. »Wir haben Seelen wie ihr, zieht unserer Mutter Erde nicht die Haut ab«, klagen sie im Namen des Waldes.
Schon 1974 berichtete »Indo Asia«, ein Heft, das im Auftrag der Deutsch-Indischen Gesellschaft herausgebracht wird, über Kahlschlag und Erfolg dieser Volksbewegung. Da einige Holzfäller abgezogen waren, jubelte das Heft: »Hoch klingt das Lied von der braven Frau«.

Doch bald klang in anderen Tälern das Echo schlagender Äxte wieder durch die Wälder. Ende 1976 kam dann der Untersuchungsbericht eines Teams deutscher, schweizer und österreichischer Wissenschaftler, das vom Bonner Bundesministerium für wirtschaftliche Zusammenarbeit finanziert wurde: »Die fortschreitende Entwaldung beschleunigt den natürlichen Erosionsprozeß und führt zu Zerstörungen sowohl in den Bergregionen wie auch Überschwemmungen, Dürren und Geschiebezufuhr auch in den Tälern und Ebenen.«
1979 ist das Thema immer noch nicht abgeschlossen. Aus einem Bericht der Süddeutschen Zeitung: »Ein übles Auktionssystem, mangelhafte Kontrollen und Bestechung begünstigen einen Raubbau, dessen Folgen schon heute zu spüren sind.« Auch 1979 wehrten sich die Dörfler noch gegen die Holzhändler mit der ihnen eigenen Geduld. Dem Begründer der Bewegung, Sunderlal Bahuguna, riß nun aber die Geduld. Der Inder »mit dem grau-schwarzen Zauselbart« eilte erzürnt nach Delhi zum damaligen Ministerpräsidenten Desai. Dieser verstand, stimmte zu, zuckte mit den Schultern und meinte: »Es liegt alles in Gottes Hand.«

Die Vielfalt der Sprachen und Völker

Die Schwierigkeit einer gemeinsamen Politik und gemeinsamer Reformen zeigt sich schon in der Ausdehnung des Landes, in der Vielfalt der Sprachen und Stämme beziehungsweise Völker. 3 200 Kilometer von Norden nach Süden erstreckt sich der Kontinent, das entspricht der Strecke Frankfurt-Kanarische Inseln. Die Ausdehnung von Westen nach Osten entspricht der Strecke London-Ankara (2 900 Kilometer).
Betrachtet man diese Fläche in unseren Breiten, so ist schnell festzustellen, daß hier mehr als 20 unterschiedliche Sprachen gesprochen werden. Warum sollte es auf einer ähnlich großen Fläche in Asien anders sein?
Doch so viele Sprachen unter einem Hut — das schafft Konflikte. Die Durchsetzung einer all-indischen Kunstsprache stieß immer wieder auf Schwierigkeiten. So mußten neben Hindi zwölf weitere Sprachen anerkannt werden. In der Theorie heißt das, daß neben der Regionalsprache 3 bis 5 Stunden Hindi im Schullehrplan stehen. Inwieweit dieser Plan aber befolgt wird, ist unklar. Die Tamilen und die Bengalen jedenfalls lehnen Hindi ab, in Kerala wurde der Hindi-Unterricht wieder reduziert, so daß zum Teil mehr Englisch als Hindi unterrichtet wird.
Der Tourist hat es also nicht einfach, auf seiner Rundreise durch das Land ein paar Höflichkeitsformeln zu erlernen. Zur Information die 13 Hauptsprachen und ihre Verteilung (Zirka-Werte):

Hindi — mehr als 30 Prozent, gesprochen vorwiegend in Punjab, Haryana, Uttar Pradesh und Madhya Pradesh.

Telugu — etwa 9 Prozent, durch Sprachenstreit mußte Nehru schon 1953 der Gründung des Telugu-Staates Andhra Pradesh zustimmen.

Marathi — rund 8 Prozent; gesprochen im Staat Maharashtra.

Tamil — mehr als 7 Prozent; im südindischen Staat Tamil Nadhu.

Urdu — knapp 6 Prozent; religionsgebundene Sprachen der Moslems.

Gujarati — knapp 5 Prozent; gesprochen im westindischen Staat Gujarat.

Kannada — 4 Prozent; Sprache im Teil Mysore.

Malayalam — 4 Prozent; gesprochen in Kerala (Südindien).

Oriya — knapp 4 Prozent; Sprache des ostindischen Staates Orissa.

Rajastani — knapp 4 Prozent; gesprochen im an Pakistan angrenzenden Rajasthan.

Bengali — knapp 3 Prozent; in Westbengalen und Assam (nordöstlich von Bangla-Desh).

Panjabi — knapp 3 Prozent; Sprache im an Pakistan angrenzenden Staat Punjab.

Assamesisch — knapp 2 Prozent; Hauptsprache des Staates Assam.

Kashmiri — unter 1 Prozent; gesprochen im Staat Jammu und Kashmir.

Zu diesen Hauptsprachen zählen noch weitere in den Randgebieten, so einige iranische im Westen und Nordwesten, tibeto-birmanische auf der Linie Nanga-Parbat/Golf von Bengalen, Bodo- und Kuki-Sprachen in Assam sowie Chin-Sprachen im östlichsten Staat Manipur.
Diese trockene Aufzählung verbirgt viele Probleme, über die im Westen kaum zu lesen ist. Ein Beispiel von 1979: In Aijal, Hauptstadt des ostindischen Staates Mizoram, griffen Rebellen die Rundfunkstation an. Bei den Freischärlern handelte es sich um die »Mizos«, Nachfahren eines Mongolenstammes, der schon seit 40 Jahren für Gleichberechtigung kämpft — und für die Anerkennung seiner eigenen Sprache.

Kampf um die Götter

Zu den Sprachproblemen kommen die religiösen, die bis heute und weit in die Zukunft viele wirtschaftliche und soziale Schwierigkeiten zementieren. Was in westlichen Zeitungen gemeldet wird, sind gelegentliche Auseinandersetzungen zwischen Hindus und Moslems, den Hauptreligionen Indiens. Trotz der Gründung der reinen Islam-Staaten Pakistan und Bangla Desh verblieben in der Indischen Union knapp 70 Millionen Anhänger des Islam, mehr als die Bundesrepublik Einwohner hat. Wie fanatisch die gelegentlichen Metzeleien sind, zeigt die Zahl der Opfer, die bei einem Aufeinanderprallen beider Religionen in die Tausende geht.
Der Besucher Indiens darf nicht nur einfach den Kopf schütteln und an die Stirn tippen. Vertieft er sich in die Problematik, erwirbt er wenigstens ein Stückchen Verständnis. Religion und Geschichte sind in Indien kaum zu trennen. Mindestens seit dem 8. Jahrhundert nicht, als die Hindu-

Königreiche den Moslem-Sultanen weichen mußten. Die Moslems waren also Fremde, Eroberer, die dem einheimischen Volk eine neue Religion aufzwingen wollten. Dieses Odium der Fremdherrschaft haben die Moslems in Indien nie verloren.

Andererseits verachten die Moslems die Hindus, die sie als Götzendiener betrachten, deren »Irrglaube« ersetzt werden muß durch den »einzig richtigen Glauben an den einzigen Gott, an Allah».

Hinduismus. Ihnen einen anderen Glauben aufzwingen zu wollen, ist den Hindus um so mehr fremd, als es in ihrer Religion keine Missionierung gibt. Das andererseits fanatische Zusammenhalten der Hindus ist wiederum aus einem auf der Religion basierenden Sozialsystem zu verstehen, das den einzelnen Gruppen beziehungsweise Kasten Sicherheit bietet.

Gelegentliche Diskussionen zwischen Touristen und Einheimischen enden an einer Mauer des Unverständnisses. Wenn ein Deutscher, (sein Grundgesetz noch frisch in Erinnerung, jederzeit bereit »Alle Menschen sind gleich« zu zitieren), die Einstellung vieler Inder hört, möchte er verzweifeln. Denn eine geistige Grundlage des Hinduismus ist die Meinung, alle Menschen seien verschieden. Als Beweis für die These werden aufgezählt: das Herkommen, die Stellung des Vaters, daraus resultierend die Bildung und das geistige Niveau, große Unterschiede, der Beweis für die Verschiedenheit der Menschen. So weit könnte der westliche Tourist noch folgen und die Argumente akzeptieren. Die Mauer wird aber fühlbar, sobald ein Hindu überzeugt meint, der Mensch müsse diese Verschiedenheit mit sich herumtragen; ein Leben lang.

Dieser passiven Haltung zu widersprechen, empfindet wiederum der Hindu als sinnlose Auflehnung, als dumme Zeitverschwendung. Denn die Wiedergeburtslehre zeige doch, daß der Duldhafte mit seiner Art, das Leben zu erleiden, nach seiner Wiedergeburt ein besseres Leben habe. Schluß der Diskussion. Wer dazulernen will, erkenne die unüberwindliche Mauer, akzeptiere den Hinduismus so, wie er sich dem Fremden auf tolerante Art und Weise darbietet. In seiner Vielfalt an Tempeln, Göttern und Opfer-Riten. Der Tourist kann jeden Tempel besuchen, die Abwehr gegen Ungläubige gibt es nicht. Doch Toleranz wird nicht nur geboten, sondern auch erwartet. Die Banane und die Schale Reis für Hanuman, den Affengott, sollten nicht zum Lachen reizen, ebensowenig die Shiva geopferten Blumen oder das Vishnu geopferte Geld.

Die Auseinandersetzung zwischen Shiva und Vishnu wiederum findet lautlos statt. Auf dem Lande, beim einfachen Volk, hat der mehr auf Furcht als auf Liebe gründende Shivaismus tiefe Wurzeln gesetzt. Shiva, der Gott der Zeugung und der Fruchtbarkeit, wird vor allem von Frauen verehrt, seine Symbole, der Stier und der Lingam — ein steinerer Phallus — werden geschmückt und gefettet.

Der freundliche Vishnu oder seine bedeutendste Inkarnation, Krishna der Hirtengott, konnte einen seit Jahrhunderten zu beobachtenden Prozeß des sozialen Verständnisses fortsetzen. Ein Schritt in ein menschenwürdigeres

Dasein, jedes Jahrhundert wieder ein kleiner Schritt zu einem besseren Leben auf Erden. Für uns ein nervenaufreibendes Geduldspiel, für die Hindus die Hoffnung und der Glaube, in der bedingungslosen Hingabe an die von den Göttern bestimmten Riten den Weg zur Erlösung aus dem ewigen Geburtenkreislauf zu finden.

Islam. Die in der Indischen Union verbliebenen, fast 70 Millionen Muslim sind über das ganze Land verteilt, in den Städten etwas konzentriert. Durch Jahrhunderte war die Religion Mohammeds verbunden mit politischer Ausweitung. Ob Landgewinnung die Absicht war oder die Verbreitung des einzig wahren Glaubens, diese Frage stellt sich heutzutage in Indien niemand mehr. Tatsache ist der Anspruch des Moslem, seine Meinung zu verbreiten, das kann auch bedeuten: seine Macht zu vergrößern. Der Anspruch, mit Allah die einzig denkbare Gottheit zu haben, macht auch die Intoleranz verständlich, die Moslems gegenüber ihren andersgläubigen Brüdern zeigen, deren religiöse Riten als greulich, abscheulich und ekelhaft bezeichnet werden. Die Aggressivität des Islams zeigt sich in den Zahlen: Unter den knapp 70 Millionen können nur wenige Moslems von den Eroberern abstammen. Die Mehrzahl sind bekehrte Inder.

Christen. Die drittgrößte Religion in Indien vereinigt nur 2,6 Prozent der Bevölkerung auf sich. Doch sind das immerhin 17 Millionen, eine nicht zu übersehende Minderheit. Die christlichen Inder leben zu drei Vierteln im südlichen Indien (Kerala, Tamil Nadu, Andhra Pradesh, Goa und Mysore). Die Sozialarbeit der christlichen Missionare ist unbestritten. Doch muß klar gesagt werden, daß die Erfolge auf die unteren Schichten, auf niedrige Kasten und Unberührbare, beschränkt bleiben. Ein wahrer Christ verschmäht die Berufung auf höhere Abstammung, für ihn hat ein Maharadscha ebenso den Wert Eins wie der dreckigste Gullireiniger.

Doch die Ohnmacht christianisierter Unterschichten wird deutlich, wenn die Regierung ihre Probleme durch den Erlaß von Gesetzen kaschiert, die den Hinduismus zur absoluten Religion machen sollen. Gefahr für die Christen ist ein Gesetz über die »Religionsfreiheit«, das die Christen nicht erwähnt, aber sie jedenfalls treffen wird.

Wer die »indische Armut für religiöse Zwecke ausbeutet«, wer Bekehrungen erzwingt, indem er »mit göttlichem Mißfallen droht«, kann demnach mit Gefängnis bestraft werden. Ein Jahr gibt es, wenn der Konvertit ein Mann aus einer der oberen Hindukasten ist. Wer »geistig Unselbständige, also Frauen, Minderjährige und Unberührbare« (das sind die Kastenlosen) bekehrt, bekommt zwei Jahre Gefängnis.

Sikhs. Reisende kennen die bärtigen, turbantragenden Inder, die als Geschäftsleute und Taxifahrer in fast allen Ländern Asiens anzutreffen sind. Die Herkunft der Sikhs ist der Punjab. Dort reformierte der Guru Nanak (1496—1538), um aus dem Hinduismus einen dem Islam ähnlichen Eingottglauben zu kreieren. Die Sekte mußte sich im Laufe historischer Ereignisse häufig mit Waffen wehren und wurde so zu einer — auch bei den Briten begehrten — militanten Elite. Als die im Punjab beheimateten Sikhs bei der

Trennung in Hindustan und Pakistan sich gegen die Moslems stellten, mußte mehr als ein Drittel die Heimat verlassen. Deshalb ist die Religionsgemeinschaft der Sikhs heute in fast allen Ländern anzutreffen. In Indien gibt es rund zwölf Millionen.

Buddhisten. Der Religionsstifter Buddha (Siddharta Gautama) lebte von 550 bis 483 v. Chr. in Indien. Trotzdem beträgt seine Anhängerschaft heute in Indien nur noch ungefähr 0,7 Prozent, also rund 4,5 Millionen Menschen. Gründe für die exorigine Fortentwicklung sind im Wesen des Hinduismus zu finden. So mußte das Predigen von nicht existierenden Standesunterschieden die Wehr der orthodoxen und mächtigen Hindu-Brahmanen herausfordern. Außerdem war die Bereitschaft des Hinduismus, alle möglichen Götter anzuerkennen und aufzunehmen, schon das Urteil für den Buddhismus: Seine Eigenheiten wurden von den vielfältigen Formen des Shivaismus und Vishnuismus aufgesogen und sind in diesem Teil der Erde heute nur noch auf Sri Lanka in Form eines orthodoxen Buddhismus zu finden.

Jainas. Die gut 3 Millionen Anhänger des Jinismus sind von der Zahl her gering, doch ihr Einfluß ist groß. Wie oft bei Minderheiten ist der Zusammenhalt beispielgebend, und da die Jainas vorwiegend Geschäftsleute sind, haben sie in Indien einen erheblichen wirtschaftlichen Einfluß. Der Jinismus ist vermutlich älter als der Buddhismus, aber in vielen Fällen ihm vergleichbar, doch radikaler. Der Gründer der Religion soll 527 v. Chr. gestorben sein. Mit seinem Tod beginnt die Religion des Jinismus, in dessen Mittelpunkt der Glaube an die Seelenwanderung, an die Läuterung durch gute Taten, die Askese und das sittliche Handeln stehen. Spektakulärer Ausdruck des Jinismus sind die Priester, die vor dem Mund ein Tuch tragen, um kein Insekt versehentlich zu töten, und die bei Prozessionen vor sich den Weg kehren um keinen Käfer oder Wurm zu zertreten.

Parsen. Die Anhänger Zarathustras werden auf knapp 200 000 geschätzt. Sie leben vor allem in Bombay und an der übrigen Westküste Indiens. Das Ursprungsland ist der Iran, den sie unter dem Druck islamischer Herrscher im 8. Jahrhundert verließen. Die Parsen sind fortschrittlich, gebildet und dementsprechend wohlhabend. Die Religion verlangt von ihren Mitgliedern eine klare Entscheidung zwischen dem Guten und dem Bösen. Belohnt werden Treue und Reinheit sowie die Pflege des Feuers (daher die falsche Bezeichnung »Feueranbeter«). Um die Erde rein zu halten, werden die Toten nicht begraben, sondern auf den »Türmen des Schweigens« den Geiern zum Fraß vorgesetzt.

Hinduismus: Erotik als Teil der Religion

Im Tempeldorf *Khajuraho* spaltete sich unsere Touristengruppe in zwei Lager. Es war vor dem *Kandariya-Mahadeo-Tempel,* einem von 22 prachtvollen Baudenkmälern, die im Jahre 1000 von den Chandellas errichtet wurden.

Versunken in die Betrachtung prallgeformter Mädchengestalten aus Stein, merkten wir zunächst nicht die Empörung einiger Mitreisenden. Erst die Bemerkung »Hegel hat recht« erweckte unseren Bildungshunger. War der preußische Philosoph etwa in Khajuraho gewesen? Das wußte unser Mitreisender auch nicht. Doch er hatte sich notiert, daß diese Darstellungen hier »unser Gefühl der Scham ganz verwirren, indem die Schamlosigkeit aufs Äußerste getrieben ist und in ihrer Sinnlichkeit ins Unglaubliche geht«.
Wir suchten nach den Schamlosigkeiten und konnten ebenso feststellen, daß die Sinnlichkeit der Darstellungen »ins Unglaubliche« geht — unglaublich schön.
Die vielfältigen Vereinigungen der steinernen, göttlichen Götterpaare bis hin zum kunstvollen Akt im Kopfstand sind keinesfalls abstoßend. Sie strahlen Zärtlichkeit aus und geben dem Betrachtenden das Gefühl, daß die körperliche Vereinigung zweier Liebenden etwas Göttliches sein muß.
Die Bemerkungen, die Darstellungen seien obszön und würden das menschliche Empfinden gröblich verletzen, veranlaßten uns, seit dieser Zeit jedem Indienbesucher zu raten, sich vorher mit indischer Mystik und den Religionen näher zu befassen.
Die Erotik ist nun einmal ein nicht unwesentlicher Teil des Hinduismus. Wischnu zum Beispiel, der als Krischna zum Heiland wurde, sagte seinen Anhängern, daß die Guten und Frommen ruhig die Freuden des Lebens genießen könnten; auch so würden sie »die Freuden des Himmels« erreichen. Krischna, der Gott der Hirten und Bauern, schlug nie ein Liebesabenteuer aus, er liebte die hellhäutigen Gopis (Milchmädchen) und belauschte sie beim Bade. Er spielte mit seiner Flöte zum Tanze auf und machte die Mädchen in sich verliebt. Er beweist schließlich seine unsterbliche und göttliche Liebe zu Radha, deren Zärtlichkeit und erotische Ausstrahlung im Drama »Gitagovinda« auch heute noch den Leser — auch den Nichthindu — gefangen nimmt.
Auch Schiwa war kein Kostverächter. Klassisch sein Vorhaben, einen hundert Jahre dauernden Liebesakt durchzuführen und pausenlos zu zeugen. Die anderen Götter konnten ihn von diesem göttlichen Akt zurückhalten. Eine Notwehr, um — wie Hegel meinte — »nicht das Universum zu zerstören«.
Nichts gegen die göttlichen Akt-Skulpturen im Tempeldorf Khajuraho. Doch ein paar Gedanken schleichen sich ein, jahrtausendalte Mystik und gegenwärtige unlösbare Probleme tanzen ihren Reigen. Krischna, der verführerische Gott, war er der Auslöser einer heute kaum mehr einzudämmenden Überbevölkerung Indiens? Könnte nicht Krischna einen Weg zeigen, der von Hunger und Elend erlöst? Wenn wir richtig gelesen haben, fand auch Krischna Gefallen an der Zärtlichkeit, ohne das Zeugen als Konsequenz zu verlangen.

Der Kasten-Wirrwarr

Mit der Literatur über das indische Kastenwesen wird seit mehr als 100 Jahren ein Unwesen getrieben. Beschreibungen und Theorien häufen sich, der Durchblick bleibt dem Laien verwehrt. Begegnete der Tourist bei seiner Reise durch Indien dem eigenartigen sozialkulturellen System nicht tagtäglich, so möchte man dieses Informations-Knäuel am liebsten gar nicht erwähnen. Doch in einem Leitfaden für Weltenbummler darf das Stichwort »Kaste« nicht fehlen. Eine moderne Form der indischen Kasten sind in der Wirtschaft die Ingenieure, in der Touristik die Reiseleiter. Sie werden gerne als hochnäsig eingestuft, und selbst der toleranzgeübte Tourist tut sich schwer, die immer wieder auftretende Arroganz einfach so hinzunehmen. Solches Verhalten gegenüber den meist wohlhabenden Fremden wird verständlich als Neid und der Versuch, die errungene Bildung und damit verbundenen Wohlstand — ungeschickt — zu zeigen. Anders, wenn die Damen und Herren irgendeiner privilegierten indischen Schicht mit Verachtung und Herablassung über ihre Landsleute herziehen oder ihre Mißachtung gar handgreiflich zeigen. Doch auch solche offensichtlichen Gemeinheiten bedürfen des Verständnisses. Die Wurzel der uns oft unverständlichen Verhaltensweisen liegen vielleicht 3 500 Jahre zurück. Damals, zwischen 1500 und 1250 v. Chr. drückten die arischen Einwanderer nach Indien, verdrängten sie die Weddiden oder unterjochten sie. Möglicherweise war es die Angst vor Vermischung, die den Ariern eingab, sich durch Kastenbildung von den Unterworfenen abzugrenzen.

Die Abgrenzung geschah auch in anderen Teilen der Welt. Es ist noch nicht lange her, da war »Bauer« bei uns ein Schimpfname. Wir können heute jedoch darüber sprechen und schreiben, wir haben dieses System (fast) überwunden. Die Inder aber schweigen lieber über ihre Kasten oder bestreiten deren Existenz, weil sie ein besseres System noch nicht im Griff haben.

Wäre nicht die Abkapselung gegenüber anderen Gruppen mit weniger Bildung, weniger Geld und schmutzigeren Händen, könnte man fast meinen, die vielen hundert Kasten seien funktionierende Berufsgruppen, die sich untereinander helfen. Doch das indische Kasten-System macht sich verdächtig durch die mit der Geburt erworbene Fixierung: Wer als Schneidersohn geboren wurde, muß als Schneider sterben. Auch andere Kastengebote fordern den Widerspruch des Abendländers heraus, so zum Beispiel der Zwang zur Heirat innerhalb der Kaste (Endogamie), der auf dem Lande und in den Vororten der Städte immer noch gängig ist.

Die wahrscheinlich vielen tausend Kasten gehören vier Ständen an, die fälschlicherweise häufig als Hauptkasten bezeichnet werden: Die Priester (Brahmanen), die Krieger (Kshatriya), die Bauern und Händler (Vaishya) und die Diener und Landarbeiter (Shudra).

Allen vier »varnas« (= Farben) gemeinsam anzukreiden ist ihre Verachtung gegenüber den fast hundert Millionen »Unberührbaren«, die *Parias* oder, seit Gandhi, auch *Harijan* genannt werden. Zu ihnen gibt es keine soziale

Die Erotik ist ein wesentlicher Teil des Hinduismus. Darstellungen an Tempeln, wie hier in Khajuraho, konfrontieren den Touristen mit einer anderen Welt

Beziehung, die Unberührbaren sind »der letzte Dreck der Nation«. Mahatma Gandhis Kampf um die Gleichberechtigung der Harijans (Kinder des Himmels) hat zwar Beachtung gefunden, doch die Auswirkung blieb gering. Das Argument der Regierung, es gäbe schon einige »Unberührbare« in den Abgeordneten-Bänken, ist es mehr als ein Aushängeschild . . .?

Die Überheblichkeit vieler Inder der sogenannten gebildeten Schicht gegenüber dem Straßenkehrer, Liftboy oder Portier ist nicht zu übersehen. Dem Touristen sei angeraten, dies zwar alles zu beobachten und zu registrieren, nicht aber mit Indern zu diskutieren, weil die Klassenzuordnung in den verschiedenen Landesteilen unterschiedlich ist. Ein Beispiel aus »Fischer Länderkunde«: Etwa 20 Millionen Inder gehören zu »den mehreren Dutzenden von Weberkasten«. In Zentralindien gehören die Weber zu den »Unberührbaren«, um Hyderabad werden sie zu den »cleancastes« gezählt. Ähnlich bei den Wäschern, die in Zentral- und Nordindien kastenlos sind, im Süden aber noch zu den Dienern und Landarbeitern (Shudras) gerechnet werden . . .

Historisches Indien heute

Delhi, die Hauptstadt Indiens, gehört auch für historisch Interessierte zum Indien-Programm. Es ist für viele Touristen Ankunftsort, Ausgangspunkt für Rundfahrten durch den Norden und gleichzeitig ein wichtiger historischer Ort, der seit 3 000 Jahren siebenmal besiedelt war und wahrscheinlich noch viele unbekannte Schätze unter seinem Häusermeer verbirgt.
Auf dem Weg zur 200 Kilometer südlich gelegenen Stadt der Musik und der Dichtkunst, nach *Agra* (siehe auch Seite 93), ist dem Naturfreund ein Stopp in den *Naturschutzgebieten* von *Sariska* und *Bharatpur* anzuraten. 250 Vogelarten, vorwiegend Wasservögel, haben hier ihre Heimat. In Sariska schleichen noch Tiger und Leoparden durch das Gehölz, hier zittert die vierhörnige Antilope noch vor dem fauchenden Schrei der großen Katzen.
Eine interessante Tour in den Norden führt nach *Chandigarh,* dem von Le Corbusier erbauten Stadt-Areal, der Stadt der Zukunft im wahrsten Sinne des Wortes, denn es wird noch viel Zeit vergehen, bis die Inder das Gespür und die Muße haben, diese Harmonie von Straßen, Promenaden und Gärten sinnvoll zu nutzen — und auch die bereitgestellten Abfalleimer.
Zur Nordindien-Tour gehört aber auch der Besuch des märchenhaften, rotsteinigen *Jaipur* im westlichen Rajasthan oder, weiter östlich, im Staate Uttar Pradesh, eine Rundfahrt durch die Gärten der Brokatstadt *Lucknow.* Im *Himalaja-Gebiet* schließlich bieten sich die Sommerfrischen *Mussoorie* und *Simla,* die Hauptstadt des Nordstaates Himachal Pradesh, für vergnügte Erholung im milden Sonnenschein unter den Achttausendern an.
Wer Indien ein wenig begreifen will, muß dessen Hauptreligion, den Hinduismus, erleben. Konzentriert, wenn auch nervenzehrend, ist das religiöse Schauspiel einer uns fremden Götterverehrung in *Varanasi,* vielen noch als *Benares* bekannt. Die 700 Kilometer ab Delhi dürfen kein Hinderungsgrund für den Besuch sein. Ein Indien-Urlaub ohne eine Wallfahrt zum heiligen *Ganges*-Fluß wäre eine touristische Sünde (siehe auch Seite 83).
Zurück in die Mystik hinduistischen Religionsverständnisses führen die Darstellungen auf den 30 von 85 erhaltenen Tempeln in *Khajuraho* (Seite 82).
Indiens wichtigste Hafenstadt ist *Bombay.* Für Urlauber öffnet sich das »Tor Indiens« zur Erforschung mancher historischer Zeugnisse. Aber auch zum Kennenlernen einer Landschaft, die paradiesisch anmutet und fast vergessen läßt, daß hier mehr als die Hälfte der benötigten Haushalts-Energie aus Kuhfladen gewonnen wird. Im Augenblick noch ein armseliges Zeugnis, in Zukunft vielleicht ein Grund für die Industrieländer, neidisch auf die indischen Dorfmauern zu schauen, wo Kuhkot umweltschonend zu Brennstoff trocknet.
Es ist nicht einfach, Bombay zu verlassen, um die weitere Umgebung zu erforschen. Der Blick vom *Malabar Hill* erweckt Sehnsucht. Wer sich noch dazu Zeit nimmt, in einer der quicklebendigen, lärmerfüllten Straßen zu sitzen, möchte festwachsen, um jeden Tag diese Parade abnehmen zu dürfen. Einer der Gründe für die Seh-Sucht in Bombay sind die *Marathen,* die schö-

nen, großgewachsenen und freundlichen Einwohner des indischen Staates *Maharashtra.*
Doch eine Stadt darf Touristen nicht halten. Bereits die Umgebung wird geschichtsträchtig: Zehn Kilometer von der Küste entfernt liegen auf der kleinen Insel die *Elephanta-Höhlen.*
Nördlich der Hafenstadt treffen sich die Einwohner von Bombay in der riesigen Parklandschaft von *Aarey* zum Picknick. Glücklich der Tourist, der diesen Ausflug schafft, glücklich dort auch die heiligen Kühe, die aus Bombays Stadtgebiet herausgeholt wurden und hier einen Kompromiß zwischen heiliger Schonung und menschennützlicher Gegenleistung vorexerzieren: Die Milch jedenfalls wird gewonnen und verarbeitet.
Nicht weit entfernt von dieser Picknick-Idylle sind 109 buddhistische Höhlen zu finden: die Höhlenklöster von *Kanheri,* von Menschenhand geschaffene Wohnungen, Klöster und Versammlungsräume aus dem 2. Jahrhundert.
Bombay ist auch Ankunftsort für Reisende, die *Goa* kennenlernen wollen. Das legendäre Goa (erste Ewähnung im indischen Nationalepos »Mahabharata«) hat bis ins heutige Jahrhundert Geschichte gemacht: als portugiesische Kolonie bis 1961, als Ärgernis für die indische Regierung, die dann einmarschieren ließ und heute als touristisches Paradies, eines der beliebtesten auf dem indischen Subkontinent.
In der Mitte zwischen Bombay und Delhi liegt die »Königin der Seen«, das »Venedig des Ostens«. Diese und andere Beinamen der Stadt *Udaipur* versprechen nicht zuviel. Romantisch Veranlagte werden sich in der Fürstenstadt am Pichola-See schnell heimisch fühlen.
Im Süden erlebt der Tourist vielleicht das Indien, von dem er träumt. Hier sind die spezifischen Traditionen noch erhalten, trotz des Einflusses der englischen Sprache und des Christentums. Hier wurden Märchen, Lieder und Sagen in Stein gemeißelt, erstarrt und doch so lebendig. *Madras* ist der Ausgangspunkt zur Erforschung des südlichen Indiens. Die Hauptstadt von *Tamil Nadhu* bietet selbst sehr viele Reize, sei es die hübsche Lage am Meer oder seien es die Bauten, die vorwiegend den Kolonialstil repräsentieren.
Einen Tagesausflug wert sind die 60 beziehungsweise 90 Kilometer weiter südlich liegenden Tempel-Areale *Mahabalipuram* und *Kanchipuram.* Die zum Teil noch sehr gut erhaltenen Tempel stammen aus dem 7. und 8. Jahrhundert.
Weiter in Richtung Südspitze löst sich ein sehenswerter Stopp nach dem anderen ab. *Pondicherry,* die erst 1954 an Indien zurückgegebene französische Besitzung, interessiert durch ihren französischen Ortskern..Ganz in der Nähe lebt der Versuch *Auroville,* die unkonventionelle Siedlung, die der »Einheit der Menschheit« gewidmet ist.
Sehenswert auch *Thanjavur* mit einem der prächtigsten indischen Tempel, dem *Brihadiswara,* in dessen Bücherei mehr als 20 000 Sanskrit-Manuskripte aufbewahrt werden.
Rund 60 Kilometer westlich steht »der Berg« einsam in der Ebene, eine 83

Meter hohe Bergfestung, Wahrzeichen der Stadt *Tiruchirapalli.* Sehenswerter jedoch ist der *Srirangam-Tempel,* der fünf Kilometer nördlich der Stadt zwischen zwei Flüssen liegt. Kenner halten den Tempel für das imposanteste Wischnu-Heiligtum Indiens.

Noch weiter südlich liegt *Madurei,* die mehr als zweieinhalbtausend Jahre alte Stadt mit zahlreichen historischen Sehenswürdigkeiten.

Von Bombay nicht weiter entfernt, doch von Madras aus oft besser organisiert, sind Touren in den Südwest-Staat *Mysore.* Die Tempelstädte *Belur* und *Halebid* nicht zu sehen, wäre ein Versäumnis. Schon einmal dort, geht kein Weg an Südindiens Wahrzeichen, der auf der Welt größten Monolithstatue, dem 18 Meter hohen *Gomateswara* (983 n. Chr.), vorbei. Die Statue steht in *Sravanabelgola.*

Als schönste Gartenstadt Indiens wird die im Staat Mysore gelegene Stadt *Mysore* bezeichnet. Kunsthistorisch interessierte Touristen und Liebhaber von Kunsthandwerk aus Elfenbein, Sandelholz, Edelmetall und Seide finden hier ein reiches Feld.

Bangalore schließlich, die Hauptstadt des Staates Mysore, wäre ein würdiger Abschluß einer Südindien-Reise. »Indisch« ist die Stadt zwar kaum, doch voller Parks und breiter Straßen — mit viel Erholungswert nach europäischen Begriffen.

Häufig von Madras aus besucht wird die zwischen romantischen Hügeln und Seen liegende Fürstenstadt *Hyderabad.* Zwar ist die Herrlichkeit der Nizams schon 1947 zu Ende gegangen, doch die verschwenderische Hand der indischen Fürsten ist heute noch zu spüren. Und die Kultur des Islams, die vor allem durch das *Char Minar* (»Vier Minarette«) repräsentiert wird.

Im Osten ist die schillernde und zwiespältige, gleichzeitig größte Stadt Indiens, *Kalkutta,* Ausgangspunkt für Ost-Touren oder Endpunkt für die Entscheidung, ob ein Indien-Besuch ein zweites Mal auf dem Programm stehen wird. Die überbevölkerte Stadt, mit so vielen menschenverachtenden Denkanstößen ausgestattet, erregt einerseits Ekel, andererseits zeigt die kulturelle Metropole Ostindiens die Wahrheit des Lebens und viele kulturelle Denkwürdigkeiten.

Rund 440 Kilometer südlich von Kalkutta liegt *Bhubaneswar,* die Hauptstadt des ostindischen Staates Orissa. Die Tempel dieser indischen Stadt verdienen einen ausgiebigen Besuch, sei es der *Lingaraja-Tempel* mit seinem 40 Meter hohen Turm, der winzige aber steinmetztechnisch einmalige *Muktes-war-Tempel* oder der »Edelstein der Baukunst«, der *Rajrani-Tempel,* eines der elegantesten Bauwerke, dessen weibliche Figuren manchen eiligen Schritt verzögern.

Von der Hauptstadt ans Meer, im Süden. Dort ist *Puri* gelegen. Der Hindu-Wallfahrtsort begeistert durch seine wunderschöne Lage am Golf von Bengalen. Wer sich vom faszinierenden Spiel der hohen Wellen befreien kann, sollte den *Jagganath-Tempel* besuchen, das 200 Meter lange und breite Heiligtum mit zahlreichen Standbildern und Schnitzereien.

Varanasi am heiligen Ganges: Hier trifft der religiöse Ausdruck des Hinduismus den westlichen Touristen wie ein Schlag

Varanasi: Ein Kloß im Hals

Wer schwache Nerven hat, der streiche Benares, das heute wieder Varanasi heißt, aus seinem Indienprogramm. Obwohl die seit Jahrtausenden von frommen Hindus besuchte Stadt mit vielen Tempeln, Moscheen und anderen sehenswerten Bauten den Besucher entzücken kann. Wir wissen: Wer den langen Weg hierher machte, wird von den *Ghats* magisch angezogen. Die 64 Ghats sind Treppen, die von den Uferbänken zum heiligen Fluß *Ganges* hinunterführen.

Spätestens bei den Ghats beginnt für den unvorbereiteten Europäer das Erlebnis einer Religion, die er wohl sein Leben lang nicht begreifen wird. Auch noch so viele Fragen führen ihn nicht durch das Tor der Geheimnisse, denn Hinduismus ist eine Vielfalt an Riten, Ausdrucksformen und Gebräuchen, die auch der einzelne Hindu nicht kennt. Gebräuche, die noch aus der Zeit stammen, als die Indoarier, die heutigen Stammväter, irgendwo im Westen oder Norden Indiens lebten. Symbolismen, die nur der versteht, der sich in Legenden und Epen wie »Ramayana« und »Mahabharata« vertieft hat.

Den westlichen Touristen trifft der religiöse Ausdruck vieler Jahrhunderte wie ein Schlag: Beim *Marnikarnika Ghat,* dort, wo sich der Stein mit Wishnus Fußabdrücken befindet, wird auch morgen noch der Bettler auf einem beräderten Brett sich mit Armstümpfen abstoßen und dem Touristen vor die Füße rollen. Erhebt der Besucher das Antlitz, um diese Not zu verleugnen, schauen ihn dort drüben zwei große, bettelnde Augen im übergroßen Kopf eines Menschenrumpfes an. Das ist kein Horrorfilm, den man hinterher abschütteln kann, das ist ein Stück Leben. Man schluckt den Kloß im Hals hinunter, folgt dem Führer, der bemüht ist, seine Gruppe ohne Ohnmacht durch das Gewühl zu lotsen.

Gewiß steht auch morgen noch in der Nähe des *Dasasvamedha Ghat* (am südlichen Ende neben dem weißen *Sitala-Schrein* — die Göttin schützt ihre Gläubigen vor Pocken —) die lepröse Frau mit dem Kind, das ihr um die Hüfte hängt. Der verstörte Besucher möchte ein Almosen geben, doch er wagt es nicht, seine Münze in dieses Glied, das einmal eine Hand war, zu legen. Ein elendes Gefühl, man möchte die Augen schließen, doch gegen welches Elend wird der torkelnde Gast dann gestoßen?

Am Schrein der Sitala: ein großer Lingam, göttliches Phallus-Symbol. Gläubige Frauen bestreichen den Lingam mit Butter, Zeichen der Verehrung, Bitte um Fruchtbarkeit. Damit sich das Elend vermehre . . .

Unten im Fluß stehen die Hindus, manche betend, andere vollziehen die heilige Waschung, eine Gruppe junger Inderinnen hält Morgentoilette, die nassen Saris kleben an der braunen Haut. Daneben schöpft sich ein alter Mann Wasser zum Trinken aus dem Ganges, weiter oben gleiten Kühe in den erfrischenden, braunen Strom. Eine alte Frau hält im linken Arm eine Tonschüssel, mit der rechten Hand streut sie Asche in den Fluß. Die Asche ihres Mannes. Gestern wurde an der gleichen Stelle ein in Tücher gewickeltes Bündel, mit einem Stein beschwert, in die schmutzigbraune Brühe geworfen. Menschen unter vier Jahren werden nicht verbrannt, das lohnt sich nicht. Verbrennungen sind teuer und makaber — Gedanken und Gefühle eines Nichthindu. Christen beispielsweise erschauern, wenn sie sehen, wie ein Leichnam auf dem Scheiterhaufen sich bäumt. Christen befällt Übelkeit, wenn noch nicht verbrannte Gliedmaßen mit einem Stock in die Mitte des Feuers gestochert werden; dort ist Glut genug, um Fleisch und Knochen in Asche zu verwandeln.

Christen sind es auch, die von weit her kommen, um hier religiöse Riten, die schwer zu verstehen sind, zu fotografieren. »Klick« macht es immer wieder, trotz Verbot. Es scheint schwierig zu sein, dies alles in sich selbst aufzunehmen und zu Hause nur zu erzählen. Wer Urlaub macht, muß Dokumente liefern.

Delhi: Glanzvolle Geschichte, grausame Gegenwart

Delhi, die Hauptstadt, läßt die Not Indiens vergessen, wenn man seine stets zu knapp bemessene Zeit für Besichtigungen und Einkäufe nutzt: eine Fata

Morgana aus fürstlichen Hotels, indischen Tänzen und grünen Parks, besucht man nicht die engen Gassen in Old Delhi. Dort spätestens beginnt die sogenannte Romantik, aber auch der Schmutz und die Not, die sich unweigerlich die Hand reichen.
Ein Streifzug durch die Straße *Chandni Chowk* ist der beste Kompromiß. Hier riecht es am Morgen nach *Chapatti,* dem hauchdünnen Fladenbrot, hier kann sich der männliche Begleiter für Pfennige auf offener Straße rasieren lassen, hier kriechen aber auch lepraverstümmelte Bettler zwischen heiligen Kühen, Ochsenkarren und Fahrradrikschas herum und bitten den reichen Fremden um eine milde Gabe.
Es ist weniger anstrengend, die Vergangenheit der schon vor 3 000 Jahren als »Indraprashta« erwähnten Stadt zu erforschen. Die meisten Touren beginnen beim noch relativ jungen *Roten Fort* (1648). Die Sandstein-Zitadelle beweist, daß die Moghule nicht nur der brutalen Herrschaft, sondern auch der Baukunst lebten. Schwierig zu sagen, nach zwei Stunden habe man den roten Komplex begriffen. Schwärmer brauchen länger.
Rot und weiß leuchtet im Süden des Forts die größte Moschee Indiens, die *Jama Masjid,* ebenfalls um 1650 erbaut. Sie ist schön, die Reliquie des Propheten Mohammed soll in einem Pavillon aufbewahrt sein. Hier verknüpft sich die Geschichte mit der noch unbewältigten indischen Gegenwart: Seit 1192 bis zur britischen Kolonialherrschaft regierten die Moslems in Delhi, 1192 töteten die Eroberer Prithviraj, den letzten Hindukönig.
Auch 1980 wird noch aus religiösen Gründen getötet. Immer wieder Hindus gegen Moslems. Selbst die Trennung in die islamische Republik Pakistan und den Hindu-Staat Indien vermochte die Massaker nicht zu stoppen. Ein Blick auf die Zahlen verdeutlicht das Problem: Es leben eben immer noch rund 70 Millionen Moslems in Indien, also rund elf Prozent der Gesamtbevölkerung. Und immer noch haftet den Söhnen Allahs das Fluidum an, Eroberer, Invasoren zu sein.
So belastet, steht der Gast vor dem vollkommensten Turm der Welt, vor dem *Qutb Minar.* Der 71 Meter hohe Sandsteinturm ist das Siegessymbol der Moslems über die Hindus.
Wer sich für Indiens moderne Geschichte interessiert, sollte *Raj Ghat,* Mahatma Gandhis Ehrenmal, besuchen. Noch ein Tip für Besucher, die auf den Spuren der Religionen sind: Die einzige Mensch-Tier-Darstellung, die auf einem Moslem-Tempel zu finden ist, findet man im *Purana Qila:* ein Mogul, der einen Tiger tötet.

Bombay: Das Tor zu Indien

So beginnt ein offizieller Prospekt-Text über Bombay: »Staunen Sie nicht über Bombay — wo Sie ein junges Paar in einer Diskothek kennenlernen, das sich wahrscheinlich erst am Tag seiner Hochzeit zum erstenmal gesehen hat . . .«

Wir hatten aufgehört, uns über Indien zu wundern. Doch als wir im ältesten Hotel Indiens, dem großartig restaurierten, sehr feudalen »Taj Mahal« mit einem jungen Gujarati-Paar ins Gespräch kamen, war eben doch wieder das Staunen da.
Die Gujaratis sind eine Volksgruppe mit Geschäftssinn. Der junge Mann unserer neuen Bekanntschaft ist der Sohn des Inhabers mehrerer Schmuckgeschäfte. Der Vater des Mädchens soll die einträglichsten Transportgeschäfte mit Ausflugs-Touristen unter Kontrolle haben.
Wir wundern uns über die von den Eltern organisierte Heirat. Ist das nicht finsterstes Mittelalter? Unser sympathisches Gujarati-Paar lächelt verständnisvoll. »Ihr im Westen glaubt immer, daß ein Volk sich verändert, sobald ein Abgeordneter moderne Weisheiten verbreitet.«
Wir verweisen auf das neue Gesetz, nach dem Mädchen erst ab 18, junge Männer erst ab 21 Jahren heiraten dürfen. In diesem Alter läßt man sich nicht mehr einfach verheiraten. Fatima und Mano fahren uns zu den »Hängenden Gärten«. Beim Spaziergang durch die geschmackvollen Zier- und Kunstgärten erzählen sie Beispiele aus jüngster Vergangenheit: Hochzeiten mit zwölfjährigen Mädchen, zur Kinderzeugung bestimmt, kaum daß sich die ersten Zeichen einer Menstruation zeigen.
Mano deutet auf die herrlich da unten liegende Stadt. »Was glaubt Ihr, wer da unten kontrollieren will, was in den Familien geschieht? Fehlt ein Mädchen, hat es sich eben als Haushaltshilfe verdingt.«
Am nächsten Tag besuchen wir mit Fatima und Mano den *Mahalakshmi-Tempel.* Sie sind streng gläubige Hindus, hier beten sie inmitten vieler Besucher um den Erhalt ihres Wohlstandes. Dank der Voraussicht und Planung ihrer Eltern, die durch die Heirat den Wohlstand beider Familien gesichert hätten, müßten sie die Göttin Lakshmi nicht erst bitten, ihnen Reichtum zu bescheren, erklären die beiden.
Die mächtigen Gongs im Tempel lassen uns erschauern. Oder war es die Ansicht eines gebildeten indischen Paares, die Gänsehaut erzeugte?
Am »Gateway of India« warten wir auf ein Motorboot, um zur berühmten *Elephanta-Insel* überzusetzen. Das Wahrzeichen der Stadt, das Tor zu Indien, wurde 1911 im Baustil des 16. Jahrhunderts unter gekonnter Verschmelzung hinduistischer und islamischer Architektur-Elemente erbaut. Neben der eindrucksvollen Reiterstatue des Gründers des Marathen-Reiches (17. Jahrhundert), »Shivaij der Große«, werden Zeitungen verkauft. Mano kauft eine der Gazetten.
Bei der Überfahrt zeigt Mano seiner Frau einen Bericht. Sie nickt. »Natürlich, erzähle es ihnen, warum sollen sie nicht die Wahrheit erfahren?« Basis des Artikels ist der Polizeibericht für Delhi: 200 Frauen seien im letzten Jahr durch Verbrennungen ums Leben gekommen. Einige Fälle seien untersucht, die Ehemänner verhaftet worden. Von Unglücksfällen oder Selbstmord erzählten die Gatten und deren Mütter. Doch die Einheimischen wissen, daß es sich wieder einmal um »Mitgift-Tote« handelte. Zwar sind Mitgiftleistungen gesetzlich verboten, trotzdem aber werden viele Eltern ihre Töchter nur

los, wenn sie der Familie des Zukünftigen eine ordentliche Mitgift bezahlen. Häufig käme es auch zu Nachforderungen, die von den ausgequetschten Eltern des Mädchens nicht erfüllt werden können. Damit ist über die »wertlose« Frau das Todesurteil gesprochen.
Wir hatten nach dieser Enthüllung große Schwierigkeiten, die prachtvollen Figuren in den Elephanta-Höhlen zu genießen. Und wir fragten uns, was die vielen Götter für ihr Volk getan haben, wenn noch so viel Grausamkeit möglich ist. Mano zeigte auf die »Trimurti-Büste«, die Büste der Dreifaltigkeit: »Vielleicht gibt Euch Shiva eine Antwort.«
Der sechs Meter hohe Felsbrocken hat drei Gesichter. In der Mitte Gott Shiva als »Brahma« — der Schöpfer, erhaben und majestätisch. Rechts der Gott als »Vishnu«, der gnädige Erhalter des Lebens, der Barmherzige. Das linke Gesicht desselben Gottes läßt den Betrachter aber erstarren — es zeigt die furchterregende Fratze »Rudras«, des Zerstörers.
Wir verließen die Insel Elephanta nachdenklich und mit zwiespältigen Gefühlen.

Agra: Symbol einer Liebe

Eine unendliche Liebe soll bewirkt haben, daß in Agra das große Bauwerk *Taj Mahal* von kunsthistorisch Interessierten und von romantischen Pärchen zum Lieblingsziel auserkoren wurde. Es muß eine große Liebe gewesen sein, denn 22 Jahre lang (1630 bis 1652) ließ der Großmogul Shahjahan an diesem marmornen Mausoleum bauen, um seine Lieblingsfrau Mumtaz Mahal für alle Zeiten unsterblich zu machen.
Die Vorurteile gegenüber diesem gigantischen Grab schwinden, sobald der Besucher vom Taj-Portal aus einen Blick auf die märchenhafte Anlage wirft (für die Kamera gibt das Portal übrigens einen wunderschönen Rahmen zum Mausoleum). Es ist doch mehr, als die vielen Werbebilder auf fast allen indischen Postern und Prospekten zeigen können.
Die zarten Arabesken, das Spitzbogentor, die vielen Seitenkuppeln und das sich kräuselnde Spiegelbild im rechteckigen Kanal lassen die kritischen Gedanken vergessen, die man sich vor dem Besuch machte: Die Liebe des Herrschers zu seiner »Krone des Palastes« ließ dieser sich vom Volk bezahlen, mit immer höheren Steuern wurde die Bevölkerung belastet, damit der Kaiser seinen Kummer in weißem Marmor verewigen konnte. Nach 22 Jahren Bauzeit war das Volk verarmt, das Reich zerfiel.
Doch der Anblick des Taj Mahal versöhnt fast. Man leidet mit dem verliebten Herrscher, dessen Leidenschaft für Mumtaz Mahal schon in der Zahl ihrer Schwangerschaften deutlich wird: Sechs Mädchen und acht Jungen »schenkte« sie dem potenten Potentaten. Bei der Geburt des vierzehnten Kindes im Jahre 1630 hauchte sie dann ihr Leben aus. Vorher aber flüsterte sie dem Kaiser zu, ihr ein Grabmahl zu bauen, das ihrer 18 Jahre währenden Ehe und Liebe würdig sei.

Nach dem Bau des Mausoleums und dem Bankrott des Staates wurde Shahjahan von seinem Sohn Aurangzeb gestürzt. Doch auch der Sohn blieb von dieser großen Liebe nicht unberührt.
Er nahm den Vater gefangen, doch gönnte er ihm den Blick auf das Grabmahl seiner Frau vom achteckigen Turm des gegenüberliegenden Forts aus. Nach einem Jahr starb Shahjahan. Sein Sohn ließ ihn neben Mumtaz Mahal beisetzen. Aus Verehrung für das Liebespaar sagen die einen. Andere meinen, der Staat sei so bankrott gewesen, daß für ein separates Mausoleum keine einzige Rupie mehr vorhanden gewesen sei.
Trotz des tiefen Eindrucks, den das Taj Mahal bei jedem Touristen hinterläßt, sollte sich der Besucher in Agra auch noch für ein paar weitere Sehenswürdigkeiten Zeit nehmen: Indiens imposanteste Moschee, die *Moti Masjid;* die *Jama Masjid,* die »Freiheitsmoschee«, die der verliebte Mogul Shahjahan von seiner Lieblingstochter Jahanara gebaut bekam; in der näheren Umgebung das *Grab des Akbar,* wo früher der weltberühmte Diamant Koh-i-noor aufbewahrt wurde; rund 40 Kilometer entfernt *Fatehpur-Sikri,* eine verlassene, aber unzerstörte Mogulstadt.

Kalkutta: Faszination und Grausamkeit

Günther Grass bezeichnet in seinem Buch »Der Butt« das überbevölkerte Kalkutta als eine »bröckelnde, schorfige, wimmernde, ihren eigenen Kot fressende Stadt« und die Menschen dort als »weißbehemdete Maden in einem viktorianisch verkleckerten Scheißhaufen«. Wenn auch der Schriftsteller in der Person des Vasco da Gama wenig Wichtiges zur Gesellschaftskritik Indiens zu sagen hat, ein gut beobachtender Journalist, der sich derbdeutlich auszudrücken weiß, ist er allemal.
Der atmosphärischen Schilderung meines großen Kollegen ist nicht mehr viel hinzuzufügen, es sei denn ein Rat an die Leser, an die Touristen: Halten Sie durch, stählen Sie Ihre Nerven; hier in Kalkutta bekommen sie die Basis für einen Anschauungsunterricht über Entwicklungsprobleme.
Es ist ohnehin unmöglich, auf dem Weg zu den verschiedenen architektonischen und kulturellen Sehenswürdigkeiten die Begegnung mit dem Gestank, der Not und dem Tod zu vermeiden. Die Bettler und halbverhungerten Gestalten wimmeln auf den Trottoirs der *Chowringhee* und *Sudder Street.* Wo beide Straßen sich treffen, hätte unser Taxifahrer beinahe eine dort herumlungernde Kuh angefahren, kurz vor unserem Ziel, dem *India Museum.* Der Fahrer war aschgrau im Gesicht geworden. Gerade jetzt, wo die letzten Jünger des legendären Gandhi wieder Hungerstreiks veranstalten, um ein totales Schlachtverbot von Kühen auch in Kerala und Westbengalen durchzusetzen, sei es besser, das Thema nicht zu streifen. Noch viel weniger — natürlich — den Körper einer der heiligen Kühe.
Wir hatten keine Lust, über dieses leidige Thema zu diskutieren und retteten uns in die kühleren Räume des größten indischen Museums. Hier kann man

Symbol einer unsterblichen, aber sehr kostspieligen Fürstenliebe: Das große Bauwerk Taj Mahal

die Sorgen da draußen vergessen, diese Ausstellung nimmt gefangen, auch wenn keine speziellen Interessen bestehen: Funde aus der Steinzeit, zweieinhalbtausend Jahre alte Felsgravierungen, die Geschichte des Hinduismus, Reliefs und Skulpturen aus allen geschichtlichen Epochen, Mineralien, Fossilien, zoologische Kollektionen und Münzen.
Unseren Taxifahrer hatten wir am nächsten Tag für eine Fahrt zu den Pflicht-Prachtbauten *St. Pauls Cathedral* und *Victoria Memorial* bestellt. Vor allem aber waren wir interessiert, den *Tempel der Göttin Kali,* Kalkuttas Schutzgöttin, zu sehen, wo heute noch blutige Tieropfer dargebracht werden. Unsere klickenden und surrenden Kameras schienen die Tempelgäste aufzuregen. Wir wurden feindlich angestarrt, und ein junger Mann mit ziemlich großen, braunen Augen hielt seine Hand auf das Objektiv meines Fotoapparates. Unser Taxifahrer hupte. Es sei besser, jetzt zu gehen. Beim Rückwärtsstoßen mit dem etwas vierschrötigen Vehikel wiederholte sich fast das Schauspiel vom Vortage: Der Fahrer streifte eine Kuh, die auf dem Wege lag. Nervös murkste er den ersten Gang ins Getriebe, die durchdrehenden Räder schleuderten Staub und Steine in die Meute der Gläubigen, die uns

gestikulierend verfolgten. Wegen der Kuh oder wegen des störenden Staubes? Der Fahrer tippte an die Stirn. »Comunists«, sagte er verächtlich und lachte dann schallend, als habe er den West-Touristen seinen allerbesten Witz erzählt.

Der *Jaintempel* von *Parasnath* vertrieb bald den leichten Zorn und die Ratlosigkeit, die seit Kalis Tempelstätte die kleine Gruppe beherrschte.

Diese saubere und flimmernde Tempelanlage der Jain-Sekte vertreibt allen Unmut. Splitterchen aus Glas, Spiegeln und Kristallen spielen mit den Sonnenstrahlen. Figürchen und Fayencen brüsten sich kokettierend mit Perlen und Rubinen. Für den Besucher entsteht der Eindruck, als sängen sanfte Chöre der Jains, der Sektenanhänger, die kein Lebewesen töten, zwischen Türmen und Portalen.

In der Nähe des *Howrah-Bahnhofs,* der ein auf engsten Raum konzentriertes Kalkutta mit unvorstellbaren Menschenmassen darstellt, tranken wir mit unserem Taxifahrer einen Tee. Wir mußten uns von dieser Stadt verabschieden. Wir waren ziemlich erleichtert, hatten das Gefühl, von diesen tausendfachen, unlösbaren Problemen erdrückt zu werden, wenn wir nicht dem nächsten Ziele zueilten.

Unser Taxifahrer hatte sich wohl seinen Gag für den Abschied aufbewahrt. »Ich muß hierbleiben und auf die Kühe achten«, sagte er in einem Englisch, das an Shakespeares Zeiten erinnerte. Dann zog er eine zerlesene Zeitung aus der Tasche: »Kühe sind gut, Menschen gibt es so viele.« Wir verstanden seine Anspielung erst, als wir die Karikatur im »Indian Express« verarbeitet hatten: Eine Kuh verkündete den »unbefristeten Hungerstreik gegen das Abschlachten der Menschen«.

Mahabalipuram und Kanchipuram

Im Hotel an der Koromandel-Küste hatten wir Mulligatawny, ein Fleisch-Curry genossen. Die Nachspeise, Payasam, machte uns dann übersatt. Es war einfach nicht möglich, dieser traditionellen südindischen Süßspeise zu widerstehen: Zerstoßene Cashewnüsse, Mehl und Zucker werden in Milch langsam gekocht und dann mit prallen, fast schwarzen Rosinen garniert.

Und dann noch eine Tempelbesichtigung. Wir murrten, nun haben wir doch schon so viele gesehen, einer mehr oder weniger, was soll's. Müde hingen wir im Bus. Die malerischen Palmenhaine interessierten uns nicht. Die Stimme der Reiseleiterin war uns verhaßt, als sie uns mit mikrofonierter Stimme aus dem Schlummer riß: »Da vorne, sehen Sie, da steht unser Ziel.« Und dann hörte ich zum zehnten Mal den Namen der Tempelstadt, den ich auch heute noch nicht ohne Stottern aussprechen kann: Maha-bali-puram; ohne Bindestrich natürlich.

Zuerst beeindruckte die Unversehrtheit dieser 1300 Jahre alten Anlage, die überlebensgroßen steinernen Elefanten, Stiere und Löwen. Aha, Granit, dann ist ja alles klar, der härteste Stein.

Wir kauften von einem kleinen Inderjungen eine aufgeschlagene Kokosnuß und schlürften die lauwarme Milch. Alles lau, mäkelte mein Nachbar.
Bei den fünf *Rathas* stellten wir unsere Maulerei ein: Diese gewaltigen Steintempel, die die Form von Prozessionswagen haben, aus Granit herauszumeißeln . . . Unsere Bewunderung vertrieb die Müdigkeit.
Völlig wach aber wurden wir an der »Herabkunft des Ganges«. Das größte *Steinrelief* der Welt ist 27 Meter lang und neun Meter hoch. Das allein wäre kein Grund für superlativgewohnte Weltreisende, den Hut zu lüften. Doch die Darstellungen auf dem monumentalen Flachrelief machen schweigen: In der Mitte befindet sich eine natürliche Felsspalte, zwei schlangenförmige Flußgöttinnen stellen den heiligen Fluß Ganges dar, der hierher vom Himmel herab aus Shivas Haaren geflossen sein soll. In unnachahmbarer Grazie bewegen sich hunderte von Figuren dem Zentrum, dem Ganges zu: Götter, Menschen und Dämonen scheinen dem Lebensspender zuzufliegen; Löwen, Affen und Elefanten rangeln um einen guten Platz; Kleintiere und Vögel nutzen ihre Behendigkeit, die besten Lücken in diesem heiligen Aufruhr zu finden.
Mahabalipuram — 60 Kilometer südlich von Madras — haben wir am nächsten Tag noch einmal besucht. Wir bestanden darauf.
Nach dem Besuch von *Kanchipuram* — das mit dem Bus etwa zweieinhalb Stunden von Madras entfernt ist — war es recht schwierig zu entscheiden, welche heilige Stätte des Hinduismus mehr beeindruckte. Kanchipuram ist vielleicht faszinierender durch die Spannungsbreite zwischen alten Tempeln und dem Leben in der heutigen Stadt. Oder wegen des auffälligen Unterschiedes zwischen der vollkommenen Architektur, den schönen Malereien in vielen der 124 Tempel einerseits und den grausam entstellten Krüppeln vor den Tempeln andererseits. Hier soll Buddha im 5. Jahrhundert v. Chr. gepredigt haben. Allzuviel aber hat sich in 2 500 Jahren nicht geändert: Die Kranken sind krank geblieben, die Armen arm.
Die Pracht religiöser Monumente lenkt ab vom Versuch, sich in Religionsphilosophie zu vertiefen. Der Tourist muß den wuchtigen *fahrbaren Tempel* in der Hauptstraße von Kanchipuram fotografieren. Dieser Koloß mit zwei mannshohen Holzrädern darf in der Dia-Serie nicht fehlen. Unter dem beräderten Koloß sitzen Inderinnen, die Opferblumen für Besucher der Tempel verkaufen — ein reizvolles Motiv. Es steht im Wettbewerb mit dem *Vaikunthanatha Perumal Tempel,* den Schwärmer als Tempel mit der vollkommensten Architektur bezeichnen. Andere ziehen die asymmetrische Bauweise des *Ekambareswarar Tempels* vor, dessen Höfe ungleich lange Seiten haben und dessen Mauern nicht im rechten Winkel zueinander stehen. Der 54 Meter hohe Tempelturm gilt als Wahrzeichen der »Goldenen Stadt«.
Nicht so hoch, aber ebenfalls unübersehbar, sind Tausende von *Lingams,* die von den Gläubigen verehrt werden. Symbole der Schöpfungskraft des Gottes Shiwa.

Madras: Südländisch leicht und heiter

Wer von Bombay, Delhi oder Kalkutta nach Madras fliegt, findet in der Hauptstadt des Staates Tamil Nadu und in seiner Umgebung ein anderes Indien vor. Einerseits seinen alten Traditionen verhaftet, andererseits Fremden gegenüber sehr aufgeschlossen, die Drawiden haben das im Laufe der Jahrhunderte durch Kolonialisierung und Missionierung gelernt. Doch auch insgesamt — in ihrer Kultur ebenso wie in ihrer Sprache — unterscheiden sich die Drawiden von der im Norden durch die Arier geprägten Bevölkerung. Viele Besucher empfinden den Süden sympathischer. Der Menschen wegen? Vielleicht. Doch ein Stück trägt auch die paradiesische Landschaft dazu bei. In Madras beispielsweise der überraschend schöne und weitläufige *Sandstrand* — mit 13 Kilometer Länge einer der größten auf der Welt —, der wohl regelmäßig gesäubert wird. Hier trifft sich alles aus der näheren Umgebung, Badekleidung verwischt die sozialen Unterschiede, alle kaufen bei den gleichen Eisverkäufern und lauschen den Klängen der Strandband, die in ihrer Zusammensetzung und in der Wiedergabe drawidischer Melodien meisterlich improvisiert.
Die leichte Art, den Tag zu erleben, setzt sich auf der *Marina,* der Küstenstraße, fort. Stolz wird die *South Beach Road* von den Indern als schönste Straße der Welt bezeichnet — natürlich übertrieben, und doch ist etwas Wahres daran. Für Bildungs-Touristen ist es schwierig, sich von diesem südländisch-lässigen Areal loszureißen. Doch er hat Pflichten, rafft er sich schon einmal zu dieser weiten Reise auf. Da sind die beiden wichtigsten Hindu-Tempel: *Kapaleswarrar,* ein Wahrzeichen der Stadt, der Ort, wo der Heilige Tirugnanasambädar ein totes Mädchen zum Leben erweckt haben soll; dann der Tempel *Parthasarathi* mit sehenswerten Schnitzereien und Skulpturen. Nicht weit entfernt steht die *Kathedrale San Thomé,* Erinnerung an Mission und Märtyrertod des Evangelisten Thomas.
Kein Weg geht am wuchtigen *Fort St. George* vorbei, dessen bis zu sechs Meter dicke Mauern um 1644 erbaut wurden. Und wer sich für Geschäfte und Praktiken der militanten Ostindischen Handelskompanie interessiert, kann im *Fort-Museum* reiches Wissen erhaschen.
Vorgeschichtliche Sammlungen und wundervolle Beweise frühdrawidischer Bildhauerei und Frieskunst findet der bildungsbeflissene Urlauber im *Government Museum* in der *Pantheon-Road.*
Erholung von den historischen Strapazen bietet der stadtnahe *Guindy Park,* der Wild, Vögel und Pflanzen Südindiens in einem geschmackvollen Arrangement zeigt. Hier kann man aber auch südindische Liebespaare beobachten, wie sie Händchen haltend promenieren. Ob sie noch dem alten Brauch huldigten, daß die Angebetete das vor der Tür liegende Kleiderbündel des Verliebten ins Haus nahm — als Beweis ihrer Gegenliebe?

Kaschmir: An der chinesischen Grenze

Fürst Mihirakula war vermutlich der Herrscher eines Hunnenvolkes, das vor 1 500 Jahren Nordindien bedrängte. Toramana, der Vater Mihirakulas, hatte Kaschmir erobert, und der Sohn konnte in Ruhe die Landschaft dieses Gebirgslandes bewundern und genießen. Mihirakula genoß die schwindelerregenden Höhenunterschiede aber auf eigene Art: Er ließ Elefanten über die steilen Bergkämme treiben, freute sich an dem Anblick der abwärts rollenden Körper und vor allem an den schrillen Schreien der Tiere, wenn sie unten aufschlugen.

Als wir diese, zum Teil historisch belegte, Geschichte hörten, wanderten wir gerade am Rande des schroffen *Kulu-Tales.* Wie auf ein Zeichen drängte sich die kleine, Gänsemarsch-formierte Gruppe sofort dicht an den rettenden Felsen. Den Abgrund wollte keiner mehr sehen.

Doch Kaschmir ist keineswegs so dramatisch und uns berggewohnten Mitteleuropäern auch gar nicht so fremd: Blumen, Wälder, schneebedeckte Berge und Täler. »Wia dahoam«, seufzte ein bayerischer Kollege, als wir in *Manali,* der »Königin der Berge«, rasteten. Glücklicherweise kam der *Dhoongri-Tempel* in Sicht, und eine Schar Mädchen mit bronzebrauner Haut und um die Stirn straff gebundenen Kopftüchern kreuzte unseren Weg. Sonst hätten wir vielleicht gejodelt.

In *Srinagar,* der Hauptstadt Kaschmirs, beginnt die Schwierigkeit, an Weiterfahrt zu denken. In diesem Hochtal, rund 1 800 Meter hoch, in dieser Stadt, die genügsamen Komfort mit traditionell verhaftetem Brauchtum und traumhafter Umgebung harmonisch mischt, hier läßt sich — landläufig ausgedrückt — recht gut leben. Geruhsame Spaziergänge durch die *Shalimar-Gärten,* vorbei an den Seen und Kaskaden, ein Einkaufsbummel durch die Basar-Viertel auf der Suche nach Gegenständen aus Silber, Messing und Holz, nach einem schmiegsamen Wollschal — das sind traumhafte Urlaubsvorstellungen.

Der Trend der Touristen geht neuerdings jedoch in kargere Gegenden: nach »Klein-Tibet«, wie das zum indischen Bundesstaat Jammu und Kaschmir gehörende *Ladakh* auch genannt wird. Klein-Tibet ist eine treffende Bezeichnung, denn mit Kaschmir hat dieser Landstrich weder landschaftlich noch ethnologisch etwas zu tun. Die Ladhakis sind tibetanischen Ursprungs, die Lamas ihre geistigen Oberhäupter, Gebetsmühlen und Gebetsmauern tägliche Stationen, das Mantra, das Gebet, die Beschwörungsformel »Om mani padme hum« der nicht zu übersetzende Kernsatz ihres religiösen Lebens (angenähert: »Ruhe ist allein in der Lotosblüte«).

Wer Reiseeindrücke gern auf die Platte bannt, findet in Ladakh unvergleichbare Motive: Mönche mit roten Gewändern, Männer mit Kopfbedeckungen, die eine Kombination aus Holland-Häubchen und Zylinder sind, Frauenhüte mit Bernstein, Rubin und Türkis, Frauenhände und -ohren mit schwerem Silberschmuck.

Die Öffnung des über dem Transhimalaja-Hauptkamm liegenden Gebiets ist für den Tourismus letzten Endes dem 1962 erfolgten chinesischen Übergriff auf indisches Territorium zu verdanken. Die Inder erschlossen das bis dahin nur über Kamelpfade erreichbare Gebiet mit einer Straße zur Ladakh-Hauptstadt *Leh.* Gedacht für Militär-Nachschub, gebaut über Schluchten, Flüsse und bis zu 4 000 Meter hohe Pässe, gebaut in zehn Jahren mit Milliarden an Kosten. Solange Friede bleibt, können Touristen mit ihrer Reisegebühr dem ausgedörrten Land vielleicht einen kleinen Regenschauer bringen.

Sikkim: Der eigenwillige Zweiundzwanzigste

In den meisten Nachschlagewerken, die in deutschen Stuben stehen, wird Sikkim als »Königreich im Himalaja zwischen Nepal und Bhutan« bezeichnet. In jenen Lexika, die noch nicht viel Staub angesetzt haben, steht dann außerdem: »Seit 1950 indisches Protektorat.« In Atlanten sind die Grenzen zu Indien teils nicht wahrnehmbar, teils wird auch deutlich, daß Sikkim für Indien im östlichen Himalaja der Zeigefinger nach China ist.
Sikkim, erst seit dem 17. Jahrhundert als einigermaßen eigenständiges Staatsgefüge bekannt, erlebte in dem geschichtlich sehr kurzen Zeitraum seines Bestehens das typische Schicksal eines »Paß- und Pufferstaates«.
Verschiedene Umstände, notgedrungene Zuwanderung aus überbevölkerten oder armen Ländern und gezielte Umsiedlungspolitik starker Mächte führten allmählich zur politischen und gesellschaftlichen Zurückdrängung der einheimischen *Bhutia* und *Lepcha.*
Indiens Ziel, sich Sikkim als strategischen Posten zur Überwachung Chinas einzuverleiben, war 1974 erreicht. Der heute fast 60 Jahre alte Palden Thondup Namgyal, königlicher Herrscher des 200 000-Seelen-Volkes, ist seitdem zwar noch Repräsentant, doch politisch kaum mehr relevant. 1975 wurde Sikkim der 22. Unionsstaat.
Touristen werden diesen Vorspann nur zum Verständnis mancher unmutigen Äußerungen benötigen, falls sie mit Einheimischen zu einem längeren Disput kommen. Es soll in Sikkims Bergen viele Marxisten geben, die teils ideologisch festgelegt sind, teils sich nur so nennen, um ihren Kampf für Eigenständigkeit etwas zurückhaltend äußern zu können.
Beim Besuch wäre es wichtig, in der Hauptstadt des 22. indischen Unionsstaates, in *Gangtok,* das *Tibetologische Forschungsinstitut* zu beehren: Bücher, Manuskripte, Ikonen, Skulpturen, Wandmalereien und Holzschnitzereien.
Liebhaber der Flora brauchen einige Stunden für das *Orchideen-Reservat,* das in der Nähe des Tibetologischen Instituts angelegt wurde.
Die Landschaft zwischen tropischer Vegetation und nebelverhangenen Bergen ist allerdings der Höhepunkt, der nicht mehr wegzuwischende Eindruck, den westliche Besucher für immer mit nach Hause nehmen werden. Und zur Landschaft gehören die tibetanisch-buddhistischen Klöster: *Rumtek* bei

Gangtok, *Pamayangste* oder *Tashiding* in West-Sikkim, *Dzongri* mit dem unbeschreiblichen Blick auf das *Khangchendzonga-Gebirge* oder der zwischen Pamayangste und Dzongri liegende historische Ort *Yuksam.* Alle diese Klöster und Ortschaften schaffen es unaufdringlich, dem Besucher ein Leben lang in Erinnerung zu bleiben.

Auroville: Versuchsbahn zum Frieden

Das schlechte Gewissen der Welt und die ewige Hoffnung auf die Morgendämmerung der Menschlichkeit symbolisieren sich 152 Kilometer südlich von Madras: in Auroville, 1968 eröffnet, finanziell unterstützt von der UNESCO, Begegnungsstätte der Internationale der Hoffnungsvollen.
Gern erwähnt wird Oliver, der junge Franzose, der als Hippie über Kathmandu und Goa schlenderte, später als Einsiedler in Höhlen sinnierte und heute die »Idee Auroville« als Lebensinhalt betrachtet.
Diese Idee ist nicht neu: Harmonisch leben, Toleranz gegenüber allen Rassen und Religionen, unaufhörliche Bereitschaft zum Lernen, die Suche nach der menschlichen Einheit und Einigkeit.
Ein paar Hundert Flüchtlinge der westlichen Ulcus-Szenerie exerzieren mit einigen Tausend Einheimischen acht Kilometer nördlich des bis 1954 französischen Städtchens *Pondicherry* die Befreiung von Not und Haß. Dem Experiment Auroville wird jeder psychisch einigermaßen normale Mensch Erfolg wünschen. Denn dieses Modell sollte Ableger finden — auf der ganzen Welt. Doch die UNESCO kann nur Auroville unterstützen. Für mehr als einen Versuch reicht in dieser oder ähnlichen Institutionen das Geld meistens nicht.
Also muß der Einzelne mit seinen Mitteln Auroville unterstützen und zum Erfolg führen. Damit beginnen die Probleme, denn viele »gute Menschen« möchten nicht nach Indien, haben bindende Verpflichtungen, die sie in einem ganz bestimmten Haus in einer ganz bestimmten Stadt festhalten. Ihnen bleibt die »Sehnsucht Auroville« auf Lebenszeit.
Wer's aber schafft, kann gehen. Die Bedingungen, dem Mitglieds-Aufnahmebogen entnommen:

- Geboren, gesund und arbeitswillig.
- Frage: Wie lange können Sie für Ihren Lebensunterhalt in Auroville aufkommen?
- Frage: Welchen Betrag können Sie zum Bau Ihrer Wohnung beitragen?
- Letzte Frage: Können Sie finanziell oder in Form von Geräten, Werkzeugen usw. etwas für Auroville beitragen?

Da fragt man sich als Schreiberling, ob bei Erfüllung all dieser Voraussetzungen Auroville unbedingt in Indien liegen muß?
Was nicht ein Wort gegen das südindische Modell bedeutet. Solche Fragen muß der Einzelne sich selbst beantworten. Einige Antworten auf bohrende

Fragen gibt es vielleicht bei der Gemeinschaft der Freunde Auroville e.V., Elisabethstraße 34,
8033 Planegg bei München.

Goa: 80 Kilometer Sandstrand

Einer der beliebtesten Sprüche der Leute von Goa ist: »Wir gehören zu Indien, aber wir sind nicht Indien.« Der Besucher kann nicht widersprechen, doch er braucht ein paar Tage, bis er hinter das Geheimnis dieser offenbar zufriedenen Menschen kommt. Die 451 Jahre portugiesischer Herrschaft haben den kleinen Landesteil im westlichen Indien geprägt. Nicht zu vergessen, daß die Portugiesen erst 1961 von den Indern mit einer militärischen Aktion aus dem Lande gewiesen wurden.
Von den rund 900 000 Goanesen sind sehr viele Christen. Doch das wäre noch kein Ausweis für Fröhlichkeit. Aber die Mandolinenmusik, die finstere Gedanken vertreibt, der Fado-Gesang unter Palmen, der Träume erweckt, der Duft nach Blumen und Früchten, der Feni-Schnaps und das Goa-Bier, sie alle prägen ein Stück Paradies, das auch dem Besucher gehört. Bis jetzt wenigstens noch. Doch schon jammerte ein philosophisch angehauchter Fremdenführer, der zu seinem Curry-Snack ein paar Fenis getrunken hatte: »Die Schwalben sind schon geflohen. Jetzt krächzen hier nur noch die Krähen.«
Er bedauerte, daß die langmähnigen Hippies den mehr oder weniger organisierten Touristen Platz gemacht haben. Der Goanese war noch nie in den klassischen europäischen Urlaubsländern wie Italien und Spanien, sonst hätte er besser geschwiegen. Denn Goa wird noch auf viele Jahre hinaus ein Urlaubsparadies bleiben — weil es für die meisten Feriengäste aus westlichen Ländern zu weit entfernt ist. Entsprechend klein sind auch die Gruppen, die den rund 80 Kilometer langen Sandstrand Goas aufsuchen.
Und auf den Märkten wird noch in Jahrzehnten das bunte Treiben der Goanesen die Atmosphäre beherrschen. Zum Beispiel in *Mapuça* (»Mapsa« gesprochen): Hier ist freitags großer Markt. Aus der ganzen Umgebung strömen die Einheimischen zu diesem wichtigen Marktflecken, etwa 15 Kilometer von *Fort Aguada* entfernt. Hier kann man sich einfach nicht satt sehen an den verschiedenartigen Gesichtern, die alle eines gemeinsam haben: Sie sind freundlich und meist sehr schön. Die Kleidung auch der Ärmsten unter den Goanesen ist farbenfroh; bei den Männern sehr europäisch, bei den Frauen sind es natürlich die Saris, die dem Besucher so angenehm auffallen. Auf dem Markt herrscht keineswegs große Turbulenz. Es wird zwar an jeder Ecke gehandelt, doch es geht zum größten Teil beinahe wortlos vor sich, mit Ruhe und Gelassenheit, ganz anders als auf einem orientalischen Markt. Hier lohnt es sich, Souvenirs aus Silber einzukaufen: Alter Familienschmuck — doch auch neuer — wird zu einem günstigen Preis gehandelt.

Auch das ist sehenswert

AHMEDABAD. Stadt der tierliebenden Jainas und des preiswerten Kunsthandwerks. Für kunsthistorisch interessierte Touristen sind drei Ziele wichtig: die *Sidi-Sayyid-Moschee* mit den schönsten Marmor-Schnitzarbeiten, die *Rani-Asni-Grab-Moschee,* ebenfalls durch kunstvolle Marmorarbeiten bekannt, und der *Hathi-Singh-Tempel,* mit seinen vielen Kuppeln und Türmen als Musterbeispiel der Jaina-Architektur gepriesen.

HYDERABAD. Der Nizam von Hyderabad, im anglo-indischen Kaiserreich einer der bedeutendsten indischen Fürsten, hat auch heute noch erheblichen Privatbesitz, zum Beispiel den *Fala-knuma-Palast,* ein prunkvolles Gebäude, das für Besucher geöffnet ist. — Die wichtigste Sehenswürdigkeit ist *Char Minar,* das heißt »Vier Minarette«, ein eindrucksvolles Gebäude mit vier 55 Meter hohen Minaretten.

ANDAMANEN. Eine Inselgruppe südlich von Burma. Die Eingeborenen sind Negritos, schwarzhäutige Menschen vom Stamme der Jarawas. Die Küsten sind ein Paradies für Sporttaucher und Angler. Es gibt hier sehr schöne Badestrände. Interessantester Ausflug ist ein Besuch der Arbeitselefanten im Dschungel.

Geschichte in Kürze

3000—1500 v. Chr. Handelsbeziehungen zwischen Mesopotamien und der Induskultur.

1500 v. Chr. Indoarier erobern vom Nordwesten her das Industal. Später stoßen sie in das Gangesbecken und nach Süden vor. Die Arier übernehmen Bräuche der von ihnen Besiegten: den Glauben an Schiwa, die heiligen Kühe und das Kastenwesen.

500 v. Chr. Buddhismus und Jinismus

326/325 v. Chr. Alexander der Große erobert große Teile Indiens.

313—176 v. Chr. Das Mauria-Reich. Aschoka ebnet (272—232) dem Buddhismus den Weg zur Weltreligion.

Um 300—6. Jh. Gupta-Reich: Indiens »goldenes Zeitalter«.

Ab 8. Jh. Untergang der hinduistischen Staaten durch den Einbruch des Islam.

1526 Der Dschingiside und Timuride Babur errichtet die Mogul-Dynastie. Die Macht des Islam wird endgültig gesichert.

Anf. 17. Jh. Portugiesen und Niederländer errichten Kolonialstationen. Dann kommen die Briten und verdrängen zunächst die Portugiesen, dann auch Niederländer und Franzosen.

1858 Auflösung der britischen Ostindien-Kompanie. Ernennung eines britischen Vizekönigs.

1876 Indien wird Kaiserreich. Der jeweilige Träger der britischen Krone ist Kaiser von Indien.

1919 Mahatma Ghandi setzt sich nach dem Blutbad von Amritsar an die Spitze der indischen Freiheitsbewegung.

1920—39 Propagierung des gewaltlosen Widerstands.

1939—45 Teilnahme Indiens am II. Weltkrieg auf britischer Seite.

1947 Autonomie Indiens. Abtrennung der islamischen Nordstaaten (Pakistan).

1950 Am 26. Januar wird die Indische Union Republik. Erster Ministerpräsident: Jawaharlal Nehru.

1961 Annexion der portugiesischen Besitzungen Goa, Daman und Diu.

1965 Offener Konflikt mit Pakistan wegen des umstrittenen Kaschmir.

1971 Krieg mit Pakistan, ausgelöst durch die Revolten Ost-Pakistans (heute Bangla Desh).

1972 Friedenskonferenz zwischen Indien und Pakistan in Simla.

1974 Zündung eines atomaren Sprengsatzes. Das Königreich Sikkim wird von Indien annektiert.

1977 Machtwechsel in Indien. Die Kongreßpartei (Nehru/Gandhi) verliert nach 30 Jahren Herrschaft die Wahlen.

1980 im Januar: Indira Ghandi gelangt nach überraschend hohem Wahlsieg wieder an die Macht.

INDONESIEN

Republic of Indonesia

(siehe Karte Seite 52)

Auf den Fahrten durch indonesische Dörfer und über die Inseln vergißt der Tourist, daß er Gast in einem Moslem-Staat ist. Das Erbe aus den Zeiten des Buddhismus und Hinduismus hat hier einen gemäßigten Islam hervorgebracht. Die Verschleierung der Frauen beispielsweise haben die Indonesier noch nie gekannt.

Weit entfernt von den Vorschriften des Koran ist auf Sumatra der Volksstamm der Minangkabau. Dieser Stamm lebt im Gebirgsland hinter der Hafenstadt Padang im Westen der Insel. In den Dörfern der Minangkabau gilt auch heute noch das Matriarchat, das Mutterrecht. Die Besitzverhältnisse sind deutlich auf die Frau ausgerichtet, die Frau bleibt in ihrem Haus, der Ehemann besucht sie gelegentlich, um die Ehe zu zelebrieren. Er wohnt in einem der Häuser, die um das Stammhaus gebaut werden.

Berühmt sind die auf Pfählen gebauten Häuser mit Dächern, die dem Schwung des Büffelhorns (Wasserbüffel = kabau) nachempfunden sind. Es gibt immer noch die tief ausgeschweiften Satteldächer mit Palmbast und Palmried. Doch auch moderne Materialien werden immer mehr benutzt, für Minangkabau-Häuser vorwiegend Wellblech.

Ein streng patriarchalisch ausgerichteter Stamm lebt nördlich des Minangkabau-Gebiets: die Toba-Batak. Hauptanziehungspunkt für Touristen sind die Männerhäuser, wo die jungen Burschen bis zu ihrer Hochzeit zusammen leben. Den früheren Kannibalen, deren Medizinmänner die Kraft der Magie aus Hirn und Innereien von Kleinkindern bezogen, ist der Tourismus nicht mehr fremd. Der als agil und wendig bekannte Stamm hat sich bereits darauf eingestellt, für Fotografier-Posen und Besichtigung der mit hübschen Schnitzereien versehenen Pfahlbauten den entsprechenden Obolus zu kassieren.

So bleibt es vielleicht dem manchmal scheelen Auges betrachteten Tourismus vorbehalten, Traditionen zu retten, die schon fast verloren waren. Denn auch bei den Batak und den Minangkabau haben neuzeitliche Einflüsse manche Lebensgewohnheiten verändert. Eine Gefahr war der Zug in die Städte, die Landflucht. Allgemein war und ist außerdem ein Verlust des kommunalen Denkens zu verzeichnen. Bei den jungen Männern vom Stamme der Minangkabau kommt hinzu, daß sie vor der matriarchalischen Gesellschaftsordnung fliehen. In manchen Dörfern betrug die Abwanderung bis zu 50 Prozent. Doch auch der Bau wellblechgedeckter Einfamilienhäuser, ein gewisser Zug zur Individualität, gefährdet althergebrachte Dorf-Traditionen.

Schmuddelige Romantik nicht mehr beliebt

Das Interesse der Touristen an Großhäusern und Platzdörfern der Eingeborenen könnte den Trend zu Ziegelstein und Wellblech aufhalten. Zusätzlich müßte bei Renovierung und Neubau auch an einen gewissen Komfort gedacht werden, der den Volksstämmen der Batak und der Minangkabau nicht mehr fremd ist — denn die Eingeborenen interviewen ihre Besucher. Ein Pfahlbau mit einwandfreier sanitärer Einrichtung — warum nicht? Der derzeitige Zustand indonesischer Wohnungen muß dringend verbessert werden — der Schmutz und die mangelhafte Hygiene verbieten das in solchen Fällen gern benutzte Wort »Romantik«.
Ist es romantisch, wenn die meisten Hütten auf dem Lande Lehmfußböden haben? Etwas bedrückender vielleicht, daß mehr als zwei Drittel der ländlichen Häuser ohne Wasserversorgung, also auch ohne Waschmöglichkeiten sind. Und nur zwei von zehn Hütten verfügen über eine Toilette. Elektrizität ist ohnehin ein Luxus, an den die wenigsten Indonesier zu denken wagen. Wenn die Groschen der Urlaubsgäste helfen, diese Zustände zu verbessern, wandelt sich eines Tages vielleicht der Hang zur schmuddeligen Romantik in das gute Gefühl, persönlich Entwicklungshilfe zu leisten. Auch das kann erlebnisreicher Urlaub sein.

Das Land in Stichworten

Geografische Lage: 95—141,5° östlicher Länge, 6,5° nördlicher bis 12° südlicher Breite. Die Republik Indonesien liegt beiderseits, überwiegend südlich des Äquators.
Entfernung von Frankfurt nach Jakarta 11 314 km.

Größe: 1 919 270 qkm; davon 421 951 West-Irian. Zweimal Frankreich und Spanien.
Das Land besteht überwiegend aus einer Gruppe junger Vulkane, nur der Süden ist in größerer Ausdehnung Ebene. Höchste Erhebung: Agung 3 142 m. Wald- und Buschvorkommen sowie mit Alang-Alang-Gras bedeckte Flächen.

Bevölkerung: 145 Mill. Einwohner, rund 18% städtisch. Überwiegend malaiische Indonesier. Stärkste Gruppe: Javaner mit über 80 Mill. Größte Fremdgruppe: Chinesen mit 2,75 Mill. Knapp 88% Moslems, 3,2% Hindus (auf Bali), 0,4% Buddhisten und Konfuzianer, 5,6% Protestanten, 2,1% Katholiken, kleinste Minderheiten Juden und Anhänger von Naturreligionen.

Sprachen: Staatssprache Bahasa Indonesia; Handelssprache Englisch und Holländisch; Umgangssprachen: Indonesische Regionalsprachen (25).

Hauptstadt: Jakarta (früher Batavia), rund 5 Mill. Einwohner.

Großstädte: Surabaya 1,6 Mill, Bandung 1,2 Mill., Semarang 700 000, Medan 650 000, Palembang 600 000, Ujung Pandang 500 000, Malang 450 000, Surakarta 420 000, Jogyakarta 400 000.

Staatsform: Zentralistische Republik.

Wirtschaft: Die Agrarwirtschaft überwiegt, die Selbstversorgung des Landes mit Nahrungsmitteln ist gesichert. Die Industrie befindet sich in den Anfängen.

Bodenschätze: Zinn, Kohle, Erdöl und Bauxit. Hauptausfuhrgüter: Erdöl, Kautschuk, Palmöl, Zinn, Tabak, Tee, Kopra, Gewürze und Kaffee. Die Karpfenzucht auf Java ist bedeutend, wie die Küsten- und Binnenfischerei überhaupt.

Flora: Allein auf Java wachsen 5 000 Pflanzenarten. Reiche tropische Vegetation: Palmen, Nutzholzbäume wie Ebenholz und Sandelholz, Fruchtbäume, Blumen. Über 50% Indonesiens sind bewaldet.

Wichtiges von A bis Z

Ausweispapiere: Paß, Visum (nur bei Aufenthalt von über 7 Tagen, wird gebührenfrei sofort erteilt), Rückflugticket, Impfpaß, internationaler Führerschein.

Devisen: Einfuhr und Ausfuhr von Landeswährung bis 2500 Rp.; Fremdwährung deklarationspflichtig.

Diplomatische Vertretungen: Deutsche Botschaft, Djalan M. H. Thamrin, Jakarta Tel. 4 80 74;
Österreichische Botschaft, Djalan HOS Cocroaminoto 99, Djakarta, Tel. 44478.

Einkäufe: Öffnungszeiten: Täglich bis 19 Uhr; Banken Mo.—Do, 8—14, Fr. 8—11 Sa. 8—13 Uhr.
Lohnende Einkaufsmöglichkeiten für Antiquitäten, Batiken, Seide und Brokat sowie Holzschnitzereien und Silberschmiedearbeiten. Schattenrißmarionetten aus Java (Büffelhaut), Sarongs aus Bali, Gemälde aus Batikstoffen, Dämonenmasken.

Essen und Trinken: Mit der einheimischen Küche sollten empfindliche Reisende vorsichtig sein. Es gibt westlich orientierte Küche in allen Hotels. Indonesische Gerichte sind sehr scharf und stark gewürzt. »Saté« ist eine Köstlichkeit aus kleingeschnittenem Fleisch (Rind, Schwein, Lamm oder Huhn) mit einer scharfen Sauce. »Soto« heißt die lokale Suppe, »gado gado« ist Gemüse in Erdnußsauce.
Auf Bali wird ein delikates Schweinegericht zubereitet: »Babi Guling«.
Typische Getränke sind Tee und Kaffee (einheimische Sorten). »Brem« ist ein milder Reiswein aus Bali. Die einheimischen Biere sind gut.

Feiertage: 1. Januar, Karfreitag, Himmelfahrt, 17. August, 25. Dezember, außerdem zahlreiche, sich jährlich ändernde moslemische Feiertage.

Entfernungen/Gewichte/Maße: Englisch.

Geld: 1 Rupiah (Rp.) = 100 Sen. 1 DM = 330 Rp.

Impfungen: Pocken und Gelbfieber bei Einreise aus Infektionsgebieten. Cholera empfohlen. Malariaschutz dringend angeraten.

Klima: Beste Reisezeit Juni bis Oktober. Gleichmäßig tropisch mit z.T. reichen Niederschlägen. Feuchtheiß, mit Abkühlung durch Meeresbrisen. Durchschnittstemperatur 26 °C bei einer Luftfeuchtigkeit von durchschnittlich 82%. In den Bergen nachts stärkere Abkühlung. Trockenzeit Mai bis September, Regenzeit Oktober bis April mit kurzen Regenfällen meist nachts.

Stromspannung: In Touristenhotels vorwiegend 220 Volt. Adapter für Steckdosen erforderlich.

Trinkgeld: Trinkgeld ist noch nicht so üblich, doch werden immer häufiger in Hotels und Restaurants 10% Bedienungszuschlag auf die Rechnung gesetzt.

Trinkwasser: In den Luxushotels gut, sonst abgekocht und gefiltert trinkbar.

Uhrzeit: MEZ + 6 Stunden in der Westzone (Java und Sumatra). Wenn es in Frankfurt 12 Uhr ist, ist es auf Java 18 Uhr. MEZ + 7 Stunden in der Ostzone (Borneo, Celebes, West-Irian). Wenn es in Frankfurt 12 Uhr ist, ist es auf Borneo 19 Uhr.

Verkehr: Linienflüge nach Jakarta (Flughafen Halim International, 13 km zur Stadt, Taxi, bei der Ausreise Flughafensteuer), 4mal wöchentlich direkt ab Frankfurt, sonst via Brüssel bzw. Singapur oder Bangkok.
Linienflüge nach Jogyakarta (Flughafen Adisutjpto, 10 km zur Stadt, Taxi), 2mal wöchentlich via Jakarta aus Frankfurt. Linienflüge nach Denpasar/Bali (Flughafen Ngurah Rai, 13 km zur Stadt, Taxi) 2mal wöchentlich via Jakarta direkt ab Frankfurt, sonst via Singapur oder Bangkok.

Eisenbahn nur auf Java und Sumatra, aber nur 3. Klasse und Nachtexpress. Wichtig ist der Flugverkehr, doch sind die Maschinen meist voll ausgebucht, so daß Vorbestellung wichtig ist, z.B. Jakarta-Medan/Sumatra 1 bis 2mal täglich, ca. 250 Mark.

Reisebusse zwischen allen größeren Städten, wegen der schlechten Straßen mit geringer Reisegeschwindigkeit. Niedrige Preise, zum Teil Mahlzeiten inklusive, z.B. Jakarta-Semaran 15 Stunden, ca. 7 Mark.

Linksverkehr.

Im Stadtverkehr: Rikshas (Betjaks), ca. 50 Rp. pro km. Taxis sind selten und dann stundenweise zu haben, pro Stunde aber 5 000 Rp. (am besten über Hotelvermittlung).

Zollvorschriften: Persönliches Reisegut frei; 200 Zigaretten oder 50 Zigarren oder 100 g Tabak; 2 l geöffnete alkoholische Getränke.

Indonesien: Der Welt größter Archipel

Der am stärksten zersplitterte Staat der Erde, Indonesien, umfaßt 13 677 Inseln, 6 000 davon sind bewohnt. Schon diese Zerrissenheit ist einer der Gründe für ständige Probleme, aber auch Größe und Bevölkerungszahl setzen Zeichen: Der Welt größter Archipel ist etwa acht mal so groß wie die Bundesrepublik, die Bevölkerung dürfte inzwischen auf 145 Millionen angewachsen sein. Diese Zahl unterteilt sich in mehr als 360 ethnische Gruppen, die sich in 250 verschiedenen Regionalsprachen unterhalten.

Indonesien während einer Rundreise »kennenzulernen«, zeigen solche Zahlen, ist schlichtweg unmöglich. Die Willy-Scharnow-Stiftung erklärte in ihrem letzten Schulungskurs, man müsse 38 Jahre unterwegs sein, wolle man auf jeder Insel, auch den großen, nur einen Tag bleiben. Die Rechnung stimmt. Wir müssen uns deshalb auch hier auf ein paar Höhepunkte beschränken.

Java

Die Hauptinsel Indonesiens ist Java, auf der auch Jakarta, die Hauptstadt, liegt (Jakarta beschreiben wir auf Seite 116). Obwohl die Insel nur knappe sieben Prozent der indonesischen Landfläche umfaßt, leben hier etwa 70 Prozent der indonesischen Bevölkerung. Entsprechend dicht wohnen hier die Menschen aufeinander, entsprechend ärmlich ist das Land beziehungsweise das Leben in den Kampongs, entsprechend hoch die Arbeitslosigkeit. Und wer während der Rundreise die freundlichen, braunen Kinderchen aus Vergnügen oder zur Schau nackt ins Wasser springen sieht, sollte wissen, wie schmutzig diese ungesunden Pfützen sind: Zusammen mit der Schifffahrt und den Erdölbohrungen haben auch die Flüsse dazu beigetragen, daß die Java-See zu den schmutzigsten Gewässern der Welt gehört.

Eine Fahrt durch Westjava beeindruckt durch landschaftliche Höhepunkte und das bunte Treiben in den Dörfern (siehe Seite 119). Ziel aller Träume ist das »Paris der Insel Java«, die zauberhafte Millionenstadt *Bandung*. Wer

hier einen Tag oder mehr verbringen kann, wird *Kota Kembang* nie mehr vergessen (s. Seite 124). Zentrum aller Java-Reisen ist Zentraljava: geschichtsträchtig, kulturelles Zentrum der Insel, aber arm geblieben, Keimzelle für den Kommunismus. Keimzelle aber auch für Dämonenglauben und seltsame Gebräuche. Eintopf aller Glaubensrichtungen vom Buddhismus und Hinduismus über ein Stückchen Christentum bis zu perfekt ausgeübtem Animismus, häufig gepaart mit spiritistischen Formen seelischer Befriedigung. Trotz dieser eigenwilligen Religions-Komposition (Javanismus) behauptet hier fast jeder, Moslem zu sein. So wie knapp 90 Prozent aller Indonesier.
Jede Tour in dieser Gegend führt nach *Magelang*. In der Nähe der Stadt liegt *Borobudur,* eine Buddha-Tempelanlage der Superlative, die zur Krönung eines Java-Urlaubs gehört (siehe Seite 122). Zwei Stunden werden hier meistens gewährt — das reicht, um zu wissen, daß zwei Stunden in Borobudur nicht ausreichen.
Den hinduistischen Einfluß kann man auf dem *Dieng-Plateau,* einem sehr alten Wallfahrtsort, erahnen. Nur erahnen, weil die acht erhaltenen Tempel aus dem 8./9. Jahrhundert nur noch klägliche Reste einer phantastischen Anlage sind, die ursprünglich mindestens vierzig Tempelbezirke umfaßte. Zur Besichtigung des in fast 3 000 Meter Höhe liegenden Plateaus — warme Jacken mitnehmen! — gehört auch die Würdigung einer monströsen Landschaft mit aktiven Vulkanen, schwefeldampfenden, gluckernden Quellen und vielfarbigen, romantischen Seen.
Der wichtige Fischereihafen *Semarang* ist Hauptstadt der zentraljavanischen Provinz. Hier werden die berühmten Messing-Gongs für die typischen Gamelan-Orchester hergestellt.
Andere Touren beginnen in *Jogyakarta,* der Stadt, die Sie auch ganz lässig Jogya (Dschogdscha) nennen dürfen. Den Weg durch diese kulturell hochkarätige und charmant anmutende frühere Hauptstadt (1946—1950) beschreiben wir etwas ausführlicher auf Seite 122.
Rund siebzig Kilometer nördlich von Jogyakarta liegt *Surakarta,* gelegentlich auch Solo genannt. In dieser Stadt müßte der Besucher wenigstens einmal den *Serimpi,* Javas bedeutendsten, auf hinduistischen und arabischen Mythen fußenden Tanz, gesehen haben.
Künstlerisch aber auch kulturell noch viel bedeutender sind die in Ballett-Art vorgeführten Epen der »Ramayana« und des »Mahabharata« in Indonesiens eindrucksvollstem Hindu-Heiligtum, in der Tempelanlage *Prambanan.* Nur knapp 20 Kilometer von Jogyakarta entfernt liegt diese Tempelstadt, deren Ursprung auf das 9. Jahrhundert zurückgeht.
Von der Natur gebaute Tempel gigantischer Art sind in der Tropfsteinhöhle *Jatijajar,* 45 Kilometer südwestlich der Stadt *Kebumen,* zu besichtigen. Die von Stalakmiten und Stalaktiten umrahmte Szenerie gehört unbedingt in die Liebhaber-Sammlung der Höhlen-Fans.
Hauptstadt der Provinz Ostjava, zu der auch die dicht vorgelagerte Insel Madura gehört, ist *Surabaja.* Dieses wichtige Industriezentrum ist mit zwei Millionen Einwohnern Indonesiens zweitgrößte Stadt. In der fruchtbaren

Umgebung, in der Ebene mit riesigen Zuckerrohrfeldern, fallen besonders die mächtigen Vulkane auf. Der bekannteste von ihnen ist der noch aktive *Bromo,* in dessen Krater der Feuergott leben soll, der von manchen Einwohnern noch mit Opfergaben beruhigt wird.
Die vor dem Einbruch des Islams (15. Jahrhundert) mächtigen und reichen Hindu-Königreiche hinterließen in Ost-Java deutliche Spuren. Der nach Borobudur wichtigste Tempelkomplex ist der *Candi Penataren* nahe der Stadt *Tretes,* 35 Kilometer südlich von Surabaja.
Zu den schönsten Tempeln dieser Gegend gehört der Tempel von *Tumpang* (auch *Candi Jago*) in der Nähe von *Malang,* interessant durch seine gut erhaltenen Bas-Reliefs mit Darstellungen aus hindu-javanischen Dichtungen. Die Landschaft rund um Malang ist überwältigend.
Schon einmal in der Gegend, ist ein Ausflug zu der Insel *Madura* eine reizvolle Abwechslung. Auf den ausgedehnten Weiden grasen große Rinder- und Ziegenherden. Im September und Oktober donnern besonders ausgesuchte Stiere über eine rund 100 Meter lange Rennbahn und veranlassen die Insulaner und Gäste, eigentlich verbotene Wetten abzuschließen.

Bali

Der Traum aller Ferntouristen ist immer wieder Bali. Die stets wiederkehrenden Werbemotive wie kindhafte Tänzerinnen, Palmenstrand und Dämonenmasken erwecken den Verdacht, die Insel sei längst an den Tourismus verkauft. Dieser Eindruck ist glücklicherweise falsch, wenn auch einige Strände, an denen die Hotels der Weltenbummler stehen, an den Ruhetagen ohne Ausflug bereits leichte Anzeichen von Anfüllung zeigen.
Natürlich werden auch Tänze speziell für die Touristen aufgeführt, und es gibt die üblichen Bus-Karawanen zu den Hauptanziehungspunkten der »Pulau Dewata«, der Insel des Lichts. Doch wer sich vom Pulk befreit, spürt bald, wie sehr echte Traditionen erhalten blieben und vorwiegend um der balinesischen Kultur willen ohne Zwang am Leben bleiben (siehe auch Seite 121).
Kaum ein Tourist aus dem Westen kommt an *Sanur* vorbei. In Sanur, etwa zehn Kilometer südöstlich der Inselhauptstadt Denpasar, stehen Balis größte und beste Hotels. Sanur ist der Strand, der schon in den fünfziger Jahren von Tourist-Pionieren auserkoren wurde.
Der Standard an diesem Strand ist international, der Urlauber muß auf nichts verzichten. Hier findet er nach jedem Ausflug sein kühles Bier und ein sauberes Bett.
Gleich um die Ecke, knapp zehn Kilometer von Sanur entfernt, liegt das dem einfacheren Publikum vorbehaltene *Kuta.* Hier steigen vor allem junge Leute ab, hier ist es noch ursprünglicher und auch preiswerter.
Trotz Strand-Idylle und einschmeichelnder Gamelan-Musik: Auf Bali sind Ausflüge Pflicht. Die Schönheit der Insel wirkt kitschig in der Beschreibung, und ist es auch — unglaublich kitschig und postkartenschön: Berge, Seen,

Die »Langhäuser« der indonesischen Eingeborenen gewinnen im Zeitalter des Tourismus wieder an Bedeutung

Flüsse, winzige Dörfchen und 10 000 Tempel. Das Auge freut sich, der Streit über Kitsch und Kunst hat Urlaub.
Außer den feingliedrigen, lieblichen und bronzierten Bali-Frauen gibt es nur noch die Tempel, die es schaffen, den Blick von Kampfer- und Sandelholzbäumen, Feigen und Palmen, Kokosnuß und Bambus wegzulocken. Jeder Gast hat die Möglichkeit, irgendwo einen noch unbeschriebenen Tempel zu finden.
Um über Mythos und Religionen etwas in die Tempelkunst und die Zeremonien der heutigen Balinesen einzustimmen, muß ein wichtiger Aspekt herausgestellt werden: Bali ist eine der wenigen indonesischen Inseln, auf denen sich der früher das ganze Archipel beherrschende Hinduismus in teils reiner, teils eigenwilliger Form erhalten hat. Vor dieser Insel machte der in Asien vordringende Islam im Jahre 1478 halt. In diesem Jahr floh der Sohn des letzten Majapahit-Königs von Java nach Bali und siedelte hier die gesamte Elite an.
Der bekannteste Tempel Balis, vielleicht auch der schönste, ist der *Besakih-Tempel (Pura Besakih)*. Dieser Komplex steht am Fuße des Vulkans

Gunung Agung, der erst 1963 viele Häuser und über 1 000 Menschen unter Lava und Asche begrub. Zusammen mit einer Vorführung des Barong-Tanzes, den Kampf zwischen dem Guten und dem Bösen symbolisierend, bleibt der Besuch dieser Stätte ein unvergeßliches Erlebnis.
Einer der lieblichsten Tempel Balis steht bei *Mengwi:* der *Pura Taman Ajun.* Der Nationaltempel, in dem sich bis heute das volle Programm balinesischer Religiosität abwickelt, steht auf einer Anhöhe. Bei leichtem Dunst oder mit zugekniffenen Augen sieht es aus, als schwimme der Tempel in einem ruhigen See.
Gewaltig und beeindruckend sind die *Königsgräber von Gunung Kawi.* Die pyramidenförmigen Begräbnistürme (Candi) liegen in einem zerklüfteten Tal. Die sieben Meter hohen Gräber wurden aus dem Fels herausgemeißelt.
Eines der ältesten Kulturgebiete Balis ist das Gebiet um das Dörfchen *Pejeng.* Bewundernswert ist dort im *Tempel Panataran Sasih* die größte Trommel der Welt, die aus einem Stück Bronze gegossen wurde. Dieser Trommel, nach einer Legende der »Mond von Pejeng«, werden magische Kräfte zugeschrieben, weshalb die Bevölkerung hier regelmäßig Opfergaben darbringt.
Auch der Ort *Bangli,* Hauptstadt eines der früheren Bali-Königreiche, im südlichen Teil Balis gelegen, ist einen Ausflug wert. Vorbei an skulptierten Pforten und mit bizarren Figuren besetzten Aufgängen, geht es über Treppen nach oben zum Heiligtum. Dämonenfratzen versuchen, den Besucher daran zu hindern, den im Wipfel eines heiligen Banyanbaumes hängenden hölzernen Gong zu erreichen.

Sumatra

Irgendwo im vulkanischen Hochland Sumatras, nur mit Booten erreichbar, sollen noch einige *Orang Akit* leben, jene kleinwüchsigen Negritos, die vor fünftausend Jahren schon allmählich von den Austronesiern oder Proto-Malaien aus fruchtbaren und strategisch günstigen Gebieten verdrängt wurden.
Die Zeit, solche Besuche in ein Urlaubsprogramm einzubauen, reicht normalerweise nicht aus. Dafür begegnen dem Touristen im Nordwesten die Acenesen, im nördlichen Mittelteil der Insel die Gayos, die Bataks rund um den Toba-See, die Minangkabaus im Padang-Hochland, im Osten die Malayen und im Süden die Lampung.
Touristisch »erschlossen«, für Besucher aufgrund einiger vergessener Gebräuche und noch bestehender Traditionen ein Indonesien-Höhepunkt sind die Bataks vom Toba-See und die Minangkabau (siehe Seite 105).
Rund um den Toba-See, der auch Weitgereisten ob seiner landschaftlichen Lage ein paar offene Augen abzwingt, wird man gerne enthusiastisch, weil in 900 Meter Höhe die Temperatur wieder stimmt: Angenehm frisch.
Unten, in der Hauptstadt der Provinz Nord-Sumatra, in *Medan,* liegt der Jahresdurchschnitt bei 27 Grad Celsius. Doch dort ist es vor allem die auspuffvergaste Stadtluft, die dem Ferngereisten den Atem raubt.

Also wieder zum *Toba-See,* zu den Batakern, die zu 60 Prozent Christen sind, vorwiegend Protestanten (Rheinische Mission aus Wuppertal). Die vier Millionen werden in sechs Stämme aufgeteilt, alle von muskulöser, etwas gedrungener Gestalt. Ihren Kannibalismus haben die Missionare den Pfefferbauern ausgetrieben, der urtümliche Stolz und die gelegentliche Ungezügeltheit ist geblieben. Geblieben ist auch ein Grabstein bei *Pearaja,* dessen Inschrift das bewußte Kitzeln zwischen Magen und Gurgelknopf auslöst: Hier ruhen die Gebeine der beiden Missionare Munson und Lymann, erschlagen und aufgefressen.
Am besten ist es, darüber nicht viel zu sprechen, denn als wir mit der glücklicherweise ausgerotteten Menschenfresserei per Grabtext konfrontiert wurden, hatte prompt ein Kollege die aktuelle Story auf Lager: Ein junger Mann wollte eine Indonesierin heiraten, die er in der Stadt kennengelernt hatte, doch die Familie hatte für ihn die Tochter des Onkels bestimmt. Trotz seiner, durch das Stadtleben geprägten, aufgeklärten Bildung sei es der Familie gelungen, den jungen Batak zum Mord an seiner Freundin zu überreden. Anschließend habe die ganze Familie das Stadtmädchen verspeist. Jetzt säßen die Neu-Kannibalen bei Wasser und Brot im Gefängnis von Medan.
Für ängstliche Bürger ist ein Rat vielleicht angebracht: Die Bataker begrüßen sich mit »Horas«. Ein Gruß in der Landes- oder gar Stammessprache schafft Freundschaft. Jedoch, wer »Horas« säuselt, macht sich verdächtig. »Horas« wird gebrüllt, je lauter, desto sicherer und besser.

Borneo (Kalimantan)

Die drittgrößte Insel der Welt, auf der vor allem die Flüsse wichtige Verkehrswege sind, ist dreigeteilt: Der größte Teil gehört zu Indonesien und heißt *Kalimantan.* Die nördlichen Teile, *Sarawak* und *Sabah,* sind Teile des Staates *Malaysia* (siehe Seite 169). Ein kleiner Finger, der in den malaysischen Teil der Urwaldinsel Borneo hineinragt, ist das Ölscheichtum *Brunei* (siehe Seite 51).
Im indonesischen Teil der gebirgigen, wilden, an den Rändern sumpfigen Insel, leben nur rund vier Prozent aller Indonesier. Obwohl Kalimantan flächenmäßig das größte indonesische Eiland ist.
Alle Programme der verschiedenen Regierungen — angefangen von der holländischen Kolonialmacht über Sukarno zu Suharto —, diesen geräumigen Landesteil mit Bewohnern vom überfüllten Java zu bevölkern, gingen schief. Vielleicht ist es das feuchtheiße Klima, das die arbeitende Bevölkerung daran hindert, die fünf Millionen Eingeborenen mit ihrer Anwesenheit zu bereichern.
Der Tourist indessen wird diese Probleme nicht spüren. Er wird vielleicht die verschiedenen rassischen Gruppen kennenlernen, von den meisten aber sicher nur den Namen hören: Da sind im Innern der Insel so klangvolle Namen wie Bajau, Bugis, Dayak, Punan, Kayan, Bahau, Kenya, Ot-Danum, Iban, Klemanten, Ngaju, Duson und Murut; die Küstengebiete werden vorwiegend von den Malayen und Banjar besiedelt.

Auch hier, auf Borneo, wird der touristische Reiz, bei ausgedienten Kopfjägern Gast zu sein, in mehr oder weniger enthusiastischen Texten ausgespielt. Von den oben genannten Stämmen sind es die *Dayak,* die sich den neugierigen Blicken bleicher Touristen stellen. Doch jene, die in den berühmten *Langhäusern* auf Stelzen sich in die Kochtöpfe schauen lassen, sind nur ein Teil der Wirklichkeit. Andere leben noch vom Brandrodungsfeldbau, einige sind schon in die einzige Stadt Kalimantans, nach *Pontianak* gezogen, arbeiten dort im Schiffsbau oder in Ölfabriken, wo per stupider Handreichung aus Kokosnüssen Palmenöl gewonnen wird.
Da Touristen meistens von Programmen weitergetrieben werden müssen, sollten sie unsere trockenen Zeilen lediglich als Impuls im Hinterkopf behalten. Vielleicht gibt es einmal die Gelegenheit, mit einem Dayak oder Iban oder Banjar zu sprechen. Bei dieser Gelegenheit die richtigen Fragen zu stellen, das wäre schon ein Stück unvergeßliches Urlaubserlebnis.

Celebes (Sulawesi)

Sulawesi heißt »Eiseninsel« — Eisenerz gibt es aber kaum mehr —, und »Celebes« ist durch schlampige Aussprache und schlechtes Gehör allmählich aus dem Wort »Sulawesi« geworden.
Die »Orchidee des Äquators«, wohl wegen ihrer seltsamen vierarmigen Form so genannt, kann auch heute noch als eine für den Tourismus unentdeckte Insel gelten.
Sobald ein Stamm etwas Einblick in seine Sitten und Gebräuche gewährt, steht der Wissensdurstige vor neuen Schranken. Doch sind immerhin die Torajas inzwischen bereit, ein paar Touristen-Gruppen in das 300 Kilometer nördlich der Insel-Hauptstadt *Ujung Pandang* (früher Makassar) gelegene Gebiet zu lassen.
Die Torajas haben viel Fremdes zu bieten. Vor allem ihren seltsamen Totenkult, nach dem sie auch befragt werden können, da den Torajas der Tod nichts Schreckliches ist, sondern ein natürlicher Teil des Diesseits. Auf Celebes und ganz besonders im Toraja-Land gibt es keine, im christlichen Sinne, Trauer um die Toten. Hier wird am Todestag eines lieben Verwandten gefressen, gewettet, gesungen und Palmwein getrunken. Wohl dem Touristen, der in seinem Programm Zeit für eine Toraja-Beerdigung findet.
Um die Vollständigkeit zu wahren, seien hier noch die anderen wichtigen Inseln oder Inselgruppen erwähnt. Obwohl in diesen Gegenden der touristische Besuch häufig ein Fremdwort ist.

Die Molukken

Seit dem 16. Jahrhundert ist diese Inselgruppe als »Gewürzinsel« bekannt. Die größten der mehreren hundert Inseln sind *Ceram* und *Halmahera.* Bestimmend für die im Westen bekannte separatistische Bewegung sind jedoch die *Ambonesen,* die ihren Namen von der Stadt *Ambon* auf der gleichnamigen kleinen Insel haben. Die meisten der Inseln sind gebirgig (bis zu 3 000 Meter) und dicht bewaldet, auf einigen stehen noch tätige Vulkane.

Nusa Tenggara

Die östlich von Java aufgereihte Inselgruppe ist auch als »Kleine Sunda-Inseln« bekannt. Nusa Tenggara beginnt mit Bali (siehe Seiten 110, 121). *Lombok* folgt als nächste Insel in der Perlenkette. Nur vier Fährstunden von Bali entfernt, ist sie kaum bekannt und doch ähnlich schön wie die Schwesterinsel. Das Gebirge ragt fast 4 000 Meter in die Höhe, gigantische Vulkankrater beherrschen die Szenerie. Hinduistische Balinesen und islamische Sasaks leben hier friedlich zusammen.

Sumbawa

mit der Hauptstadt *Sumbawabesar* ist ebenfalls gebirgig, die höchsten Berge (3 000 Meter) gibt es im Norden. Auf einer benachbarten kleinen Insel, *Komodo,* lebt eine Eidechsen-Art, die es schon vor 60 Millionen Jahren gab: Die Drachen-Eidechsen werden drei Meter lang und 250 Pfund schwer.

Sumba

ist bekannt für sein wohlriechendes Sandelholz, das in großen Wäldern geschlagen wird. Außerdem gibt es in den Wäldern Farbholz, Wachs und Zimt.

Flores

hat eine Fläche von 23 300 Quadratkilometer, der überwiegende Teil ist vulkanisch. Der höchste Gipfel ist der Mt. Potjo Mandasawu. Das ganze Jahr über hat es zwischen 25 und 28 Grad Celsius, starker Regen fällt im Dezember und Januar.

Timor

ist die letzte der kleinen Sundainseln. Der westliche Teil war bis 1945 holländische Kolonie, in Ost-Timor herrschten die Portugiesen, die sich erst 1976 zurückzogen. Die Insel ist ziemlich karg, nur etwas Reis und Mais wächst hier, ein bißchen Kaffee und Tee. Auch Teakholzwälder sind vorhanden, doch besteht die Gefahr des Raubbaus. Osttimor ist eine der ärmsten indonesischen Provinzen, wo inzwischen die Regierung Australiens per Luftbrücke die Eingeborenen vor dem Hungertod bewahrt.

Irian Barat

West-Irian ist der zu Indonesien gehörende Westteil der Insel *Neuguinea.* Auf Irian Barat, bis 1963 holländische Kolonie, leben sehr viele Einwohner noch in der Steinzeit, ein Paradies für Völkerkundler. Im Inneren der Insel wohnen *Papuas,* an den Küstenstreifen *Melanesier.* Insgesamt leben in dem Land, das etwa so groß wie Frankreich ist, 850 000 Menschen.
Die Erschließung wird erschwert durch das meistens heiße und schwüle Klima, durch dichte Urwälder und malariaverseuchte Mangrovensümpfe. Die

extremen Landschaftsunterschiede begeistern den Naturfreund. Das Gebirgsnetz reicht bis zu 5 300 Meter, die Gipfel sind mit ewigem Schnee bedeckt.

Jakarta: Konfrontation mit den Tatsachen

Jakarta ist nicht einfach zu erfassen: Wer es alleine versucht, wird verzweifelt sein, da die flache Lage keine Anhaltspunkte bietet, um sich zu orientieren. Die einzige Hilfe sind moderne Hotels und Denkmäler, die einen großen Teil der indonesischen Hauptstadt beherrschen: Das aufwendige Hotel »Indonesia«, die moderne und prunkvolle *Istiqlal-Moschee,* das *Irian-Bärat-Befreiungsdenkmal* auf dem *Banteng-Platz,* das *Willkommens-Denkmal* und der *Medan Merdeka,* der Freiheitsplatz mit einem 137 Meter hohen Obelisken, dessen »ewige Flamme« aus 35 Kilogramm reinem Gold besteht. Der moderne Teil Jakartas blendet, doch die eigentliche soziale und wirtschaftliche Lage des Landes läßt sich vor dem, der offenen Auges die Welt bereist, nicht verbergen. Die hohe Arbeitslosigkeit, die Armut und die Ausnutzung billiger Arbeitskräfte werden deutlich, sobald man den Blick von den Prestige-Bauten auf die Bürgersteige senkt: Bettler, Krüppel, Herumlungernde. Es ist ein langer und harter Weg, diesem Lande ein höheres Einkommen zu bescheren. Da gibt man als einigermaßen wohlhabender Tourist gern ein paar Mark mehr aus.

Doch dann kommen Zweifel. Wir sitzen im Garküchen-Viertel, im »Block M« des neueren Stadtteils *Kebayoran Baru,* bevorzugtem Freiluft-Eßplatz der Einheimischen. Hier reißt man schmackhaftes, bestens gewürztes Fleisch von den Hähnchen-Schenkeln, stopft mit der Hand Reis in den Mund und schlürft eine Kokos-Milch.

Wir entwickeln ein touristisches Hilfsprogramm, etwas laienhaft, aber eben mit der Absicht, einigen aus dem Arbeitslosen-Heer Beschäftigung zu verschaffen. Geld für Indonesien.

Cri, einer unserer Begleiter, blinzelt seinem Freund Ali zu. »Pungli«, sagt er und zuckt mit den Schultern. Das Wort hatten wir nicht zum ersten Mal gehört. Und jedesmal diese hilflosen Gesten: das Zucken der Schultern, die Mundwinkel nach unten gezogen. »Pungli« hatten wir auch gestern gehört, als wir im Chinesenviertel *Glodok,* einer lebhaften und wirklich empfehlenswerten Attraktion für Feinschmecker, auf wackeligen Schemeln saßen. Allmählich nur verstanden wir den Sinn: Geschäfte in Indonesien laufen nur mit Schmiergeldern. Das Ausmaß an Korruption, Unterschlagung und Amtsmißbrauch ist schon soweit gediehen, daß auch Politiker der derzeitigen Regierung das »Pungli«-System nicht mehr verschweigen können. So mußte Adam Malik, Präsident Suhartos Stellvertreter, markig formulieren: »Die Korruption wird zu einer Spaltung der Nation führen, wenn wir sie nicht endlich energisch und furchtlos bekämpfen.«

Das Thema läßt einen dann nicht mehr los, auch wenn wir doch nur hier sind, um Touristisches zu erleben. Es kommt auch das schlechte Gewissen:

Ein paar Tage Jakarta, reicht das denn für eine kritische Meinungsbildung? Die Antwort muß der Einzelne für sich selbst finden.
Seltsam ist nur, daß gesellschaftskritische und politische Meinungen, einmal mit Indonesiens Wirklichkeit konfrontiert, sich überall dem Besucher in den Weg stellen. Beispielsweise im »Pasar Seni Rupa«, auch *Arts Market* genannt. Diese Einrichtung, ursprünglich angeblich für die Bürger Jakartas gegründet, müßte auch für Touristen grundsätzlich zum Programm gehören. Hier erlebt man die Volkskunst Indonesiens, hier erkennt man auch ein Stück Seele und ein Stück Wunsch des geplagten Volkes: etwa im Puppenspiel des Dalang Tizar (*Dalang* heißt Puppenspieler). Tizar ist sehr sozialkritisch, deshalb benutzt er sein Volkstheater auch, um auf dem Weg über klassische Texte Kritik am Heute zu üben (siehe unten).
Die knappe Zeit zwingt uns Wandervögel bald wieder weg von den Problemen und hin zu den Sehenswürdigkeiten, die »man« gesehen haben muß. Doch auch hierfür wäre Souveränität angebracht: Es hat keinen Sinn, sich von Monument zu Tempel hetzen zu lassen. Von übermüdeten Besuchern hat auch das Gastland nicht viel.

Ein paar Tips können Sie aber unter Umständen noch unterbringen: *Pasar Ikan/Sunda Kelapa:* Schon zur Zeit der Hindu-Könige ein wichtiger Hafen. Später von den Portugiesen für ihren Handel ausgebaut. Heute eine exotische Szenerie des indonesischen Segelschiff-Handels. Morgens ist der Fischmarkt eine Möglichkeit, die Vielfalt der im Wasser lebenden Wesen zu besichtigen.
Jalan Surabaya: In dieser Straße befinden sich viele kleine Antiquitäten-Geschäfte. Vorwiegend werden Kleinmöbel, alte Lampen und chinesisches Porzellan angeboten.
Taman Mini Indonesia Indah: Übersetzt heißt das »Schönes Indonesien in Miniatur«. Dieses *Freiluft-Museum* zeigt die architektonischen, kulturellen und religiösen Verschiedenheiten des Archipels in eindrucksvoller Weise.

Puppenspieler: Des Volkes Stimme

Tizar Purbaya hat im Arts Market von Jakarta, im »Pasar Seni Rupa« den Kiosk Nummer 42. Tizar sieht etwas wild aus, nach seinem Mittagsschlaf wirkt er leicht unwirsch, und er ist grundsätzlich vorsichtig und kritisch.
Als Puppenspieler *(Dalang)* hat Tizar in Indonesien eine gewisse künstlerische Freiheit. Nur eine gewisse. Wenn er überzieht, könnte es sein, daß sein »Stand Wayang Golek« (*Wayang Golek* ist das Puppenspiel-Theater mit geschnitzten Holzpuppen) eines Tages einem anderen Dalang gehört.
Trotzdem ist Tizar impulsiv-leichtsinnig, ihn regt die Not seiner Landsleute auf. Ihn regt auf, daß seine Eltern gerade so am Hungertod vorbeivegetierten und daß seine jungen Freunde im Heimatdorf auch heute noch die gleichen Probleme haben. Tizars Freunde aus dem Westen erzählen gern, um Tizars unterstützungswürdiges Theaterspiel plastischer zu machen, wie sich

der junge Indonesier durch das Dorfleben schlug. Am interessantesten klingt in diesem Zusammenhang Tizars Verhältnis zu seiner Religion, zum Islam: Tizar besuchte häufig den Gottesdienst in der Moschee. Er war immer einer der ersten, die nach Allahs Segen nach Hause rannten. Jedesmal mit den besten Schuhen, die Gläubige vor dem Eingang abgestellt hatten. Mit dem Verkauf der Schuhe hielt Tizar seine Familie lange Zeit über Wasser.

Als Puppenspieler verdient der junge Dalang ganz gut, die Familie kann leben. Tizar ist sparsam, auch beim Handeln. Wir kaufen drei in seiner Werkstatt geschnitzte Puppen: Krishna, Mundinglaya und Baladewa. Der Preis ist eine Überraschung, zusammen rund 50 Mark. Wir wollen abrunden auf eine gerade Summe. 250 Rupiah weniger, das sind 75 Pfennig. Tizar Purbaya bleibt stur: »Das ist ein Essen für mich«. Wir sind beschämt.

Wir erfahren, wie viel Geld für einen armen Indonesier eine Mark ist. Die Arbeitslosigkeit drückt den Verdienst. Zwar gibt es vorgeschriebene Mindestlöhne, doch daran halten sich nur wenige Arbeitgeber. In Batik-Fabriken beispielsweise bekommen die Frauen 80 Pfennig pro Tag; achtzig Pfennig! Soviel kostet in einer einfachen Kneipe ein Bier.

Tizar nutzt seine Geschichten von Göttern und Helden, formt sie um und kritisiert politische und soziale Verhältnisse. »Kritik ist hier nicht sehr beliebt, ich lasse meine Puppen viel Spaßiges erzählen, dahinter versteckt sich sehr viel.«

Am liebsten spielt Tizar vor Kindern. Er meint, sie verstünden ihn am besten, und ihnen sei vielleicht noch zu helfen. Beispielsweise ist es dringend, die neue Generation vor dem Kinderreichtum zu bewahren, der in Indonesien üblich ist. Viele Kinder — das gibt Prestige und ist eine gute Absicherung für das Alter, meinen die heutigen Eltern. Mittlerweile sind 60 Prozent der Indonesier jünger als 25 Jahre.

Was tun? Die Antwort ist frappierend: »Mehr Elektrizität für die Dörfer«. In der Tat sind noch etwa 90 Prozent der Dörfer auf Java ohne Strom. Wenn es dunkel wird, verfällt der Javaner in seine Lieblingsbeschäftigung, die Liebe.

Woher das Geld für die Elektrifizierung kommen soll, sagt im Puppenspiel »Raden Secamuka«, der Minister des Königs von Hastina, Bambang Kaca: ». . . zum anderen braucht das Volk keine Gebäude und Monumente, die teuer und prunkvoll sind. Das Volk muß genügend zum Leben haben, für Nahrung und Kleidung muß gesorgt sein . . .«

Ein paar Minuten später gehen die Puppen dann zum Angriff über. Sie sagen klipp und klar, weshalb die Bekämpfung der Armut immer nur Geschwafel bleibt. Begawan Sempani spricht zu Secamuka, der die Macht ergreifen will, um dem Volk zu helfen: ». . . wenn sie erstmal an der Macht sind, ändern sie sich. Dann werden die Bedürfnisse der eigenen Person immer das Erste sein, was sie befriedigen wollen, vor den Bedürfnissen des Volkes, obwohl die Ansprüche des Volkes weitaus geringer sind als ihre eigenen . . .«

Jakarta wirkt auf den ersten Blick modern und sauber – doch hinter den Kulissen tanzt die Not

Tizars Puppen haben viel zu sagen. Hoffentlich vertragen alle Zuhörer die kritischen Mahnungen. Wir sollten aufpassen, daß der Dalang Tizar seinen Kiosk Nr. 42 behält. Ein guter Staat hat auch für seine Kritiker Platz. Schauen Sie mal im Art Centre vorbei — und grüßen Sie Tizar.

Java: Das Zweirad ist ein Vermögen

Wir durchstreifen Westjava mit einem Kleinbus, die Schiebetür weit geöffnet. Der arme Fahrer muß immer wieder halten: faszinierende Fotomotive. Vor allem die Reisfelder in ihrem unterschiedlichen Reifezustand begeistern mit dutzendfachen Grün-Variationen.
Fünfzehn Frauen stehen gebückt im sumpfigen Feld. Die radgroßen Spitzhüte wippen leicht, senken sich mit jedem Pflanzenbündelchen, das in den Morast gesteckt wird. Bunte Kleider, über den Knien gerafft, spiegeln sich im wässrigen Feld. Die braunhäutigen Frauen sind Saisonarbeiterinnen. Etwa ein Kilo Reis bekommen sie pro Tag als Lohn. Das reicht gerade zum Leben.

Unser Fahrer dolmetscht. Die Frauen lächeln verschämt über unser Interesse. Aus dem Dorf hinter der Hecke kommen Kinder über die schmalen Erdmauern gerannt. Die uns am nächsten stehende Javanerin wird munter. Sie zeigt auf drei mandeläugige Kinder: »Das sind meine . . .«
Reicht der Reis für alle? Nein, aber der Mann arbeitet auch. Sie sucht am Horizont. Ja, dort drüben, der hinter dem Holzpflug mit dem graublauen Wasserbüffel, das ist Wayan. Wir freuen uns, ein Landbesitzer, das ist doch etwas. Dewi, die Indonesierin lacht. Nein, nein, das natürlich nicht, das Land gehört dem Bürgermeister. Wie fast alles rings um das Dorf.
Der Bürgermeister gibt das Land, dafür muß ein Drittel der Ernte abgegeben werden. Da bleibt nicht mehr viel. Anfangs hatte der Kleinbauer gedacht, er müsse nur ein Viertel abgeben. Aber der Vertrag sei mündlich gewesen, deshalb hätte Streit keinen Sinn gehabt. Vor Jahren reichte es trotzdem noch für den Kauf eines Schafes. Jetzt, mit drei Kindern, brauchen sie den Reis für sich selbst.
Im übervölkerten Zentral-Java, so erfuhren wir später, nehmen die Großgrundbesitzer sogar die Hälfte oder sogar noch mehr der Ernte als Pachtgebühr. Nun zurück. An der Straße hatte ein neugieriger Javaner mit seinem Moped gehalten. Neben ihm stehen ein anderer Indonesier und drei Kinder. Wir zeigen auf sein Fahrzeug und auf ihn. Gehört es Dir? Ja, sagt der Besitzer stolz: »Taxi, Taxi.« Wir winken ab, kleiner Schwindler. Das läßt er sich nicht gefallen, er schwingt sich auf die Sitzbank, sitzt fast auf dem Tankdeckel, dann klettern die drei Kinder auf das Zweirad und am Ende der Sitzbank bleibt noch ein Streifen frei — auf den setzt sich der andere Javaner. Alle lachen schallend, als das »Taxi« knatternd davonfährt.
Ein Zweirad ist ein Vermögen. Die Dorfbewohner nutzen das preiswerte Beförderungsmittel häufig. Zu dritt oder viert ist es billiger als eine per pedes getretene Trischah.
Mofas, Mopeds und Kleinkrafträder dienen aber auch dem Lastentransport. Es gibt nichts, was ein indonesisches Zweirad nicht befördern könnte. Zum Beispiel vier Körbe mit Hühnern oder zwei zusammengebundene Schafe oder Bretter und Latten für einen Stall.
Ein paar Kilometer weiter sitzen drei Jungen um ein Reisfeld. Schon wieder anhalten? Der Fahrer wundert sich. Wir wollen wissen, was die Kinder mit den Ruten machen. Kaum zu glauben, es sind Angelruten. Fisch mit Reis, ja, aber Fische im Reis? Wir erfahren, daß dies eine lohnende Ergänzung zum Reisanbau ist. Allerdings eine sehr risikoreiche Art der Fischzucht. Es müßten noch viele Erfahrungen gesammelt werden, es gäbe noch zu viele Fischleichen.

Markttag: Teufelsrochen, Melonen und Salat

Märkte zeigen die Gegenwart eines Landes in konzentrierter Form. Auf Märkten lassen sich fast alle Gewohnheiten studieren: was die Menschen essen und trinken, wie sie sich kleiden und pflegen, wie sie mit ihrer Umwelt verfahren, fein oder grob, ob der Grundzug ihrer inneren Einstellung hektisch oder beschaulich ist.

Markt auf Java: Schon ein Abenteuer, ihn zu erreichen. Das Auto kommt kaum voran. Ziegen, Schafe und Hühner blockieren den Weg, Enten kommen vom Reisfeld, überqueren die Straße im Gänsemarsch. Ein paar Fahrräder und Trishaws, vollbeladen bis obenhin mit Säcken und Brettern, verheddern sich ineinander. Bauarbeiter tragen Steine und Erde in Körben auf der Schulter. Sie kreuzen sich mit den Kollegen, die im Lauf ihre leeren Körbe zum Lagerplatz bringen. Dort hocken hagere Männer, Frauen und Kinder, halbieren mit einem schweren Hammer harte Basaltkugeln.

Dann schieben wir uns zu Fuß durch das bunte Marktgedränge. Viele Männer tragen das »Baci« (sprich: bätschi), das traditionelle, schiffsförmige schwarze Käppchen, und haben den Sarong um den Hals geschlungen oder um die Hüfte gewickelt. Die Mütter tragen die Kinder im Hängetuch, die Brust ist auf Dauerbetrieb eingestellt. Die Kinder, manche halb, manche ganz nackt, sind freundlich und neugierig. Die alten Marktfrauen, oft mit einem Gesicht wie ein durchfurchter Acker, kauen Betelnüsse. Die Zähne und Lippen sind tiefrot bis schwarz.

Auf Tischen oder auf dem Boden liegt der Fischfang der vergangenen Nacht: kleine Haie, Hammerhaie, Teufelsrochen, Langusten und ausgepultes Muschelfleisch.

Immer wieder wird man gestupst. Männer und Frauen tragen ihre Einkäufe an einer langen Stange über der Schulter, ein Bündel Bananen am einen, eine Plastiktasche mit Melonen und Fischen am anderen Ende. Männer trippeln mit einer ganzen Küche auf diese Art durch den Markt und von Dorf zu Dorf, auf der einen Seite den riesigen Reistopf, am anderen Ende eine Art Schränkchen mit geschnipseltem Fleisch, Soßen und Geschirr.

Neugierig bleiben wir an den Obstständen stehen. Da gibt es Früchte, die wir kennen und andere, die uns völlig fremd sind: *Jambuair,* manchmal mit »Wasserapfel« übersetzt, eine kegelförmige, rosafarbene Frucht, leicht säuerlich und sehr saftig. *Salak* hat eine Birnenform und ist außerdem braun und schuppig, der Innenteil besteht aus mehreren Segmenten mit je einem harten Kern, das Fruchtfleisch schmeckt »zwischen Apfel und Quitte«. *Sawo* gleicht einer runden Kartoffel, man bricht die Frucht in zwei Hälften, das gelb-orange Fleisch ist sehr süß, schmeckt etwas nach Birne.

Wir können uns kaum losreißen von dieser Markt-Atmosphäre. Doch dann ist Zeit zum Aufbruch, über Lautsprecher verkündet der Muezzin von einem Minarett herunter die Stunde für das Mittagsgebet.

Vor dem Dorf wird noch getankt, eine Handpumpe steckt in einem zerbeulten verrosteten Benzinfaß. Der Tankwärter bietet uns eine Cola an.

Bali: Tradition fast noch intakt

Tilem Sura hat die Bestellung der Reisfelder seinem Vater und dem Bruder überlassen. Er selbst verdient ganz gut in Padangbai, einem pittoresken

Fischerort. Er animiert Touristen zu einer Bootsfahrt auf die Insel Lombok oder bringt Interessierte auf die Dörfer.
Tilem Sura hat eine eigentümliche Art, seine Gäste zu behandeln. Kaum ein Ort oder ein Fest, das er den Fremden nicht zeigen würde. Doch immer wieder bremst er den Gast, hält ihn zurück. Entweder mit seiner starken Hand, die er um den Oberarm des Gastes legt oder mit einem auffordernden, sehr zwingenden Schnalzton, für den es keine Schreibweise gibt, höchstens so: Tzlack!
Schnalzt die Zunge — so merkt der sensible Tourist recht bald —, ist er im Begriff, gegen die Sitten zu verstoßen. Tilem nämlich will den Tourismus erhalten — aber auch die Religiosität, den Familiensinn und die Zufriedenheit seiner Landsleute. Und die sind seit einiger Zeit nicht mehr so sehr vom Tourismus überzeugt, denn zu oft in den letzten Jahren wurden ihre Riten durch neugierige Touristen unangenehm gestört.
Was tun sie denn, diese Touristen, die natürlich gekommen sind, um Land und Leute kennenzulernen? Eines tun sie vor allem: Sie glauben, alle Zeremonien, Tänze, Waschungen, Gesänge undsoweiter seien eigens zur Unterhaltung der Gäste erfunden oder aus dem Repertoire längst vergessener Zeiten hervorgekramt worden. Auf Bali glücklicherweise meistens noch nicht. Leichenverbrennungen beispielsweise sind heilige Handlungen, denn Hindus glauben, daß nur durch Feuer die Seele sich vom Körper trennen könne. Das letzte Geld wird oft für Verbrennungstürme und tierförmige Särge ausgegeben. Hier stört der Tourist, der sich höher postiert als die Priester oder andere Honoratioren, nur um einen besseren Blickwinkel für den Schnappschuß zu haben.
Auch in den Tempeln sind allzu eifrige und vorwitzige Fotografen nicht beliebt. Das Betreten ist natürlich jedem Nichtgläubigen gestattet, der Hinduismus ist sehr tolerant. Auf Bali wird nicht einmal verlangt, die Schuhe auszuziehen. Aber zu kurze Röcke oder Shorts wirken anstößig. Eine Schärpe um die Taille muß sein, sie kann am Eingang geliehen werden. Balinesinnen, die menstruieren, dürfen Tempel nicht betreten. Das bezieht sich eigentlich auf alle Frauen. Trotzdem mußten wir über folgenden Satz in einem deutschen Reiseführer lachen: Keinesfalls dürfen Damen während der Menstruation einen Tempel betreten, bitte halten sie sich unbedingt daran.
Aber einen anderen Hinweis aus demselben Ratgeber wollen wir wortwörtlich wiedergeben und voll unterstützen: Falls jemand wirklich nicht fotografiert werden möchte — beispielsweise beim Baden —, sollten Sie diesen Wunsch respektieren. Lassen Sie sich von Fremden unter der Dusche knipsen?
So einfach ist es eigentlich, auch tausende von Kilometern fern der Heimat: »Was Du nicht willst, daß man Dir tu . . .«

Borobudur: Schwarze Katzen in Jogya

Jogya ist eine eigene Provinz und wird von einem Sultan beherrscht. Das ist selbst für Indonesien eine relativ exotische Tatsache. *Jogyakarta,* das kultu-

relle Zentrum Zentraljavas, hat aber noch andere exotische Reize zu bieten. Einer davon ist der Aberglaube, der einem nüchternen Touristen manchen Streich spielen kann.
Die berühmten und überaus bedeutenden Tempelanlagen *Borobudur* und *Prambanan* durfte ich am ersten Tag nicht sehen. Der Fahrer zeigte mir dafür gern Teile des Sultanspalastes in der Stadt und die interessante *Wasserburg.* Als ich ärgerlich wurde, weil ich mein Programm anders geplant hatte, verließ mein Fahrer die Stadt etwas mürrisch. Mir war dann aber unerklärlich, warum wir ständig die Sonnenblenden im Auto brauchten, wo Borobudur mehr nördlich von Jogya liegt, wie ich morgens nachgelesen hatte.
Wir erreichten Parangtritis, einen schönen Badeort im Süden Zentraljavas. Borobudur war weiter entfernt denn je. Ich war empört. Ich wollte mich beim Touristenbüro beschweren und verlangte den Namen meines Fahrers. Nach vielen Versuchen hatte ich endlich »Wuryastuti« auf meinem Zettel. Heute zweifle ich wieder, ob das wirklich ein Name, nicht eher eine Zauberformel ist.
Als meine Wut verraucht war, gestand mir der Fahrer nämlich, daß er, um mich zu schützen, nicht zum Tempel Borobudur gefahren sei. Er hätte morgens eine schwarze Katze gesehen, und seine Mutter hätte ihm nach dem Aufstehen auch noch gesagt, in der Nacht habe der Todesvogel geschrien. Nun komme ich selbst aus einer Gegend, mitten in Deutschland, wo man heute noch mit Grausen nachts das Käuzchen schreien hört, weil dann jemand aus der Verwandtschaft sterbe. Und wenn eine schwarze Katze den Weg kreuzt, beschleicht uns ein komisches Gefühl, denn es heißt, ein Unglück warte irgendwo. Aber wir Hohenloher fahren mutig weiter, um nicht ausgelacht zu werden.
Wuryastuti ist strenggläubiger Moslem. Für einen Indonesier heißt das aber, daß er trotzdem Angst vor den bösen Geistern auf den Vulkanen hat. Und hier unten in *Parangtritis* tragen auffallend viele Leute das Blatt einer Kokospalme. Es schützt gegen Katastrophen, auch gegen Krankheiten. Diesen Rat der Göttin Nyai Loro Kidul nehmen sich viele zu Herzen.
Am nächsten Tag endlich sehe ich zum erstenmal in meinem Leben die buddhistische Tempel-Pyramide von *Borobudur,* etwa 1200 Jahre alt, ein quadratischer Komplex mit einer Seitenlänge von 117 Meter. Ich steige über neun Treppen 42 Meter nach oben zum *Arupa-dhatu,* dem symbolisierten Nirwana, dem Nichts, der buddhistischen Erlösung vom Irdischen. Die Ausflugsbusse kommen allmählich an, noch ist es ruhig hier oben im Schutze der zentralen Stupa. Ich genieße den Blick und das um einen Hügel herumgebaute Gedicht aus Stein.
Plötzlich steht Wuryastuti neben mir, etwas bleich, die Augen starr auf mich gerichtet. Ich grinse. »Ist eine schwarze Katze im Tempel?« Wuryastuti schluckt laut, als müsse er einen Kloß hinunterwürgen. Dann sprudelt in der Aufregung ein Indonesisch-Englisch aus ihm heraus, das schon fast wie eine völlig neue Sprache klingt. Ich brauche eine Viertelstunde, bis ich die akustischen Mosaikteilchen zusammengesetzt habe. Dann fröstelt es mich hier

oben auf der höchsten Ebene von Borobudur. Denn: Gestern war ein Tourist auf ein Gerüst gestiegen, das für Reparaturarbeiten an einem Relief aufgestellt war, das Gestell brach zusammen und begrub den Amateurfotografen unter sich. Niemand wollte dem Fahrer sagen, ob der Tourist noch lebe. Wuryastuti zeigt auf meine Kamera und fragt: »Und was halten Sie von der schwarzen Katze?«
Ich hätte nicht auf den abergläubigen Indonesier hören sollen. Er überzeugte mich, es sei für heute besser, in die schützenden Arme Jogyas zurückzukehren. Ich ließ mich überreden, verzichtete auf den Besuch von Prambanan, dem bedeutendsten hinduistischen Heiligtum Indonesiens, nur 16 Kilometer von Jogyakarta entfernt . . .

Bandung: Ein Stück Harmonie

Ratih wohnt in Bandung in einem kleinen Häuschen, das sich hinter wuchtigen Waringinbäumen versteckt. Als ich Ratih zum ersten Mal sah, kam sie von einer Ketjapi-Vorführung, sanfte Musik, die schlanke Finger aus den Saiten der indonesischen Harfe locken. Ratih trug ein Diadem im nachtschwarzen Haar, das tiefe Dekolleté ließ die Schultern frei, samtbraune Haut über einem enganliegenden Brokatgedicht.
Ich sollte Grüße überbringen, anders hätte ich es nicht gewagt, diese grazile Sundanesin anzusprechen. Die braunen Augen strahlten mich an und ich hatte das Gefühl, die Luft auf dem 720 Meter hohen Plateau, auf dem Bandung liegt, sei doch zu dünn für mich.
Ich war vorher skeptisch, ob Behauptungen wie »seine Frauen, die als die hübschesten und charmantesten Javas gelten« mehr sind als dummes Geplapper. Jetzt wollte ich nicht mehr daran zweifeln.
Bandung, West-Javas Hauptstadt, bietet alle Voraussetzungen, die zu harmonischen Gefühlen gehören: das angenehm-frische Klima, die Fülle an Blumen und Bäumen, das Flair bürgerlichen Wohlstandes und diese melodiöse Sprache, die wie Französisch klingt, wenn man die Augen schließt.
Ratih fuhr mit mir zum *Tangkuban Prahu,* einem Vulkan mit sieben Kratern, atemberaubend — auch ohne die brodelnden Schwefeldämpfe. In 2 084 Meter Höhe erzählte mir Ratih, wie der Berg entstand. Wir saßen am Kraterrand. Diese erhabene Landschaft in der Nähe der Götter!
Und dazu die Sage von Dayang Sumbi, dem schönen Mädchen, dem die Götter ewige Jugend verliehen hatten, in die sich ihr eigener Sohn, nicht wissend, daß es seine Mutter ist, unsterblich verliebte. Ich litt mit Sankuriang, der in einer Nacht einen tiefen See für das Hochzeitsschiff graben sollte, um die samtbraune Dayang zur Frau zu bekommen. Ich wütete, als Ratih in ihrer Erzählung mit flüsternder Stimme den Sonnengott anrief, früher zu erscheinen. Ich stieß mit Sankuriang vor schmerzender Wut gegen das Boot. »Umgeschlagenes Schiff« heißt Tangkuban Prahu übersetzt. Denn Sankuriangs Boot kippte um und verwandelte sich in einen großen Berg.

Auf der Rückfahrt hielten wir noch einmal an. Wir vernahmen dumpfes Grollen: Sankuriang wütete in der Tiefe des Berges.
Am nächsten Tag brachte mich Abas nach Jakarta zurück. Wir fuhren über den grandiosen *Puntjak-Pass,* vorbei an riesigen Teeplantagen, machten Pause im auf einem Hügel gelegenen Kaffeehaus *Riung Gunung.* Wir sprachen über Ratih. Abas, der Fahrer, kannte sie. Mit siebzehn Jahren hatte sie geheiratet. Ein Junge, den sie mit achtzehn geboren hatte, lebt bei Ratihs Mutter. Sie selbst wohnt in Bandung mit ein paar Tänzerinnen zusammen. Ihr Mann hat sie eines Tages aus dem Haus getrieben. »Wir nehmen es nicht so ernst mit der Heirat«, sagte Abas und schaute mich aus den Augenwinkeln an.
»Ich weiß, deutsche Touristen regen sich immer auf, wenn ich das sage.«
Ich dachte darüber nach. Doch anstatt zu antworten, drehte ich das Radio an. Ein Orchester spielte auf Ketjapis, auf indonesischen Harfen.

Geschichte in Kürze

2.—3. Jahrh. Der indische Einfluß beginnt.

7.—10. Jahrh. Erstes indonesisches Großreich mit Hauptsitz auf Sumatra. Machtausdehnung auf die Malaiische Halbinsel. Kontrolle des Seeverkehrs zwischen Indien und China.

11. Jahrh. Java übernimmt die Vormachtstellung.

15./16. Jahrh. Indonesien wird islamisiert. Ausnahme: Bali und West-Lombok. Portugiesen und Spanier gründen Handelsniederlassungen.

1600 Die Niederländer beherrschen allmählich den Handel. Sie drängen Spanier, Franzosen und Briten zurück.

1800—18 Besetzung der Inseln durch Großbritannien.

1904 Vertrag mit Portugal über Teilung der Insel Timor.

1942—45 Besetzung durch die Japaner.

1945 Die unabhängige Republik wird am 17. 8. ausgerufen. Trotzdem kehren viele Niederländer zurück. Es kommt zu Kämpfen.

1949 Haager Konferenz: Die Souveränitätsrechte des ehemaligen Niederländisch-Indien werden an die Republik Indonesien unter Achmed Sukarno übertragen. Das westliche Neuguinea wird erst 1963 von den Niederländern aufgegeben.

1956 Aufstände auf den Molukken, Sumatra, Borneo und Celebes.

1965 Bürgerkrieg zwischen Prokommunisten und Konservativen. Entmachtung Sukarnos durch die Armeeführung. Verbot der Kommunistischen Partei.

1967 Übergabe der Macht an General Suharto.

1976 Nach kriegerischen Auseinandersetzungen wird die ehemalige portugiesische Überseeprovinz Portugiesisch-Timor als Osttimor an Indonesien angeschlossen.

Iran

(siehe Seite 28)

Tourismus im Iran ist bei Redaktionsschluß dieses Buches noch ein ferner Traum. Die politische Entwicklung, die Ära des rächenden Ajatollah Khomeini, ist noch in vollem Gange. Es wäre leichtsinnig, jetzt Menschen in dieses Land zu schicken, wo friedliche Absichten zu Mißverständnissen und zum Tode führen könnten.
Zu groß ist noch der Haß aufgeputschter Perser, die während des Schah-Regimes Mißtrauen gegen den Westen gelernt haben. Überall ist der Wohlstand gestiegen, im Iran aber blieb der Lebensstandard — außer bei den Militärs — auf unterstem Niveau. Trotz des Öl-Reichtums. Das große Geld floß in andere Kanäle.

Tourismus im Iran: Abwarten

Und nun werden die Iranis wieder warten müssen. Der Aufbau einer Islamischen Republik war zu dilettantisch vorbereitet, zu viel Haß war im Spiel, vernebelte den Blick jener, die die Chance hatten.

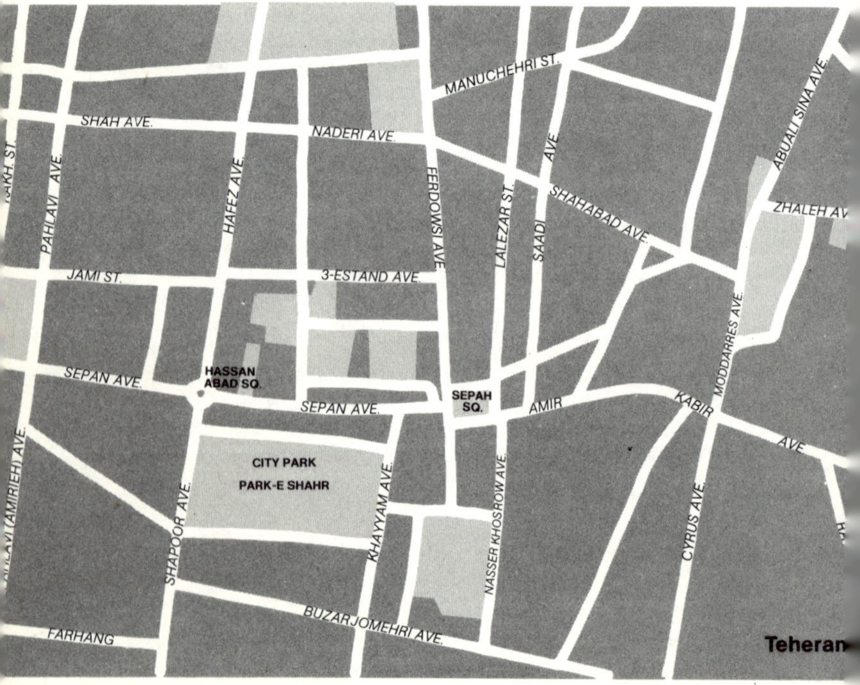

Wir müssen abwarten, ob sich der orthodoxe Islam durchsetzt. Ob sich ein Volk, das ein Stück westlicher Zivilisation roch und den Klang von Demokratie vernahm, von der züchtenden, peitschenden Scharia, der historischen Rechtsform des Islam, beherrschen läßt.
Wir müssen weiterhin abwarten, ob starke Hände im Iran wachsen werden, die stark genug sind, dieses Volk, das in seiner Mehrzahl aus Minderheiten besteht, zusammenzuhalten. Wenn die einzelnen Teile auseinanderbrechen, wird in diesem Teil der Welt der Gedanke an Tourismus für Jahre vergessen sein.
Der Kampf der Kurden um Autonomie hat Schlagzeilen gemacht, die arabische Minderheit am Persischen Golf hat Zugeständnisse bekommen, die Aserbaidschaner sind zahlreich genug, ihren Willen durchzusetzen. Hinzu kommen große ethnische Gruppen, wie die Gilaner, die Masandaraner und Luren, die Belutschen und Bachtiaren, die Turkmenen, Kaschgai und Afschwaren, nicht zuletzt eine erhebliche Anzahl von Armeniern in den Großstädten.
Diese Vielfalt an Völkern sollte uns auch dann noch bewußt sein, wenn im Iran Frieden herrscht und die ersten privaten Botschafter, die Touristen, Persiens Grenzen passieren. Vielleicht sehen wir den Iran mit anderen Augen, wenn uns bewußt wird, daß in diesem großen Lande nur die Hälfte der Menschen Perser sind.
Wie wird sich uns Teheran zeigen, wenn wir das Land der Meder, Parther, Sassaniden, Ilkhaniden, Safawiden, Kadscharen, Pahlevis und Ajatollahs besuchen dürfen? Tröstlich ist, daß die Gipfel des Elbursgebirges auch nach diesem heftigen Sturm noch ganzjährig schneebedeckt sein werden. Tröstlich wird sein, daß auch neue Rechte und Gesetze nichts an der Höhenlage Teherans ändern können: Es bleibt bei 1 232 Metern. Und Teheran wird für Touristen ebenso wenig Reiz ausüben, wie ehedem. Wer hierher reist, sucht Geschichte — und die hat Teheran kaum zu bieten. Es sei denn, Sie wollen sich einen Überblick über die persische Geschichte verschaffen: im *Archäologischen Museum,* das vor dem großen Sturm einen aufschlußreichen Geschichtsunterricht von der Vorgeschichte an bot. Eine neue Abteilung wird vielleicht angegliedert sein: Persien in den 70er Jahren.

Warten auf Unvergeßliches

Wer Persien kennt, möchte viel eher *Isfahan* wiedersehen. Dieses kunsthistorische Kleinod, dessen Geschichte so faszinierend ist, daß man all seine Freizeit nur für »Nesf-e-djahan« (»Die halbe Welt«) verwenden möchte (siehe Seite 128).
Das immergrüne *Shiraz,* umrankt von Weinbergen, besungen von den besten Poeten zwischen Täbris und Kubak, das möchten wir, die wir reisen und suchen, auch bald wieder sehen. Wir sind gern bereit, die uns bekannten Superlative weiterzuverbreiten, denn wer Shiraz kennt, weiß, daß diese Oase

viele Titel verdient: Persische Dichterstadt. Stadt der Rosen und Nachtigallen. Hinter Dornen versteckte Geliebte. Pralle Blüte des Südens. Shiraz bietet dem Besucher, der sich Stimmungen hinzugeben weiß, erbauliche Stunden — oder Tage. Zur Einstimmung eignet sich der *Vakil-Basar,* in dem Nomaden und Halbnomaden mit ihren bunten Gewändern das Marktbild beherrschen. Neben verschiedenen sehenswerten Mausoleen und Moscheen sind vor allem das *Hafiz-Mausoleum* und das *Saadi-Mausoleum,* Grabstätten berühmter persischer Dichter, einen Besuch wert.
Ob *Persepolis* nicht eifersüchtig ist? Bei näherem Hinsehen wird es schwierig, zwischen Shiraz und Persepolis den Apfel des Paris zu vergeben. Wäre ich Salomon, ich würde den Apfel halbieren. In Persepolis wurden in den letzten Jahrzehnten Spuren gefunden, die auf eine 6 000 Jahre alte Besiedlung zurückführen. Seinen Wert bekam Persepolis aber als Hauptstadt der Achämeniden, die ein Weltreich gegründet hatten. Vor 2 500 Jahren wurde diese Stadt gegründet. Die Achämeniden — dreimal Dareios, dreimal Artaxerxes und zweimal Xerxes — prägten das Bild dieser Stadt im Süden des Iran, nicht weit von Shiraz entfernt. Reliefskulpturen in einprägsamem Stil schmücken Paläste, Portale und Treppenaufgänge. Die Darstellungen zwingen den Touristen mit ihrer Schönheit und ihrem Informationsgehalt zu einer Entscheidung: entweder an einem Tag ganz schnell und oberflächlich einen groben Überblick über die Palaststadt zu bekommen oder zur gründlicheren Erforschung eine Woche zu bleiben.
Mashhad, an der afghanischen Grenze, wäre die nächste Station, die ich mir aussuchte. Letztes Mal war die Schiiten-Stadt Irans heiligster Ort. Und der Bazar war einer der malerischsten des Orients, das Farbenspiel der Trachten hazarasischer, usbekischer und turkmenischer Trachten zwischen den engen Gassen und hinter den Ständen reizte, den Fotoapparat zu zücken. Mein Begleiter damals hielt mich oft zurück. Es ist besser, nur mit den Augen aufzunehmen — und die *Grabmoschee* des Imam Reza durften Ungläubige sowieso nicht sehen. Daran wird sich auch bei Ajatollahs nichts ändern.
Ob *Qom* (manchmal auch Ghom oder Ghum genannt) nach Ajatollah Khomeinis Wirken mehr Anziehung auf die gläubigen Schiiten ausüben wird, muß abgewartet werden. Jedenfalls wird auch in Qom der Tourist sich besser den organisierten Touren anschließen. Damit besteht wenigstens die Chance, unbehelligt die verschiedenen Moscheen und das bedeutendste Heiligtum, das Mausoleum von *Fatima al Masumeh,* von außen zu sehen. Das Innere war Nichtmoslems schon immer verboten und wird es noch lange sein. Und allein kann ein Tourist, der beispielsweise zu auffällig die blaue Turmkuppel der Grabmoschee des *Imamzadeh Hamzeh* fotografiert, schnell als Sicherheitsrisiko eingestuft werden. Das kann viel Zeit kosten . . .

Isfahan: Erbe eines großen Herrschers

Der Safawide Abbas der Große schuf in den 42 Jahren seiner Regierung ein großes Reich. Das war seine kriegerische Leistung. Seine Leistung als Bau-

Warten auf das Ende der Revolution: Der Besuch von Irans Moscheen ist unpolitischen Touristen wohl noch lange verwehrt

herr wurde jährlich von vielen tausend Touristen aus aller Welt besichtigt — und nie mehr vergessen: Isfahan, von dem die Perser sagen »Esfahan nesfe djahan«, das heißt: Isfahan ist die Hälfte der Welt.

Wer war dieser Mensch, der einer Stadt so viel Schönheit gab? Wie war er, wie sein Leben? Ebenso harmonisch, freudig und farbig wie die Kuppel der *Sheikh-Lotfallah-Moschee?* Wandeln wir durch Isfahan, begleitet vom Lebenslauf dieses persischen Kaisers, wird Geheimnisvolles noch geheimnisvoller.

Am 27. Januar 1571 kam Abbas zur Welt, Sohn eines Safawiden. Der Vater hatte einen gefährlichen Gegner, Abdullah II., der Schaibanidenherrscher in Mawarannahr, der plündernd sein Reich vergrößerte. Als Abbas vierzehn war, verlor sein Vater die Städte Herat und Merw; als er sechzehn war, wurde er auf den Thron gehoben. Man traute ihm zu, dem erfolgreichen Abdullah zu trotzen.

Abbas ließ sich Zeit. Acht Jahre nutzte er, das Heer zu reorganisieren, Straßen, Brücken und Karawansereien zu bauen. Mit hartem Griff schuf er Ordnung im Inneren des Landes, nahm den streitsüchtigen Vasallenfürsten die Macht.

Dann schlug der Herrscher los, und bis 1596 waren Meschhed, Merw und Herat zurückerobert. Nun schien es dem Safawiden vorteilhafter zu sein, als Voraussetzung für eine starke Zentralverwaltung die Residenz von Kaswin (südlich des Kaspischen Meeres) nach Isfahan zu verlegen.

Angespornt von seinem Erfolg, kannte der Kaiser keine Probleme. Süchtig nach Macht und Anerkennung, bereitete er zwei Jahrzehnte vor, die das Reich vergrößern und Isfahan in vollem Glanz erstehen lassen sollten. Was ihm im Wege stand, wurde beiseite geräumt . . . auch seine Söhne, die unvorsichtigerweise zeigten, aus gleichem Holze wie der Vater geschnitzt zu sein.

Seine großen Pläne verkündete der Herrscher im Thronsaal des *Tchehel Sotun,* bis heute auch »Pavillon der vierzig Säulen« genannt. Aus dem Timuriden-Pavillon wurde der *Palast Ali Qapu.* Zwei prachtvolle Gebäude, geschaffen für Gemälde, die Abbas' Taten für die Nachwelt erhalten sollten und die seiner Vor- und Nachfahren.

Aus der Zeit Abbas des Großen notierten wir beim letzten Besuch nur ein Gemälde: Das historische Bankett zu Ehren des Königs von Turkestan im Jahre 1611.

Um überall gegenwärtig zu sein, das Volk um sich versammeln zu können, die Handwerker und Händler bei ihrem Treiben zu beobachten, die reichbeladenen Karawanen aus der Ferne zu inspizieren, befahl der kaiserliche Bauherr den Bau des *Meidan-e-Schah,* des Königsplatzes. Von der Terrasse aus konnte der König den 512 Meter langen und 164 Meter breiten Platz überblicken.

Diese Ruhe, dieser Friede genügte dem Krieger nicht. Nach Gesprächen mit den Briten, die bestrebt waren, ihre Handelsplätze nach Osten auszudehnen, besetzt Schah Abbas im Jahre 1602 Bahrein, zerstört die portugiesische Niederlassung Hormus am Persischen Golf und beginnt mit dem Bau des Hafens Bandar Abbas.

In Isfahan sind zu dieser Zeit europäische Kaufleute und Gesandte zu Gast. Sie erleben den Bau der *Sio-Seh Tchechmeh,* der »Brücke der 33 Bögen«, nach dem Architekten, der sie erbaute, auch *Allahwerdikhan Pol* (Pol-Brücke) genannt.

Mitten in dieser Geschäftigkeit stiehlt der Gärtner des holländischen Gesandten ein paar Zwiebeln und schmuggelt sie heimlich nach Europa: Tulpen, heute ein Wahrzeichen der Niederlande.

Abbas vergrößert das Reich. Von 1603 bis 1618 nimmt er den Osmanen Aserbeidschan und Georgien ab. Mit Beginn dieses großen Feldzugs wird in Isfahan der Grundstein zur *Sheikh-Lotfollah-Moschee* gelegt. Sie soll Privatmoschee des kaiserlichen Hofes sein. Mit Ende des Krieges, im Jahre 1618, steht der Bau, dessen ornamental verzierte Kuppel und mosaikengeschmückte Gebetshalle auch heute den Besucher faszinieren. 15 Jahre Bauzeit, das ist allerdings etwas viel. Weil der Bauherr beim Erobern war? Und: Kam er zu früh zurück? Hatte es deshalb nicht mehr zu einem Minarett gereicht?

Doch Abbas ist zufrieden, die Feinde sind geschlagen. Jetzt kann er sich der Erhaltung des Friedens widmen und der Verewigung seines Ruhmes.
Schon seit 1612 sind Baumeister, Künstler, Handwerker und Arbeiter damit beschäftigt, die Macht und den Glanz des Kaisers in ewige steinerne Werke zu transponieren. Sie arbeiten, unberührt von den Kämpfen, an der Schah-Moschee, übersetzen den Glauben an Allah in ein Monument, das den Betrachter verzückt, ihm die Größe Gottes zeigt und die eigene Winzigkeit. Die Künstler verweben die Freude am Dasein, die Lust dieser Welt, in Farben, Schnörkel, Spitzbogen und Säulen dieses architektonisch vollkommensten Bauwerkes. Nach 16 Jahren Bauzeit wird Abbas der Große ungeduldig. Die Künstler und Kunsthandwerker verlieren sich in Farben und Schnörkeln, während der Kaiser fühlt, daß sein volles Leben sich dem Ende nähert.
Er tobt, die Handwerker beeilen sich, machen Fehler, sind ungenau. Hinterlassen bis heute beim Betrachter das Gefühl, daß beim letzten Finish die Hast dirigierte.
Vielleicht geschah deshalb auch dies: Die beiden Minarette neben dem Hauptportal stehen nicht parallel zu den Minaretten im Hof, welche die Hauptgebetshalle flankieren.

Geschichte in Kürze

9. Jahrh. v. Chr. Der iranische Stamm der Meder wandert vom Norden in den heutigen Iran ein.

7. Jahrh. v. Chr. Die Perser folgen den Medern.

521—485 v. Chr. Dareios I. errichtet das großpersische Reich vom Indus bis zum westlichen Kleinasien und bis Ägypten.

334 v. Chr. Alexander der Große erobert das Perserreich.

321—64 v. Chr. Die hellenistischen Seleukiden besetzen Teile des Reiches.

250 v. Chr. Die parthischen Arsakiden greifen in die Machtkämpfe ein.

224 Der Sassanide Ardaschir I. gründet das zweite iranische Großreich.

6. Jahrh. Unter Chusrau I. und II. wird der Iran zur Großmacht.

641 Islamisierung des Irans durch die Araber.

Ende 10. Jahrh. Vorherrschaft der Türken in Ost-Iran unter den Ghasnawiden.

Ab 1040 Teil des großseldschukischen Reichs.

1233 Verwüstung durch Dschingis-Khan.

1300 Nachdem Dschingis-Khans Enkel Hülägü den Iran wieder eroberte, zerfällt das von ihm gegründete Reich der Ilchane in viele Teilstaaten.

Ab 1381 Wiedervereinigung durch Timur Lenk.

1502—1722 Nationale Dynastie der Safawiden. Höhepunkt unter Schah Abbas d. Gr. (1587 bis 1629). Einführung der schiitischen Richtung des Islam als Staatsreligion.

1722—50 Herrschaft von Afghanen und Afscharen. In der Folgezeit Anarchie.

1796—1926 Dynastie der Kadscharen: Rußland annektiert die Nordgebiete, Afghanistan wird losgetrennt.

1907 Ein britisch-russischer Vertrag teilt das Reich in zwei Einflußzonen.

1926 Unter Reza Schah Pahlewi wird der Einfluß der Europäer zurückgedrängt.

1941 Britische und sowjetische Truppen marschieren ein, der Schah wird zur Abdankung gezwungen. Sein Sohn Mohammed Reza Pahlewi übernimmt den Thron.

1979 Der Schah wird zur Flucht gezwungen. Ausrufung der Islamischen Republik durch Ayatollah Khomeini.

JAPAN

Nippon

(siehe Karte Seite 134)

Der mythische Ursprung der Japaner beginnt mit dem Götterpaar Izanagi und Izanami. Beide schaffen die japanischen Inseln, Izanagi zeugt Susanoo, den Sturmgott, und Amaterasu, die Sonnengöttin. Der stürmische Susanoo steigt vom Himmel herab (in Izumo nahe Matsue) und zeugt die ersten Japaner. Inzwischen, wie es Mythen so an sich haben, ist der Sonnengöttin Amaterasus Enkel Ninigi schon groß, er kommt mit dem Vulkan Takachiho auf die Inseln. Sein Urenkel Jimmu wird der erste Tenno.
Damit sind wir vom Mythos zur Geschichte gelangt, denn »Jimmu Tenno« ist der Staatsgründer Hatsukunishirasu Sumeramikoto, der um 650 v. Chr. lebte und dessen Tenno-Herrlichkeit bis 1945 wirkte. Denn erst nach dem Ende des 2. Weltkrieges wurde aus dem göttlichen Tenno, dem japanischen Kaiser-Gott, ein Sterblicher. Allerdings bis heute immer noch mit göttlicher Verehrung vom Volke geliebt und geschätzt. Mythos, Geschichte und Nippons Gegenwart begegnen dem Besucher aus dem Westen auf Schritt und Tritt in einer ihm ziemlich fremden Verbundenheit. Es sei denn, er, der Besucher, befaßt sich mit dem Mythos, der Geschichte und der Religion dieses Volkes.

Das Land in Stichworten

Geografische Lage: 30—45,5° nördlicher Breite, 130—145° östlicher Länge; Japan ist vom asiatischen Festland durch die Soja-(La Perouse-)Straße im Norden, das Japanische Meer und die Korea-Straße im Westen getrennt.
Entfernung von Frankfurt nach Tokio 13 669 km.

Größe: 372 313 qkm. Einmal Bundesrepublik, Österreich und Schweiz.
Die Landschaft der vier großen Hauptinseln wird von vulkanischem Gebirge bestimmt, die im Fujiyama mit 3 776 m Höhe gipfeln. Über 60 tätige und 500 erloschene Vulkane. Die Gebirgsketten sind durch zahlreiche kleine Tal- und Beckenlandschaften gegliedert, um Tokio herum größere Tiefebene. Küstengebiete mit teilweise weiten, feinsandigen Stränden umsäumt. Über 1 100 heiße mineralische Quellen vulkanischen Ursprungs.
Japan besteht aus vier größeren Inseln: Honshu mit Tokio, Nagoya, Kyoto, Kobe und Hiroshima; Hokkaido im Norden mit Sapporo; Shikoku vor dem Südteil Honshus; Kyushu im Süden mit Fukuoka und Nagasaki. Außerdem gehören zahlreiche kleine gebirgige Inselchen, die Ryukyu-Gruppe, zu Japan.

Bevölkerung: 115 Mill Einwohner, 80% städtisch. Fast ausschließlich Japaner, knapp 600 000 Koreaner, 50 000 Chinesen und 15 000 Ainu. Hauptsächlich Buddhisten und Shintoisten mit vielen Sekten, 380 000 Katholiken, über 700 000 Protestanten, Anhänger der »Kirche Christi in Japan« und 1 000 Juden.
Sprachen: Staatssprache Japanisch, Verkehrs- und Bildungssprache Englisch.
Hauptstadt: Tokio, ca. 9 Mill. Einwohner, mit Vororten ca. 12 Mill.

Großstädte: Osaka 3 Mill.; Jokohama 2,8 Mill.; Nagoja 2,2 Mill.; Kyoto 1,5

Mill.; Kobe 1,4 Mill.; Sapporo 1,3 Mill.; Kitakiuschu 1,1 Mill.; Kawasaki 1,1 Mill. und Fukuoka 1,1 Mill.

Staatsform: Parlamentarisch-demokratische Monarchie. Wahl der Abgeordneten für vier Jahre.

Wirtschaft: Die Hälfte aller Japaner lebt von der Landwirtschaft, obwohl nur 1/5 der Landesfläche nutzbar ist. Es wird hauptsächlich Reis angebaut, außerdem Weizen, Gerste, Hafer, Mais, Sojabohnen, Gemüse, Tee, Zuckerrohr, Südfrüchte und Maulbeerbäume für die traditionelle Seidenraupenzucht — intensive Nutzung mit sehr hohen Erträgen. Bescheidene Viehzucht, dagegen bedeutende Fischerei.
Wenig Bodenschätze.
Die wirtschaftliche Entwicklung hat Japan zu einer der führenden Wirtschaftsmächte gemacht. Vielseitige, leistungsfähige Industrie. Wichtigste Ausfuhrgüter: Maschinen, Eisen- und Stahlwaren, Kraftfahrzeuge, Schiffe, Baumwollerzeugnisse, Kunstfaserfabrikate, optische Produkte, Rohseide, Porzellan, Glas, Spielwaren und Fischereiprodukte.

Flora: 60% des Landes bewaldet, Japans Kirschblüte ist weltberühmt!

Wichtiges von A bis Z

Ausweispapiere: Paß, internationaler Führerschein.

Devisen: Ausfuhr von Landeswährung bis 3 Millionen Yen; Fremdwährung deklarieren.

Diplomatische Vertretungen: Deutsche Botschaft, Minatoku, Minami-Azabu, 4 Chome 5—10, Tokio, Tel. 473-0151; Österreichische Botschaft, Kowa No 17, Building 1-2-7 Nish Azabu, Minatoku, Tokio 106, Tel. 4 70 00 31.

Einkäufe: Öffnungszeiten Mo.—Sa. 10—20 Uhr, Warenhäuser häufig Mo. oder Do. geschlossen, dafür So. 10—18 Uhr offen; Banken Mo.—Fr. 9—15, Sa. bis 12 Uhr.
In Geschäften mit der Aufschrift »Free Tax« können Ausländer steuerfrei einkaufen (ein Formular wird im Paß eingeheftet) mit Ermäßigungen von 10 bis 20%: Edelsteine, Perlen, Schmuck, Schildpatt, Bernstein, Korallen und Elfenbein. Am preiswertesten von allen Ländern Südost-Asiens und des Fernen Ostens sind in Japan tragbare Fernseher, Stereoanlagen, Transistorradios und Tonbandgeräte, Filmkameras und Fotoapparate mit Zubehör.

Essen und Trinken: In den Großstädten alle asiatischen und europäischen Spezialitäten. Lokale mit dem Zeichen »Grade A« gehören zu der japanischen Restaurant-Vereinigung und haben sehr gute Chefköche und einwandfreie hygienische Verhältnisse.
Sukiyaki sind dünne Rindfleischscheiben, mit Gemüse aller Art in der Pfanne zusammen gebraten und aus ihr zu essen. Tempura sind Garnelen, Fische und Gemüse in Teig ausgebacken. Kabayaki ist eine japanische Art, Aal zuzubereiten. Es wird viel roher Fisch in köstlichen Saucen gegessen, Sashimi ist die wohl köstlichste Art. Zwischendurch eine Art Nudelsuppe, die es an sogenannten »Sobaya«-Buden zu kaufen gibt.
Zu trinken: Grüner Tee, der Reiswein Sake (warm oder kalt), gutes japanisches Bier.

Feiertage: 1. und 15. Januar, 11. Februar, 21. März, 29. April, 3. und 5. Mai, 15. und 23. September, 10. Oktober, 3. November, 23. November. Sonstige Feste: Setsuban-Fest (3. oder 4. Februar), Puppenfest (3. März), Blumenfest (8. April), Tanabata- oder Sternenfest (7. Juli), Laternenfest (13. bis 15. Juli), Shichigosan (15. November).

Entfernungen/Gewichte/Maße: Metrisch.

Geld: 1 Yen (Y) = 100 Sen; 1 DM = 115 Yen

Impfungen: Pocken, wenn über Infektionsgebiete gereist.

Klima: Beste Reisezeit Frühjahr und Herbst. Kirschblüte Ende März im Süden bis Anfang Mai im Norden.
Ähnlich wie in Südeuropa größtenteils gemäßigtes Klima. Berge und der Norden relativ kühl, an der Pazifik-Küste

U D S S R
Swobodnij
Belogorsk
BLAGOWESCHTSCHENSK
Rajschichinsk
Birobidschan
Urgal
KOMSOMOL' SK
Gawan
Amur
CHABAROWSK
Makarow
JUSCHNO-SACHALINSK
Gornasawodsk
Kuril
Genhe
Mergen
Bei'an
Khailar
Bukhet
Yalu
HOKANG
KIAMUSZE
TSITSIHAR
Suihua
HARBIN
Swetlaja
Amgu
Ternej
Ulaan Khoto
Taonan
MUTANKIANG
USSURIJSK
TSCHANGTSCHUN
KIRIN
WLADIWOSTOK
Tungliao
Liaoyüan
SZEPING
LIAOYÜAN
TSCHHONGDSCHIN
FUSIN
MUKDEN
TUNGHUA
PENSI
KANGGYE
Kimtschak
KINTSCHOU
ANSCHAN
NORD-
HAMHUNG
HUNGNAM
ANTUNG
TSINHUANGTAO
WONSAN
Kosong
PEKING
TANGSCHAN
Fusien
PJÖNGJANG
KOREA
LÜDA
KASONG
Samtschhok
TIENTSIN
HÄDSCHU
SEOUL
INTSCHHON
SÜD-
Weibaiwei
YENTAI
TÄDSCHON
Phohang-dong
Kyongdschu
KUNSAN
TÄGU
Gelbes
Meer
WEIFANG
TSINGTAO
KWANGDSCHU
MASAN
PUSAN
MOKPHO
Korea Str.
Lienyün
SINHAILIEN
Cheju
Tsingkiang
Yantscheng
PANGPU
TAISIEN
YANGTSCHOU
NANKING
WUSI
Soochow
SCHANGHAI
WUHU
HANGTSCHOU
NINGPO
TSCHAOTSING
Tunki
Kinhua
TSINGTETSCHEN
WENTSCHOU
FUTSCHOU
KUANTSCHOU
TAIPEH
TAIWAN
Ostchinesisches
Meer
Ryukyu-Ins.
Okinawa
NAHA
Hokkaido
Mombetsu
Kitami
KUSCHIRO
ASAHIKAWA
OBIHIRO
OTARU
YUBARI
SAPPORO
MURORAN
HAKODATE
AOMORI
HATSCHINOHE
HIROSAKI
MORIOKA
AKITA
Japanisches Meer
YAMAGATA
SENDAI
NIIGATA
FUKUSCHIMA
Honschu
JAPAN
Nikko
NAGANO
TOYAMA
KANAZAWA
TOKIO
TSCHIBA
YOKOHAMA
FUKUI
KOFU
Kamakura
Hakone
Atami
GIFU
NAGOYA
TOTTORI
KYOTO
Nara
MATSUE
KOBE
OSAKA
OKAYAMA
WAKAYAMA
KURE
HIROSHIMA
TOKUSHIMA
SCHIMONOSEKI
KOTSCHI
KITA KYUSCHU
MATSUYAMA
FUKUOKA
OITA
Schikoku
NAGASAKI
NOBEOKA
KUMAMOTO
Kyuschu
MIYAZAKI
KAGOSCHIMA
MIYAKONODSCHO
PAZIFISCHER OZEAN
CHINA

wärmer als im Japanischen Meer zwischen den Hauptinseln. Frühling Mitte März bis Mitte Mai (Tokio 14 °C im Schnitt), Sommer Mitte Juni bis Mitte September (Juni regenreich, Juli/August 23—34 °C), mit Taifunen im September; Herbst Mitte September bis Mitte Dezember, mild und angenehm; Winter bis Mitte März recht kalt, z.T. bis minus 6 °C (gute Wintersportmöglichkeiten).

Stromspannung: 110 V (Zwischenstecker erhältlich).

Trinkwasser: Einwandfrei.

Uhrzeit: MEZ + 8 Stunden. Wenn es in Frankfurt 12 Uhr ist, ist es in Japan 20 Uhr.

Verkehr: Linienflüge nach Tokio (Flughafen Narita, 65 km zur Stadt, ständiger Busservice, Bahnverbindung in Vorbereitung), täglich direkt ab Frankfurt. Linienflüge nach Osaka (Flughafen International, 16 km zur Stadt, Bus), 6mal wöchentlich via Tokio, Bangkok oder Delhi. Wichtig auch als Umsteigeflughafen für Kyoto.
Wichtigstes Verkehrsmittel ist die Eisenbahn mit 21 276 km staatlichem und 7 800 privatem Streckennetz. Schnelle und sehr komfortable Verbindungen, trotz häufiger Zugfolge stark besetzt. Für viele Expresszüge ist eine Woche Vorbestellung notwendig. Preisbeispiel: Tokio-Kyoto-Osaka (Kikarizüge), ca. 3 Stunden, 90 Mark.
Gut ausgebautes Straßennetz. Linksverkehr. In den Ortschaften Vorsicht geboten, da es kaum Gehsteige gibt. Straßenbenutzungsgebühren für einige Autobahnen. Omnibusverkehr hauptsächlich für Touristenfahrten.
Dichter Flugdienst zwischen den wichtigsten Plätzen des Landes. Vorausbuchung empfehlenswert. Preisbeispiel: Tokio — Osaka, halbstündlich und häufiger, ca. 100 Mark. Zahlreiche verbilligte 4-Tage-Wochenend-Flüge.
Nahverkehr: Taxis in der Nähe aller großen Hotels und Bahnhöfe, aber die Taxifahrer verstehen meist kein Englisch (Hotelkarte vorzeigen); europäische Preise.
Straßenbahn und Busse nicht für Ausländer geeignet (japanische Aufschrift), dagegen die U-Bahn mit lateinisch beschrifteten Plänen an den Hauptstationen: je nach Entfernung ab 80 Yen.
Mietwagen über die Hotels: teuer, ab ca. 50 Mark pro Tag, mit Chauffeur ab 40 Mark pro Stunde.

Zollvorschriften: Persönliches Reisegut frei; 400 Zigaretten oder 100 Zigarren oder 500 g Tabak; 3 Flaschen alkoholische Getränke. Ausfuhrbeschränkung für Andenken: bis 500 US $ zollfrei.

Nippon: Vulkane und Nationalparks

Der olympische Schmied, Vulkanus, hätte seine Freude an diesem Land: Mehr als 60 Vulkane zeigen ihre Aktivität, mehr als 500 haben ihre Tätigkeit eingestellt. Vulkanischen Ursprungs auch sind über 1 100 heiße, mineralische Quellen, heilkräftige Jungbrunnen für Nippons Töchter und Söhne, Bewohner von vier ganz großen, einigen mittleren und vielen kleinen Inseln wie denen des Ryukyu-Archipels. Mehr als die Hälfte des Landes ist bewaldet, teilweise ist es eine Landschaft von Urwaldcharakter, die sorgfältig geschützt wird: Nationalparks in Japan gehören zu den touristischen Höhepunkten.

Heimat der Ainus: Hokkaido

Die nördlichste der großen japanischen Inseln ist Hokkaido, Heimat der Ainus, der Ureinwohner Japans. Die Hauptstadt der Insel, *Sapporo,* wurde erst durch die Winterolympiade 1972 im Westen bekannt.
Diese planmäßig erbaute und wirklich moderne Stadt ist für West-Touristen leichter faßbar als andere Japan-Städte. Die Schwesterstadt Münchens ist Ausgangspunkt für malerische Inselausflüge. Die vielen Nationalparks, Täler, Urwälder und Vulkankrater liegen in einer Klimazone, die mit Skandinavien verglichen werden kann.
Die Insel Hokkaido ist schon wegen ihrer Nationalparks einen längeren Besuch wert. Der schönste ist nach Meinung vieler *Shikotsu-Toya* mit der Waldinsel *Nakanoshima* und dem berühmtesten japanischen Kurbad *Noboribetsu Spa.*
In der Nähe des von steilen Bergen umrahmten Badeorts ist das »Tal der Hölle« *(Jigokudani),* ein wilder Krater, von besonderem landschaftlichen Reiz.
Daisetsuzan gilt als der größte japanische Nationalpark. Doch nicht die Größe ist der beeindruckende Superlativ, das sind vielmehr die durch gute Straßen erschlossenen, fast unberührten Landschaften. Unvergeßlich bleiben zum Beispiel die *Sounkyo-Schlucht* und die *Tenninkyo-Schlucht* mit teils zauberhaften, teils beängstigend tosenden Wasserfällen.
Viel Urwald gibt es im *Akan-Nationalpark* neben zwei Seen von ganz speziellem Reiz. Durch die dicht unter der Oberfläche schwimmenden Wasserpflanzen »Marimo« schimmert der Akan-See in einem recht seltsamen Grün. Ein Stück weiter liegt der mehr als 200 Meter tiefe *Mashu-See,* der klarste und reinste See der Welt. Bis in eine Tiefe von 40 Meter kann man hinabsehen.

Honshu, Japans Hauptinsel

Honshu, die Hauptinsel, hat eine reiche Vielfalt an touristischen Angeboten. Der Norden ist durch vier Flughäfen erschlossen: Sendai, Misawa, Niigata und Akita. Bei einer Rundfahrt durch das »asiatische Norwegen« geht kein Weg am *Chokai-Berg,* dem *Dewa-Fuji,* vorbei. Der in der Provinz Dewa stehende fujiähnliche Berg bietet bei Sonnenaufgang ein Naturerlebnis, das seinesgleichen sucht.
Die Halbinsel *Oga* ist schon allein durch ihre zerklüftete, mit Höhlen und Grotten übersäte Landschaft äußerst reizvoll. Noch mehr aber begeistert — vor allem Fotografen — die zwischen Halbinsel und Festland liegende alte *Hachirogata-Lagune,* die nach holländischer Weise zu Land gemacht wurde, vorwiegend für den Reisanbau.
Eine andere Tour führt ab Tokio zur Stadt *Mito* mit einem der drei schönsten Landschaftsgärten Japans, dem *Kairakuen-Garten.*

Rund 50 Kilometer nördlich von Tokio liegt Japans Stolz, *Nikko,* eine der schönsten Städte der Welt, deren Umgebung zum Nationalpark erklärt wurde. »Sage nicht Kekko (wunderbar), wenn du Nikko noch nicht gesehen hast!« wird gern zitiert. Dem Zitat kann nicht widersprochen werden (siehe Seite 150).
Noch weiter nördlich wimmelt es im *Bandai-Asahi-Nationalpark* von bizarren Vulkanen und schillernden Seen, von wilden Mooren und Marschen. Wer hier die Beherrschung verliert, hat schnell alle Filme belichtet. In *Yamagata,* der größten Stadt in der Umgebung, kann man zwar die Fototasche wieder auffüllen, doch schon wieder reizen die Motive: Rund 13 Kilometer entfernt liegt auf einem bizarr zerklüfteten Hügel der größte Tempel der buddhistischen Tendai-Sekte: der *Risshakuji-Tempel.* Von Bandai aus zur Park- und Waldstadt *Sendai* ist es nicht mehr weit. Berühmt ist dort vor allem der Nationalschatz *Osaki-Hachiman,* ein Schrein, dessen Dekoration und Kunstschätze bei jedem Besucher Begeisterung auslösen werden.
Die Fotografen wird es vielleicht schnell zur *Matsushima-Bucht* ziehen: Viele hundert kleine Inseln ragen wie Türmchen, Burgen oder Fantasietiere aus dem Wasser, von Wind und Wetter angenagter Tuff und Sandstein, viele mit Kiefern bewachsen — und wäre es nicht philisterhaft, könnte man jubeln: »Wie gemalt«.

Die Tokio-Region

Die Tokio-Region bietet eine Vielfalt an landschaftlichen und kultur-historischen Höhepunkten. Für einen kurzen Urlaub ist es sogar ratsam, sich nur in einem 150-Kilometer-Radius zu bewegen, um bleibende Eindrücke zu sammeln.
Tokio, die Zwölfmillionenstadt mit ihren Häßlichkeiten und Vorzügen, ist auf Seite 144 geschildert. Auch die anderen Höhepunkte dieser Region sind nicht mit einem Satz zu erledigen. Sie finden den Berg Fuji und seine malerische Umgebung auf Seite 153, die geschichtsträchtige Stadt Kamakura auf Seite 152 und Nikko, die Stadt der Tempel und Schreine und Tor zu einem der schönsten Nationalparks auf Seite 150.
Wenn es in den Plan paßt, läßt sich vielleicht eine Zugfahrt einbauen: Japans verkehrstechnisches Glanzstück ist der *Shinkansen,* der in sieben Stunden die 1 176 Kilometer zwischen Tokio und Fukuoka durchrauscht.
Schon einmal am Hauptbahnhof, reicht es vielleicht zu einem Ausflug nach *Yokohama,* der großen Hafenstadt, mit der Keihin-Kyuko-Linie. Unvermeidlich ist dort ein Besuch der Chinatown mit vielen hundert Restaurants und Garküchen. Diesen Bummel ohne Hunger zu planen, wäre eine Sünde wider Lukullus.
Die überschüssigen Kalorien lassen sich im *Sankeien-Park* ablaufen: Der japanische Garten liegt direkt am Meer. Interessant ist hier das *Freiluftmuseum,* mit vielen, größtenteils original eingerichteten historischen Gebäu-

den. Eine gute Gelegenheit, sich einen Überblick über die verschiedenen Epochen der Geschichte Japans zu verschaffen.

Das zentrale Honshu: Chubu

Zentral-Honshu oder Chubu teilen wir der Übersicht halber in vier Teile: Pazifische Küste, Halbinsel Ise, die Küste am Japanischen Meer und die zentrale Bergregion.
Zum Pazifik-Areal gehört Japans drittgrößte Stadt *Nagoya,* die sich durch breite und gerade Boulevards auszeichnet. Es ist vorwiegend eine Stadt für Geschäftsleute, doch auch ein paar historische Denkmäler sind vorhanden, so die 1959 originalgetreu wieder aufgebaute *Burg,* das *Tokugawa-Kunstmuseum* und der für die Japaner zweitbedeutendste Schrein *Atsuta-Jingu,* der eines der drei Herrschersymbole beherbergt, das Kaiserschwert Kusanagi-ho-Tsurugi.
Etwa eineinhalb Zugstunden weiter liegt der beliebte Badeort *Gamagori* gegenüber der mit schönen Stränden ausgestatteten Halbinsel *Atsumi.* Auf dem Weg dorthin ist das Seidenzentrum Japans, die Stadt *Toyohashi,* zu durchqueren. Etwas später erreicht man die wassersportliche *Hamana-Lagune.*
Auf der Halbinsel *Ise* sind alle Erlebnisse Japans auf engstem Raum zusammengefaßt: Baudenkmäler, Gärten, Berge, Seen und Küsten. Hier ist die japanische Perlenzucht zu Hause und die Wiege der japanischen Religion: Das Nationalheiligtum *Ise-Jingu,* zwei Haupt- und 120 Nebenschreine, rein shintoistisch, Hort eines der drei Kaiser-Insignien, des Heiligen Spiegels Yatano-Kagami. Diese Pilgerstätte aller Japaner ist vergleichbar mit dem Mekka der Moslems oder mit christlichen Stätten wie Rom oder Jerusalem.
Ein paar Kilometer westlich der heiligsten Stadt Japans (Ise, auch Iseshi) an der Küste Futami-ga-ura liegt ein sehr wesentliches Symbol, das ein Stück der japanischen Seele offenbart: Die »Vermählten Felsen« *(Myoto-iwa).* Es sind die mythologischen Gründer Japans, Izanagi und Izanami, durch ein Strohseil »verbunden«, das in eindrucksvollen Zeremonien in jedem Jahr am 5. Januar, 5. Mai und 5. September erneuert wird.
Dicht beim wichtigen Hafen *Toba* liegt die Perleninsel *Mikimoto,* wo im Jahre 1893 zum ersten Mal eine »künstliche« Perle in einer Auster gezüchtet wurde. Doch auch auf anderen Inseln und in der Nähe pittoresker Buchten gibt es zahlreiche Perlenfarmen.
Vielleicht reicht Ihre Zeit für diese Tips: Die Erholungsinsel *Irukajima,* wegen des Delphinariums auch »Delphininsel« genannt; den Fischerhafen *Nakiri,* dessen Klippen die tobenden Meereswogen bändigen; den *Yokohama-Berg* mit einmaligem Blick auf einige hundert Perlenfarmen in der Ago-Bay; die Insel *Kashikojima,* wo einige tausend Amas (Perlentaucherinnen) die Austernweiden versorgen.
In der Nähe des Japanischen Meeres auf Zentral-Honshu wurden einige Kü-

Fuji: Fortschritt und Tradition sind in Japan eine Einheit. Europäer haben Schwierigkeiten, sich in die Nippon-Mentalität hineinzudenken

stenstreifen ob ihrer einmaligen Schönheit zu *Naturschutzzonen* erklärt: Die imposante Felsenküste *Wakasa-Bay,* der *Sanin-Küsten-Nationalpark* und *Amanohashidate,* für die Japaner eine der drei schönsten Landschaften ihres Landes (Amanohashidate, Miyajima in der Inland-See und Matsushima bei Sentai).

Der *Kenrokuen-Park* in der Stadt *Kanazawa* gehört zu den klassisch-schönen Japan-Gärten; hier ist auch die Heimat perfekter Tee-Zeremonien und des Ikebana (Blumenstecken). In der Nähe warten die unberührten Wälder und Berge des *Hakusan-Nationalparks;* versteinerte Bäume und Pfeiler aus Bergkristall treiben hier dem Hobby-Mineralogen die Tränen ins Auge.

Schon einmal in diesem Natur-Paradies, wäre es schade, auf ein paar andere Leckerbissen verzichten zu müssen: Die bis zu 90 Meter hohen, schroffen Klippen bei *Tojimbo;* der *Eiheiji-Tempel* bei *Fukui,* eine Stätte, wo jeder Besucher, falls er es wünscht, in die Geheimnisse des Zen-Buddhismus eingewiesen wird; die Ende des 16. Jahrhunderts gebaute *Burg Maruoka,* eine der schönsten in Japan.

Hauptattraktion im zentralen Bergland, vor allem für die naturliebenden Japaner, ist der *Chubu Sangaku Nationalpark.* Diese Landschaft wird auch als »Japanische Alpen« bezeichnet, im Hinblick auf geologische Formationen und Flora ziemlich zutreffend. Das Tor zum Park ist der malerische Ferienort *Kamikochi.* Auf der Weiterfahrt wird es schwierig, die Tour so zu legen, daß alle landschaftlichen und bautechnischen Wunderwerke bestaunt werden können. In *Matsumoto* steht das elegante Schloß, das auf Pfeilern in einen See hinein gebaut wurde (1504). Ein Abstecher nach *Nagano* lohnt sich auf jeden Fall, um dort den sehr populären *Zenkoji-Tempel* zu besuchen, der Japans älteste *Buddhastatuen* aus dem Jahre 552 birgt. Von Nagano aus lockt die beliebte Sommerfrische *Karuizawa* und der *Joshin-Etsu-Park.*
Auf dem Weg in Richtung Kyoto ist ein Stopp bei den *Kormoran-Fischern* von *Gifu* kaum zu vermeiden: Die Wasservögel werden in der Nacht den um die Bootslichter tanzenden Fischen auf den Hals gehetzt. Ein Halsring verhindert das Schlucken der Fische, und so schleppt ein Kormoran pro Nacht bis zu 50 Ayus (eine Art Forelle) zu seinem Herrn.
Die *Kansai,* die Osaka-Region, verbindet Zentral-Honshu *(Chubu)* mit dem Westteil von Honshu *(Chugoku).* Die kulturell wichtigsten Orte hier sind Kyoto (Seite 146) und (Seite 148). *Osaka,* die zweitgrößte Stadt Japans mit mehr als drei Millionen Menschen, sollte vom Besucher zunächst vom 78 Meter hohen Handelszentrum optisch erfaßt werden, um beispielsweise auf einen Blick wenigstens ein paar Dutzend der 1 700 Brücken zu sehen. Zum Besichtigungsprogramm gehört unbedingt das Wahrzeichen der Stadt, die *Osaka-Burg,* deren Grundmauern aus dem Jahre 1586 stammen.

Das westliche Honshu

In *Chugoku* (West-Honshu) verdient der Inland-See einige Lobeshymnen. Die früher sehr wohlhabende Stadt *Yamaguchi* besticht heute noch, jedoch mehr durch zwei landschaftliche Höhepunkte in ihrer Nähe:
Im grottenreichen *Akiyoshida-Quasi-Nationalpark* liegt die phantastische und der Welt größte Stalaktiten-Höhle, die *Akiyoshido.* Zweiter Höhepunkt ist die elf Kilometer lange, an manchen Stellen unwirklich und unheimlich wirkende *Chomonkyo-Schlucht.*
Der Inselteil, der das Japanische Meer berührt, besteht aus Küstenlandschaften von überwältigender Schönheit. So wurde beispielsweise der 77 Kilometer lange San-in-Küstenstreifen zum Nationalpark erklärt, um dieses landschaftliche Spannungsfeld zwischen bizarren Klippen und sanften »afrikanischen« Sanddünen der Nachwelt zu erhalten.
Die Japaner halten *Amanohashidate,* den Küstenstreifen in der Nähe von *Miyazu,* für eine der drei schönsten Ansichten auf Japan.
Einmalig sind aber auch die 16 Kilometer langen *Tottori-Sanddünen.* Oder bewundern Sie in der Nähe des malerischen Thermalbades Misasa Spa den etwa 1 300 Jahre alten *Sambutsuji-Tempel,* der sich den Hang des *Mitoku*-Berges hochschmiegt.

Im *Daisen-Oki-Nationalpark* steht der Zwillingsbruder des Fuji, der 1 713 Meter hohe *Daisen.* Auch der *Daisenji-Tempel* ist es wert, gründlich besichtigt zu werden.
Im äußersten Westen von Chugoku liegt die Stadt *Nagato,* die auch der zum Nationalpark erklärten Felsenküste den Namen gab. Eine Fahrt zur *Insel Omishima* mit der Naturbrücke Naminohashidate und dem Wal-Grab im Garten des *Seigetsuan-Tempels* lohnt sich.

Die viertgrößte Insel: Shikoku

Die gebirgige Insel Shikoku hat noch sehr viel Tradition bewahrt. Mehr als anderswo in Nippon wird hier unverfälschte Folklore gepflegt. Der Kimono, das typisch-japanische Kleidungsstück, gehört auf Japans viertgrößter Insel vielerorts noch zum Alltag.
Die Ausflüge können sehr abwechslungsreich gestaltet werden. Auch wenn wenig Zeit vorhanden ist, sollten folgende Naturwunder und Tempel im Programm sein:
Im *Tsurugi-Quasi-Nationalpark* die bis 18 Meter hohen Erdsäulen, durch Erosion entstandene Gebilde mit einem pflanzenbewachsenen Hut.
Überwältigend ist der Blick auf die Klippenküste und auf den Pazifik vom *Muroto-Anan-Quasi Nationalpark* aus. Entdeckt der Besucher auch noch die *'Riesenschildkröten* und besichtigt er die *Stalaktiten-Grotte Ryugado* bei Aki, so ist der Tag mit Eindrücken über das Soll erfüllt.
Auf dem Weg von Takamatsu nach Süden ist der Halt an verschiedenen Tempeln zu empfehlen: der *Zentsuji*-Tempel, Zentrale der Shingon-Sekte, liegt etwa 40 Kilometer südlich. — Rund 15 Kilometer weiter halten alle Kaufleute und Reisenden, um sich Schutz und Glück für die Weiterfahrt zu erflehen: Die Schutzgottheit Omononushi-no-Mikoto wird im *Kotohira-Schrein* verehrt. — Im Zentrum der Insel, bei *Otaguchi,* ist der *Burakuji-Tempel* mit seinen künstlerisch sehr wertvollen Buddhastatuen einen Aufenthalt wert.
Zu den landschaftlichen Höhepunkten der Insel gehört der Fischereihafen *Tosashimizu* und der am Südkap liegende *Ashizuri-Quasi-Nationalpark.* In der größten Stadt der Insel, in *Matsuyama,* genießt man vom in der Mitte der Stadt liegenden Parkhügel aus einen phantastischen Rundblick. Die Burg auf dem Hügel ist eine der besterhaltenen in Japan.

Kyushu, die südliche Insel

Die südlichste der großen Inseln, Kyushu, unterscheidet sich vom übrigen Japan durch eine westliche Atmosphäre in den Städten, die jedoch eher erfühlt als beschrieben werden kann. Der Grund liegt darin, daß die Insel immer regen Handel mit der übrigen Welt trieb, auch während der 220 Jahre dauernden japanischen Selbstisolation.
Im Nordwesten ist *Fukuoka* die größte Stadt und für die Japaner einer der

beliebtesten Urlaubsorte. Gerne besucht werden verschiedene Schreine: Der *Sumiyoshi* ist der älteste Shinto-Schrein und den Schutzgottheiten der Seeleute geweiht. Der *Hakozaki-Hachimangu-Schrein* wurde bereits 923 gegründet; für den Bau des zweistöckigen, prächtigen Portals verwendeten die Zimmerleute keinen einzigen Nagel.

Nagasaki, traurig-berühmt durch den Abwurf einer Atombombe im Jahre 1945, ist eine sehr moderne Stadt mit vielen Einkaufsmöglichkeiten. Auch als Ausgangspunkt für abwechslungsreiche Ausflüge ist die Hafenstadt, in der die meisten katholischen Kirchen Japans stehen, sehr geeignet. Für die Shopping-Stunden sind die Viertel Hamano-machi, Kanko-dori und Kajiyamachi zu empfehlen. Vor allem Zuchtperlen, Korallen und Keramik gibt es hier sehr preiswert.

Nördlich von Nagasaki liegt der *Saikai-Nationalpark,* zu dem die Westküste Kyushus gehört, ein Teil der Hirado-Inseln, die Kujukushima-Inseln und ein Teil des Goto-Archipels. Die Schönheit dieses Gebiets wird per Schiffsausflug am besten erfaßt. Südlich und östlich von Nagasaki liegen drei touristische Höhepunkte:

Kumamato, die für den Westen der Insel wichtige Marktstadt, ist sehr lebhaft und zeitweise überfüllt mit Gruppen japanischer Touristen. Gern besichtigt wird im nahegelegenen Ort *Suizenji* der Park mit zahlreichen nachgebildeten chinesischen Landschaften und der *Ezu-See,* dessen am Ufer stehende Wachsbäume für die Kerzenherstellung gepflanzt wurden.

Die Amakusa-Inseln im *Unzen-Amakusa-Nationalpark* sind durch fünf technisch bewundernswerte Brücken mit dem Festland verbunden. Auf den Inseln gibt es noch viele Reste von Kirchen und christlichen Gebräuchen. Hierher mußten 1637 viele christliche Japaner flüchten, nachdem ihre Religion verboten worden war.

Unzen Spa schließlich besteht aus drei Badeorten, die mitten zwischen Bergen und Wäldern liegen. 30 heiße Quellen fließen in einen ständig siedenden Teich und von dort in die Unterkünfte, um Gäste von Rheuma und Hauterkrankungen zu befreien.

Im Süden sind die Städte *Miyazaki* und *Kagoshima* wichtig. In Kagoshima unbedingt den Rundblick vom Shiroyama-Hügel genießen! Verbunden werden beide Orte u.a. durch die *Nichinan*-Küstenstraße, die durch den gleichnamigen *Nationalpark* führt, ein landschaftlicher Hochgenuß. Fahren Sie keinesfalls am *Udo-Schrein* vorbei, seine Lage auf Klippen und in einer riesigen Grotte ist einmalig. Auf dem *Kap Toi* herrscht exotische Stimmung durch die vielen Palmen sowie die wilden Affen und Pferde.

Im Nordosten der Insel Kyushu liegt einer von Japans beliebtesten Badeorten: *Beppu.* Am liebsten wandern die Gäste zum *Takasakiyama-Hügel,* wo sich knapp 2 000 wilde Affen tummeln und in einem Aquarium rund 3 000 Fische zu sehen sind.

In Zentral-Kyushu liegt der *Aso-Nationalpark.* Der Berg Aso war einst ein Riesenkrater von 80 Kilometer Umfang. Heute liegen in der »Caldera« fünf Vulkangipfel, von denen der Nakadake 1968 noch aktiv war.

Intermezzo: Fabriken als Familienmutter

Ohne Vorbereitung auf die Sitten der Japaner, ohne — wenigstens geringe — Kenntnisse über den Schintoismus, dem rund 80 Prozent der Japaner angehören, werden viele Handlungen, Reaktionen und Ansichten dieses tüchtigen Volkes bei Touristen nur Kopfschütteln hervorrufen. Wir haben es alle schon einmal erlebt, wie die kleinen Japaner bei ihrem Europabesuch im Gänsemarsch die Stadt durchqueren, sich gruppenweise im Eiltempo durch Kirchen und Paläste schleusen lassen, gemeinsam in einen Laden gehen und ihn gemeinsam wieder verlassen, um sich dann dicht an dicht durch die Tür des Ausflugsbusses zu quetschen.

Dieser Gruppendrang, das Bedürfnis, Tuchfühlung zu haben, ist natürlich auch im Lande der aufgehenden Sonne zu beobachten und hat seinen Ursprung in einer der wichtigsten, der traditionellen Kraft Japans: dem Familiarismus. Die Großfamilie nahm bis vor ein paar Jahrzehnten die Rolle des sozialen Schutzes ein, auf dem Lande ist das auch heute noch spürbar. In der Stadt, wo die Industrialisierung im Eiltempo vorwärts getrieben wurde, war kein Platz mehr für die Großfamilie. Diese Funktion mußte der Arbeitgeber übernehmen, wenn der japanische Arbeiter oder Angestellte überhaupt arbeits- und lebensfähig bleiben sollte.

So ist es in Japan durchaus üblich, daß der Japaner von der Ausbildung bis zur Pensionierung in *seinem* Betrieb bleibt. Diese Kücken-Mentalität ist letztendlich auch das Geheimnis des enormen Fortschritts ohne große Arbeitskämpfe. Wenn im Betrieb automatisiert werden muß, um konkurrenzfähig zu sein, geschieht dies in vollem Einverständnis mit den Angestellten: Umschulen, einen anderen Beruf erlernen — das wird ohne Murren akzeptiert, damit der Betrieb weiterleben kann.

So ist der Sozialstatus auch nicht vom erlernten Beruf abhängig, er wird von der Arbeitsstätte verliehen. Bei XY zu arbeiten, das bringt Ansehen, ob als Schlosser oder Abteilungsleiter, das kümmert keinen.

Schintoismus und Konfuzianismus.

Die Mentalität der Japaner, ihre Einstellung zu Staat und Arbeitsplatz, ist weitgehend von der Religion bestimmt. Der Schintoismus *(Kami no michi)* nahm manche philosophischen Gedanken eines der Praxis zugewandten Konfuzianismus ein. So sind für den Japaner Gehorsam, Pflichterfüllung und Treue unabdingbare ethische Begriffe. Dazu gehört ebenfalls die Selbstbeherrschung und — auch in friedlichen Zeiten ein prägender Wert — die Todesverachtung.

Andererseits enthält die Gesellschaftsphilosophie Werte, die das Verhalten der Arbeitgeber, der Bosse, ihren Untergebenen (japanisch besser: in die Obhut gegebenen) gegenüber prägen: Wohltätigkeit, Eigentum und Weisheit. Die Vorgesetzten halten es für ihre wohltätige Pflicht, für den Untergebenen zu sorgen. Der Chef ist weise genug, dem Arbeitnehmer eine Beteiligung, ein Stück Eigentum, zu gewähren. Dafür garantiert der Japaner vollen Arbeitseinsatz und absolute Arbeitsdisziplin. Das geht so weit, daß die meisten der japanischen Arbeitnehmer es für unmöglich halten, länger als acht Tage in einem Stück Urlaub zu machen, den Betrieb »im Stich zu lassen«.

Die Frage, ob diese uns sehr fremde Einstellung der »Tarifpartner« überhaupt funktionieren kann, beantwortet sich seit Jahrzehnten von selbst. Japans Wirtschaftskraft ist Welt-Spitzenklasse.

Ein Beispiel, das für andere steht: Das Dorf Joban in der nordjapanischen Provinz Fukushima lebte seit Menschengedenken vom Kohlebergbau. Dann war es plötzlich aus mit dem Verdienst. Die abgebaute Kohle war nur noch minderwertig, in die Stollen einbrechende heiße Vulkanquellen verteuerten die Sicherheitsvorkehrungen ins Uferlose. Das Dorf ging bankrott.

Der Boss der Bergarbeiter wollte die ihm in Obhut Gegebenen nicht allein lassen. Die Idee, heißes Vulkanwasser für Badefreuden zu nutzen und mit Südsee-Palmen ein Hawaii-Paradies ins nördliche Japan zu zaubern, kam ihm in der Not. Die Belegschaft machte aus der Not eine Tugend, legte alles Ersparte zusammen, planierte Schächte und Halden und schuf allen Widerständen zum Trotz ein für Japan beispielhaftes Ferienzentrum: ein polynesisches Dorf in der Halle. Die Ausmaße sind so mächtig, daß der Besucher nach einer halben Stunde und zwei oder drei Tässchen Reiswein sich in der Südsee wähnt.

Übrigens war es für die Bergarbeiter kein Problem, den Beruf zu wechseln. Yoichi, der Hauer, ist inzwischen Koch, sein Freund Kendschi, vorher Schlosser, avancierte zum Oberkellner. Andere sind Empfangschef, Bademeister oder Kassierer. Auch für die Frauen ist das vorher triste Leben abwechslungsreicher geworden. Sie genießen ihren Job als Zimmermädchen, Verkäuferin oder Hula-Hula-Tänzerin.

Das ganze Dorf arbeitet und betrachtet mit Wohlwollen die ständig kletternden Kurse der Aktien, die ihrer persönlichen Gesellschaft gehören.

Tokio: Vergebliche Suche nach Geishas

Japan-Reisende merken bald, daß sie in eine andere Welt reisen. Vergleiche mit Deutschland oder Mitteleuropa anzustellen, wäre Zeitverschwendung. Die Japaner sind anders, die Landschaften sind anders und auch die Städte. Tokio beispielsweise, die angeblich häßlichste Metropole der Welt: Ob sie diesen Superlativ verdient hat? Verbaut ist dieses Ungetüm auf jeden Fall, ineinandergeschachtelt und oft geschmacklos. Die ersten Stunden hier kosten Nerven, die Bürgersteige sind zu eng, zu viele Menschen trippeln vor, hinter und neben einem.

Holen Sie zuerst einmal Atem, flüchten Sie in ein »Kissaten«, bestellen Sie einen »aisu Kohi«, einen Eiskaffee, oder für den leichten Hunger ein »sandowichi« oder ein »omuraisu«, ein mit Reis gefülltes Omelett.

Vom »Kissaten«, dem japanischen Schnellrestaurant mit westlichem Einschlag, lassen sich die eilenden Menschen gut beobachten. Allmählich fällt die Freundlichkeit auf, die fast unterwürfige Höflichkeit. Die Gesichter fangen an, sympathisch zu werden — trotz der auffallend schlechten Zähne. Plötzlich vergleicht man diese trippelnden Massen mit den Menschen auf der Zeil in Frankfurt, der Kö in Düsseldorf oder dem Kudamm in Berlin. Es fehlt die Verbissenheit in der Mimik, das Abgeschlaffte in den Blicken. So viel Fröhlichkeit bei diesem Verkehr, dieser Schubserei? Nun, Japaner sind eben anders.

Nach dieser Erkenntnis fällt die Besichtigungs-Tour durch Tokio viel leichter. Und wer sich schon einmal entschlossen hat, das Land der aufgehenden Sonne zu besuchen, darf sich auch über die hohen Preise nicht wundern. Tokio hat die Preisspitze erreicht. Das errechnete die Financial Times, die als Basis einen dreitägigen Aufenthalt mit Hotel, Essen, Getränken und Taxifahrten nahm. Ein Jahr zuvor noch hatte Frankfurt diesen unrühmlichen Weltrekord in der Hand.

Wie dem auch sei, der *Kaiserpalast* im Herzen von Tokio muß besucht werden. Der Tourist dürfte keinem Japaner erzählen, er sei nicht dort gewesen. Tradition ist Pflicht, auch wenn nur die Mauern, ein paar Gärten und die Tore für das Volk geöffnet sind. Teile der eigentlichen Palastanlage kann das Publikum nur am 2. Januar und am 29. April (Kaisers Geburtstag) bewundern.

Für einen guten Überblick eignet sich der 333 Meter hohe *Tokyo-Turm* im *Shiba-Park*. Der Gigant ist die höchste freistehende Stahlkonstruktion der Welt.

Von den für Tokio, eigentlich für ganz Japan, typischen Gärten müßten mehrere besucht werden, um die japanische Gartenarchitektur in sich aufzunehmen. Manche dieser für uns überraschenden Ideen könnten vielleicht zu Hause angewandt werden. Der *Korakuen-Garten* mit seinen Steinlaternen, Blumenbeeten, Lauben und Brücken ist das richtige Muster, den persönlichen Hang zur gärtnerischen Gestaltung zu prüfen.

Wohl dem Touristen, der genügend Zeit hat, denn auf ihn wartet noch der *Yasukini-Schrein,* der *Zojoji-Tempel,* das *Nationalmuseum* im *Ueno-Park* und der *Palast in Akasaka.* Mindestens, denn es könnten noch viele Spotlights aufgezählt werden, die der häßlichen Hauptstadt Farbe geben.

Wer wüßte es nicht schon: Die *Ginza* darf nicht vergessen werden, Tokios vornehmste Straße. Bei entsprechender Neigung dauert eine Ginza-Tour mehrere Tage. In den Warenhäusern Hankyu, Matsuya, Mitsukoshi und Matsuzakaya wartet eines der eindrucksvollsten und verwirrendsten Warenangebote der Welt. Erholung vom erschöpfenden Pflastermarsch findet der Stadtwanderer in den vielen Restaurants und Teehäusern.

Was er nicht findet, nicht mehr, das sind die legendären Geishas, diese in früherer Zeit für das japanische Gesellschaftsleben so wichtige Frauenrolle gehört der Vergangenheit an. Doch ein Teil der Geisha-Ausbildung wurde von den modernen Japanerinnen übernommen. Das Gefühl, einer Geisha zu

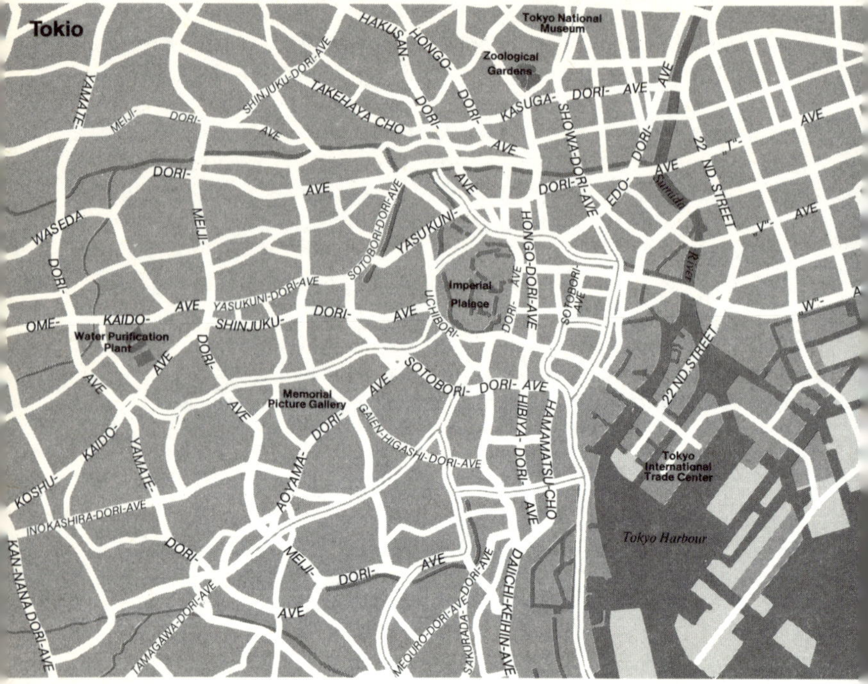

begegnen, hat man gelegentlich in einem Restaurant oder einer Bar: freundlicher Service, angenehme Unterhaltung, ein paar geistreiche Worte, ein Lied, eine Melodie auf einem Saiteninstrument. Und viel mehr haben die Geishas in früheren Zeiten auch nicht geboten.

Kyoto: Tee-Zeremonien und Ikebana

Kyotos Einwohner sind stolz auf ihre geschichtlichen Traditionen und auf den musealen Reichtum, der die Stadt der 1 500 buddhistischen Tempel und 200 Shinto-Schreine zum kulturellen Mittelpunkt Japans macht.
Von 794 bis 1868 war die Schwesterstadt Kölns die Hauptstadt Japans; auch der Name Kyoto heißt »Hauptstadt«. Erst danach wurde Edo, später umbenannt in Tokio, der Hauptsitz der japanischen Kaiser. Die Zeremonie der Kaiserkrönung aber ist Kyoto geblieben.
Wieviel Tage braucht man für diese schöne Stadt? Kyoto an einem Tag? Unser Führer verbeugte sich leicht und flüsterte mit hoher Stimme: »Sind Sie mit dem Geruch einer Tasse Uji-Tee zufrieden?« Das war deutlich, und ein Deutscher hätte vielleicht gesagt: »Es wäre für Sie billiger gewesen, sich eine Postkarte aus Kyoto schicken zu lassen.«

Kyoto braucht viel Zeit — und es wird immer ein Tag zu wenig sein. Viel zu wenig, wenn sich der Besucher außer für Geschichte auch noch für die japanische Teezeremonie und die Kunst des japanischen Blumensteckens, Ikebana, interessiert. Beide fast religiösen Formen praktizierter Ästhetik und Verehrung des Menschen und der Natur beziehungsweise ihrer Schöpfer und Verkünder entstanden in Kyoto.

Der tiefe Inhalt der Teezeremonie ist mit einer kleinen Portion Einfühlungsvermögen auch noch aus dem modernen »Leitfaden für das Verhalten am Übungsort« herauszulesen. Ein paar Auszüge, die nach meiner Ansicht dem Kurzbesucher Japans wenigstens einen Angelpunkt bieten können:

- Der Teilnehmer soll »äußerlich und innerlich rein« sein
- Die Fußbekleidung, auch die Strümpfe, werden ausgezogen und ordentlich abgelegt
- Wie vor dem Betreten shintoistischer Heiligtümer werden »Hände und Mund gespült«
- Vor der Begrüßung des Zeremonienmeisters kommt »die Würdigung der Bildnisse und die Betrachtung der Blumen«
- Während der Teezeremonie gibt es vorgeschriebene Redewendungen, zum Beispiel über den Geschmack des Tees, die Zimmereinrichtung und die Dekoration. Ansonsten »hat absolutes Schweigen zu herrschen«.

Schweigen herrscht auch in Kyotos Schreinen, Tempeln und Gärten; Japaner sind auch im Urlaub oder bei einem Ausflug diszipliniert und ziemlich geräuschlos. Sie genießen die Schönheit eines Bauwerks oder eines Gemäldes mit Zurückhaltung, mit innerer Freude. Die Touristen-Ausrufe »Ja das gibt es doch nicht, das darf doch nicht wahr sein« oder »Oh no, isn't it wonderful? It's great, really great« amüsieren die Japaner höchstenfalls.

Historische Bauwerke, die so manches Entzücken hervorrufen, gibt es in der alten Hauptstadt reichlich. Eine kleine subjektive Auswahl interessanter Plätze:

Der *Goldpavillon* (Kinkakuji), dessen glitzernde Fassaden sich im Wasser spiegeln. Der *Silberpavillon* (Ginkakuji), besonders erwähnenswert wegen seines wunderschönen Landschaftsgartens. Der *Chion-in Tempel,* einer der größten im Lande, mit dem 24 Meter hohen, zweistöckigen Sammon-Tempeltor. Der *Heian-Schrein,* der im Jahre 1895 zu Ehren der damals schon 1 100 Jahre alten Stadt erbaut wurde. Der *Ryoanji-Tempel,* dessen Steingarten die Besucher fasziniert, obwohl der Sinn der Anordnung — geheimnisvoll geordnete Steine auf ebenen Sandflächen — nur zu verstehen ist, wenn man sich vorher wenigstens ein bißchen mit dem Zen-Buddhismus befaßt hat. Der *Alte Kaiserpalast,* der durch seine Schlichtheit einen bleibenden Eindruck hinterläßt. Die *Villa Katsura* im Kaisergarten, ein Beweisstück für den Höhepunkt der japanischen Architektur im 16. Jahrhundert. Das *Nijo-Schloß,* ein ausgedehnter Komplex mit zahlreichen kunstvollen Gebäuden. Eine interessante Abwechslung in diesem Tempel-Dorado sind dort die sogenannten Nachtigallen-Korridore: Zum Schutz gegen Eindringlinge wurden sie so gebaut, daß sie laut knarren, wenn sich jemand dem Wohnzimmer des Herrschers, des Schoguns, näherte. Der *Kiyomizu Tempel,* von dessen hölzerner Terrasse in der Haupthalle aus der Besucher einen unvergeßlichen Blick auf Kyoto genießt.

Auch außerhalb Kyotos findet die Fortsetzung der kulturhistorischen Reise manche Höhepunkte. In *Uji* beispielsweise, in Japan wegen seines guten Tees bekannt — und wegen seiner wunderbaren Tempelanlagen. Außerdem wegen der Kormoran-Fischerei, wie bei Gifu, Seite 140, beschrieben.

Von den Tempeln und Schreinen ist der *Byodoin-Tempel* die größte Sehenswürdigkeit. Wer buddhistische Architektur in ihrer schönsten und tiefsten Aussage nachempfinden will, muß *Ho-odo,* die Phönix-Halle, sehen.

Im *Uji-Schrein* schließlich können die ältesten erhaltenen Schreingebäude Japans besichtigt werden.

Zurück in Kyoto, müde von den vielen Eindrücken, erinnerten wir uns daran, daß ein Freund in Tokio uns geraten hatte, das Gion-Corner zu besuchen. Saburo, ein moderner Japaner, ißt Brot zum Frühstück, von Reis hält er nicht mehr viel. Im Gion-Corner könnten wir uns wirklich noch von echten Geishas bedienen lassen, meinte er.

Eine Stunde lang versuchten wir, dieses japanische Klischee zu finden. Dann nahmen wir mit einem kleinen japanischen Restaurant vorlieb, aßen »shojinryori«, ein köstliches vegetarisches Gericht der Buddhisten, und ließen uns von unserem Tischnachbarn zum Nachtisch mit »goshiki-mame«, einem Zuckerkonfekt, füttern.

Herr Fujita vom Nebentisch tröstete uns dann sehr schnell und versprach, unserem Freund Saburo in Tokio folgendes mitzuteilen: Ein Essen mit Geishas gibt es nur über Stammgäste; wenn ein Fremder eine Empfehlung hätte, müßten die Plätze mindestens vier Wochen vorher bestellt werden. Und dann strahlte Herr Fujita über das ganze Gesicht, als er meinte: »Ist Ihnen ein Geisha-Abend 400 Mark wert?« Seitdem gelingt es uns ganz gut, das Geisha-Klischee zu verdrängen.

Nara: Superlative in Schreinen und Tempeln

74 Jahre lang — und noch vor Kyoto — war Nara Japans Hauptstadt. Während dieser Zeit, aber auch danach, blühte hier die japanische Kunst und Kultur, deren Zeugnisse auch heute noch in Stadt und Umgebung Glanzstücke einer Japan-Reise darstellen.

Die sogenannte Nara-Zeit (710 bis 784) prägte auch in weitem Maße die heute noch gültige japanische Musik. Der *Gagaku* ist eine aus China importierte konfuzianische Zeremonialmusik, die heute noch bei Tempelfeiern und am kaiserlichen Hofe gepflegt wird. Ebenfalls aus der Nara-Zeit stammt eine Orchestermusik, die dem westlichen Tonempfinden sehr nahe kommt, eine Art klassischer Tanzmusik, *Bugaku* genannt.

Yasukuni-Schrein in Tokio. Die Mentalität der Japaner wird weitgehend vom Shintoismus, der Haupt-Religion im Lande Nippon, geprägt

Für Touristen bietet Nara eine Reihe von Superlativen, deren Abbildungen zurecht im Album, in der Dia-Kassette oder in der Erinnerung einen guten Platz einnehmen werden.
Der größte öffentliche Wildpark Japans: Tempel, uralte Eichen, viele Tiere, auch zahme Hirsche, die »Botschafter der Götter«, erwarten den Besucher im *Nara-Park.*
Die schönsten und wertvollsten Steinlaternen der Welt: Die Wege im *Kasuga-Schrein,* einem der ältesten in Japan (714 n. Chr.), werden bewacht von gespendeten Steinlaternen, die Anfang Februar und Mitte August entzündet werden.
Das größte Holzbauwerk der Welt: Die »Halle des großen Buddha«, der *Daibutsuden,* steht auf dem Hauptplatz des *Todaiji-Tempels.* Die Halle ist 58 Meter lang, 51 Meter breit und 49 Meter hoch. Ihre Ursprünge stammen aus dem 8. Jahrhundert.
Die größte Bronze-Statue der Welt: Im vorher genannten Daibutsuden im Todaiji-Tempel steht die mehr als 16 Meter hohe Statue des *Buddha Vairocana,* die Statue der Daibutsu.

Die schönsten buddhistischen Holzschnitzereien: In den Nischen des Großen Südtors *Nandaimon (Todaiji-Tempel)* stehen zwei acht Meter hohe göttliche Wächter, die sehenswert sind.
Die schönste Bronzelaterne Asiens: Sie ist viereinhalb Meter hoch und steht vor der *Halle des großen Buddha.*
Das älteste Museum der Welt: Das *Schatzhaus Shoso-in* aus dem 8. Jahrhundert birgt besterhaltene Gegenstände, die das tägliche Leben, Herrschen und Meditieren des Kaisers Shomu nachempfinden lassen. Das Museum ist für das Publikum allerdings nur im Oktober/November geöffnet.
Das bedeutendste Bauwerk der Nara-Zeit: Die *Haupthalle Kondo* im *Toshodaiji-Tempel,* mit einer mehr als drei Meter hohen schönen Buddha-Figur, überzeugt durch architektonische und farbliche Harmonie.
Einer der wertvollsten Kunstschätze Japans: Die drei Statuen, zusammengefaßt als »Yakushi-Dreifaltigkeit« bezeichnet, stehen in der Haupthalle des *Yakushiji-Tempels.*
Die ältesten, noch erhaltenen Holzbauwerke der Welt: Der *Horyuji-Tempel* liegt knapp zehn Kilometer außerhalb der Stadt Nara. Die Gebäude und die in ihnen verborgenen Kunstschätze machen den Ausflug zu einem Erlebnis.
Die älteste Pagode der Welt: Die 32 Meter hohe, fünfstöckige Pagode steht neben der Haupthalle (Kondo) des *Horyuji-Tempels.*
Die schönste Skulptur, die ein Mensch je erschuf: Die Statue *Guze-Kannon* ist 1,8 Meter groß, vergoldet, und steht in der Halle der Träume *(Yumedono)* des *Horyuji-Tempels.*
Die älteste Stickereiarbeit Japans: Das *Tenjukoku Mandala* wurde im 6. Jahrhundert gestickt und stellt eine Himmelsszene dar. Die Stickerei befindet sich im *Chuguji-Tempel,* der Teil des Horyuji-Tempels ist.
Die schönsten und innigsten Liebesbriefe der Welt: Sie werden von Liebenden an die Zweige des alten Yadorigi-Baumes gehängt, der im *Kasuga-Schrein* in immergrüner Pracht steht. Auf dem Papier stehen die Wünsche der jungen Frauen und Männer. Den Inhalt kennen nur die Schreibenden und die Götter.

Nikko: Sehen und sterben auf Japanisch

Zuerst müssen wir dem 200 Jahre alten Kirschbaum unsere Reverenz erweisen. Der *Kongozakura* steht unter Denkmalschutz. Seine Blütenkrone strahlt in einem Gelb, das nicht im Malkasten zu finden ist. Dahinter der Eingang zum *Sanbutso-do,* der Haupthalle des *Rinnoji-Tempels,* heiliger Ort der buddhistischen Tendai-Sekte in Nikko, 150 Kilometer nördlich von Tokio. In der fast 40 Meter langen Halle ist gekochter Reis zu einem Berg aufgehäuft. In der Nähe ein Priester mit einem Stock. Unser Begleiter Mamoru Iwasaki, der in Deutschland Computer-Technik studierte, knufft uns in die Seite: »Essen, essen, sonst gibt es Hiebe.« Wir schieben uns eine Handvoll Reis in den Mund und wissen nicht, ob wir lachen dürfen. Der volle Mund verhindert eine Antwort. Also mampfen wir weiter auf dem Weg

zum *Toshogu-Schrein,* dem schönsten architektonischen Schatz, den Japan zu bieten hat.
Wir hatten zufällig das »Gohan shiki«, das am 2. Mai gefeiert wird, erlebt. Und mit vollem Mund losgeprustet hätten wir am liebsten, weil Mamoru vorher erzählt hatte, daß Japan unter einem »Reisberg« leide, so wie man sich seit Jahren in Deutschland mit dem »Butterberg« herumschlägt. Trotz aller Feierlichkeit reizte uns der Gedanke, die Konservativen, die seit Kriegsende mit den Stimmen der Bauern fast ununterbrochen an der Macht waren, hätten diese Zeremonie erfunden, um den zurückgegangenen Reis-Konsum zu fördern.
Mit den toleranzgeübten japanischen Shintos lassen sich solche Gedanken auch in einer heiligen Stätte diskutieren.
Sprachlos wird man ohnehin nach den letzten Treppen beim Anblick des »Sonnenlicht-Tores«, des *Yomeimon.* Mamoru nennt den Zwölf-Säulen-Tempel auch *Higurashi-no-mon.* Das heißt »Dämmerungstor«, und zwar aus einem ganz banalen Grund: Weil viele Besucher hier solange in den Anblick dieser wunderbaren Konstruktion versunken bleiben, bis der Tag der Dämmerung weicht.
Unser Begleiter bringt uns vor der Dämmerung noch zum Chinesischen Tor, zum *Karamon.* Er ist der Meinung, dieses schwarzweiße Tor, Pforte zum eigentlichen Schrein, sei schöner als der Yomeimon. Wir können nicht entscheiden, wollen auch nicht. Wir haben vergessen, für eine Geschmacksfrage Wortgefechte zu liefern. Wir antworten mit nach unserer Meinung fernöstlicher Diplomatie: »Lassen wir die Dämmerung entscheiden.«
Bald hatten wir unsere spielerische Streitfrage vergessen. Das *Daiyuin-Mausoleum* verlangte unsere Aufmerksamkeit. Schwarz und rot und golden fangen Tore, Balken und Hallen den Blick des Fremden ein. Der Gott des Donners und sein Kollege, der den Wind erzeugt, erschrecken uns am *Nitenmon-Tor.* Es ist beängstigend und wunderbar zugleich, wie leise manche aufgeklärten Menschen des Westens beim Anblick einiger ihnen fremder Götter werden können.
Ohne ein Wort zu sagen, betraten wir den *Daiyuin-Hauptschrein* — und bis heute haben wir es vermieden, darüber zu streiten, welcher architektonische Schatz Nikkos der schönste oder eindrucksvollste sei.
Nun bietet Nikko seinen Besuchern auch noch weitere Streitpunkte. Zum Beispiel, ob der Besuch des um 737 gegründeten Bergheiligtums wertvoller sei oder der Besuch des *Nikko-Nationalparks.* Auch wenn vielen Lesern die Zeit nicht zur Verfügung stehen wird, muß ich zu einer salomonischen Weisheit greifen: Nikko ist nur mit Architektur *und* Landschaft der unvergeßliche Höhepunkt einer Japan-Reise. Nikko ohne seinen Nationalpark wäre eine halbe Sache.
Wer wollte, ist er schon einmal in Japan, auf den Anblick der bewaldeten Berge, der Seen und Wasserfälle, der Schluchten und heißen Quellen verzichten? Unser schönstes Nikko-Landschaftserlebnis begann an der Autobus-Haltestelle von *Chuzenji.* Ein Lift brachte uns von dort 275 Meter nach

unten an den Fuß einer gewaltigen Schlucht. Aus der Froschperspektive dann den 100 Meter hohen und 10 Meter breiten *Kegon-Wasserfall* zu sehen — der empfindsame Mensch hat hier wirklich das Gefühl, nur ein kleiner Frosch zu sein.
Und dann hinauf wie ein Adler mit der Seilschwebebahn von *Akechidaira,* hinauf zum *Tembodai-Berg.* Dieses Panorama, mit Blick auf den Kegon-Wasserfall, auf die Berge und Seen . . . was helfen hier Worte, um das Gefühl, das eine dramatische Landschaft bietet, richtig zu beschreiben? Glücklich der Mensch, der hier sehenden Auges stehen durfte.
Da kommt beim Schreiben dann immer wieder das kleine Teufelchen der Einschränkung: Der Hoki-Fluß bei Shiobara, dort, wo er Felsen zu eigenartigen Monumenten geformt hat, und dort, wo er sich in sprühende Wasserfälle verwandelt, diese Landschaft macht ähnlich glücklich.
Ich würde bei einem Naturerlebnis-Wettbewerb die Schiedsrichter-Rolle heftigst ablehnen. Noch dazu, wenn ich an die Inland-See (Seite 155) denke.

Kamakura: Bollwerk gegen die Mongolen

Rund 50 Kilometer südlich von Tokio, direkt am Meer und auf drei Seiten in grüne Berge eingebettet, liegt Kamakura. Die Stadt erlebte mehrmals Bedeutung und Bedeutungslosigkeit in rascher Folge: Zuerst ein unbedeutendes Fischerdorf, wurde der Ort von 1192 bis 1333 Regierungssitz der Schogune, militant orientierter Herrscher, die für lange Zeit das japanische Kaisergeschlecht aus der Machtstellung verdrängten.
Nach einer Zwischenphase, in der Kamakura nur noch Hauptstadt des östlichen Japans war, fiel die Stadt in ihren Dornröschenschlaf zurück, war Kamakura wieder nicht mehr als ein unbekannter Fischerhafen. Bis die Touristen in der neuen Zeit den kulturhistorischen Wert dieser Stadt an der Japanischen Riviera entdeckten.
Kamakura ist ein wichtiger Teil der japanischen Geschichte, nicht selten mit Blut geschrieben. Von den fremden Mächten mußten zuerst die Mongolen die Furchtlosigkeit der Japaner erfahren. In *Katase,* sieben Kilometer von Kamakura entfernt, ließ der Mongolenherrscher Kublai Khan im Jahre 1274 seine Gesandten landen. Selbstherrlich forderten sie Tribut, sonst. . . Die zu dieser Zeit herrschende Hajo-Familie ließ die Mongolen kurzerhand enthaupten. Damit war dem Mongolenfürsten für sieben Jahre der Schneid abgekauft. Dann, im Jahre 1281, griffen die Mongolen wieder an. Sie kamen nur langsam vorwärts. Die Götter schickten Taifune und vernichteten den größten Teil der mongolischen Flotte. Das war das Ende der Invasion.
Der interne Kampf um die Vorherrschaft in Japan führte zu mehreren blutigen Aufständen und Kriegen, die Kamakura mehrmals zerstörten. Auch in den Tempelanlagen finden sich heute noch Erinnerungen an die blutigen Ereignisse.
Im *Tsurugaoka-Hachimangu-Schrein* steht ein 22 Meter hoher Gingko-

Baum. In seinem Schatten wurde Sanetomo, der dritte Kamakura-Schogun, von seinem Neffen ermordet.
Der *Kamakuragu-Schrein* ist dem Prinzen Morinaga geweiht. Er hatte versucht, die Schogune zu vertreiben, die Macht der Kaiserfamilie wiederherzustellen. An der Stelle, wo heute der Schrein steht, wurde der Prinz hingerichtet. Der Todestag, der 20. August, wird immer noch gefeiert.
Am 12. September wird außerhalb von Kamakura, in Katase, das *Tempelfest Oeshiki* zelebriert — weil einmal kein Blut floß. An der Stelle des heutigen Ryukoji-Tempels sollte Nichiren, der Gründer der gleichnamigen Buddhisten-Sekte, im Jahre 1271 enthauptet werden. Doch ehe es zum tödlichen Schlag kam, zerbrach das Schwert des Scharfrichters.
Ohne blutrünstige Hintergründe steht in Kamakura noch eine ganze Reihe wertvoller Tempel und Schreine. Drei weitere Orte sollten besucht werden, und sei die Zeit auch noch so kurz.

- Der *Kenchoji-Tempel,* mitten in einem alten Zedernwald. Hinter diesem sehr bedeutenden Zen-Tempel stehen vier wuchtige Wacholderbäume, die mehr als 13 Meter hoch sind und einen Umfang von sechs Metern haben. Die Bäume sollen um 1300 von dem chinesischen Priester Tao Lung, der vor den Mongolen flüchtete, nach Kamakura gebracht worden sein.
- Der *Engakuji-Tempel,* eingebettet in ein romantisches Tälchen, gehört ebenso zu Japans bedeutendsten Zen-Kultstätten. Ein Hauptanziehungspunkt, versteckt hinter dichten Föhren und Zedern, ist die 1301 gegossene Bronzeglocke; sie ist 2,60 Meter hoch und hat einen Durchmesser von rund 1,40 Meter.
- Ein Meisterstück, das den hohen künstlerischen Stand der Kamakura-Zeit zeigt, ist *Daibutsu,* der Große Buddha. Der sitzende Amida Buddha, eine im Jahre 1252 gegossene Bronze-Figur, ist 11,40 Meter hoch und wiegt mehr als 100 Tonnen. Es lohnt sich, vor dem meditierenden Amida ein paar Augenblicke zu verharren. Man muß nicht Anhänger des Shintoismus sein, um die Ruhe und den Frieden zu spüren, die von der Figur im *Kotokuin-Tempel* von Kamakura ausgehen.

Fuji: Individuelles Erlebnis trotz Massen-Andrang

Würden Sie Pisa besuchen, ohne dem Schiefen Turm mit einer Besichtigung gehuldigt zu haben? Wäre es Ihnen gleichgültig, Paris zu kennen, aber nicht den Arc de Triomphe? Hätten Sie den Mut, in der indischen Stadt Agra einen Bekannten zu besuchen und daheim zuzugeben, daß Sie für das Taj Mahal keine Zeit hatten?
Wer dreimal mit »ja« antwortet, kann ohne Gewissensbisse die Strecke Frankfurt — Tokio — Frankfurt flott durchjetten. Wer dreimal sein »Nein« gesteht, hat nun einmal die Pflicht und Schuldigkeit, den schönsten Vulkangipfel der Welt zu besuchen. Als einer von vielen Millionen Besuchern. Denn wer so schön ist, gibt keine Privataudienz.

Im Juli und August kann es schon lästig sein, wenn man sich vorgenommen hat, den Gipfel des Fuji zu besteigen. Auf allen sechs Pfaden, die es von den am Fuße des Berges liegenden Orten aus gibt, wimmelt es von Touristen und Pilgern, als hätten die Geschäftsleute der Frankfurter Zeil mit Totalausverkauf geworben.

Wer es ernst meint mit der Besteigung, sollte sich vorher genau erkundigen. Morgens rauf und abends herunter — das ist ein Rekord, für den es keine Urkunde gibt. Je nach Konstitution dauert der Aufstieg sechs bis neun Stunden. In zehn Raststätten mit Betten und Küche weiß man sowieso, daß den meisten Fuji-Wanderern zwischendurch die Luft und die Lust ausgehen.

Außerdem, wenn schon die weite Reise, warum sollte die Zeit nicht für das einmalige und unvergeßliche Sonnenaufgangs-Erlebnis reichen? Auch wenn Millionen schon den Genuß hatten, es bleibt für jeden Einzelnen sein ganz individuelles Naturereignis. Und man ist danach bereit, über das Postamt mit Gipfel-Sonderstempel-Service einfach zu lächeln. So etwas gibt es eben. Ich habe auch ganz einfach gelächelt — und den Sonderstempel ließ ich mir nur deshalb auf einen Briefumschlag drücken, weil mein Sohn Philatelist ist. Ich selbst, schitsurei, ich hätte auf den Gang zum jubinkjoku verzichten können, sajonara.

Haben Sie sich zu einem Aufstieg entschlossen, dann vergessen Sie um Omikawi willen nicht die Strohsandalen. Es gibt auch oben einzelne Paare, aber zu horrenden Preisen. Im Tal ist der Schuhschutz billiger: Schuhschutz für Ihre Talfahrt. Das verhält sich so: Der ganze Berg ist mit Lavaasche bedeckt. Auf dieser Asche kann man rutschen, doch die feinen Partikelchen sind wiederum so hart und scharf, daß sie aus Ledersohlen feinst gehackten Ledersalat machen würden. Deshalb Strohsandalen.

Wenn das Naturerlebnis dann so richtig gegriffen hat und noch Zeit zur Verfügung steht, bietet der *Fuji-Hakone-Izu-Nationalpark* ein Schauspiel nach dem anderen. Zum Berg Fuji (»yama« heißt Berg) gehören auch seine fünf Seen, jeder mit seinem ganz speziellen Adjektiv ausgestattet.

Kawaguchi, der schönste Fuji-See. Tip für Fotografen: Vom Nordufer aus spiegelt sich der heilige Berg in seiner vollen Statur im Wasser.

Saiko, der geheimnisvollste. Er liegt im tiefen Wald, wird selten besucht, und die Fledermäuse in der benachbarten *Narusawa-Höhle* haben einen behaarten Kopf, der wie eine Chrysanthemenblüte aussieht. Gut zu der bizarren Stimmung passen die seltsam geformten Lavafelsen.

Shoji, der romantischste der fünf Seen. Diese Bezeichnung ist natürlich rein subjektiv. Doch bei der Vielfalt an Landschaft rund um die kleine Wasserfläche, bei dieser harmonischen Gestaltung durch die Hand der Natur — wie gäbe es hier einen besseren Ausdruck für das Gefühl, einen unwirklichen Landschafts-Traum zu erleben?

Motosu, der tiefste Fuji-See, soll bis zum Grund knapp 140 Meter messen. Das tiefblaue Wasser friert auch im härtesten Winter nicht zu.

Yamanaka ist mit 6,5 qkm der größte See am Fuße des Fuji. Wobei »am Fuße« immerhin 830 Meter Höhe bedeutet.

Wer Fuji sagt, muß auch *Hakone* sagen. Dies ist zwar kein japanisches Sprichwort, aber ein fast logischer Zwang. Dieses vulkanische Gebiet, das ein paar Dutzend Grün-Schattierungen bietet, durch graublaues Vulkangestein den Dampf heißer Quellen treibt und für die Ohren die rauschenden Melodien seewärts strebender Bäche bietet, diese Landschaft hat kaum Vergleichbares auf der Welt. Zu Hakone gehört das »Tal des großen Kochens« *(Owakudani)* und der *Ashi-See,* von dem viele Japaner behaupten, er sei der schönste See in Asien. Auf der Fahrt entlang der elf Kilometer langen Panoramastraße »Ashi-noko-Skyline« fallen einem dann auch keine Argumente mehr ein, diesem Superlativ zu widersprechen.
Nach dem Schneeball-System müßten wir jetzt sagen: Wer Hakone sagt, muß auch *Izu* sagen. Diese Halbinsel mit ihren Bergen und Seen verdient die anderthalb Millionen Gäste, die jährlich hier Erholung und Zerstreuung suchen. Das *Thermalbad Atami* ist sehenswert, und erstaunlich ist die Tatsache, daß hier fast 400 Hotels stehen. Jedes mit direktem Anschluß an die Thermalquellen.
Krönender Abschluß eines Izu-Besuches wäre eine Fahrt zum wildzerklüfteten, galaktisch anmutenden *Iro-Kap.* Wenn ich nach den eindrucksvollsten Landschaften gefragt werde — eine blödsinnige Frage, die eigentlich nicht gestellt werden sollte, weil sie nicht beantwortet werden kann — immerhin, das Iro-Kap fällt mir bei solchen Gelegenheiten immer wieder ein.

Die Inland-See: Ein Landschaftsrausch

Vulkanische Tätigkeit hat seit vielen hunderttausend Jahren die japanischen Inseln emporgehoben und wieder in die Tiefe gedrückt. Was heute Japanisches Meer genannt wird, war in grauer Vorzeit, als Japan und das asiatische Festland noch zusammenhingen, ein Binnenmeer.
Dann versank viel Land in den Fluten östlich des heutigen Korea, und die japanischen Inseln blieben mitten im Meer zurück. Zu dieser Zeit versank auch ein Stück Japan im Südteil Nippons: die heutige Inlandsee.
Doch rund 600 pinienbedeckte Höhen widerstanden dem Sog in die Tiefe und bilden heute ein Stück Landschaft in der Inland-See, die schlichtweg unbeschreiblich schön ist: Die *Setonai-kai,* wie die Japaner ihre allerschönste Landschaft nennen, wird nur dem wahrhaftig präsent, der sie persönlich besucht. Dabei wäre es unbedingt anzuraten, eine Schiffs-Rundfahrt zu buchen oder gar einen Flug mit den niedrigfliegenden Maschinen der japanischen Binnenluftfahrt-Gesellschaft.
In dieser wohl romantischsten Landschaft Ostasiens erlebt man vielleicht zum erstenmal das Gefühl, allein genießen zu können und zu wollen. Hier, wo smaragdgrünes Wasser, zerfetzte Kiefernhaine, bizarre Basaltfelsen und dampfende Quellen in einem gewaltigen Farbenrausch die Sinne betäuben, hier stört schon das geflüsterte »Schau doch«. Diese Pracht muß jeder Einzelne selber verkraften — und sei es, indem ihm die Tränen den kaum zu ertragenden Rausch barmherzig vernebeln.

Gleichgültig, in welchem Hafen der Inseln Kyushu, Shikoku oder dem südlichen Teil der Hauptinsel Honshu die Rundfahrt beginnt, diese gewaltige Landschaft vertreibt alle Gedanken an Termine, an Einkauf, an Essen und Trinken — und leider läßt die Inland-See auch vergessen, daß Touristen selbst vom schönsten Ort aus immer wieder zurückreisen müssen, nach Hause.

Geschichte in Kürze

100 v. Chr.	Einwanderer von der Insel Kiushu gründen das Jamato-Reich. Die Ureinwohner, die Ainu, werden nach Norden abgedrängt.
360	Ausdehnung der Macht nach Korea.
5. Jahrh.	Koreanische Gelehrte führen die chinesische Schrift ein.
6. Jahrh.	Buddhismus und Schintoismus verbinden sich.
663	Japan zieht sich aus Südkorea zurück.
7. Jahrh.	Prinz Schotoku regiert nach chinesischem Muster.
645	Gründung des Beamtenstaates mit dem Tenno an der Spitze.
784—1192	Heian-Zeit. Feudaladel. Entstehung des Militäradels der Samurai.
1192—1336	Kamakura-Zeit. Blüte der Kriegsliteratur, der Bildhauerei und der Malerei. 1247 und 1281 Abwehr mongolischer Angriffe.
1336	Entmachtung des Tenno durch den Schogun Aschikaga Takandschi.
1336—1568	Aschikaga-Zeit. Theaterliteratur.
1493—1568	Verfall der Zentralgewalt.
1568—1603	Wiederherstellung der inneren Einheit.
1603—1868	Tokugawa-Zeit. Hauptstadt Edo (heute Tokio). Geldwirtschaft, Bürgertum.
1836	Verbot der christlichen Religion. Abschließung des Reiches nach außen.
1853—54	Öffnung des Landes durch den amerikanischen Commodore Perry.
1867	Abdankung des letzten Schoguns.
1868—1912	Meidschu-Periode. Abschaffung des Feudalismus. Übernahme europäischer Verfassung und Industrie.
1894—95	Chinesisch-japanischer Krieg. Erwerbung Formosas und der Pescadores.
1904—05	Japanisch-russischer Krieg: Gewinn von Südsachalin, Port Arthur, Korea und der Südmandschurei.
1914	Eintritt in den 1. Weltkrieg auf der Seite der Alliierten.
1919	Versailler Vertrag: Kiautschou (bis dahin deutsches Schutzgebiet) wird von Japan übernommen, ebenso die ehemaligen deutschen Südseeinseln.
1931	Japan besetzt die ganze Mandschurei.
1937—45	Chinesisch-japanischer Krieg.
1941	Eintritt in den II. Weltkrieg mit dem Überfall auf Pearl Harbor.
1945	Kapitulation am 2. September.
1951	Friedensvertrag mit 49 Staaten, nicht mit der UdSSR und China. Alle seit 1854 erworbenen Gebiete müssen zurückgegeben werden.
1956	Friedensvertrag mit der UdSSR.
1972	Aufnahme diplomatischer Beziehungen mit China.

KOREA

Dähan-Minkuk · Han Kook

(siehe Karte Seite 134)

Gleichgültig, wo man in Korea fährt oder geht, Berge gibt es überall zu sehen. Dazwischen Hügel mit kleinen Wäldchen, vorwiegend aber mit Gras und Buschwerk; Weiden, Pappeln und Birken am Rande der Flüßchen. Die Form der Hügel ist eigenartig und etwas fremd; an ihr ist der Unterschied zu deutschen Mittelgebirgen am deutlichsten zu erkennen — und an den seltsamen Erhebungen, die über das ganze Land verstreut sind, aussehen wie ein Strohhaufen mit Wall, oder eine rundgebaute Miete. Immer wieder der halbrunde Wall, in seiner Mitte ein kleiner Kegel. Es sind Gräber. Die Koreaner werden mitten in der Landschaft, mitten an einem sanften Hang, in einer Waldlichtung, rund um einen einsamen Baum, begraben. Die Toten beleben die Landschaft.

Ausflüge ins Land

Touristen, die in *Pusan* landen, werden diese Landschaft erleben, wenn sie nach Norden fahren, nach *Kyongju, nach Taegu,* nach *Taejon.* Pusan selbst, Südkoreas zweitgrößte Stadt und wichtigster Hafen, bietet für fremde Reisende nicht besonders viel, es sei denn, daß die typische und übliche Hafen-Atmosphäre reizt. Für Einkäufe eignet sich das Viertel Kwangbokdong, Unterhaltung und Amusement gibt es im Nampo-dong. Sehr eindrucksvoll ist der UN-Friedhof auf der Halbinsel Yongdang-dong, auf dem knapp 2 300 Soldaten aus 16 Nationen begraben liegen.
Ausflüge führen in den Kurort *Tongnae* mit den seit tausend Jahren bekannten Heilquellen. In der Nähe von Tongnae liegt das *Kloster Pomo-sa,* von dessen ursprünglich 360 Gebäuden noch sehr viele erhalten sind. Die meisten stammen aus dem 16. Jahrhundert. Die vielen Tempel, zusammen mit großartigen Ausblicken auf die Täler und Hügel der Umgebung, sind häufig auf koreanischen Zeichnungen zu finden.
Hier und auch an anderen Wallfahrtsorten fällt auf, daß die schönsten Klöster und Tempel Koreas sehr abgeschieden liegen. Der Grund liegt darin, daß die Buddhisten während der Yi-Dynastie, gefördert von den konfuzianischen Beamten, um 1472 alle großen Städte verlassen mußten. So konnten sie sich in aller Ruhe, fern von Kriegen und Industrialisierung, ihrer Religion und ihren Tempeln widmen.
Ein weiterer schöner Ausflug führt zu den Tempeln *Yongjong-sa* und *Tongdo-sa,* etwa 30 bis 40 Kilometer nördlich von Pusan. Tongdo-sa ist der Koreaner wichtigstes Pilgerziel. Das Kloster, ein beherrschender Gebäudekomplex mit 45 Einsiedeleien und Tempeln in der Umgebung, liegt sehr male-

risch in einem bewaldeten Flußtal. Die steinerne Pagode aus dem 8. Jahrhundert, der große Trommelturm und vor allem die Reliquien Buddhas, die im Jahre 646 der Mönch Jajang aus China mitbrachte, ziehen aus dem ganzen Lande koreanische Pilger an.

70 Kilometer nördlich von Pusan schließlich liegt Koreas touristische Hauptattraktion: *Kyongju,* von 313 bis 939 Hauptstadt der Silla-Könige, damals eine Stadt mit einer Million Einwohner und einer Mauer mit 20 Toren. Heute ist die Stadt Kyongju ein verschlafenes Nest, aber seine historischen Reste lohnen eine weite Reise. Sie liegen allerdings so weit auseinander, daß ihr Besuch ohne Fahrzeug nicht zu bewältigen ist. Mit dem Auto kann man an einem Tag einen oberflächlichen Überblick gewinnen. Vielen reicht das. Andere Besucher, die mehr über Koreas Geschichte erfahren wollen, bleiben mindestens drei Tage, um die Harmonie des schönen Tals aufzuspüren und derart eingestimmt den Spuren des Silla-Reiches zu folgen.

In der heutigen Stadt ist das *Nationalmuseum* als Ausgangspunkt oder für den Abschluß der Besichtigung zu empfehlen. Dort ist unter anderem das »fliegende Pferd« zu sehen, das älteste Bild Koreas. Ebenfalls im Bereich der Stadt liegt *Chomsong-dae,* das älteste Observatorium der Welt, ein knapp zehn Meter hoher Turm aus Stein, dessen einziger Eingang in etwa fünf Meter Höhe liegt.

In den Außenbezirken faszinieren die runden *Königsgräber;* das gewaltigste ist 21 Meter hoch und hat einen Durchmesser von 85 Meter. 50 Königsgräber sind erhalten, die berühmtesten: Grab des Generals Kim Yu Sin und Grab des Königs Myol, sowie die Grabanlage Omung.

In der Nähe des ausgedehnten Freiluftmuseums sollte der älteste noch stehende Buddha-Tempel Koreas besichtigt werden: *Bulkuk-sa.* Er liegt am *Toham-Berg,* rund 16 Kilometer südöstlich von Kyongju. Eine gelungene Mischung mächtiger Steinkonstruktionen mit eleganten Pagoden, aufgelockert durch leuchtende Farben und verspielte Brücken.

Am Toham-Berg liegt außerdem die *Sokguram-Grotte,* die vor allem bei Sonnenaufgang wirkt: Die Sonnenstrahlen fallen direkt auf das Gesicht einer Buddha-Statue aus weißem Granit. Sokguram (auch *Sokkulam*) soll die schönste Höhle Ostasiens sein, mit einem großartigen Blick auf das Meer.

Das Tal des *Naktong*-Flusses gilt als klimatisch günstigste Gegend Koreas. Zwei Reisernten sind jährlich möglich, aber auch Soja, Baumwolle, Tabak und Getreide — neuerdings sogar Wein — gedeihen hier prächtig. Nicht zu vergessen die köstlichen Äpfel, die fast nur in diesem Tal großartig und zahlreich wachsen.

Der weitaus größte Teil des Naktong liegt in der Provinz Kyongsangbukto, deren Hauptstadt *Taegu* mit rund 1,2 Millionen Einwohnern Koreas drittgrößte Stadt ist (etwa 300 Kilometer südlich von Seoul, 130 Kilometer nordwestlich von Pusan). Der Grund, daß so viele Besucher in diese Gegend kommen, liegt im Kaya-Gebirge: der *Haein-Tempel.* Seine Gebäude, die Tempel, Tore, Höfe und Gärten, die über die Berge verstreuten Einsiedeleien machen auch den weniger Interessierten neugierig, in welcher glücklichen Zeit eine solche Anlage entstanden sein mochte. Das Wesentliche des heute noch existierenden Komplexes stand schon im Jahre 802, Höhepunkt der Macht der Silla-Könige.

Haben Koreaner den Buchdruck erfunden?

Gerade auf deutsche Besucher übt die große Bücherei große Anziehungskraft aus. Hier sind Druckplatten aufbewahrt: mehr als 80 000 handgeschnitzte Holzplatten. Es sind 160 000 Seiten der »Triptika Koreana«, der heiligen Schrift der koreanischen Buddhisten. Das Werk wurde zwischen 1236 und 1252 geschnitzt.
Bei deutschen Besuchern beginnt an dieser Stelle fast regelmäßig eine Diskussion, gezeichnet von einer gewissen Betroffenheit: Wieso? Die Buchdruck-Kunst stammt doch aus Deutschland. Das war doch unser Gutenberg. Kein Grund zur Beunruhigung, beides ist richtig: Die Koreaner haben in sehr früher Zeit die größte Holzplatten-Druck-Bibliothek geschnitzt, und Gutenberg, alias Johannes Gensfleisch, hat um 1450 die ersten aus Metall gegossenen Lettern, die immer wieder in anderen Kombinationen verwendbar sind, erfunden.

Eine aufregende Insel

Ganz im Süden des Landes liegt eine Überraschung, die man in dem klimatisch fast mit Deutschland vergleichbaren Land nicht vermutet: *Cheju,* die Insel mit dem subtropischen Klima. Von Basaltmauern umsäumte Orangenhaine und Felder zeichnen eine Landschaft, die gelegentlich an Irland oder an Menorca erinnert. In einem vom vulkanischen Ursprung geprägten *Nationalpark* posiert der *Mount Halla,* Südkoreas höchster Berg mit 1 950 Meter.
Doch die Insel birgt auch andere Schätze für mancherlei Interessen: 25 *Menhire* aus der Jüngeren Steinzeit und 55 *Dolmen* gibt es in der Umgebung der Stadt Cheju. Eine Besichtigung wert sind auch einige Höhlen: die *Samsong-Höhle;* die Höhle der drei Familiennamen Ko, Po und Yang, der Legende nach die Begründer des koreanischen Volkes: *Hyopjae* ist eine 150 Meter tiefe Stalaktitenhöhle mit einer Mineralquelle; in der *Manjang-Höhle* sind sieben interessante unterirdische Kilometer begehbar; die *Kumyong-Schlangenhöhle,* bizarr und sagenumwoben, läßt prickelnde Gänsehaut auf dem Rücken blühen. Schließlich muß der *Chonjeyon-Wasserfall* besichtigt werden, er liegt in dem reizvollen Andok-Tal und gilt als Koreas »Niagara«.
Bei der Aufzählung der Besonderheiten auf Cheju dürfen natürlich die »See-Frauen«, die »haenyo«, nicht fehlen. Diese Taucherinnen holen Muscheln und Algen aus den Tiefen des Meeres, bei jeder Temperatur, auch

im Winter. Durch entsprechendes Training schaffen sie es, jeweils bis zu zwei Minuten unter Wasser zu bleiben. Neuerdings werden natürlich auch moderne Tauchgeräte verwendet, um eine reichere Ernte zu gewährleisten.

Das Land in Stichworten

Geografische Lage: 32—38° nördlicher Breite, 126—130° östlicher Länge. Im Westen grenzt Korea ans Gelbe Meer, im Osten an die Japanische See und im Süden an die Straße von Tsushima.
Entfernung von Frankfurt nach Seoul 12 880 km.

Größe: 98 484 qkm. Ein Drittel von Italien.
Von einem von Norden nach Süden verlaufenden Gebirge durchzogen, das zur Ostküste hin steil abfällt, im Westen mit vorgelagertem Berg- und Hügelland. Süd- und Westküste sind stark gegliedert und inselreich.

Bevölkerung: 37 Mill. Einwohner, rund 50% städtisch. Fast ausschließlich Koreaner. Vorwiegend Buddhisten, dann Konfuzianer, etwa 1 Mill. Katholiken und 740 000 Protestanten.

Sprachen: Staatssprache Koreanisch, Handelssprache Englisch.

Hauptstadt: Seoul, 7 Mill. Einwohner.

Großstädte: Pusan 2,5 Mill.; Tägu 1,4 Mill. und Intschön 800 000.

Staatsform: Republik. Die größte politische Macht hat der Präsident.

Wirtschaft: Die wirtschaftliche Entwicklung macht zur Zeit einige Fortschritte, vor allem in der Industrie, nicht aber, wie erwünscht, auch in der Landwirtschaft. Reisanbau ist wichtig, die Küstenfischerei ebenfalls, nicht so sehr die Viehzucht. Wichtige Ausfuhrgüter: Industrieprodukte (vor allem Textilien) mit über 50%, Fische und Fischprodukte, Holz, Häute, Felle, Reis, Eisenerz, Wolfram, Grafit und Früchte.

Flora: 30% des Landes sind bewaldet.

Wichtiges von A bis Z

Ausweispapiere: Paß, Impfpaß.

Devisen: Ein- und Ausfuhr von Landeswährung verboten; Fremdwährung deklarationspflichtig. Es empfiehlt sich, US$-Reiseschecks mitzuführen.

Diplomatische Vertretungen: Deutsche Botschaft, Dae Han Building, Ninth Floor, 75 Sosu-Moon-Dong, POB International 12089, Seoul, Tel. 22-42 37; Österreichisches Honorarkonsulat, Ssang Yong Building, Sixteens Floor No. 24, 2 ka, Zuh dong Choong ku, Seoul, Tel. 26 65 50.

Einkäufe: Öffnungszeiten Mo.—Fr. 9—17 Uhr, Sa. 9—13 Uhr.
Seidenstoffe, schöne Keramik (Kleinkunst); Amethyst- und Topasschmuck, Lederwaren, Zinngefäße.

Essen und Trinken: Koreanisches Essen ist sehr schmackhaft, eine normale Mahlzeit besteht aus einer Suppe, Reis, Fisch oder Fleisch und scharf gewürztem, eingelegtem Gemüse (Kimchi). »Sinsolo« ist eine Art Eintopf aus Fleisch, Fisch, Eiern, Gemüse und Nüssen, »Kalbi« ist das Koreanische Spearrib. Grillhähnchen gibt es in speziellen Restaurants.
Lokale Rotweine schmecken recht gut. Aus Reis werden Wein (Makoli) und Schnaps (Sul) hergestellt, beide sind sehr stark. Koreanisches Bier ist sehr gut.

Feiertage: 1. bis 3. Januar, 1. März, 8. April, 5. Mai, 6. Juni, 15. August, 3. und 9. Oktober, 25. Dezember.

Geld: 1 Won (W) = 100 Chon; 1 DM = 0.45 Won

Impfungen: Pocken. Malariaschutz angeraten.

Klima: Kontinental mit harten, trockenen Wintern, im Schnitt bei minus 6 °C. Feucht-heiße Sommer mit durchschnittlich 25 °C. Regenperiode Juni/Juli mit geringen Niederschlägen. Oktober bis März Schneefall im südlichen Teil.

Beste Reisezeit April/Mai und September bis November.

Stromspannung: 220 V (amerikanischer Blattstecker), häufiger Stromausfall in ländlichen Bezirken.

Trinkgeld: Nicht üblich, wird aber meistens angenommen.

Trinkwasser: Vorsicht geboten vor allem auf dem Land.

Uhrzeit: MEZ + 8 Stunden. Wenn es in Frankfurt 12 Uhr ist, ist es in Südkorea 20 Uhr.

Verkehr: Linienflüge nach Seoul (Flughafen Kimpo International, 26 km zur Stadt, Transfer zum KAL-Stadtbüro) täglich direkt ab Frankfurt, sonst auch via Bangkok oder Tokio.

Sehr gute Flugverbindungen zwischen den wichtigen Ortschaften, z.B. Seoul-Pusan 7mal täglich 1 Stunde ca. 40 Mark.

Eisenbahnverbindungen tagsüber mit Aussichts- und Speisewagen, nachts mit Schlafwagen.

Überlandbusse von Seoul aus in alle Richtungen. Zwischen den Hauptorten allgemein gute Straßenverbindungen, zum Teil nicht asphaltiert.

Zollvorschriften: Persönliches Reisegut frei; 200 Zigaretten oder 50 Zigarren oder 450 g Tabak (1 lb). Die Einfuhr von Waffen, Munition, Narkotika, Stoffen und pornografischem Material ist streng verboten.

Abenteuer eines Alphabets

Um Korea haben sich in Jahrhunderten China und Japan immer wieder gestritten. Das Wissen von der Eigenständigkeit des koreanischen Volkes ist vielleicht aus diesem Grunde selten in voller Wahrheit nach Westen gedrungen.

Doch die Koreaner sind ein Volk mit eigener Kultur, Sprache — und Schrift! Der ursprünglich ural-altaische Stamm wanderte im 10. Jahrhundert v. Chr. aus der Mongolei auf der Halbinsel ein. Die Sprache ist verwandt mit Türkisch, Finnisch und Ungarisch.

Der überaus starke Einfluß Chinas regulierte vieles im Leben des alten Korea. So war auch die erste eingeführte Schrift die chinesische, eine Schrift für die gehobene Schicht, nicht für das Volk. Eine Elite bildete sich heraus, Studenten unterhielten sich, lasen und schrieben in Chinesisch, unverständlich für die Bauern, Fischer und Handwerker.

Erst König Sejong der Große (1397—1450) hielt es für bedauerlich, daß der größte Teil seines Volkes von der Literatur ferngehalten war: »Da unsere Sprache in ihrem Klang sich vom Chinesischen unterscheidet, ist es vielen Ungebildeten nicht möglich, das niederzuschreiben, was sie ausdrücken wollen. Als mir dies klar wurde, habe ich mich voll um mein Volk gekümmert und erfand die 28 Buchstaben des Alphabets, das leicht von jedermann erlernt und angewandt werden kann«.

König Sejongs einfaches Alphabet, das am 25. Dezember 1443 offiziell eingeführt wurde, richtete sich in der Zeichnung der Buchstaben vorwiegend nach der Stellung von Lippen, Zähnen und Zunge: »Hangul« war erfunden und setzte sich schnell gegen den Widerstand der geistigen Elite durch. Innerhalb von 100 Jahren war *Hangul* für jeden Koreaner eine Selbstverständlichkeit.

Doch dann nutzten sie ihre Schriftkenntnis auch, um Proteste und Wünsche dem König schriftlich mitzuteilen. Damit aber kam auf König Yan Sankun zu viel Arbeit zu. So verbot er die Benutzung des Alphabets, um Ruhe zu haben. Inoffiziell wurde Hangul natürlich weiter genutzt, doch 1592 eroberten die Japaner Korea und verboten die Benutzung des koreanischen Alphabets bei Todesstrafe.
Als die Mandschuren die Japaner vertrieben, wurde Hangul wieder erlaubt, doch die verwirrten und erschreckten Koreaner hielten sich mit ihren Kenntnissen zurück. Mehr und mehr setzte sich die chinesisch-schreibende Elite wieder durch. Eifrige christliche Missionare nutzten dann das einfache Alphabet des Sejong, um den Koreanern die Bibel nahezubringen. Das Volk lernte zum zweiten Mal, sich schriftlich zu verständigen. Bis zum Jahre 1898, als Japan wieder die Halbinsel eroberte und den Koreanern erzählte, daß Japaner und Koreaner ein Volk mit einer Kultur und einer Sprache und Schrift seien.
Das war auch der koreanischen Elite zuviel. Hangul wurde die Geheimsprache und -schrift eines Volkes, das die Freiheit wollte — und nach langer Unterdrückung schließlich auch erreichte.
Hat sich Hangul am Ende des 20. Jahrhunderts durchgesetzt? Mehr als 500 Jahre nach König Sejongs Verbeugung vor dem Volk? Jein! In der Schule werden chinesische und »hangulische« Buchstaben gelehrt. Für Veröffentlichungen, in Zeitungen und Magazinen beispielsweise, sind von den 50 000 möglichen chinesischen Schriftsymbolen nur 1 600 erlaubt. Der Erfolg ist eine Mischung aus Hangul und Chinesisch.
Kuriosum aus jüngster Zeit: Das »Institut für koreanische Sprache«, naturgemäß ein Hangul-Verfechter, veröffentlicht seine Appelle, Hangul durch Gesetz als einzig zulässig einzuführen, . . . in einer Mischung aus Hangul und Chinesisch.

Seoul: Schicksal eines Granit-Tores

Vor dem *Kyongbok-Palast* stand eine Schlange japanischer Touristen. Im Zehn-Sekunden-Rhythmus rückten sie um eine Manneslänge weiter. Am Kopfende klickte es alle zehn Sekunden. Motiv: der Palast, davor eine Koreanerin und ein Nippon-Tourist im Folklore-Gewand.
Wir wunderten uns über die Schnelligkeit, mit der die Besucher das Kostüm wechselten. Dann endlich standen wir vor einem vielleicht einmaligen Touristen-Fotografier-und Souvenir-Service, der sich in zehn Sekunden leider nicht niederschreiben läßt: Die junge Koreaner-Maid im gelben Kostüm aus der Silla-Dynastie steht, so lange die Schlange sich windet, auf ihrem Stammplatz. Neben ihr die Garderobiere, ein grünes Kostüm in den Händen, geöffnet in Richtung zur Schlange. Der nächste Japaner aus der Schlange rennt los, rammt seine Hände und Arme in die ihm präsentierten Armlöcher, wird von der Garderobenfrau umgedreht, sie rafft das Kostüm hinten zusammen, hält beide Enden und verschwindet gebückt hinter dem

Die Koreaner suchen einen eigenen Weg zwischen geschichtlicher Tradition, moderner Technologie, und einer Art von Demokratie

jetzt perfekt kostümierten Japaner, unsichtbar für die Kamera. Ein Kommando des Fotografen. . . Tourist und die gelbe Koreanerin grinsen. Klick. Der Tourist wird von der jetzt wieder aufrecht stehenden Garderobenfrau zurückgedreht, rückwärts gehend verläßt er das Kostüm. Die Garderobiere hält das grüne Kostüm geöffnet in Richtung Schlange. Der nächste Japaner. . .
Der Kyongbok-Palast selbst bietet weitere Motive, die von auserlesenem Geschmack der alten koreanischen Herrscher und ihrer Architekten zeugen. Gewissermaßen ein Symbol der ständigen Auflehnung gegen Fremdherrschaft, ist der Palast typisch koreanisch geblieben, obwohl er im Grundplan einer chinesischen Kaiserstadt (Mandala) nachempfunden wurde; der Palast ist imposant geblieben, obwohl die Japaner Teile der Gebäude und Gärten planierten, um neue Straßen zu bauen.
Das auf dem Areal des Kyongbok-Palastes stehende *Nationalmuseum* wurde 1972 eröffnet. Für einen Überblick über die koreanische Kunstgeschichte gibt es nichts Besseres.

Kommt das *Namdaemun,* das Südtor, bei der Fahrt durch *Seoul* nicht ohnehin zu Gesicht, muß es unbedingt aufgesucht werden. Eine kraftvolle Architektur: geschwungene Dächer, Mauern aus meterdickem Granit — nicht zu Unrecht ein oft verwendetes Symbol Südkoreas. Der Besucher Seouls wird aber zwangsläufig dieses Symbol mit der Umgebung ergänzen und vielleicht die echte Symbolik, einen Spiegel der Republik Korea, des in Deutschland als Südkorea bezeichneten Teils der ostasiatischen Halbinsel, erkennen.
Mußte es sein, das wuchtige Wahrzeichen einer starken koreanischen Kultur derart zu unterdrücken? Ein Tor, das früher Ende einer wilden Landschaft, Beginn einer städtischen Oase war, heute im verkehrschaotischen Zentrum Seouls, mit Allerwelts-Wolkenkratzern zu umgeben? Es tut fast fühlbar weh, diese Vergewaltigung durch Städtebau-Künstler so plastisch vor sich zu sehen. Das Südtor stemmt sich gegen diese brutale Gewalt, die keinen Kompromiß kredenzte, und beeindruckt trotzdem.
Glücklicherweise bietet die Hauptstadt der Republik zwischen verbauten Arealen und staubenden Baustellen recht viel an Sehenswürdigkeiten, die Erholung und Erbauung versprechen. In einer Ecke des *Geheimen Gartens* — ein Kunststück der koreanischen Gartenarchitektur — steht *Changdok,* der Palast der Yi-Dynastie, in dem bis 1965 die letzte koreanische Kaiserin lebte. Neben der baukünstlerischen Raffinesse, die auch Laien fast ohne Erklärung begeistert, sind manche geschichtlichen Daten symbolisch für Korea — und in diesem Teil der Welt fast einmalig: Im Chandok-Palast regierten insgesamt 13 Könige runde 300 Jahre lang.
Da Korea mehr zu bieten hat als seine wild bauende Hauptstadt, wird der Reisende bald die Umgebung besuchen. Man kann Seoul mit seinen guten Hotels als ständige Station wählen und wird trotzdem den größten Teil des Landes mit Tagesausflügen kennenlernen können.
Nur eine Expressbus-Stunde entfernt liegt beispielsweise *Suwon,* Koreas kunstvollste Festungsstadt. Sie konnte »kunstvoll« werden, weil sie in einer in diesem Landstrich seltenen, längeren Friedensperiode erbaut wurde.
Etwa 20 Kilometer südwärts von Suwon liegt das *Freiluftmuseum Yongin.* Hier wurde alte Handwerkskunst zu neuem Leben entfacht, hier werden Häuser, Höfe und Hütten des ganzen Landes konserviert für die Besucher aus aller Welt.
Im Westen von Seoul, im knapp 40 Kilometer entfernten *Inchon,* liegt der nach Pusan zweitwichtigste Hafen des Landes. Hier landete General McArthur am 15. September 1950 mit der Absicht, den Nordkoreanern die Leviten zu lesen. Heute ist Inchon Ziel der badefreudigen Städter aus Seoul, denn hier liegen die besten Badestrände der Umgebung, beispielsweise auf den Inselchen *Songdo* und *Palmido.*
Schließlich gehört *Panmunjom* zum Programm der Tagesausflüge ab Seoul. Panmunjom, der Ort, dessen Name uns vor Jahren während des Korea-Krieges mühelos von den Lippen ging, bietet heute mehr den Eindruck eines politischen Kasperletheaters. So wie es auch in anderen politisch geteilten Ländern vergleichbare Zirkusveranstaltungen gibt, die sich von zirzensi-

schen Darbietungen allerdings durch die Dauer unterscheiden. Denn nach Kriegen geschaffene Grenzen, gezogen mit dem Unterbau ideologischer Meinungen und Pläne, pro Seite von konträren Weltmächten unterstützt, das ergibt einen Zustand, der leicht hundert Jahre währt.
Vielleicht gehören der durch den 38. Breitengrad geteilte Verhandlungstisch, die schon fast zum Zeremoniell verfremdete Bewachung der »Staatsgrenze« und die regelmäßigen Scheinversuche politischer Vernunft auch noch im nächsten Jahrzehnt oder für mehrere Jahrzehnte zum touristischen Programm eines Landes, das im Tourismus noch ein Geheimtip ist.

Namen: Mehr Kim als deutsche Müller

»Kim«, so stellte sich unser Fremdenführer auf dem Flughafen vor. »Kim«, das war leicht zu merken. Wir waren unserem Guide im dunklen Anzug und passender Krawatte dankbar für den einfachen Namen. Es gibt schlimme, unausprechbare Namen in Fernost.
»Kim« organisierte wie ein Gott, er war ständig in Bewegung und schaffte es sogar, uns zwischendurch zu erzählen, daß Frau »Kim« ihm nach alter Väter-Sitte von der Mutter aufgeheiratet wurde.
Eines Nachmittags war »Kim« nicht zur Stelle. Dann wurden wir zum Telefon gerufen. »Hier Kim«. — »Wo bleiben Sie, Herr Kim, wir hatten uns doch mit dem Präsidenten verabredet«. — »Ach Sie meinen Ihren Guide Kim? Ich bin der Assistent Kim. Ihr Guide Kim ist unterwegs zu Ihnen. Ja, Sie sind mit dem Präsidenten Kim verabredet. Sagen Sie Kim, daß Kim angerufen hat, um ihm zu sagen, der Termin mit Präsident Kim sei um eine halbe Stunde verschoben.«
Ich legte den Hörer auf. Von der Stirn war Schweiß auf den Notizzettel getropft und machte die Notizen unleserlich. Nicht schlimm, ich hatte sowieso nur »Kim« notiert.
Dann kam »Kim«, unser Führer, durch die Drehtür. »Are you ready?« — »Ja, wir sind fertig; aber einen Moment, Mr. Kim, der Büro-Assistent Kim hat angerufen, Präsident Kim könne uns erst eine halbe Stunde später empfangen. Kommen Sie da klar?«
Kim kam klar. Dann sei noch Zeit für einen Kaffee, meinte er. Wir gingen in die Cafeteria. Ich mußte mich erholen. Doch schon machte ich Witze, als ich die Serviererin rief: »Kimm' mal riwer, hamse ein Kimmel?«
Die Koreanerin kam, um unsere Bestellung aufzunehmen. Ich schaute von ihrem Gesicht auf die Bluse. Da hing ihr Namensschild. »Kim« stand darauf. Ich stöhnte und verdrehte die Augen. Aber das »kimmerte« sie nicht. . .

Geschichte in Kürze

12. Jahrh. v. Chr. Erster koreanischer Staat Tschosön.

108 v. Chr. Eroberung durch die chinesische Han-Dynastie.

4. Jahrh. Der Staat Kogurjö im Norden des Landes befreit sich von China.

Im Süden werden die Staaten Paiktsche und Silla gegründet.

668 Silla eint mit chinesischer Hilfe die Halbinsel.

936 Nach erneuter Auflösung des Staatsgefüges: Einheit durch die Dynastie von Korjo, daher auch der Name Korea.

1231—32 Einfall der Mongolen.

1392—1910 Ji-Dynastie. Der Staat heißt jetzt Tschosön.

1592—98 Japanische Eroberungsversuche.

1640—1876 Abschließung nach außen.

1876 Gewaltsame Öffnung des Landes durch Japan.

1895 Beendigung des chinesisch-japanischen Krieges. China anerkennt die Unabhängigkeit Koreas.

1897 Proklamation zum Kaiserreich (Tähan) mit russischer Hilfe.

1905 Japan besiegt Rußland und errichtet ein japanisches Protektorat.

1910 Abdankung des koreanischen Kaisers. Korea wird ein japanisches Generalgouvernement.

1919 Japan unterdrückt nationalistische Unruhen.

1943 Die Alliierten beschließen die Wiederherstellung eines unabhängigen Korea.

1945 Besetzung Koreas durch sowjetische und US-Truppen, Teilung des Landes (am 38. Breitengrad) in zwei Besatzungszonen.

1948 Teilung des Landes in zwei Republiken. 1949 Abzug der US-Truppen.

1950—53 Koreakrieg.

1972 Abkommen mit Nordkorea, durch ständige Verhandlungen den Weg zur nationalen Einheit zu finden.

MACAO

Macau

(siehe Karte Seite 52)

Der Putz ist abgebröckelt. Es gibt keine reichen Kaufleute, keine Jesuitenpater und keine Negersklaven mehr in der portugiesischen Überseeprovinz Macao. An die gute, alte Zeit erinnern die Kopfsteinpflaster und ein paar sehenswerte Kirchen und Tempel.

Politik im Niemandsland

Viele Häuser und Paläste haben seit Jahren keine Farbe mehr gesehen. Doch man spürt und sieht noch, daß diese alte pockennarbige Dame einmal eine hübsche Frau gewesen ist. Seit den Aufständen in den Jahren 1966/67, als die Unruhen der chinesischen Kulturrevolution auf Macao überschwappten, bewegt sich die neue Geschichte und Politik dieses Fleckchens im Niemandsland. Die Politik wird zwischen Kanton und dem Gouverneur von Macao durch Vermittlung eines chinesischen Millionärs abgesprochen. Peking und Lissabon halten sich raus.
Der etwas vergammelte Eindruck der Stadt hebt jedoch die Stimmung, nimmt sich der Besucher Zeit, durch die Gassen zu schlendern: Vorbei an kleinen Küchen, ein Halt in einer Teestube mit süßen Kuchen, die nur Pfennige kosten, zwischen Trödel und Putten in den Antiquitäten-Läden stöbern, am Hafen sitzen und die untergehende Sonne verfolgen.
Kontrastprogramm: die Spielcasinos. Hier herrscht Nervosität, Spannung, die Einsätze sind hoch. Tagsüber spielen die Ehefrauen der Geschäftsleute aus Hongkong. Sie machen schnell einen Abstecher mit dem Tragflächenboot. Am Abend sind sie wieder zurück und servieren dem Gemahl das Dinner, als sei nichts gewesen. Oder der Geschäftsmann hat bereits das Dienstmädchen informiert, er könne nicht kommen, dringendes Geschäftsgespräch in Macao. . .
Die Spielbanken bringen der kleinen Provinz viel Geld. Wer lieber sein Geld auf Pferde setzt, für den wurde auf der Insel *Taipa* eine Trabrennbahn gebaut. Und der kleine Mann riskiert ein paar Macao-Dollar im *Jai-Alai-Stadion* beim schnellsten Ballspiel der Welt, dem Pelota.
Wenn auf der Insel Coloane die geplanten Strandhotels gebaut sind, wird Macao ganz sicher auch Touristen bekommen, die nicht nur Stippvisiten machen.

Die Provinz in Stichworten

Geografische Lage: 22° nördl. Breite und 113° östl. Länge. An der Südküste des chinesischen Festlandes.

Größe: Stadtgebiet Macao 6 qkm, Insel Coloane 6,6 qkm, Insel Taipa 3,5 qkm.

Bevölkerung: Etwa 280 000 Einwohner. 98% sind Chinesen, etwa 8 000 Portugiesen und Mischlinge, sogenannte Maccinese.

Sprachen: Amtssprache ist Portugiesisch und Chinesisch.

Wirtschaft: Fremdenverkehr (Spielbanken) als Haupteinnahmequelle. Hochseefischerei. Produktion von Feuerwerkskörpern, Plastikwaren, Textilien, Schuhen und optischen Artikeln.

Ausweispapiere: Paß. Visum in Hongkong am Hafen erhältlich.

Geld: 1 Pataca (Pat.) = 100 Avos; 1 DM = 3 Pataca

Klima: Beste Reisezeit September bis Anfang Dezember.

Stromspannung: 220 Volt.

Verkehr: Es gibt nur Hubschrauber- und Bootsverbindungen mit Hongkong, Linienflüge nach Hongkong siehe dort.

Auch das ist sehenswert

MACAO: Stadt und fernöstliche Provinz Portugals bestehen aus einer vier Kilometer langen Halbinsel und den mit dem Festland durch einen Damm verbundenen Inseln *Taipa* und *Coloane.* Zwei Tempel sind vor allem sehenswert: Der *Kun-Yam-Tempel,* der buddhistischen Göttin der Barmherzigkeit gewidmet, und *Ma Kok Miu* mit 400 Jahre alten schönen Altären. Dieser Tempel wurde zu Ehren der Göttin A Ma gebaut und gab der Stadt den Namen: »Hafen der A Ma« hieß auf portugiesisch »A Ma Gao«, daraus wurde dann Macao.

Das Wahrzeichen der Stadt aber ist die *Basilika de Sao Paulo,* genauer: Es ist nur noch die nicht weniger eindrucksvolle Fassade, die 1835 einem Taifun und einer nachfolgenden Feuersbrunst standhielt.

Museumsbesuchern ist das *Museu Luis de Camoes* zu empfehlen, eine reiche südostasiatische Kunstsammlung mit kunsthandwerklichen Gegenständen und wertvollen Stücken aus Tempeln und Kirchen.

Die Inseln *Taipa* und *Coloane* sind für Spaziergang, Picknick und Badevergnügen geeignet.

Attraktion für viele Touristen sind die Spielcasinos, Haupteinnahmequelle für die Stadt. Der *Macao Palace,* ein schwimmendes Casino, ist vor allem durch die chinesischen Fan-Tan-Spieler sehr reizvoll. Die zwei Casinos im *Casino-Hotel-Lisboa* gehören zu den größten der Welt.

Geschichte in Kürze

1557 Für die Hilfe im Kampf gegen die Piraten überläßt der chinesische Kaiser den Portugiesen den kleinen Hafen Macao.

bis 1842 bleibt Macao die einzige europäische Niederlassung in China.

1845 Macao wird Freihafen.

1887 China anerkennt Macao als portugiesische Kolonie »auf ewige Zeiten«.

1951 Macao wird Überseeprovinz Portugals.

1966 Unruhen der Chinesen in Macao führen zu Zugeständnissen gegenüber dem kommunistischen China. Doch der eigentliche Status Macaos bleibt unangetastet.

MALAYSIA

Persekutuan Tanah Malaysia

(siehe Karte Seite 52)

Malaysias Völkergemisch aus Malaien, Chinesen, Indern, Europäern, Eurasiern und anderen Minderheiten ist für Touristen von auffälligem Interesse. Auch die Religionsvielfalt verspricht einen Reichtum an sakralen Bauten und Zeremonien unterschiedlichster Art: Der Staatsreligion, dem Islam, gehören fast alle der 53 Prozent Malaien an. Die 35 Prozent Chinesen sind Buddhisten und Taoisten, die elf Prozent Inder vorwiegend Hindus. Auch das Christentum wird toleriert, genauso wie der Animismus der Ureinwohner, der Orang Asli.

Zwischen Demokratie und Verbot

Doch hinter dieser toleranten Struktur verbergen sich manche Schwierigkeiten, die der Besucher manchmal aus entsprechenden Antworten analysieren kann. Neben den Vereinigten Emiraten (Persischer Golf) ist der malaysische Staatenbund das einzige Wahlkönigreich der Welt. Damit ist die Eifersucht unter den einzelnen Bundesstaaten einigermaßen gezähmt, denn der Wahlkönig, der Yang di-Pertuan, wird aus dem Kreis der neun Sultane alle fünf Jahre neu gewählt.

Schwieriger ist es, die in der malaysischen Verfassung verankerten Rechte für alle Rassen und Religionen auch tatsächlich durchzusetzen. Politisches Interesse und gesellschafts- bzw. wirtschaftspolitische Tatsachen widersprechen sich bei genauerem Hinsehen.

Der Staat fördert die »Söhne des Bodens«, die Malaien. Deren Religion wird in der Staatsflagge durch den Halbmond demonstriert. Offizielle Sprache in Malaysia ist seit 1967 Malaiisch oder Bahasa Malaysia. Die andere Hälfte, vorwiegend Chinesen und Inder, hat ein ungutes Gefühl und Beweise einer anderen Behandlung: behördlicher Druck in allen Lebenslagen, die der Behörde bedürfen. Andererseits gestaltet gerade diese Hälfte einen Großteil des wirtschaftlichen Lebens. Was dem Touristen beispielsweise täglich begegnet: Chinesen sind Handwerker und Händler, Inder sind Geldwechsler und Händler, Malaien sind Bauern, Beamte und Händler.

Vielleicht hindert der aufkeimende Tourismus, daß in diesem, im asiatischen Raum sehr erfolgreichen Staat Auswüchse das freie Recht der Rassen und Religionen beeinträchtigen. Dem schönen und abwechslungsreichen Land wäre die nur unter Schwierigkeiten erreichbare Harmonie zu gönnen.

Demokratischer Absicht entspringende Ungereimtheiten sind übrigens täglich in der Presse zu verfolgen, eine interessante Übung — auch für erho-

lungsbedürftige Touristen. Diebstahl zum Beispiel wird häufiger — und für unsere Begriffe hart bestraft. Zwei Malaysier, die Zinnerz im Wert von 2 500 Mark stahlen, um »Chinese New Year« feiern zu können, wurden zu einem Jahr und neun Monaten Gefängnis verurteilt. In einem anderen Fall wurde ein Trisha-Fahrer (motorisiertes Dreirad für Personentransport) mit drei Jahren Gefängnis bestraft, weil er in das Haus eines Richters eingebrochen war und Gegenstände im Wert von rund 3 500 Mark entwendete. Die Justiz wehrt sich im Auftrage der Regierung mit harten Strafen gegen Bürger, die ihre Freiheit nutzen, indem sie Mitbürger schädigen.
Die Mitte zu finden, die Waage richtig zu balancieren, den Mut nicht zu verlieren, das sind die Aufgaben von Regierungen, die ihren demokratieungewohnten Bürgern die Demokratie erhalten wollen.
Mit westlichen Ratschlägen ist da auch wenig zu helfen.
Nehmen wir folgende Meldung in der »New Straits Times« aus dem Jahre 1979 und überlegen wir uns, daß andere Sitten auch anderes Demokratie-Verständnis mit sich bringen. Die Meldung in Kurzfassung: »Das Islamische Innenministerium von Seremban warnte rund 5 000 Arbeiter eines Industriekonzerns, daß die körperliche Liebe während der Arbeitszeit aufhören müsse. . .
Sexuelle Betätigung während der Arbeitszeit müsse als Zeit- und Geldverschwendung verurteilt werden. . .
Der Arbeitsplatz ist kein Platz für Beischläfer, sondern ein Platz, um Malaysias Waren zu produzieren.«
Honi soit qui mal y pense?

Das Land in Stichworten

Geografische Lage: 0,5°—17,5° nördlicher Breite, 100°—119° östlicher Länge; Malaysia liegt an der Südspitze von Hinterindien und hat als nächste Nachbarn Thailand und Indonesien.
Entfernung von Frankfurt zur Insel Penang rund 9 500 km.

Größe: 330 450 qkm. Einmal Bundesrepublik und Benelux. Malaysia wird im Inneren von den aufgesplitterten Malaiischen Zentralkordillieren durchzogen, mit den beiden höchsten Ketten bis 2 190 und 2 184 m Höhe. An den Küsten und in den Tälern fruchtbare, z. T. versumpfte Ebenen. Das Festland Malaysia und Ost-Malaysia (Nord-Borneo) sind durch rund 650 km voneinander getrennt. Malaysias höchster Berg steht im Osten auf Borneo, der Kina-Balu mit 4 100 m.

Bevölkerung: 13 Mill. Im Westen 45%, im Osten 16% städtisch. 53% Malaien, 35% Chinesen, 11% Inder (Tamilen) und rund 1% Sonstige.
Über 80% der Bevölkerung leben in West-Malaysia.
Staatsreligion ist der Islam, aber Kultübungen für alle Religionen sind garantiert. 50% Moslems, außerdem Hindus, Konfuzianer und Buddhisten sowie Minderheiten von Christen, Juden und Anhänger von Naturreligionen (besonders in Ost-Malaysia).

Sprachen: Staatssprache Malaiisch (Bahasa Malaysia); Umgangssprachen Chinesisch, Tamil und Englisch (z. T. auch als Amts- und Bildungssprache).

Hauptstadt: Kuala Lumpur auf der malaiischen Halbinsel im Westen, ca. 460 000 Einwohner.

Großstädte: George Town (Pinang) 280 000; Ipoh 250 000 und Johore Bahru 140 000.

Staatsform: Föderation (von 1963) der unabhängigen Staaten West-Malaysia (Malaya) und Ost-Malaysia (Sabah und Sarawak im Norden der Insel Borneo) sowie von Singapur, das 1965 wieder ausgetreten ist. Der Bundesstaat mit parlamentarischer Demokratie ist neben der Föderation der Arabischen Emirate die einzige Wahlmonarchie der Welt. Mitglied im Commonwealth.

Wirtschaft: Der Welt größter Erzeuger von Naturkautschuk, Zinn und Palmöl. Wichtigste Ausfuhrgüter sind Kautschuk (25%), Zinn und Holz (12%), Rohöl und Mineralprodukte, Palmöl, Ananas-Konserven, Eisenerz und Bauxit. Küstenfischerei.

Flora: 70% Malaysias sind mit tropischen Regenwäldern bedeckt. Es soll über 6 000 Baumarten geben, insgesamt 15 000 Pflanzenarten. An der Westküste teilweise Mangrovendickichte.

Wichtiges von A bis Z

Ausweispapiere: Paß, Rück- bzw. Weiterreisepapiere, Impfpaß, internationaler Führerschein.

Devisen: Ein- und Ausfuhr von Landeswährung bis 1 000 M$. Fremdwährung deklarationspflichtig.

Diplomatische Vertretungen: Deutsche Botschaft, 4 Jalan Suleiman, Bangunan UMBC, Kuala Lumpur, Tel. 8 83 37 oder 20 82 33; Österreichische Botschaft, 7th Floor Oriental Blaca Building, Jalan Parry, Kuala Lumpur, Tel. 2 72 88/9.

Einkäufe: Öffnungszeiten täglich 8—23 Uhr, je nach Religionszugehörigkeit Fr oder So und am Vorabend früher geschlossen; Warenhäuser 9—22 Uhr; Banken Mo—Fr 10—15, Sa 10—12 Uhr.
Reiche Auswahl an Kunstgewerbearbeiten wie Silberarbeiten und Zinngeräten; Batiken und kunstvoll bestickte handgewebte Stoffe, geflochtene Bambuskörbe.
Handeln ist — außer in großen Geschäften mit Festpreisen — unbedingt notwendig. Im Freihafen Penang zollfreier Einkauf, trotzdem Preisvergleich sehr wichtig.

Essen und Trinken: Jede ethnologische Gruppe hat ihre besonderen Spezialitäten. »Satay« sind kleine Fleischspießchen in süße Chilli- und Erdnußsauce getaucht. »Puggang golek« ist gut gewürzte und geröstete Ente. Auf Borneo gibt es Vogelnestersuppe. »Meechoon« sind die malaiischen Spaghetti, »Rajak« sind Salate.
Beliebt sind Straßenlokale und »Imbiß-Stuben« besonders für Satay, Reisgerichte, Fisch und Chips (nach englischem Muster).
Gute einheimische Biere: »Tiger«, »Anker« und »Gold Harp«, sowie das frischgebraute Bier aus Kokosnüssen, das es außerhalb der Städte in Tamil-Bars gibt.
»Ayer kelapa« ist ein Kokosnuß-»Wasser«, das als Aperitiv getrunken wird.

Feiertage: 1. Januar, 25. April, 1., 27. Mai, 4. Juni, 5. Juli, 31. August, 7. November, 25. Dezember; außerdem zahlreiche jährlich wechselnde Feiertage.

Entfernungen / Gewichte / Maße: Englisch.

Geld: 1 Malaysischer Dollar (M$) = 100 Cents. In Malaysia werden Brunei- und Singapore-Geldzeichen nur noch in Johore-Bahru als Zahlungsmittel 1 / 1 angenommen. 1 DM = 1,2 M$.

Impfungen: Cholera. Andere Impfungen bei Einreise aus Infektionsgebieten. Malariaschutz angeraten.

Klima: Beste Reisezeit Januar und Juni in Kuala Lumpur, sonst März bis Oktober (je nach Reisegebiet), aber immer Regenschutz notwendig. West-Malaysia: Tropisch, aber nicht unerträglich mit Temperaturen von 22—31 °C und einer relativen Luftfeuchtigkeit von nur 50—60%. In Höhenlagen nachts kühler.
Ost-Malaysia: tropisch mit fast gleichbleibenden Temperaturen auf Meereshöhe von 28°, sonst 26° (nachts) bis

33 °C (mittags). Unterschiedliche Regenzeiten mit relativer Luftfeuchtigkeit bis über 80%.
Ostküste November bis Januar regenreich, Westküste September bis November.

Stromspannung: 220/230 V (Rundstecker).

Trinkgeld: 10% in Hotels und Restaurants üblich.

Trinkwasser: Besser kein Risiko eingehen!

Uhrzeit: MEZ +6 Stunden. Wenn es in Frankfurt 12 Uhr ist, ist es in Penang 18 Uhr.

Verkehr: 27 nationale und 3 internationale Flughäfen. Linienflüge nach Kuala Lumpur (Flughafen Subang 22,5 km zur Stadt, Taxi), 2mal wöchentlich direkt ab Frankfurt, sonst via Bangkok, Singapore bzw. Wien u.a. an verschiedenen Tagen. Linienflüge nach Penang (Flughafen Bayan Lepas 17,5 km zur Stadt, Zubringer für Thai International-Gäste, sonst Taxi), täglich ab Frankfurt via Bangkok, Singapore oder Kuala Lumpur, jeweils an verschiedenen Wochentagen.
Der Flugverkehr ist sehr wichtig, z.B. Kuala Lumpur-Penang 6mal täglich, eine Stunde, ca. 60 Mark.
In West-Malaysia gut ausgebautes Eisenbahnnetz ebenso wie an der Westküste von Sabah. Preisbeispiel: Kuala Lumpur-Butterworth, 8 Stunden, 1. Klasse ca. 35 Mark.
In West-Malaysia Straßenverhältnisse gut bis sehr gut an der Westküste; an der Ostküste Oktober bis Januar schlecht befahrbar. Wagen mit Allradantrieb sind jedoch nur auf sehr abgelegenen Strecken notwendig. — In Ost-Malaysia außerhalb der größeren Städte Wagen mit Allradantrieb erforderlich. Linksverkehr.
Überlandverbindungen mit Bussen zwischen allen größeren Städten West-Malaysias. Preisbeispiel: Kuala Lumpur-Butterworth ca. 12 Mark.
Sammeltaxis starten, wenn vier Personen beisammen sind. Preisbeispiel: Kuala Lumpur-Singapur ca. 13 Mark pro Person.
Regelmäßiger Schiffsverkehr zwischen Singapur und Ost-Malaysia. Preis nach Labuan ab ca. 150 Mark.
Es werden interessante Rundreisen mit Aufenthalten in vielen Orten angeboten, 10 bzw. 11 Tage für etwa 400 bis 600 Mark.
Taxis kosten pro Stunde etwa 5 Mark (vorher aushandeln), Trikshaw und Riksha ca. 0,50 M$ pro Meile. Stadtbusse sind zahlreich und sehr preiswert.

Zoll: Persönliches Reisegut frei; 200 Zigaretten oder 50 Zigarren oder 225 g Tabak; je 1,1 l Wein und 1 Liter Spirituosen.

Vielfalt: Rundreise durch Ost- und West-Malaysia

Eine Rundreise durch die Gebiete des Staates Malaysia, der vielen vorwiegend durch seine Zinnminen und Kautschukwälder bekannt ist, bedarf gewaltiger Anstrengungen in puncto Organisation; denn manche Straßen sind holperige Pisten, das Gebiet der Orang Asli, der wenigen übriggebliebenen Ureinwohner, ist nur per Boot erreichbar, und die beiden Staaten im Osten, Sarawak und Sabah, liegen jenseits des Südchinesischen Meeres, auf Nordborneo.
Trotzdem können Touristen, die ein- oder zweimal den Dschungelstaat besuchen (vier Fünftel des Staates bestehen aus Dschungel und Sumpf), so viele Sehenswürdigkeiten und gute Straßen finden, daß sie ihre Besuchszeit als zu kurz empfinden werden.

Die Eingeborenen in Malaysia lieben Wettkämpfe. Eine der beliebtesten Sportarten ist der Drachenwettkampf

Fast alle Rundreisen beginnen in der »Schlammigen Flußmündung«, so heißt, übersetzt, die Hauptstadt *Kuala Lumpur,* von Eingeweihten kurz nur noch KL (Keie(r)l) genannt (s. Seite 180).
Entlang der Ost- und der Westküste sind die Straßen gut ausgebaut. Schwächen gibt es auf der Querverbindung: Derzeit besteht eine solche nur zwischen Port Kelang und Kuantan über Kuala Lumpur. Doch auch bei optimalem Straßennetz würde der Tourist ohne die Sprünge mit kleinem Fluggerät wenig erreichen, falls er viel von Malaysia sehen will. Seien es die Inseln Penang oder Langkawi, die andere Küste oder gar die malaysischen Staaten auf Borneo (im Staat Sarawak die Flughäfen Kuching, Bintulu, Miri und Sibu; im Staat Sabah die Flughäfen Kota Kinabalu, Labuan, Lahat Datu und Sandakan). Das malaysische Flugnetz ist gut und wesentlich dichter als beispielsweise die Flugverbindung zwischen Saarbrücken und Bayreuth.
Die *Westküste* Malaysias beginnt in *Padang Besar,* der Grenzstadt mit Thailand, und endet in *Johore Bahru,* Grenzstadt zum Stadtstaat Singapur.

Alor Star, die Hauptstadt des nördlichen Bundesstaates Kedah, ist für Touristen eher interessant als Ausgangspunkt für Touren zu den *Langkawi-Inseln.* Rund 100 Eilande sind in die Nordwestecke Malaysias hingestreut. Paradiesische Zuflucht verwöhnter Weltenbummler, Eldorado passionierter Sportfischer, die vor allem die Inseln Beras Basah und Dayan Bunting als Fanggebiet schätzen.

Ausgangspunkt für alle Unternehmungen auf und zwischen dieser Inselwelt ist die Hauptinsel *Langkawi* und dort — am Rande des größten Dorfes, *Pekan Kuah,* — das vorzüglich geführte Hotel »Country Club«. Erreichbare Attraktionen von hier aus sind Landschaften und Inseln mit Palmen-Sandstränden wie aus dem Bilderbuch.

Zurück auf dem Festland, folgt südwärts die Hafenstadt *Butterworth,* die per Fähre Station für Fahrten zu Malaysias größter Insel, *Penang,* ist. Die »Insel der Betelnußpalmen« (*Pulau Pinang*) wird nicht zu Unrecht als eine der schönsten Ferieninseln im Fernen Osten bezeichnet. Obwohl schon an vielen Traumstränden Hotels stehen, kann jeder Tourist ein ungestörtes Strandfleckchen finden.

Interessanteste Sehenswürdigkeit der Insel ist der *Buddhatempel Kek Lok Si.* Genauer gesagt: eine auf einen Hügel gebaute Tempelanlage mit Altären, Gärten und Teichen sowie einer siebenstöckigen Pagode (30 Meter hoch). Um die Vielfalt der Anlage zu erfassen, ist es ratsam, viel Zeit für den Tempel-Besuch einzuplanen.

In der Inselhauptstadt *Georgetown* leben viele Rassen (Malaien, Chinesen, Inder, Ceylonesen, Araber und Briten) friedlich nebeneinander. Entsprechend vielseitig ist auch das Angebot in Läden, Märkten und Tempeln — buddhistische, chinesische, hinduistische — und Moscheen der Moslems.

Einen lohnenden Rundblick bietet der 700 Meter hohe *Penang Hill,* der mit einer Seilbahn erreicht werden kann. Botanisch Interessierte finden viel Abwechslung im *Botanischen Garten,* der am Hang des Penang Hill liegt.

Außerhalb von Penang, in *Sungei Kluang,* zieht der *Schlangentempel* scharenweise Besucher an. Von den »Hunderten von lebenden Schlangen« waren allerdings bei unserem letzten Besuch, 1979, nur noch knapp zwanzig schläfrige Vipern übrig geblieben. Ob es sich hier vielleicht nur um ein kurzfristiges Evakuierungsprogramm handelte, wußte auch der offizielle Guide nicht zu beantworten.

Auf dem Festland ist dann *Taiping* einen Stopp wert, vor allem für erholsame Spaziergänge in den *Lake Gardens*, einer mit Liebe gestalteten und gepflegten Parkanlage.

Kuala Kangsar liegt 35 Kilometer südlich von Taiping; es ist die Königsstadt des Staates Perak. An den Ufern des Flusses Perak stehen zwei sehenswerte Bauwerke: Die *Istana Iskandariah*, der Palast des Sultans, und — schon von weitem leuchtet die vergoldete Kuppel — die wunderschöne *Ubudiah-Moschee.*

Hier wurden auch die ersten Gummibaum-Setzlinge aus eingeschmuggeltem Samen gezüchtet. Dies war der Born des malaysischen Kautschuk-

Reichtums, der heutzutage durch Konkurrenz-Länder und schwindelerregenden Preiszerfall schon wieder für die wirtschaftliche Zukunft des Landes recht unzuverlässig ist.

Ipoh, die Hauptstadt des Staates Perak, ist eine Industriestadt, sehenswert wegen der Wunden, die um des Zinnes willen der Landschaft zugefügt werden müssen. Touristen finden aber rund sechs Kilometer südlich der Zinnstadt sehr interessante *Höhlentempel* mit vielen Buddha-Statuen. Fragen Sie unbedingt nach den Tempeln *Sam Poh Tong* und *Perak Tong.*

Westlich von Ipoh liegt der Hafen *Lumut,* der Fährverbindung zur *Insel Pangkor* hat. Zwischen undurchdringlichen Mangroven-Sümpfen, in deren Dickicht Riesenechsen hausen, liegen traumhafte Strände, zum Beispiel *Pasir Bogak* und *Telok Belangar.* Unter dem klaren Wasser: vielfarbige Korallengärten.

Weiter im Süden folgt *Port Dickson* als traditioneller Stopp. Die Einwohner aus KL kommen gern hierher, denn der 17 Kilometer lange Strand ist wegen seines sauberen Wassers bekannt, und berühmt ist der Blick vom *Kap Rachado,* vom Leuchtturm aus, auf die geschichtsträchtige Straße von Malakka.

In *Malakka* schließlich zeigt die geschichtliche Entwicklung ihre Zeichen in den Straßenzeilen und an den öffentlichen und klerikalen Gebäuden. Die historische Stadt im Südwesten Malaysias bietet mehrere sehenswerte Gebäude aus holländischer und portugiesischer Kolonialzeit. Aber auch die Chinesen haben kulturhistorische Lichtpunkte gesetzt. Unbedingt zu besichtigen ist der *Cheng-Hoon-Teng-Tempel* in der Temple Street, wo auch noch einige rund 200 Jahre alte chinesische Häuser zu sehen sind.

Die *Christ Church* gilt als schönstes Bauwerk holländischer Architektur, die *Town Hall* (Stadthuys) ist das älteste Beispiel holländischer Architektur in Asien.

Gepriesen wird das *Portugiesische Dorf* im Süden des Zentrums. Angeblich sprechen die dort durch Mischheirat entstandenen Eurasier heute noch ein 400 Jahre altes Portugiesisch, »*Christão*« genannt. Die Holzhäuser sind immerhin ein Kontrast zu den anderen Bauten Malakkas, die eurasischen Eingeborenen stellen sich aber selten dem Touristen vor, und ob das Kauderwelsch auch wirklich »*Christão*« ist, kann wohl nur ein Sprachforscher beurteilen.

Auf der Weiterfahrt führen die Straßen durch Kokosnuß-Palmwälder, vorbei an den typischen Malaien-Häusern, zum Schutz vor vier- und sechsbeinigem Ungeziefer auf Stelzen gebaut. Dann kommt als Abschluß auf dieser Strecke *Johore Bahru,* die Hauptstadt des Sultanats Johore, das selbst in der aggressiven Phase des britischen Kolonialismus frei von Fremdherrschaft blieb.

Gegenüber, jenseits des Causeway, liegt in Sichtweite Singapur, die sauberste Stadt des Fernen Ostens (siehe Seite 233). Wer hinüber will, muß sich auf eine komplizierte und zeitraubende Grenz-Zeremonie vorbereiten.

Sehenswert in *Johore Bahru* sind, je nachdem, wieviel Zeit zur Verfügung steht, in dieser Reihenfolge: Die in sarazenischem Stil gebauten Regierungsgebäude; der Sultanspalast *Istana Besar;* die für 2 000 Gläubige geschaffene Abu-*Bakar-Moschee* und die Privat-Residenz des Sultans, die *Istana Bukit Serene.*

Als Übergang zur Ostküste der Malakka-Halbinsel bietet sich ein Ausflug nach *Kota Tinggi* an. Dschungel und Wasserfälle sind hier die Hauptattraktion; die Einheimischen treffen sich am Wochenende zum Picknick: Für den Rundreisenden ein erbaulicher Kontrast, der von picknickenden Malaien über Bewohner ärmlicher Wellblechhütten in KL bis zu den in Reservatähnlichen Gebieten gehaltenen Ureinwohnern (Orang Asli) geht.

An der Ostküste wird der Einfluß der Malaien wieder deutlicher als im Westen, denn dort werden auch die touristisch bevorzugten Märkte von Chinesen und Indern beherrscht. Hier, im Osten, lebt man aber auch konservativer, traditionsbewußter, mehr auf den Islam ausgerichtet. Der Westteil der Halbinsel wird hier drüben als modern-verdorben oder als Sündenbabel bezeichnet.

Entsprechend sollte sich der fremde Gast umstellen. »Drüben«, in Penang oder Malakka, da klopft einem der Taxifahrer schon auf die Schulter und meint in einem einigermaßen verständlichen Englisch: »Whell shall I lide with Mistel and his gill-fliend.« (Wohin wollen Sie mit Ihrer weiblichen Begleitung?). Im Osten muß sich der Gast erst Vertrauen erwerben. Hier lohnt es sich zu wissen, daß »Selamat Detang« übersetzt »Herzlich Willkommen« heißt und häufig auch ernst gemeint ist.

An der Ostküste, von unten nach oben bereist, verlangt *Mersing* den ersten Halt. Die Stadt ist Ausgangspunkt für verschiedene Ausflüge besonderer Art. Abenteuerliche Bootsfahrten gibt es auf dem Endau River, der in einen kaum berührten Urwald führt, wo noch Nashörner, Tiger und Elefanten leben. Diese Tiere wirklich vor die Linse zu bekommen, dazu muß man sich natürlich schon eine zeitraubende Spezialtour organisieren lassen. Für solche Touren werden dann auch die Orang Asli, die Nachkommen der Ureinwohner, eingesetzt. Bei diesen relativ seltenen Gelegenheiten haben die Eingeborenen die Möglichkeit zu zeigen, daß sie Spezialisten im Fährtensuchen sind.

Von Mersing aus gibt es aber auch die Möglichkeit, die paar Dutzend der Ostküste vorgelagerten Inseln zu besuchen. Großer Tourismus ist auf der *Pulau (Insel) Tioman* geplant und hat dort schon ein bißchen begonnen. Die Traumstrände sind vorhanden. Doch wer weit reist, kommt nicht mit dem Zelt, um Natur zu genießen. Der deutsche Tourist beispielsweise, der seine drei oder vier Wochen Urlaub für ein Asien-Erlebnis gibt, möchte sich abends rasieren, an der Bar einen Drink nehmen, morgens — wenn's geht — mit Leitungswasser die Zähne putzen und ohne fäkalische Folgen nach der Morgentoilette die Toilettenspülung betätigen. Auf Pulau Tioman wird mit etwas Anstrengung all dies bald möglich sein.

Schon um Mersing beginnt das Strandwunder, setzt sich fort in Richtung *Kuantan* und geht auch von dort noch weiter: mehrere hundert Kilometer

Markt in Malaysia: An der Ostküste ist es vorteilhaft zu wissen, daß »Selamat Detang« übersetzt »Herzlich willkommen« heißt

lange Strände ohne eine Menschenseele. Hier und da ein Hotel. Manchmal ein Versuch von Ferienhütten, manche halb begonnen, andere schon wieder vergammelt. Das Auge sieht den Traumstrand, aber Ansprüche sind kaum zu erfüllen. Es ist ja herrlich, sich vom Palmenschatten aus in das Wasser des Südchinesischen Meeres zu stürzen, doch manche stört es eben, wenn später die Salzkruste auf der Haut reibt, weil man nicht duschen kann. Ist dieser kilometerlange Sandstreifen so noch ein Traumstrand?
Um die Strandphilosophie nicht ins Uferlose gleiten zu lassen, muß für Ostmalaysia nüchtern festgestellt werden: paradiesisch schön, aber noch kein Erholungsparadies für Ferntouristen, weil die kommoden Einrichtungen fehlen. Andererseits wird es irgendwann, wenn die gewünschten Hotels stehen, auch wieder heißen: Jetzt haben sie mit ihren Hoteltrakts den ganzen Traumstrand kaputtgemacht. Da suche einer den Kompromiß! Bleiben wir in *Kuantan,* denn hier und von hier aus sind manche Erlebnisse zu finden. Die Eingeborenen der Ostküste — nicht nur in Kuantan — lieben Wettkämpfe. Beispielsweise mit Riesenkreiseln, auch Schnurrer oder Töpfe genannt, große, auf der Spitze stehende Holzkegel, die mit Peitschenhieben

in Gang gebracht werden. Der Schnurrer, Kreisel oder Topf, der sich am längsten um die eigene Achse dreht, hat gewonnen, beziehungsweise sein Einpeitscher.
Bei Drachenwettkämpfen mit bunten Phantasievögeln aus Papier, Pergament oder Stoff geht es darum, die an einer langen Schnur geführte, ratternde Konstruktion möglichst lange in der Luft zu halten. Es ist erlaubt, die Gegner »abzusägen«.
Von Kuantan aus ist auch die Möglichkeit gegeben, den *Cherating River* hochzufahren, dort Krokodile zu fotografieren oder im Dschungel, am *Lake Chini,* mit den Orang Asli einen Plausch zu halten.
Nächste Station auf dem Weg nach Norden ist an Malaysias Ostküste die Hauptstadt *Kuala Trengganu,* Hauptstadt des noch am wenigsten entwickelten Bundesstaates, des Staates Trengganu, der von 16 Flüssen durchfurcht wird. Das Kunsthandwerk dieser Gegend ist hier preiswert im Angebot: Keramik, Messingartikel, Webwaren und vor allem die schönsten Sarongs, wunderschöne Wickelkleider, die manchmal auch aus europäischen Frauen eine Eurasierin machen.
Hier in Kuala Trengganu, aber auch schon vorher und weiter nach Norden, fallen die Gärten und Plantagen mit Kokospalmen auf. Eine besondere Attraktion, die nicht auf Touristen wartet, sind die dressierten Affen, denen befohlen wird, im Affentempo die Stämme zu bezwingen, auf ein ganz spezielles Kommando ganz bestimmte reife Nüsse abzudrehen und dem Besitzer von Affe und Palme vor die Füße zu werfen. In dieser Gegend sind auch Gutta-Percha-Plantagen zu finden, spezielle Gummibäume, auf malaysisch »getah taban«, aus deren Saft unter anderem auch Golfbälle gemacht werden.
Hier steigen auch von Mai bis September die oft mehr als hundert Jahre alten Schildkröten aus dem Wasser, um im Sand ihre Eier zu verbuddeln. Das Zentrum dieser Reptilien-Invasion liegt etwas südlich von Kuala Trengganu rund um den Ort *Kuala Dungun.* Auf Märkten werden dann mehr oder weniger frische Schildkröteneier feilgeboten. Ich hatte Angst, eine Kostprobe zu nehmen, weil ich mir sagte, daß die Schildkröten doch aussterben müssen, wenn plötzlich deren Eier den Frühstückstisch bereichern. Die Auskunft war einigermaßen befriedigend: Das Schildkrötengebiet wird während der Legezeit von Staatsbediensteten bewacht. Eine bestimmte Eierzahl sei errechnet, die das Weiterleben der Schildkröten garantiert. Die lauernden Eierhändler dürfen dann nur die überzähligen Schildkröteneier suchen und sammeln. Ob das funktioniert? Jedenfalls haben wir Zäune gesehen: Das seien die geschützten Flächen, wo die Riesenschildkröten staatsgeschützt ihre Nachkommen auf Sand legen könnten. Und wir haben am Strand zwischen Dungun und Trengganu zerfallene Strandhütten gesehen: Das seien verlassene Hütten, die vor Jahren malaysischen Eierhändlern gehörten. Jetzt lohne sich die Miete einer Hütte nicht mehr, weil der Staat so viele Gehege und Gelege beschütze.
Dicht vor der Grenze zu Thailand liegt dann *Kota Bharu,* Hauptstadt des

Staates Kelantan. Beschrieben werden immer wieder die Silberschmiede, die Batikdrucker und die Brokatweber. Sicherlich sehr aufschlußreich und eindrucksvoll. Aber das Leben dieser Grenzstadt ist nur in und rund um die Markthalle zu erforschen. Die Marktweiber in ihren farbenprächtigen Trachten zeigen sehr große Unterschiede in ihren Gewändern. Erkundigt man sich, dann wird es pittoresk und bizarr: Die Weiber da drüben, die Rambutans und Bananen verkaufen, die kämen aus einem Gebiet, das eigentlich schon Thailand wäre. Die braunhäutigen Weiber mit ihren grellbunten Kopftüchern brächten ihre Hühner aus den Bergen, wo sich Regierungsbeamte angeblich nicht sehen lassen, um keinen Ärger mit rebellischen Einwohnern zu haben. Und manche seien Kommunisten.
Drüben auf *Nordborneo* herrscht ein vollkommen anderes Leben. Auch die Menschen hier kann man mit denen auf der Malakka-Halbinsel nicht mehr vergleichen. Die Malaien, auf dem Festland vorherrschend, sind in den Staaten Sabah und Sarawak nur mit rund 20 Prozent vertreten. In Sabah sind die Kadazan, auch Dusuns genannt, die stärkste Bevölkerungsgruppe, im Staate Sarawak die Iban, auch See-Dayak genannt.
Für Touristen attraktiv ist vor allem das Dorfleben dieser Menschen, die vor Jahren erst aus der Steinzeit in die Moderne geholt wurden. Ob zu schnell und ob das überhaupt richtig war, das ist ein ständiger Diskussionsstoff. Fest steht auf jeden Fall, daß in manchen Dörfern das typische Langhaus, quasi der Dorfversammlungsplatz, schon längst einer Wellblech-Halle gewichen wäre, wenn diese Touristen nicht immer wieder »das alte Zeugs« sehen wollten. So wird der Tourismus vielleicht vermeiden helfen, daß durch Modernisierung allzu schnell und unüberlegt wertvolle Traditionen zerstört werden, die in zwanzig Jahren dann unter falschen Voraussetzungen und ohne innere Bindung doch wieder aus der Mottenkiste geholt werden.
Sabah ist der Staat, der den Philippinen am nächsten liegt. Es ist auch einer der von der Zivilisation fast unberührten malaysischen Bundesstaaten. Hier findet man einen der viel beschriebenen Berührungspunkte moderner Zivilisation (Städte, Flughäfen und Eisenbahn) mit der Steinzeit (Eingeborene vom Stamme der Muruts, die kaum bekleidet sind und ständig noch Blasrohr und Pfeile mit sich tragen).
Mit einem guten Reiseleiter gibt es immer einmal die Möglichkeit, Stämmen zu begegnen, die auf der Stufe der Vorgeschichte stehen. Es ist verständlich, daß solche Begegnungen im Interesse eines möglichst reibungslosen Übergangs in das moderne Zeitalter eingeschränkt bleiben müssen.
Wer Sabah nur kurz besucht, bekommt trotzdem einen orientalisch-romantischen Eindruck beim Besuch folgender Orte: *Tuaran,* ein größeres Dorf nördlich der Hauptstadt Kota Kinabalu, und der Ort *Kota Belud* bieten mit dem Sonntagsmarkt *(tamu besar)* eine unvergeßliche Folklore-Show. Das fremdartige Marktleben und die farbenprächtigen Stammestrachten faszinieren den Besucher. In *Keningau* hat der Tourist die Möglichkeit, die Berührungspunkte der Moderne mit der Steinzeit zu beobachten. Sandakan bietet ein Hafenpanorama mit Frachtern und Dschunken in einer Zusam-

menstellung, die einmalig ist. Den Feinschmeckern sind die *Gomantona-Höhlen* ein Begriff, weil hier, in der Nähe von Sandakan, Chinesen in Höhlen und Fels-Nischen für die begehrte Suppe Schwalbennester sammeln.
Sarawak, der westliche Teil des zu Malaysia gehörenden Nordborneo, hat ebenso wie Sabah die Probleme, das Moderne mit der Steinzeit behutsam zusammenführen zu müssen. Der Tourist spürt dieses Problem kaum, denn *Kuching* beispielsweise, die »malerischste Stadt Malaysias« (Provinzhauptstadt des Malaysia-Staates Sarawak) beschert so viele Eindrücke fremdfarbiger Art, daß der Fremde im Rausch der Farben und der heiteren Promenaden sich lieber seinen Träumen widmet — oder der Realität, daß eine Vielfalt verschiedener Stämme Kuching in Vibration versetzt.
Häufig beschrieben und trotzdem für jeden Touristen aufs neue fremd, eigenartig und faszinierend sind auch hier wieder die »Longhouses«, das Dorf unter einem Dach, ein einziges Gebäude, wo jede Sippe ihre zugewiesene Schlafstatt hat und alle sich abends in der Gemeinschaft treffen, um über Probleme oder Problemchen zu sprechen oder ganz einfach den Klatsch zu pflegen. Inzwischen wird auch in den Langhäusern für die Touristen geschnitzt, geknotet und gehämmert, doch die für billiges Geld erwerbbaren Gegenstände sind noch genauso schön wie vor Jahren, als die Bidayuhs, Ibans, Kayans, Kedayaus, Kelabits, Kenyahs, Melanaus oder Muraats von Touristen mit weißer Haut und langen Nasen noch keine Ahnung hatten.

Kuala Lumpur: »So besch... schön«

87 Chinesen fanden vor etwas mehr als hundert Jahren (1857) am Zusammenfluß des Klang und des Gombak reiche Zinnvorkommen. Sie nannten die Stelle ihres Erfolges »Schlammige Flußmündung«, Kuala Lumpur, die Metropole des heutigen Malaysia.
Diese Stadt hat natürlich auch die Nachteile jeder schnell gewachsenen, modernen Stadt: hier und dort langweilige Betonklötze, vielerorts dichten und stinkenden Straßenverkehr, unkonzessionierte Taxifahrer, die dem Fremden das Dreifache abverlangen (nur Taxis mit Taxameter nehmen!) und Plakate, die Heroinsüchtige warnen und die Drogenhändler daran erinnern, daß es für dieses üble Geschäft in Malaysia noch den Tod durch Erhängen gibt.
Andererseits übt »KL« einen mehr unterbewußten Reiz aus. Ein Kollege, den wir um Mitternacht in einem zum Hotel gehörenden Coffee-Shop (rund um die Uhr geöffnet) trafen, kippte sich gerade das dritte Bier hinter die Binde, weil wie üblich die Büros lahm arbeiten und eben nichts funktioniert. Der Kollege fand das Land »beschissen«. Warum er dann seit Jahren hier bleibe? »Weil es hier so beschissen schön ist.«
Schön ist schon einmal, daß zwischen den alten und neuen Gebäuden immer wieder große Grünflächen freigehalten wurden. Selten wird der Eindruck deutlich, in einer großen Stadt zu wohnen. Das Gefühl von Sauberkeit und Ordnung baut sich auf, wenn man all die Motorradfahrer sieht, die nur be-

helmt sich auf die Straße wagen. Mindestens 500 malaysische Dollar kostet das Fahren ohne Helm oder wenn Autofahrer nicht angeschnallt sind.
Dann kommt das orientalische Flair: die sarongumhüllten schlanken Frauen (die Männer hinterlassen nicht so sehr den Eindruck, unvergessen zu bleiben), die ständig das Auge fangenden Tempel der Buddhisten und Hindus, sowie die beherrschenden Moscheen, die Gerüche der Garküchen.
Garküchen! Hier drängt sich eine Straße auf: »Hawker Stalls«. Ein Besuch dieser Uferstraße mit einem Überangebot an malaiischen und indischen Spezialitäten ist jede Stunde wert, die man als termingebundener Tourist erübrigen kann. Meistens bleibt dem Urlauber zur Besichtigung nur ein Tag, manchmal zwei. Da hat es keinen Sinn, nur so zu bummeln. Die wichtigsten Sehenswürdigkeiten in dieser kurzen Zeit schafft man nur im Fahrzeug, und schade wäre es auf jeden Fall, wenn Sie die meisten der folgenden Stationen streichen müßten:
Das *Museum Negara,* eines der schönsten Gebäude der Stadt; die Nationalmoschee *Masjid Negara* in beeindruckendem, futuristischem Stil; die *Railway Station,* ein Bahnhof, der wie ein Sultanspalast aussieht; den *Königspalast Istan Negara;* die traumhaft schöne *Moschee Masjid Jame* am Zusammenfluß von Gombak und Klang; den Dschungelpark *Bukit Nanas Forest Reserve,* den die Einheimischen vor allem am Wochenende gern besuchen, und die Malaiensiedlung *Kampong Bahru*, die vor allem am Sonntag, dem Markttag, zu empfehlen ist.

Außerhalb von K. L., etwa elf Kilometer entfernt, liegen die *Batu Caves,* ein überwältigender Hindu-Tempel in Tropfsteinhöhlen. 272 Stufen führen zum obersten Ende des Heiligtums, das vor allem beim Thaipusam, bei dem sich Kavadi-Träger Metallspieße durch die Haut bohren, religiöser Mittelpunkt der Hindus ist.
Einer der schönsten Tiergärten Südostasiens, der *Nationalzoo,* liegt an der Straße nach *Ulu Klang,* etwa 13 Kilometer von K. L. entfernt. Wer an den tropischen Pflanzen Malaysias interessiert ist und an einem Picknick inmitten der Einheimischen, besuche den *Templer-Park,* 22 Kilometer von K. L. entfernt.
Wer das Glück hat, noch mehr Zeit in Malaysia verbringen zu dürfen, sollte sich einmal die früher von den Engländern bevorzugten Erholungsgebiete ansehen: Die *Cameron Highlands,* 1 600 Meter hoch, sportlich (Golf, Tennis, Badminton, Angeln), umgeben von Blumen und Dschungel — und relativ teuer. Die *Fraser's Hills* sind vielleicht noch romantischer, die blumenvollen Gärten dichter, der Dschungel besser zu erwandern. Kann Einbildung sein. Auch die *Maxwell Hills* hinterlassen den Eindruck, man müsse hier viele Tage wandern, um die Landschaft zu verstehen.
Schließlich bleibt dem, der genügend Zeit mitgebracht hat, noch ein ganz besonderes Erlebnis: der Besuch von *Taman-Negara.* Dieser Nationalpark ist ein für Touristen erschlossener Dschungel, der allerdings nur im Boot oder über Fußpfade erkundet werden kann. Höhepunkt ist die Bootsfahrt auf dem Tahan River. Erfahrene Bootsmänner, meistens eingeborene Orang

Asli, schieben die Boote schweißtriefend nach oben, bunte Tropenvögel und Schmetterlinge umflattern den Besucher. Die Abfahrt auf den Stromschnellen wird dann zur Nervenprobe. Wer nicht schwindelfrei ist oder in gefährlichen Situationen zur Panik neigt, sollte besser an der Abfahrtsstelle auf »die Kollegen« warten. Oder inzwischen auf Dschungelpfaden mitten im Urwald Eingeborene besuchen, die auf solche Begegnungen mehr oder weniger vorbereitet sind.

Thaipusam: Spieße in der Haut

Das dralle Hindu-Mädchen wippte auf und ab. Es stand inmitten seiner Verwandten, die es stützten und rhythmisch-eintönig sangen. Das Mädchen schloß die Augen, als der Priester seine Stirn berührte. Dann drückte er eine halbrunde Nadel durch die Stirnhaut und rieb Ein- und Ausstich mit Totenasche ein. Das soll desinfizieren. Die Inderin war in Ohnmacht gefallen. Mutter und Schwester hielten sie aufrecht.

Allmählich erwachte sie wieder und begann sofort, aufs Neue zu wippen, dann stieß sie schrille Schreie aus. Und wieder der monotone Gesang. In einem geeigneten Moment griff der Priester nach der Zunge des Mädchens. Ohne daß ein Tropfen Blut vergossen wurde, trieb er einen silbernen Spieß durch das rosarote Fleisch. Das Gelübde war erfüllt.

»Thaipusam«, ein spektakuläres Hindu-Fest, wird nur noch bei den auf dem malaiischen Archipel wohnenden Indern gefeiert. Die Tortur ist dem Gott Subramaniam gewidmet. Ihm dankt der Pilger für Genesung von einer schweren Krankheit oder für eine andere Gnade. Aber auch die Mutter kann dem Gott die Teilnahme ihres Sohnes an der religiösen Szene versprechen, falls dieser zum Beispiel Arbeit bekommt.

Die Männer unter den Pilgern begnügen sich aber selten mit einer Stirnnadel oder einem Zungenspieß. Ein Metallpfeil, durch beide Wangen gestoßen, an den Enden schwere Metallkörper, die den Pfeil zum Schwingen bringen und den Gläubigen zu einem gemächlichen Tempo zwingen — das ist das mindeste.

Die meiste Bewunderung wird den »Kawadi«-Trägern zuteil. Sechzehn Tage lang wird gefastet und meditiert. Außer der geistigen Vorbereitung auf die Begegnung mit Gott Subramaniam sei der Fasten-Ritus Voraussetzung für die blutlose Perforierung der braunen Haut, sagen auch aufgeklärte Malaien. Fast regungslos stehen die schmerzunempfindlichen Pilger im Tempel,

Thaipusam: Die durch die Haut getriebenen Metallstangen tragen den »Kawadi«, den Altar. Für westliche Besucher ist es fast unmöglich, dieser Prozedur beizuwohnen.

um sich mit einem Metallgestänge dekorieren zu lassen. Das dauert Stunden und verlangt vom westlichen Besucher starke Nerven, will er der Prozedur folgen. Vor allem die Befestigung relativ dicker Schrauben durch die Hautfalten am Bauch und über der Hüfte treibt dem Zuschauer den Schweiß auf die Stirn. An diesen Schrauben werden die Hauptträger für den Kawadi (= Altar), die käfigarig gebaute Metallsänfte, befestigt. Demgegenüber ist es schier erholsam zuzuschauen, wie durch die Haut der Brust, des Rückens, der Oberarme und der Schenkel kleine gebogene Metallnadeln getrieben werden. Alles blutlos und mit Totenasche desinfiziert.

Pilger, von großer Dankbarkeit erfüllt, stellen sich mit ihrem wuchtigen Gestell, an dem in allen Farben Zotteln, Streifen und Glöckchen hängen, auch noch in Nagel-Sandalen. Dabei ist der Marsch durch die Straßen zum Allerheiligsten unter der brütenden Sonne schon barfuß Tortur genug.

Für den Touristen immer wieder erstaunlich, wie unkompliziert er sich inmitten dieser heiligen Zeremonien bewegen kann. Die Toleranz der Hindus akzeptiert auch bei ihren heiligsten Riten den ungläubigen Gast.

Thaipusam ist in den *Batu-Caves,* zwölf Kilometer von der malaysischen Hauptstadt Kuala Lumpur entfernt, am eindrucksvollsten. Die Höhlen, über 272 Stufen erreichbar, schon für den Besucher mit heiler Haut ein kräftezehrender Akt, verlangen von den Hindu-Pilgern fast unmenschliche Kraft — eine Überwindung, die vielleicht nur jenseits des Bewußtseins zu finden ist.

Sarawak: Speisen für die Totenschädel

Nordborneo hat seine große Berühmtheit: die Kopfjäger. Nordborneo, das sind die heute zu Malaysia gehörenden Bundesländer Sarawak und Sabah sowie das weitgehend selbständige Erdöl-Sultanat Brunei. Jeder Tourist erinnert sich mit prickelndem Schaudern an die grausamen Sitten. Nordborneos Kopfjäger waren aber nicht willkürlich mordende Banden, sie hatten bei ihrem Kopf-ab-Ritus ein religiöses Anliegen im Sinn und ein bevölkerungspolitisches sogar.

Der geschichtliche Rückgriff geht nur über eine oder zwei Generationen: Damals war der Wanderanbau das Übliche, die Sippen suchten ständig neuen Raum. Wo der Ackerboden Mangelware ist, hat es keinen Sinn, die kleine Fläche auch noch durch zwei zu teilen. Eine klare, wenn auch im Endeffekt grausame Logik. Besiegte nun ein Iban einen Krieger von der Nachbarsippe, war ein Esser weniger in der Gegend. Bei manchen Eingeborenen-Stämmen war es sogar üblich, daß ein junger Mann erst dann heiraten durfte, wenn er den Kopf eines Feindes vorwies. Platz für Nachkommen des Siegers.

Wohl für die Empfindsamen geschaffen war der Glaube, der Kopfjäger habe dem Kopflosen eine Ehre erwiesen. So sei der Tote den Göttern näher und könne sich für die Lebenden einsetzen, vielleicht beim obersten Herrscher, dem Schöpfergott Singalang Burong, besonderes Wohlwollen erreichen.

Die Köpfe rollen nicht mehr, doch die alten Totenschädel hängen auch heute noch in einem Bambusgeflecht in den Langhäusern. Den vom Ruß des Feuers geschwärzten Schädeln werden immer noch Speiseopfer dargebracht, denn die Iban brauchen die Fürsprache der Besiegten, sind sie doch stets von Urwaldgeistern umringt, die ständig darauf aus sind, die Seele der Menschen zu erhaschen.

Geschichte in Kürze

4. Jahrh.	Mehrere Hindu-Kleinstaaten auf der Halbinsel Malakka.
8. Jahrh.	Eroberung durch das indonesische Großreich (Sumatra).
14. Jahrh.	Islamisierung durch arabische Kaufleute.
15. Jahrh.	Sultanat von Malakka, Tributpflicht gegenüber Siam (Thailand).
1511	Eroberung Malakkas durch die Portugiesen.
1614	Die Niederländer übernehmen Malakka.
1786	Beginn der britischen Infiltration.
1824	Malakka wird britische Kolonie. Vergrößerung zu Britisch-Malaya durch Verträge mit weiteren Sultanaten und Abtretung von Kedah, Perlis, Kelantan und Trengganu durch Siam.
1941—45	Besetzung durch Japan.
1945	Die Briten übernehmen wieder die Macht.
1946	Zusammenschluß der 9 Fürstentümer zur Malaiischen Union unter britischem Protektorat.
1948	Die Staaten der Malaiischen Union bilden mit den beiden britischen Niederlassungen Malakka und Penang den Malaiischen Bund mit einem britischen Hochkommissar an der Spitze.
1957	Unabhängigkeit des Malaiischen Bundes innerhalb des Commonwealth.
1963	Der Malaiische Bund wird Mitglied der Föderation Malaysia, zu der auch Sabah und Sarawak (Britisch-Nordborneo) sowie Singapur gehören. Parlamentarische Wahlmonarchie.
1965	Singapur scheidet aus der Föderation aus.

MALEDIVEN

Republic of Maldives

(siehe Karte Seite 28)

Malediven-Touristen wollen fast ausschließlich am Strand liegen, viele zusätzlich auch noch tauchen und schnorcheln. Glücklicherweise, denn viel mehr geht nicht im kleinsten Land Südasiens. Auch Ausflüge sind problematisch, weil dafür nicht einmal ein Taxi genutzt werden kann: alles ist zu Fuß erreichbar. Nur nicht die jeweiligen Nachbarinseln — dafür gibt es aber in den touristischen Zentren reichlich Motorboote. Sie sind relativ teuer, es ist also stets vorteilhaft, eine Gruppe zu organisieren, die das Boot füllt.

Das kleinste Land Südasiens: 1973 Inseln

Da fast alle 1973 Inseln ziemlich gleich aussehen, ist das Ausflugsprogramm ohnehin etwas begrenzt. Wer sich nicht auskennt, wird auf jeden Fall zur Insel *Himmafushi* gefahren — und dort von Bettlern, Backschisch-Jägern und Souvenir-Verkäufern ausgenommen. Ein schnell gewachsenes Geschwür ist Himmafushi in dieser paradiesischen Inselwelt geworden.
Vor einiger Zeit war die Insel *Huraa* noch ein empfehlenswertes, typisches und unverdorbenes Inselchen, sauber, ehrlich und freundlich. Eine echte Idylle. Solche Empfehlungen können verheerend sein. Wer weiß, ob Huraa inzwischen nicht mit Hurrah in das Lager der Touristen-Nepper übergegangen ist . . .
Die Weiterempfehlung von Klein-Bandos gegenüber der Insel *Bandos,* nördlich von Malé, hatte auch schlimme Folgen. Es war ein Inselchen, so wie Klein-Fritzchen sich Robinson Crusoes Zwangsaufenthalt ausmalte. Da Touristen sich im Ausland aber häufig wie Berserker gebärden, werfen Sie nicht nur den Alltag hinter sich, sondern auch allen Abfall, den moderne Touristen so mit sich führen. Das fängt an bei Film- und Zigarettenpackungen und hört auf bei Lunchpaketen, deren Inhalt am nächsten Tag zum Himmel stinkt. Kein Wunder bei durchschnittlich 30 Grad Lufttemperatur. Das ganze schöne Jahr über.
Am saubersten scheint es noch in der Hauptstadt des Inselstaates, in *Malé,* zu sein. Die Malediver von Malé lenken den Tourismus auf irgendeine Hotel- oder FKK-Insel. Sie fühlen sich als Organisatoren, die Hauptarbeit sollen die »Inselbewohner« leisten. »Inselbewohner« ist das Schimpfwort für alle Malediver, die nicht in Malé wohnen.
Sauberkeit strahlen in der Haupt- und Sultansstadt auch die weißgetünchten Häuser aus. Blaue oder grüne Fenster und Türen, wedelnde Palmen und leuchtend roter Hibiskus verstärken den harmonischen Eindruck, den Malé macht.

Sie sind der kleinste UNO-Staat, aber die Malediven bestehen immerhin aus 1973 Inseln

Das Leben außerhalb der Hausmauern spielt sich entlang des *Marine Drive* ab. Hier werden Boote, Dschunken und Dhonis, die Segelboote der Malediver, vertäut, hier werden Obst, Gemüse, Fisch und Souvenirs verkauft. Wobei zu sagen ist, daß sich die Andenken vorwiegend auf getrocknete oder ausgebeinte Teile von Meerestieren beschränken.

Das Land in Stichworten

Geografische Lage: 8° nördlicher bis 1° südlicher Breite, 72,5—74° östlicher Länge.
Die Inselrepublik Malediven liegt mit ihrem Hauptteil nördlich des Äquators im Indischen Ozean und zwar ca. 600 km von Südindien entfernt und ca. 640 km westlich von Sri Lanka.
Entfernung von Frankfurt nach Malé 8 784 km.

Größe: 298 qkm.
Ein Archipel aus 19 Atollen mit fast 2 000 Mini-Inseln, von denen nur 192 bewohnt sind (wegen der Süßwasserquellen). Die Hauptinsel Malé im Zentrum des Archipels ist nur 6 km lang. Flache Koralleninseln (bis zweieinhalb Meter hoch), von Sandstränden mit dichtem Palmenbestand umsäumt.

Bevölkerung: Etwa 140 000 Einwohner, 12% städtisch, arabisch-malaisch-singhalesischer Abstammung. Islam.

Sprachen: Maldivisch (Divehi), eine Sonderform des Singhalesischen. Verkehrssprache Englisch.

Hauptstadt: Malé mit über 30 000 Einwohnern, auf der gleichnamigen Insel;

Staatsform: Seit 1965 unabhängige präsidiale Republik.

Trinkgeld: Wird erwartet.

Trinkwasser: Lieber vorsichtig sein!

Uhrzeit: MEZ +4 Stunden. Wenn es in Frankfurt 12 Uhr ist, ist es auf den Malediven 16 Uhr.

Verkehr: Linienflüge nach Malé nur via Colombo möglich, praktisch täglich mit wechselndem Flugplan. Transfer von der Flughafeninsel Hulule nach Malé bzw. gleich auf die gebuchte Urlaubsinsel mit Booten. (Air Ceylon und — ganz neu — mit der eigenen Air Maledives). Die Bootsverbindungen zwischen den Inseln sind im Aufbau begriffen (Motor- und Segelboote).

Zollvorschriften: Persönliches Reisegut frei. Keine Zollbeschränkungen (jedoch unbedingt zu deklarieren) bis auf alkoholische Getränke und Schweinefleisch. Einkauf von Alkohol für Touristen ist fast überall im Duty Free Shop möglich.

Flora: Dichte Kokos- und andere Palmenwälder, tropische Blumen. Auf einigen Inseln wachsen Mangos, Papayas, Ananas und Orangen.

Wirtschaft: Bislang lebten die Malediver hauptsächlich vom Fischfang, seit einigen Jahren ist auch der Tourismus ein wichtiger Wirtschaftszweig. Exportiert werden Fische und Fischprodukte, Kopra, Kokosfasern und Schildpatt.

Wichtiges von A bis Z

Ausweispapiere: Paß (mindestens noch 6 Monate gültig), Impfpaß.

Devisen: Landeswährung wird von Touristen nicht angenommen, höchstens auf den Märkten. Es wird die Zahlung mit »harter Währung«, US$ oder £-Sterling verlangt, aber keine Devisenbeschränkungen.

Diplomatische Vertretungen: Embassy of Maledive, 25 Melbourne Avenue, Colombo / Sri Lanka; Österreichische Vertretung siehe Indien, Deutsche Botschaft siehe Sri Lanka.

Einkäufe: Bunte Muschelhäuser, Schildkrötenschilde und Schildpatt. Günstiger zollfreier Einkauf von Kameras, Kofferradios, Tonbandgeräten, Zigaretten und alkoholischen Getränken; Batik aus Indonesien, Singapur und Sri Lanka.

Essen und Trinken: Reisgerichte, frischer Fisch, Meeresfrüchte und tropische Früchte.

Feiertage: Der wöchentliche Ruhetag ist der Freitag. Nationalfeiertag ist der 26. Juli.

Entfernungen / Gewichte / Maße: Englisch.

Geld: 1 Malediven-Rupie (Re., Rs.) = 100 Laris. 1 DM = 2 Re.

Impfungen: Pocken und Cholera. Malariaprophylaxe ratsam.

Klima: tropisch feucht und heiß (26—31 °C), am angenehmsten während des Nordost-Monsuns mit geringen Niederschlägen von November bis April.

Stromspannung: 220 V, doch Elektrizität bislang nur auf Malé und den fünf Touristeninseln.

Sand und Korallen

Der Malediven-Tourismus ist runde sieben Jahre alt. In dieser kurzen Zeit hat sich manches geändert. Die freundlichen Einwohner haben sich an »die hellen Menschen mit den langen Nasen« gewöhnt. Auch an manche Sitten, die immer wieder neu entdeckte Paradiese entzaubern. Vor Jahren gab es

auf Divehi, das ist die Amtssprache der Malediven, noch kein Wort für »Trinkgeld«. Heute kann ein Ober schon einmal verächtlich die Münzen liegen lassen, wenn ihm der Backschisch zu gering erscheint.
Trotz dieser unausbleiblichen Folgen bei ständiger Begegnung zweier Welten ist die Atmosphäre auf den 19 Atollen noch vorwiegend heiter. Die Kinder gaffen noch nach den Fremden, lassen sich Kaugummi schenken oder jubeln über einen Kugelschreiber. In den kleinen Fischerdörfchen werden Muscheln, Korallen und Schildkrötenpanzer zu Spottpreisen angeboten. Am Abend duftet der Strand nach gegrilltem Fisch, nach orientalischen Gewürzen und nach Kokosnuß.
An den weißen Sandstränden und den fischreichen Korallenbänken wird der Tourismus noch lange nichts verändern können. Der Traum von wedelnden Palmen und blaugrünem warmen Wasser wird auf den Inseln im Indischen Ozean erfüllt. Für Schnorchler und Taucher gelten die Unterwassergärten zwischen den etwa 2 000 Inseln ohnhin als kaum zu überbieten. Die Farbenpracht der gestreiften, genoppten und gezackten Fische steht im Wettstreit mit der bizarren Architektur vielfarbiger Korallengärten.

Der kleinste UNO-Mitgliedsstaat

Die meisten der 140 000 Insulaner leben von Fisch. Fisch ist die Hauptnahrung und deckt 90 Prozent des Einkommens. Hauptabnehmer für Thunfisch und Bonito ist das benachbarte Sri Lanka. Auch die Kokospalme bringt einigen Einwohnern geringen Verdienst durch die Gewinnung von Kopra, Kokosöl und das Flechten von Kokosmatten.
Reis wird auf den nur zweieinhalb Meter über dem Meeresspiegel liegenden Inselchen nicht angebaut, er muß eingeführt werden. Die oft eintönigen Menus werden gelegentlich mit etwas Huhn oder Ziege angereichert. Reich ist das Angebot an tropischen Früchten, angefangen bei der süßen Mangofrucht, Jams und Papaya bis hin zu Bananen, Bataten, Zitrusfrüchten und Melonen.
Auf den 192 bewohnten Inseln leben etwa 140 000 Menschen, die von Singhalesen und Arabern abstammen. Alle gehören dem Islam an, auch in der Justiz gilt das islamische Recht. Die Malediven erlangten 1965 ihre volle Unabhängigkeit, sie sind der kleinste UNO-Mitgliedsstaat.

Geschichte in Kürze

Vor 12. Jahrh. Singhalesen aus Ceylon besiedeln die Inseln. Anhänger des Buddhismus.

12. Jahrh. Islamisierung durch Araber. Begründung eines erblichen Sultanats.

1518 Erfolgreicher Kampf gegen die Portugiesen.

1645 Die Malediven werden niederländisch.

1796 Die Briten übernehmen die Macht.

1887—1965 Durch alle Wirren in diesem Raum hindurch bleiben die Inseln britisches Protektorat. Verwaltungsmäßig gehören die Inseln zur britischen Kronkolonie Ceylon.

1932 Einführung der konstitutionellen Wahlmonarchie.

1948 Lösung von Ceylon.

1953 Innere Autonomie, Ausrufung einer Republik.

1954 Wiedereinführung der konstitutionellen Wahlmonarchie.

1959—63 Abfall der südlichen Inseln.

1965 Ende des britischen Protektorats, politische Unabhängigkeit.

1968 Einführung der republikanischen Staatsform am 11. November.

MONGOLEI

Bügd Nairamdach Mongol Ard Uls

Das Reich des Dschingis Khan reichte einst von den Küsten des Ostasiatischen Meeres bis nach Polen und von Sibirien bis zum Himalaya-Gebirge. Heute ist der Rest des Mongolenreiches, die Mongolische Volksrepublik, auf ein Binnenland von der dreifachen Größe Frankreichs zusammengeschrumpft. Eingekesselt zwischen der Sowjetunion und der Volksrepublik China, hat es politisch recht wenig Bewegungsfreiheit. Doch seit die Sowjets 1924 die ihnen genehmen mongolischen Parteiführer ans Ruder brachten, hat der neue Staat wirtschaftlich und auch in Fragen der medizinischen Versorgung und der Bildungspolitik einen beachtenswerten Aufschwung genommen.
Zentrum des 1,6-Millionen-Staates ist die einzige Großstadt des Landes, *Ulan Bator,* wo fast ein Viertel der Bevölkerung lebt. Die Stadt besteht aus breiten Straßen, Betonklötzen für die Verwaltung, heroischen Statuen und ein paar Verkehrspolizisten, die das Verkehrs-Rinnsal an sich vorbeiplätschern lassen.

Dem alten Dschingis auf der Spur

Bei einem Rundgang oder einer Rundfahrt sind die touristisch interessanten Punkte schnell »abgehakt«. Das *Gandan-Kloster* allerdings ist ein Lichtpunkt. Hier zelebrieren noch knapp hundert der in der Mongolei selten gewordenen Lama-Mönche ihre fremdartigen Riten. Vor allem sonntags lebt das Kloster, denn immer noch gibt es Gläubige, die beim Klange der Zimbeln und Trompeten Buddha verehren.
Früher soll es hier 100 000 Mönche gegeben haben. Doch in den Jahren 1937 und 1938 wurden die Klöster aufgelöst. Die Mönche verstreuten sich in allerlei weltliche Berufe und halfen bald, das bis dahin vernachlässigte Handwerk zu stärken.
Weiterhin wichtig ist der Besuch des Palastes des *Bogdo Gegen.* Der »Lebende Buddha« regierte früher die Mongolei, der letzte starb 1924. Die neue Regierung ließ eine neue Inkarnation nicht zu. Der Palast birgt wertvolle Kunstschätze.
Das *Stadt-Museum* schließlich zeigt Ausschnitte der mongolischen Geschichte und — in einer anderen Abteilung — die Flora und Fauna des großen Landes, darunter das eindrucksvolle Skelett eines *Dinosauriers,* das in der Wüste Gobi gefunden wurde.
Gelegentlich werden Ausflüge nach *Tereljі,* einem Rasthaus an den Ufern

eines Flüßchens, veranstaltet. Hier zeigen die Nachkommen der wilden Mongolenkrieger, daß sie das Reiten noch nicht verlernt haben. Ihre Kunststücke übertreffen häufig die Leistungen der im Westen bekannten Cowboys.
Im Südwesten des Landes liegt das mit Flugzeugen erreichbare Kur-Zentrum *Khujirt* (auch Hujirt), bekannt durch seine heißen Quellen und die beste »Kumiss«, eine fermentierte Stutenmilch.

Grund des Besuches ist jedoch das 55 Kilometer entfernte *Karakorum,* endlich ein historisches Zeugnis des erfolgreichsten Berserkers: Dschingis Khan. Karakorum war im 13. Jahrhundert die Mongolen-Hauptstadt, bis Dschingis Khans Enkel Kublai Khan im Jahre 1267 Khanbaliq, das alte Peking, als Herrschersitz auserwählte.

Viel ist nicht mehr erhalten von dem alten Glanz — und doch beschleicht den Besucher ein seltsames Gefühl: Hier also beschloß der wilde Krieger, den Westen zu erobern, ein Ziel, das er zeitweise-teilweise erreichte. Bei dem Tempo, mit dem er Städte und Länder überfiel und zerstörte, fällt einem in Karakorum ein, daß er eigentlich nur ein paar Tage vor Berlin gestoppt und zurückgeschlagen wurde.

In der Nähe der alten Hauptstadt steht das älteste Kloster der Mongolei: *Erdenzuu,* das im 16. Jahrhundert mit Steinen aus Karakorum erbaut wurde.

Ein landschaftlicher Höhepunkt ist die *Wüste Gobi,* ein zwei Millionen Quadratkilometer großes Trockenbecken. Hier leben hauptsächlich Araten, nomadisierende oder teilnomadisierende Viehzüchter, mit ihren Herden von Kamelen, Schafen und Pferden.

Die Flüge von Ziel zu Ziel zeigen, daß die Mongolei vorwiegend flach ist. Nur im fernen Westen, rund um die Provinzhauptstadt *Khobdo,* beginnt eine Landschaft, wie sie der Mitteleuropäer bevorzugt: die mächtigen Höhenzüge des *Altai-Gebirges.* Das sind 13 Prozent des Landes, eingeschlossen die Gebirgstaiga. Der größte Teil des Landes wird von Steppe (32 Prozent) eingenommen, dann folgen die Wüstensteppe (27 Prozent) und die Waldsteppe (17 Prozent). Die Wüste schließlich bedeckt elf Prozent der Mongolischen Volksrepublik, die auch unter dem Namen »Äußere Mongolei« bekannt ist.

Das Land in Stichworten

Geografische Lage: 90—120° östlicher Länge, 44—50° nördlicher Breite.
Die Mongolei grenzt im Norden an die UdSSR, im Süden, Osten und Westen an die VR China.

Größe: 1,565 Mill. qkm. Dreimal Frankreich.
Die Mongolei kann von Norden nach Süden in vier Regionen aufgeteilt werden: das gebirgige Hochland (im Westen liegen die höchsten Berge, bis zu 4 362 m), das Hochland und im Süden die Halbwüste und Wüste (Gobi). Allgemein kann von der mongolischen Volksrepublik als von einem Hochland gesprochen werden, der niedrigste Punkt liegt 552 m über dem Meer.

Bevölkerung: 1,6 Mill. Einwohner, ca. 46% städtisch. Drei Viertel Ostmongolen (Chalcha), außerdem Westmongolen (5%), Kasachen (4%), Tuwiner, Russen, Chinesen und andere Minder-

Jeder Mongole hat im Durchschnitt 20 große Haustiere: Pferde, Rinder, Kamele, Schweine, Schafe und Ziegen

heiten. In der Religion herrscht der lamaistische Buddhismus vor.

Sprachen: Mongolisch; Fremdsprachen: Russisch, kaum Englisch. Dolmetscher für Englisch, Deutsch, Französisch, Spanisch, Japanisch, Russisch können gestellt werden.

Hauptstadt: Ulan Bator, 1 300 m über dem Meer, 340 000 Einwohner.

Großstädte: Darchan 24 000, Tschojbalsan 14 000, Suche-Bator 12 000, Dschargalant 11 000.

Staatsform: Kommunistische Volksrepublik.

Feiertage: Nationalfeiertag am 11. Juli.

Geld: 1 Tugrug (Tug.) = 100 Mongo; 1 DM = 1,6 Tugrug.

Impfungen: Pocken.

Klima: Die Mongolei hat extremes Kontinentalklima mit einem sehr kalten Winter (November bis April) und kühlem, trockenem Sommer. Im Norden liegt die Durchschnittstemperatur im Januar bei –34 °C (kann bis zu –45 °C gehen), im Juli bei 15 °C; im Süden liegt sie während der gleichen Zeit bei –19 °C bzw. bei 23 °C (teilweise über 30 °C). Öfters sehr große Temperaturschwankungen (bis zu 30 °C) zwischen Tag und Nacht. Ab Juli/August muß auch mit Regen gerechnet werden.

Wirtschaft: Vorwiegend Landwirtschaft, einige Bodenschätze. Ausgeführt wird vor allem Vieh, bzw. Tierprodukte wie Wolle, Häute und Leder. Außerdem bilden Wolfram und Gold wichtige Einnahmequellen.

Wichtiges von A bis Z

Ausweispapiere: Paß, Visum.

Devisen: Die Ein- und Ausfuhr von mongolischen Banknoten und Münzen ist verboten. Fremdwährungen können unbeschränkt eingeführt werden, Deklaration erforderlich. Ausfuhr erlaubt in Höhe der deklarierten Einfuhr, abzüglich der umgetauschten Beträge.

Stromspannung: 220 V Wechselstrom, 2-Polstecker.

Trinkgeld: Trinkgelder sind nicht üblich und sollten auch nicht angeboten werden.

Uhrzeit: MEZ +7 Stunden. Wenn es in Frankfurt 12 Uhr ist, ist es in Ulan Bator 19 Uhr.

Verkehr: Linienflüge nach Ulan Bator (Flughafen Buyant-Ukha 15 km zur Stadt, Taxi), 3mal wöchentlich via Moskau. Für ausländische Touristen sind z.Z. Reisen nach Chudschirt, zur Südgobi, nach Chowdo, Gobi-Altai und in den Mittelaltai (Jagdreisen) möglich. Bei Überlandreisen können Mietwagen mit Fahrer gemietet werden. Im Stadtverkehr können Mietwagen mit Fahrer für 1,50 Tug pro km sowie 15 Tug je Stunde Wartezeit gemietet werden. Die Begleitung durch einen Dolmetscher ist obligatorisch.

Zollvorschriften: Persönliches Reisegut frei, jedoch sind alle Gegenstände bei der Ankunft zu deklarieren. Einfuhrverbot besteht für 16mm-Filmkameras und belichtete, aber nicht entwickelte Filme sowie für Waffen aller Art (bei Buchung von reinen Jagdreisen werden Ausnahmen für Jagdwaffen gemacht). Ausfuhrverbot besteht für mongolische Kunstgegenstände, Bücher und Dokumente von historischem Wert. Strenge Kontrollen.

Wie aus dem Bilderbuch

Die schönste Vorbereitung auf einen Besuch der Mongolei ist es, sich etwas mit den Völkern und Stämmen zu beschäftigen, aus denen die 1 1/2-Millionen-Volksrepublik besteht. Schon allein ihre Aufzählung klingt, als beherrsche man die mongolische Sprache: Chalcha, Dörbeten, Bajaten, Dsachtschinen, Oleten, Torguten, Burjaten, Dariganga, Kasachen, Tuwiner, Burguten, Darehaten, Chartschimer, Tschacharen, Udsumtschinen, Sartulen, Chtotogiten und Mungaten.
Doch bei der Fahrt über die Kurzgrassteppe, die keine gebaute Trasse braucht, oder beim Halt in einer Jurten-Siedlung begegnen dem Reisenden vorwiegend Chalcha-Mongolen, typisch oft, wie aus dem Bilderbuch, mit runden Gesichtern, Schlitzaugen über geröteten Backen, schwarzen glatten Haaren und kaftanähnlichen Mänteln.
Endlich ein Vorurteil, das der Weltenbummler unwidersprochen behalten darf: Mongolen sehen wirklich so aus, wie Sie bei uns beschrieben werden. Die zweite Beobachtung auf dieser 1 000 Meter hohen Ebene — dreimal so groß wie Frankreich, rund sechsmal die Bundesrepublik — ist der Tierreichtum. Die Statistik behauptet, jeder Mongole habe im Durchschnitt 20 große Haustiere. Bei 1,6 Millionen Menschen, so rechnen wir, hat jeder knapp zwei Pferde und zwei Rinder, rund neun Schafe und vier Ziegen. Der Rest, das heißt was bis zu zwanzig fehlt, das sind Kamele und Schweine. Fürwahr eine Statistik, die sich mit etwas Phantasie in Landschaft umsetzen läßt, in herbriechende Ebenen, karge Hügel, in Einsamkeit und menschenverlassene

Flächen, Kräuter und Blumen, olivfarbene Grasmatten, blauviolette Berge, dazwischen, die monotone Umgebung belebend, manchmal zerreißend, grasende Wiederkäuer oder schnaubende Hengste. Und ehe die Phantasie Dschingis Khans Weltreich aus den Trümmern der Schulweisheit hervorgekramt hat, holpert und zottelt der Bus über holprige Wege und stoppt abrupt, um eine meckernde Ziegenherde passieren zu lassen.
Das ist die Mongolei, die täglich langweilt und immer wieder fasziniert. Trifft man später in Deutschland einen Steppen-Kollegen, dann beginnt die Schwärmerei spätestens bei der Erwähnung mongolischer Molkereiprodukte. Was damals — mindestens beim ersten Schluck — mit Widerwillen genossen wurde, das nimmt in der erinnernden Erzählung Formen an, als beschriebe einer die Begegnung mit einer Stehbierhalle mitten in der Wüste. Kein Wunder, denn eine mongolische Milchbar hat manche Reize, die anderswo auf der Welt nicht zu finden sind: Der »Airak« ist gegorene Stutenmilch, die man nur bei zugehaltener Nase trinkt. Andere behaupten dann, es sei eine Mischung aus Weißwein und Joghurt. Beim »Arschi« wird der gesellige Tourist dann schon leichtsinniger, weil er Wodka hört. Ein Milchwodka, angeblich auch von der Stute, um dessen Geschmack man sich bald nicht mehr streitet, weil die 48 Prozent im Mongolenwodka ihre besänftigende Wirkung nicht verfehlen. Das bewährte Mittel gegen den Brummschädel am Morgen macht dann wieder wach für neues Wollen: gesalzener Tee mit Yakbutter.

Geschichte in Kürze

2. Jahrh. v. Chr. Besiedlung der heutigen Mongolei durch Hirtenvölker.
13. Jahrh. Dschingis Khan gründet das mongolische Großreich.
1570 Die Mongolen bekennen sich zum Lamaismus.
1691 China macht die Mongolei zum Vasallen.
1911 Die Äußere Mongolei wird unabhängig, die Innere Mongolei bleibt Vasall Chinas.
1918—19 China besetzt die ganze Mongolei.
1921 Die weißrussische Armee erobert die Hauptstadt Uiga, die 1924 in Ulan Bator umbenannt wird. Ein lamaistischer Priesterkönig wird eingesetzt. Die Mongolische Volkspartei siegt und schließt einen Freundschaftsvertrag mit der Sowjetunion.
1924 Am 13. Juni wird die Mongolische Volksrepublik ausgerufen.
1946 China anerkennt die Unabhängigkeit der Mongolei.
1950 China und die UdSSR garantieren die Unabhängigkeit der Mongolei.

NEPAL

Sri Nepalá Sarkár

(siehe Karte Seite 28)

Selten macht ein touristisches Ziel es derart wichtig, vorher auf dem Plan die Lage der einzelnen Tempel zu registrieren, wie im *Katmandu-Tal.* Denn, das ist nicht wegzustreiten, für einen Touristen, der das große Angebot aus Zeitmangel nur oberflächlich wahrnehmen kann, sieht eben doch der eine Tempel in *Patan* fast genau so aus wie ein anderer in *Bhadgaon.* Hinzu kommt, daß bei der Fahrt im Bus oder PKW die Grenzen zwischen den zwei alten Hauptstädten und Katmandu, der neuen, nicht registriert werden. Deshalb ist hier die Vorinformation besonders wichtig.

Tausend schöne Tempel

Das Zentrum für alle Nepal-Reisenden ist Katmandu, Hauptstadt des Himalaya-Landes seit 1770, aber schon im Jahre 732 gegründet, damals unter dem Namen »Kantipur«. Nepals Hauptstadt ist vollgepackt mit Sehenswürdigkeiten. Trotz der Fülle an wertvollen und interessanten Baudenkmälern fasziniert die *Kumari,* die »lebende Göttin«, am meisten. Sie wohnt bis zur Geschlechtsreife im *Kumari Bahal,* wo sie von Gläubigen verehrt wird (siehe Seite 201).
Der wohl interessanteste Platz ist der *Hanuman Dhoka,* der Platz des Affengottes, in dessen Bereich mehrere große Pagoden stehen. Außerdem der *Jagannath-Tempel,* vor dessen variationsreichen erotischen Darstellungen die Hindus ihre Kinder aufklären, beziehungsweise ihnen Religionsunterricht erteilen. Denn der Geschlechtsakt ist bei den Hindus das Symbol der Befreiung vom irdischen Leben.
In der *Juddha Sadak,* der *Indrachowk* oder am Platz des Affengottes auf irgendeiner Treppe oder einer Mauer werden Nachbildungen der erotischen Tempelgravuren verkauft. Am interessantesten sind die aus Metall gegossenen Figuren, sehr preiswert, ein ausgefallenes Geschenk und ein lustiges Souvenir.
Knapp fünf Kilometer östlich vom Katmandu-Center liegt der grandiose Hindutempel, eigentlich eine Tempelstadt: *Pashupatinath,* das größte Heiligtum der nepalesischen Hindus. Der Fluß, der durch die Anlage fließt, der *Bagmati,* ist ihnen ebenso heilig, wie den Indern der Ganges. Nicht alle heiligen Stätten können von Ungläubigen betreten werden, doch Europäern genügt meist schon der Eindruck, die Atmosphäre beim Schlendern durch die Gassen und Uferpromenaden: langhaarige, mit Asche beschmierte Sadhus, bettelnde Kranke, Scheiterhaufen mit Toten, die verbrannt werden, junge und alte Hindus, die im Fluß die Waschung vornehmen.

Im Nordwesten Katmandus, auf einem kleinen Hügel, liegt das älteste und bedeutendste, für Touristen auch beeindruckendste Heiligtum Nepals, *Swayambhunath,* ein buddhistischer Tempelkomplex. 365 Stufen sind zu überwinden, um vor dem *Chaitya,* dem gewaltigen Stupa, zu stehen. Gläubige wandeln um den Stupa und drehen die 211 bronzenen Gebetsmühlen. In der Nähe der Anlage gibt es noch weitere Attraktionen, zum Beispiel zwei *Ghömpas,* tibetanische Klöster, mit einer drei Meter hohen Gebetsmühle.
Für Buddhisten fast ebenso wichtig wie Swayambhunath ist der Stupa von Bodnath oder *Boudhanat:* eine große Halbkugel, darauf ein Turm mit vier Augenpaaren, Buddhas allessehende Augen. Beim Rundgang wieder Gebetsmühlen, 108 Stück, und viele kleine Buddhafiguren. Für Touristen haben Tibetaner und Sherpas eine »Tibetan Village« gebaut, die dem Chin Lama, einem nepalesischen Würdenträger untersteht. Der Handel mit Kunstgegenständen befriedigt Händler wie Kunden.
Eines der schönsten Kunstwerke schließlich steht in einem kleinen Dorf, etwa zwölf Kilometer nördlich von Katmandu: *Ananta Shayin Narayah,* der ruhende Vishnu in *Buddhanilkantha.* Es ist ein fünf Meter langes Steinbildnis, das Nepals König nicht sehen darf, da er selbst als göttliche Inkarnation Vishnus gilt.
Wilde Schluchten und rauschende Bäche, Wasserfälle und phantastische Ausblicke auf die Berge in der Nähe von Katmandu bieten zwei beliebte Picknick-Stationen: *Sundarijal* und *Chovar.*
Gute fünf Kilometer im Westen der Hauptstadt liegt *Kirtipur.* Diese mittelalterliche Stadt ist wegen ihres Straßenlebens und ihrer Umgebung bekannt und beliebt. In der Stadt spielt sich das tägliche Leben fast nur in der Umgebung der Wasserbecken *(Hitis)* ab. Vom *Uma Maheshwar,* einem nur noch teilweise erhaltenen Pagodentempel, bietet sich ein einmaliger Blick auf das Katmandu-Tal und die Berge an.
Patan, mehrfache Hauptstadt des Katmandu-Tales, ist schon fast mit der neuen Hauptstadt zusammengewachsen. Die zweitgrößte Stadt Nepals liegt in südlicher Richtung. Verwirrend und beeindruckend zugleich sind der *Königspalast* sowie die vielen Tempel und Pagoden in seiner Umgebung. Sehr harmonisch ist der Baustil des *Steintempels Krishna Mandir,* zahlreiche Szenen aus Geschichte und Mythos zieren den Bau. Auf andere Weise interessant ist *Mahabuddha,* der »Tempel mit einer Million Buddhas«. Das Zahlenspiel kam auf, weil jeder Ziegel das Bildnis Buddhas trägt. Daß es nur 9 000 sind — so wurde beim Wiederaufbau des Tempels nach einem Erdbeben gezählt —, sei nur am Rande erwähnt. Auch das ist eine ganze Menge.
Ebenfalls besuchenswert für Touristen, die an architektonischer Schönheit und Vielfalt Gefallen finden, ist das buddhistische Kloster *Hiranaya Varna Mahavihar.* Zu beachten sind die zahlreichen prächtigen Bronzestatuen im Innenhof.
Wer einen neuen Hausstand gründet und den Haussegen erflehen will, pilgert zur *Minanatha-Pagode* und nagelt dort allerlei Hausgerät wie Pfannen, Töpfe und Schüsseln an die Tempelwand.

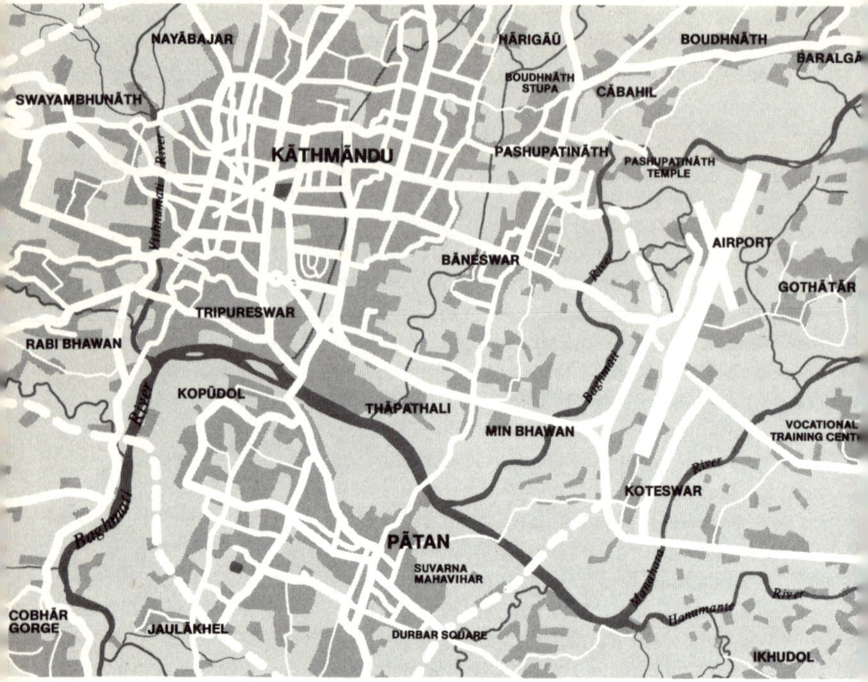

Im Osten Katmandus liegt *Bhaktapur,* die drittgrößte Stadt Nepals, gelegentlich auch »Bhadgaon« genannt. Diese Stadt hat dem Touristen viel zu bieten. Die Auswahl der hier vorgestellten Sehenswürdigkeiten kann deshalb nur rein subjektiv sein. Der *Königspalast* ist wegen seiner Architektonik, seiner holzgeschnitzten Balkonfenster, berühmt. Ebenso das *Goldene Tor,* nach Meinung vieler Besucher das schönste Tor der Welt.

Nicht weit entfernt steht die *Pashupatinath-Pagode,* an deren Dachstützen holzgeschnitzte erotische Szenen interessieren. Beeindruckend ist auch die höchste Pagode des Katmandu-Tales, die fünfstöckige *Nyatapola.*

Im östlichen Teil von *Bhaktapur* steht der angeblich aus dem Holz eines einzigen Baumes erbaute *Dattatraya-Tempel*, der von zwei riesigen Statuen bewacht wird. Dahinter versteckt sich die Kloster-Akademie *Pujahari Math,* deren *Pfauenfenster* zu den schönsten Holzschnitzereien gehören.

Ein besonderes Erlebnis für Europäer, die sich an triefendem Blut nicht stören, ist der *Tempel Dakshin Kali.* 20 Kilometer südlich Katmandu liegt dieser von Einheimischen verehrte Tempel der Kali, der blutrünstigen Göttin. Früher sollen es vor allem Kinder gewesen sein, die sie bevorzugte, heute werden Hühner und Ziegen geopfert. Die Tiere werden nach der rituellen Tötung durch den Priester von den Pilgern am Fluß ausgenommen und zubereitet. Picknick auf nepalesische Art. Zweimal wöchentlich, dienstags und freitags, ziehen Pilgerscharen zum Heiligtum der Kali, mit den Opfertieren im Korb (Hühner) oder im Schlepptau (Ziegen), bunten Blumenschalen und Kochgeschirr, von Sonnenaufgang bis Sonnenuntergang.

Das Land in Stichworten

Geografische Lage: 80—88° östlicher Länge, 26,5—30,5° nördlicher Breite.
Das Königreich Nepal grenzt im Norden an die tibetische Grenze der VR China, im Osten an Sikkim, im Süden und Westen an Indien.
Entfernung von Frankfurt nach Katmandu 6 896 km.

Größe: 140 797 qkm. Halb so groß wie Italien.
Ausgesprochenes Hochgebirgsland mit den bedeutendsten Erhebungen der Erde (Mount Everest, 8 882 m) im Norden und den niedrigen Vorbergen im Süden, dazwischen Hochtäler und Becken, besonders das Tal von Katmandu.

Bevölkerung: 13,5 Mill. Einwohner, höchstens 10% städtisch. Hauptsächlich Newar als »Ureinwohner«, Gurkhas als einflußreichste Schicht sowie tibetisch-mongolische Hochgebirgsstämme (u. a. Sherpa) und im Tiefland Inder. Sehr gemischte Bevölkerung.
Tibetanischer Buddhismus und Shiva-Kult bei den Newar, Hinduismus bei den Gurkha.

Sprachen: Staatssprache Parbatiya (Pahari) der Gurkhas; Umgangssprache teilweise tibetanische Dialekte, Geschäftssprache Englisch.

Hauptstadt: Katmandu (1 500 m hoch), ca. 196 000 Einwohner.

Staatsform: Konstitutionelle Hindu-Monarchie.

Wirtschaft: Gute Landwirtschaftsmöglichkeiten in den Hochtälern und Bekken (Reis, Weizen, Zuckerrohr, Tee, Obst und Gemüse); erfolgreiche Viehzucht; wertvolle Hölzer. Kaum industrielle Entwicklung. Hauptausfuhr: Reis, Jute, Arzneipflanzen, Edelhölzer, Ölsaaten, Viehzuchtprodukte.

Flora: Große Waldbestände.

Wichtiges von A bis Z

Ausweispapiere: Paß, Visum (sollte bei der nepalesischen Botschaft beantragt werden; Foto notwendig), Impfpaß, internationaler Führerschein.

Devisen: Keine Ein- und Ausfuhr von Landeswährung; Fremdwährung deklarieren (Indische Rupien dürfen nicht eingeführt werden). Andere Fremdwährungen sind bei der Einreise unbeschränkt. Deklaration erforderlich. Beim Rücktausch von Landeswährung in Fremdwährung ist zu beachten, daß nur 10% des gewechselten Geldes wieder zurückgetauscht werden können.

Diplomatische Vertretungen: Deutsche Botschaft, Kingsway, Katmandu, Tel. 1 17 30; Österreichische Botschaft siehe Indien.

Einkäufe: Öffnungszeiten (auch Banken) So.—Fr. 8—20 Uhr und später.
Kästchen mit Einlegearbeiten aus Halbedelstein, Ketten und Armbänder, buddhistische Donnerpfeile und Gebetstrommeln aus Silber und Kupfer, Götterfiguren, Holz- und Elfenbeinschnitzereien, feines Reispapier, handgewebte Baumwoll- und Wollstoffe.
Wer günstig einkaufen will, muß hart feilschen, auch in etabliert aussehenden Läden. Es gibt unzählige Geschäfte, kleine und kleinste Buden auch in den oberen Stockwerken der Häuser in den Bazarstraßen von Katmandu. In Patan außerdem: »Patan Industrial Estate und Mangai Bazar«.

Essen und Trinken: Die nepalesischen Curry-Gerichte basieren auf Huhn und Schweinefleisch mit Gemüse und Reis. Verschiedene lokale Käsesorten und sehr süße Nachspeisen, aber keine große Variationsbreite. »Jand« heißt das milde lokale Bier; meistens werden Tee und Kaffee getrunken.

Feiertage: Der wöchentliche Ruhetag ist

der Samstag. Zahlreiche, jährlich wechselnde weitere Feiertage.

Entfernungen, Gewichte und Maße: Englisch.

Geld: 1 Nepalesische Rupie (NR) = 100 Paisa; 1 DM = 6 NR.

Impfungen: Pocken. Cholera und Gelbfieber bei Einreise aus Infektionsgebieten. Malariaschutz und Typhus/Paratyphus-Impfung dringend angeraten.

Klima: Beste Reisezeit für das Tal von Katmandu und das Pokhara-Tal: Oktober bis März, für Trekking Oktober/November und Februar bis April. Tropisch bis arktisch. Der Osten ist tropisch mit warmem und feuchtem Klima (Frühdunst), die zentralen Täler sind angenehm subtropisch, der Norden ab über 3 500 m Höhe alpin mit sehr niedrigen Wintertemperaturen (Dezember/Januar unter 0 °C). Der meiste Regen fällt Juni bis August, die wärmste Zeit ist April bis Juni.

Stromspannung: 220—240 V.

Trinkgeld: Bedienungszuschlag 10% im Rechnungsbetrag. Zusätzliches Trinkgeld wird erwartet, für kleinere Dienste 1/2 NR.

Trinkwasser: Nur abgekocht und gefiltert trinken (im Hotel erhältlich)!

Uhrzeit: MEZ +4 Stunden 40 Minuten. Wenn es in Frankfurt 12 Uhr ist, ist es in Katmandu 16.40 Uhr.

Verkehr: Linienflüge nach Katmandu (Flughafen Tribhuyan 6,5 km zur Stadt, Zubringerdienste von Royal Nepal Airlines zum Stadtbüro; die Fluggesellschaft versorgt alle Flughäfen des Landes je nach Wetterlage) 3 mal wöchentlich direkt ab Frankfurt via Bangkok (Umweg) oder sonst täglich via Delhi. Gute Flugverbindungen zwischen den wichtigeren Orten, z.B. Katmandu — Pokhara 2mal täglich, 3/4 Stunde, ca. 25 Mark.
Wenig gute Straßen. Für Touristen interessant ist die Arniko-Raj Marga — Straße von Katmandu zur tibetanischen Grenze der VR China, 104 km lang, bis Barabise 88 km asphaltiert, Rest Piste. Ausländer benutzen normalerweise Taxis (ca. 1 NR pro km) oder Mietwagen mit Chauffeur (Preis aushandeln!) Regelmäßiger Busverkehr (abenteuerlich) zwischen den Orten im Tal von Katmandu. Im Stadtverkehr Rikshas für denselben Preis wie Taxis.

Zollvorschriften: Persönliches Reisegut frei; 150 Zigaretten oder 20 Zigarren; eine Flasche alkoholische Getränke. Reisende, die Antiquitäten bei der Ausreise mitnehmen wollen, sollten beim Nepal-Museum in Katmandu nachfragen, ob der Export erlaubt ist. Eine Ausfuhrbescheinigung der Zollstelle ist außerdem erforderlich.

Katmandu: Tempel, Wahrsager und Reisbier

Katmandu ist auch ohne Programm ein Erlebnis. Einfach am Straßenrand sitzen, auf den Stufen einer Tempeltreppe oder neben einem der typischen offenen Läden, das genügt. Die Hauptstadt Nepals ist bunt, manchmal erschreckend — aber jeden Tag abwechslungsreich.
Ein Wahrsager kommt vorbei, die Zukunft und die Vergangenheit für eine Rupie. Die deutsche Urlauberin erschrickt, der alte Hindu weiß alles: daß sie sechsmal empfangen, nur zweimal geboren hat, einen Mann verließ, um einen anderen zu heiraten. Einen mit viel, viel Geld. Der reiche Ehemann steht dabei. Sie soll den Mist sein lassen, das sei doch alles Humbug. Doch die junge Frau widerspricht, sie will wissen, einen Blick in die Zukunft wagen. Die ist nicht rosig, der Mann wird sie verlassen.

Nun soll auch er die Handfläche zeigen. Doch der Ehemann tippt an die Stirn. Die Frau wird ärgerlich. Der Streit ist da, ihr früheres Verhältnis wird zum Vorwurf, sein weisgesagter Seitensprung Grund für laute Szenen. Dann ist es still. Der einäugige Seher sucht sich andere Opfer, das Touristenpaar geht getrennt ins Hotel. Nach Tagen, beim Rückflug nach Bangkok, schweigen sie noch immer. . .

In Katmandu genehmigt sich ein zerlumpter Hindu in einer der offiziell eigentlich verbotenen Kneipen ein paar Gläser Reisbier. Er summt zu den Klängen, die aus den Tempeln über die Dächer schwingen, Gesänge aus rauhen Männerkehlen, begleitet von dem Quäken eines ausgeleierten Harmoniums, dem Klappern der Tschinellen und den dumpfen Tönen der Trommeln. Um halb elf macht sich der Hindu auf den Weg, macht den Tempelmännern Platz, die ihre Tempelmusik beendet haben. Noch eine Stunde Zeit, ein Reisbier zu schlürfen.

Der Einäugige schlurft durch die Stadt. Bei den großen Gittern, hinter denen der Gott des Reichtums, Sveta Bhairab, wacht, dreht sich der Alte dreimal um die eigene Achse und grüßt: Danke, Du hast mir diese Woche viele reiche Touristen geschickt, danke.

Während der Wahrsager sich an einem »Hiti«, einem der öffentlichen Waschplätze, ein windgeschütztes Plätzchen für die Nacht sucht, kichert er leise vor sich hin. Er denkt an Sveta Bhairab. Nächste Woche werden die Gitter entfernt, dann will der Hindu ein paar Früchte opfern, und sieben Tage später wird er sich vollaufen lassen. Am letzten Abend des Erntedankfestes, ehe der Gott des Reichtums wieder in seinem Käfig verschwindet, fließt Reisschnaps aus dem göttlichen Mund. Der Alte wird durch reichlichen Genuß zeigen, wie sehr er gerade diesen Gott verehrt.

Die Kumari: Eine lebende Göttin

Im Hof eines schönen holzgeschnitzten Hauses sollen wir warten. Unsere Reiseführerin will versuchen, daß Kumari, die lebende Göttin, uns begrüßt. Sie spricht mit einer alten Frau und steckt ihr eine Rupien-Note zu. Minuten später wird im ersten Stock ein geschnitzter Laden zurückgestoßen. Eine Neunjährige blickt mit großen, schwarzen Augen nach unten. In das Haar ist kunstvoll Filigranschmuck geflochten, auf der Stirn leuchtet rote Farbe. Hinter der Göttin wacht die Alte über die stumme und etwas bedrückende Szene. Fotografieren verboten, nur gucken — nicht einfach für weitgereiste Touristen.

Nach drei Minuten lächelt die Kumari kurz, winkt einmal und der Spuk ist zu Ende. Sie verschwindet in den Räumen, die sie nicht verlassen darf, bis aus dem Kind eine junge Frau zu werden beginnt.

Die Kumari wird als mindestens Vierjährige aus der Kaste der Goldschmiede ausgesucht. Makellos muß sie sein und ohne Angst. Dann ist sie würdig, die Angetraute Schiwas, des Gottes der Zerstörung zu sein, dann wird sie von

Durgha, der Schrecklichen Göttin, akzeptiert. Die Goldschmieds-Tochter darf keine Regung zeigen, wenn sie zur Prüfung durch unterirdische Tempel geführt wird, an deren Wänden Schädel von Büffeln und Menschen hängen sollen. Auch beim Blutopfer muß das kleine Mädchen alles gewähren lassen, ohne mit der Wimper zu zucken: Über ihrem Körper werden ein Hahn, ein Ziegenbock und ein Büffel geschlachtet.
Die Göttin selbst aber darf nicht bluten. Das wäre Gott Schiwa nicht gefällig. Sobald sie sich verletzt, spätestens aber, wenn ihr ein Milchzahn ausfällt oder das erste Zeichen der Fraulichkeit, die Menstruation, beginnt, ist es Schluß mit der Göttlichkeit. Dann wird wieder eine makellose Tochter eines glücklichen Goldschmiedes gesucht.
Die abgedankte »Göttin-Mutter« soll nach der Überlieferung nicht heiraten. Manche Göttinnen haben es trotzdem getan — und waren kurz darauf schon Witwe. Sie haben es also schwer, einen mutigen Nepalesen zu finden, der dem alten Herkommen trotzt. In den letzten dreißig Jahren soll es nur einen Göttin-Gemahl gegeben haben, der den Dämonen entkam.

Lumbini: Hier wurde Buddha geboren

Bergwandern und in der dünnen Luft fast einen Kollaps bekommen. Im »Mount Everest View Hotel« in 4 300 Meter Höhe sich ein Sauerstoffgerät ausleihen, um die Aussicht ohne Atemnot genießen zu können. Von Phokara aus zum Trekking starten und beim Durchqueren der Bäche unfreiwillig Blutegel einfangen. Auch das gibt es in Nepal. Im abenteuerlichen Himalaya-Staat.
Die andere Seite, der ein Wanderer mit offenen Augen auf seinen Exkursionen begegnet, das sind ungeheuer viele Analphabeten und eine Lebenserwartung, die auch heute noch unter 40 Jahren liegt. Über die vielen Kerzen, die abends aufleuchten, weil der Strom ausfällt, darüber kann man sich — je nach Geschmack — sogar noch freuen.
Rundum: Nepal, dieses faszinierende Land, etwa so groß wie Österreich und die Schweiz zusammen, bietet eine fast unvorstellbare Spannungsbreite an Erfreulichem und Abstoßendem. Mancher empfindet Lust, für immer hier zu bleiben. Andere freuen sich auf den Abflug und meinen: »Nie wieder«.
Die kurze Aufenthaltszeit, die Touristen haben, ist eben zu kurz, um sich zu dieser oder jener Meinung wirklich zu bekennen. Touristen müssen schauen, besichtigen — und später die Analyse versuchen.
Um zu schauen und zu verstehen, gibt es ein paar Ziele, die interessante Aspekte liefern, aber nicht im kulturell so massiven Katmandu-Tal liegen. *Phokara* liegt etwa 200 Kilometer von Katmandu entfernt, ungefähr im Nordwesten. Diese beeindruckende Stadt, Hauptstadt Mittelnepals, schmiegt sich an den Rand des *Phewa-Tales.* Oben sieht man die majestätischen *Annapurna-Berge.* Außer einigen durchaus sehenswerten Tempeln

Nepal, das Himalaja-Land, birgt der Welt größten Berg, den 8848 Meter hohen Mount Everest

bietet Phokara vor allem einmalige Landschaften. Ein Indiz dafür ist schon der Name, denn Phokara bedeutet »See«. Nicht nur viele kleine, auch der größte See Nepals liegt in der Nähe Phokaras: der Phewa-See. Und noch ein sehenswertes Wasserspiel: Der *Davi's Fall* endet in einem tiefen Felsenloch und ist dann verschwunden.

Von Phokara nach Süden, leicht südwestlich, in Richtung zur indischen Grenze, liegt *Lumbini.* Hier oder in der direkten Umgebung wurde im 6. vorchristlichen Jahrhundert Buddha geboren. Daran zweifelt inzwischen kein Geschichtsforscher mehr: Für Buddhisten ist dieser Ort vergleichbar mit dem bei Christen so beliebten religions-romantischen Bethlehem.

Ausgrabungen sollen das Leben Gautama Buddhas plastischer machen, denn Buddha war der Sohn von Suddhodane, dem König des Reiches Kapilavastu. Buddha war letzten Endes das, was es zu jeder Zeit in jeder Generation gibt: Er rebellierte gegen den Versuch seiner Eltern, ihm eine heile Welt vorzulügen. Er wollte die Not kennenlernen und versuchte, Tips zu entwickeln, die den harten Alltag erträglich machen: so etwas wie ein positiver und konstruktiver Revoluzzer.

Zwischen dem Buddha-Geburtsort Lumbini und Katmandu liegt *Bharatpur,* Zentrum des Rapti-Tales. Von Bharatpur startet man auch, um den »Royal Chitwan National Park« zu besuchen. In der Umgebung der Flüsse *Rapti* und *Narayani* gibt es noch Nashörner und Krokodile in freier Wildbahn zu beobachten.

Geschichte in Kürze

3. Jahrh. Die Newar gründen im Katmandu Tal das Fürstentum Malla.

7.—12. Jahrh. Malla wird von Tibet beherrscht.

15. Jahrh. Aufteilung des Landes in mehrere Fürstentümer.

16. Jahrh. Die Gurkha aus Radschputana dringen in das Land ein.

1769 Der Gurkhafürst Prithwi Narajan unterwirft die Newar und gründet das Königreich Nepal (= Land zu Füßen des Berges der Götter).

1771—87 Ausdehnung der Macht bis Sikkim und Kaschmir.

1814—16 Die Ost-Indien-Kompanie führt Krieg mit der chinesischen Oberhoheit.

1816 Garwhal und Kumaon werden an die Ostindien-Kompanie abgetreten.

1846 General Dschang Bahadur Rana übernimmt die Macht durch einen Staatsstreich.

1867 Dschang Bahadur begründet die Rana-Dynastie.

1950 Indien anerkennt die Unabhängigkeit Nepals.

1951 Die Rana werden abgesetzt, das Radschputen-Königshaus übernimmt die Herrschaft.

1959 Konstitutionelle Monarchie.

1960 Staatsstreich des Königs Mahendra Bir Bikram, Auflösung des Parlaments.

1962 Neue Verfassung, Staatsoberhaupt und Oberbefehlshaber der Streitkräfte ist der König.

1972 Birendra Bir Bikram Schah wird König.

1975 Krönung des Königs am 24. Februar.

1979 Aufstände. Das Volk erzwingt mehr Demokratie.

PAKISTAN

Islamic Republic of Pakistan

(siehe Karte Seite 28)

Vor 1 268 Jahren eroberte Muhammed bin Qasim das Land »Sind«, heute der Südwest-Teil Pakistans. Der Moslem-Führer gründete westlich des Indus das erste Islam-Herrschaftszentrum auf dem indischen Subkontinent. Die bis heute andauernde Feindschaft zwischen Hindus und Moslems hatte damit ihren Anfang genommen: Hunderttausende von Menschen sind seitdem manchem Religionsstreit geopfert worden.
In der modernen Zeit beginnt die scharfe Abtrennung zwischen den im Glauben getrennten Brüdern schon 1906 mit der Gründung der Muslim-Liga. Immer stärker wird der britischen Kolonialmacht beigebracht, daß nur ein von Indien getrennter Moslem-Staat den Frieden in diesen Teil der Welt bringen könne. Am 14. 8. 1947 schließlich entsteht der Staat Pakistan, der westliche Teil von Ost-Pakistan (heute wieder abgetrennt als der selbständige Staat Bangla Desh) 2 400 Kilometer entfernt.

Eine Islamische Republik

1956 wird erstmals der Begriff »Islamische Republik Pakistan« geprägt. 1973 wird der Islam zur Staatsreligion erklärt. Diese Islamisierung findet schließlich mit Generalstabschef Zia ul-Haq, der am 5. Juli 1977 mit einem Staatsstreich die Macht übernimmt, ihren Höhepunkt. Die mit der Islamisierung einhergehende Straffung der Sitten mutet westliche Besucher recht fremd an, verlangt aber umsomehr Zurückhaltung im Gespräch über Politik und Gesellschaft.
Die »Scharia«, das im Koran festgelegte Gesetz, hat wieder volle Gültigkeit. Wie gnadenlos die Islam-Vorschriften eingehalten werden, läßt das am gestürzten Ministerpräsident Bhutto vollstreckte Todesurteil ahnen. Pferderennen, Glücksspiele und der Genuß von Alkohol wurden noch zu Bhuttos Zeiten verboten. Für Plünderung oder Raub sieht die Scharia das Abschneiden einer Hand vor. Der Widerstand gegen Militärs oder Beamte kann mit dem Tod durch den Strang geahndet werden. Die schwächste Strafe, öffentliche Auspeitschung eines kleinen Erpressers, wurde bereits vollzogen. Wie oft der Schlagbock, an den die Verurteilten geschnallt werden, schon auf den Marktplätzen stand, ist nicht bekannt. Die Nachrichten aus Pakistan, dem »Land der Reinen«, fließen spärlich.

Das Land in Stichworten

Geografische Lage: 61—75,5° östlicher Länge, 23—37° nördlicher Breite.

Die Islamische Republik Pakistan grenzt im Westen an den Iran, im Nordwesten an Afghanistan, im Norden an

die VR China, im Osten an Kashmir und Indien, im Süden an das Arabische Meer.
Entfernung von Frankfurt nach Karachi 5 662 km.

Größe: 803 940 qkm. So groß wie Spanien und Italien.
Den Kern Pakistans nimmt die Tiefebene am Indus ein. Dazu gehörten die Wüste Thar im Osten und die ostiranischen Randketten sowie die Sulaimakette im Westen. Im Nordosten bilden die Gipfel des Karakorum (8 611 m) und der westliche Himalaja (Nanga Parbat 8 126 m) die Grenze.

Bevölkerung: Ca. 77 Mill. Einwohner, ca. 30% städtisch. Indoarische und iranische Sprachen sprechende Gruppen und kleine bengalische Minderheiten. 97% sunnitische Moslems, 1,5% Hindus, etwa 1% Christen, einige tausend Parsen, einige hundert Juden, außerdem Bäludschi und Mitglieder der einflußreichen Ahmedia-Sekte.

Sprachen: Staatssprache Urdu, daneben regionale Amtssprachen. Englisch als Staatssprache für die Übergangszeit noch anerkannt, sonst Geschäftssprache.

Hauptstadt: Islamabad bei Rawalpindi (763 m hoch), etwa 250 000 Einwohner mit Vororten.

Großstädte: Karachi 3,6 Mill.; Lahore 2,3 Mill.; Lyallpur 900 000; Hyderabad 650 000; Rawalpindi 630 000.

Staatsform: Islamische Republik.

Wirtschaft: Mehr als ein Drittel West-Pakistans wird landwirtschaftlich bebaut (Baumwolle, Weizen, Gerste und Mais) und für die Zucht von Rindern, Schafen, Ziegen und Kamelen genutzt. Wichtigste Ausfuhrgüter sind: Baumwollgarne und -gewebe sowie Rohbaumwolle, Reis, Häute, Felle, Chemikalien.
Die wirtschaftliche Entwicklung geht nur langsam voran, besonders die Bodenreform macht nur ungenügende Fortschritte.

Flora: Kulturpflanzen siehe Wirtschaft; sonst überwiegend Steppenvegetation, Wüstensteppen und Wüsten.

Wichtiges von A bis Z

Ausweispapiere: Paß, Ausreisegenehmigung, Impfpaß, internationaler Führerschein.

Devisen: Noten und Münzen in der Landeswährung dürfen bei der Ein- und Ausreise jeweils bis zum Betrag von 20 pR mitgeführt werden, jedoch nur in Stückelungen bis zu 10 pR. Ausländische Banknoten, Reiseschecks usw. bei der Einreise unbeschränkt, Deklaration erforderlich. Bei der Ausreise in Höhe der deklarierten Einfuhr.

Diplomatische Vertretungen: Deutsche Botschaft, Ramna 5, Islamabad, Tel. 2 21 51; Österreichische Botschaft, 13, First Street, Shalimar 6, Islamabad, Tel. 2 01 37.

Einkäufe: Öffnungszeiten Mo.—Sa. 9—13, 15—19 Uhr; Banken Mo.—Do. 9—13, Fr. 8.30—10.30, Sa. 8.30—11 Uhr.
Gold- und Silberschmuck, handgestickte Schals, gewebte Jacken, Seidenstoffe und Brokate. Es gibt großartige Basare und in Karachi das Cottage Industrie Center, den alten Basar Bahri und kleine Geschäfte entlang der Bunder Road.

Essen und Trinken: Geflammtes rotes Tandoori-Huhn mit Fladenbrot; überhaupt sind Huhngerichte aller Variationen eine pakistanische Spezialität. Sonst Hammelgerichte. Prohibition im Norden des Landes, sonst gibt es annehmbare lokale Biersorten und alkoholische Getränke. Das Alkoholverbot soll ausgedehnt werden.

Feiertage: Freitag ist der wöchentliche Ruhetag. 23. März, 1. Mai, 1. Juli, 14. August, 6. September, 11. September, 9. November, 25. Dezember; außerdem noch zahlreiche, jährlich wechselnde mohammedanische Feiertage.

Entfernungen, Gewichte und Maße: Früher englisch, seit dem 1. 7. 1974 metrisch.

Geld: 1 pakistanische Rupie (pR) = 100 Paisa. 1 DM = 5 pR.

Impfungen: Pocken. Cholera und Gelbfieber bei Einreise aus Infektionsgebieten. Malariaschutz und Typhus / Paratyphus dringend angeraten.

Klima: Beste Reisezeit November bis März, im Bergland meist Oktober. Überwiegend kontinental trocken mit heißen Sommern bei Durchschnittstemperaturen von 35 °C, an der Küste 30°. Kühlere Winter mit durchschnittlich 14°, nachts Abkühlung auf 0 °C. An der Küste 17—19 °C, bei sehr hoher Luftfeuchtigkeit (Winter 80—90%, Sommer bis 70%), landeinwärts 40—17% je nach Jahreszeit. Juni bis August im Pandschab-Gebiet stärkere Regenfälle, sonst nur im Januar / Februar Regen. Angenehmes Klima für Europäer in den westlichen Gebirgszonen.

Stromspannung: 220 V in allen größeren Orten (englische Rundstecker).

Trinkgeld: Bedienungszuschlag 10—15% im Rechnungsbetrag enthalten, sonst gibt man 10% in Hotels und Restaurants; für besondere Dienstleistungen kleines Trinkgeld.

Trinkwasser: Auch zum Zähneputzen Mineralwasser nehmen.

Uhrzeit: MEZ +4 Stunden. Wenn es in Frankfurt 12 Uhr ist, ist es in Pakistan 16 Uhr.

Verkehr: Linksverkehr (wird eventuell umgestellt). Ca. 57 000 km Landstraßen, die wichtigsten in gutem Zustand mit genügend Rasthäusern und Tankstellen; westlich von Karachi und im Norden nur mit Vierradantrieb befahrbar. Viele Gegenden praktisch nur mit dem Flugzeug erreichbar, daher relativ gute Flugverbindungen mit vielen Zwischenlandungen.
Eisenbahn ca. 8 500 km, größenteils Breitspur, für Touristen kommt nur die 1. Kl. in Frage (sehr preiswert). Eine Bettrolle kann teilweise gegen eine geringe Gebühr entliehen werden. Fernzüge mit Schlaf- und Speisewagen. Gut ausgebauter Omnibusverkehr auf Allwetterstraßen, ebenfalls preiswert, sonst Jeeps für 4—5 Personen.

Zollvorschriften: Persönliches Reisegut frei; 200 Zigaretten oder 50 Zigarren oder 225 g Tabak; 1 1/2 l alkoholische Getränke. Für Waffen Genehmigung erforderlich. Ausfuhrverbot für Antiquitäten.

Junger Staat mit alter Geschichte

Dieser Staat, den es erst seit dem 13. August 1947 gibt, wird noch viel Zeit brauchen, für am Land interessierte Touristen den Weg in großem Stil freizuschaufeln. Die ungelösten Probleme sind noch zu auffällig, um sie dem kritischen Blick oder dem tumben Gaffen unkontrollierbarer Besucher aus dem Abendland anzubieten.
Das muß ein Tourist verstehen. Pakistan ist eben kein normal gewachsenes Land, hinter dem e i n Volk steht. Hier müssen die zusammengewürfelten Volkshaufen in eine Richtung getrieben werden — und niemand weiß so richtig, in welche.
Nehmen Sie allein den Namen, dann wird das Würfelspiel gegenwärtig: Pakistan, das ist P wie die Region Punjab im Osten, A wie Afghanistan im Nordwesten, K wie Kashmir im Norden und I wie Indus — gewöhnlich auch als Sind bezeichnet — im Süden. Aus Baluchistan, dem westlichen Landesteil, wurde die Silbe »stan«, gleichbedeutend mit »Land« genommen.

Eines Tages wird Pakistan unseren Kindern bisher kaum bekannte Landstriche als selbstverständliche Urlaubsziele anbieten: beispielsweise die nördlichen Regionen Swat, Kaghan und Gilgit, Gebiete, die zur Zeit nur von kleinen Touristengruppen besucht werden. Oder gar das unzugängliche Waziristan. Und wer es ethnisch-prickelnd bevorzugt, wird sich in ein paar Jahren vielleicht in den Ferien per Hobby mit dem Problem auseinandersetzen, daß beispielsweise knapp 120 000 Einwohner in der Nordwestecke Pakistans (Chitral) elf verschiedene Sprachen sprechen.
Das Einfallstor nach Pakistan ist auch morgen und übermorgen *Karachi*. Das Fischerdorf, das von 1947 bis 1959 zur Hauptstadt anwuchs und heute mit seinem Hafen *Keamari* zu einem der besteingerichteten Häfen Asiens gehört, wird noch lange, wenn nicht immer, der wirtschaftliche Mittelpunkt Pakistans bleiben. Für Touristen eventuell eine Guck- und Einkaufsstadt. Asiatisches Leben kann in Karachi auf den Straßen und Gassen beobachtet werden. Einkäufe sind interessant und manchmal auch günstig im »Bohri-Bazar«. Dort faszinieren aber auch die Schlangenanbeter, Wahrsager, Musikanten und — wenn es einen nicht selbst trifft — die Bürgersteig-Dentisten.
Diese Faszination hat Pakistans Hauptstadt, *Islamabad,* nicht zu bieten. Es ist eben eine aus der Architekten-Retorte geborene Siedlung, die sicherlich den Regierenden gewisse Prestige-Befriedigungen bereitet. So etwas wie Canberra in Australien oder Brasilia in Brasilien.
Die Nachbarstadt *Rawalpindi* mit ihren alten Gebäuden, Moscheen und Bazar-Straßen hat schon eher das Flair, das Touristen suchen.
Rund 30 Kilometer nördlich von Rawalpindi liegt *Taxila,* für manchen Touristen sicher ein Leckerbissen. Hier wurden Teile von drei wichtigen geschichtlichen Städten ausgegraben: *Sirkap, Bhir Mound* und *Sirsukh.*
Weiter im Norden reizt *Lahore,* Pakistans Stadt der schönsten Gärten. Hier steht die Kanone Zamzama vor dem Universitätsgebäude, die in Rudyard Kiplings »Kim« eine wichtige Rolle spielte. Doch fast mehr zum Pflichtprogramm gehören das Lahore Fort, die aus der Mogulzeit stammenden Parks Shalimar Gardens und die für Moslems sehr bedeutende, auch für Nichtgläubige recht beeindruckende Badsh-ahi-Moschee.
Pakistan bietet viel Geschichte, Spuren von Eindringlingen, Herrschern und Religionskämpfern, auch wenn der heutige Staat erst zwischen dreißig und vierzig Jahre alt ist.

Im Norden: Swat, Gilgit und Hunza

In die Schweizer Alpen versetzt glaubt sich der Tourist, der morgens aus dem Fenster des Swat-Hotels schaut. Das Swat-Tal und auch das Kaghan-Tal sind touristisch soweit erschlossen, daß auch kleinere Gruppen aus den westlichen Ländern die Möglichkeit haben, die landschaftlichen Schönheiten des Nordens zu erleben.

Lange Zeit, nämlich bis zum Sturz des pakistanischen Präsidenten Ayub Khan (1969), gab es noch die Fürstentümer Swat, Dir und Chitral, die bis dahin halbautonomen Status hatten. Unter Präsident Bhutto wurden die Fürstentümer dem Staat direkt unterstellt.
Im Swat sollen im 7. Jahrhundert 1 400 Buddhisten-Klöster gestanden haben, wie aus Berichten chinesischer Pilger bekannt ist. Heute kann man noch einige Stupas finden, und interessante Ruinenfelder sind über das Land verteilt. Darunter viele Beweise für die Berührung des griechischen mit dem buddhistischen Geist, was sich an Kunstwerken und Monumenten von Afghanistan über Pakistan bis Indien in Zeugnissen des berühmten »Gandharastils« äußert. Der Höhepunkt vom 2. bis zum 4. Jahrhundert war der Wandel von der symbolischen Darstellung Buddhas zur Darstellung als Person. Und wo drapierte Gewänder oder die welligen Haare der Statuen noch zur Geltung kommen, ist der griechische Einfluß unverkennbar. In der Nähe der Residenzstadt *Saidu Sharif,* in *Mingora,* wurden die Ruinen eines bedeutenden Buddha-Klosters ausgegraben. Im benachbarten *Udegram* wird das Alter dieser Siedlung deutlich, die schon in prähistorischer Zeit bewohnt war.
Heute herrscht in den Tälern des Hochgebirges der Stamm der Pathanen oder Paschtunen, die dardische Urbevölkerung hat sich mehr und mehr in die Berge zurückgezogen.
Inzwischen sind in Pakistans Norden sogar bis vor kurzem unerreichbare Gebiete erreichbar, so beispielsweise Nebentäler des Indus, wie *Gilgit* und *Hunza.* Die Erschließung dieses Gebietes ist der »Freundschaftsstraße« oder Karakorumstraße zu verdanken, an deren Bau vor allem China mitgewirkt hat.
Von der Stadt Gilgit aus, mitten in einer wilden und eindrucksvollen Gebirgslandschaft, ist der berühmte *Nanga Parbat* zu sehen. Hier könnte auch das Zentrum eines späteren Skiparadieses entstehen. Falls die ehrgeizigen Pläne der designierten Atommacht Pakistan für solche Pläne Zeit und Geld finden lasssen.
Auch auf dem Weg in den kleinen *Hunza*-Staat beherrscht die gigantische Landschaft den Alltag des Touristen. Mit liebenswürdiger Gläubigkeit trinken die Gäste aus fernen Ländern bei jeder Gelegenheit an Bächen und Quellen von dem erfrischenden Bergwasser, das stark eisenhaltig sein soll — und angeblich ein langes Leben beschert. Wahr ist auf jeden Fall, daß es bei den Hunzas auffallend viele Hundertjährige gibt. Mindestens sehen sie so aus.

Auch das ist sehenswert

Die für die erste Pakistan-Reise wichtigen Zielpunkte haben wir im vorherigen Kapitel zusammengestellt. Wenn mehr Zeit zur Verfügung steht, gibt es noch eine ganze Reihe interessanter landschaftlicher und historischer Punkte. Ein paar Beispiele:

Gilgit: Die Stadt im pakistanischen Teil von Kaschmir ist Ausgangspunkt für unvergeßliche Wanderungen und Rundflüge. Die wildromantische Landschaft des Himalaja-Gebirges ist ein Erlebnis ganz besonderer Art.
Hyderabad: Mittelpunkt der Stadt und des touristischen Interesses ist die Festung, einst Sitz des Fürsten von Sind.
Peshawar: Diese Stadt an der afghanischen Grenze, nahe dem Khyber-Pass, war schon seit Jahrhunderten Schnittpunkt aller wichtigen Karawanenstraßen nach und von Mittelasien sowie ins Himalajagebiet. 16 Tore führen in die Karawanenstadt, das schönste ist das *Kabuli-Tor,* das für den Souvenir-Einkauf sehr wichtig ist: Gleich dahinter liegt der große *Bazar Kissa-Khani.*

Geschichte in Kürze

1947 Durch die Teilung Britisch Indiens wird Pakistan (Land der Reinen) unabhängig.

1956 Ausrufung der Islamischen Republik Pakistan.

1958 Staatsstreich. Feldmarschall Ajub Khan wird Staatspräsident.

1965 Krieg mit der Indischen Union wegen Kaschmir.

1969 Bürgerkriegsähnliche Unruhen, Rücktritt Ajub Khans. Das Militär unter General Jahja Khan übernimmt die Macht.

1971 Bürgerkrieg im Ostteil Pakistans. Nach Intervention Indiens geben die Regierungstruppen auf. Ost-Pakistan wird als Bangla Desh unabhängig. Bhutto wird Präsident Pakistans.

1974 Normalisierung der Beziehungen zu Indien und Bangla Desh.

1977 Nach einem Staatsstreich übernimmt General Zia ul-Huaq die Macht. Das Parlament wird aufgelöst, Zulfikar Ali Chan Bhutto verhaftet.

1978 Bhutto wird zum Tode verurteilt.

1979 Vollstreckung des Todesurteils an Bhutto.

PAPUA-NEUGUINEA

Papua Niugini

(siehe Karte Seite 52)

Die Amtssprache in Papua-Neuguinea ist Englisch. Zu den Verkehrssprachen gehört auch Neumelanesisch, ein asiatisch-ozeanisches Esperanto, das nicht mehr als ein verfeinertes Pidgin-Englisch ist. Dieses Neumelanesisch wird sicher die zukünftige offizielle Nationalsprache werden. Dann heißt der 1973 gegründete Staat offiziell »Papua Niugini«. Daneben existieren weiterhin die englische Schreibweise »Papua New Guinea«, und Deutsche können auch »Papua-Neuguinea« schreiben. Trotz aller intellektueller Diskussionen.

Für Westtouristen tröstlich ist, daß sie in großen Siedlungen oder Städten mit ihren Englischkenntnissen gut zurecht kommen werden. Wegen der Pidgin-Vereinfachung haben Touristen mit einer Fünf in Englisch sogar die reelle Chance, mehr und schneller zu verstehen als gebildete Oxford-Anhänger.

Die von Wissenschaftlern festgestellten 700 Sprachen der melanesischen und australischen Sprachgruppen brauchen den Besucher ohnehin nicht zu kümmern. Hat er die Chance, ein Fremdsprachengebiet zu besuchen, wird er es sowieso nicht ohne Begleitung und Dolmetscher erreichen können.

Relativ einfach ist ein Alleingang dagegen in der Hauptstadt *Port Moresby,* wo heute rund 115 000 Menschen des Drei-Millionen-Staates leben. Auf den Straßen begegnet man fast einem Querschnitt durch die Stammes-Vielfalt des Landes, denn viele Eingeborene zieht es vom Dschungel und von den Bergen in die größeren Siedlungen, vor allem natürlich in die Metropole. Dort füllen sie die Slums und vergrößern das Heer der rund 15 Prozent Arbeitslosen.

Wo Schweine zum Prestige gehören

Dieser Zug zur Stadt ist ein großes Problem, denn die Siedlungen fassen nur etwa 10 Prozent der Bevölkerung, 90 Prozent wohnen in unwegsamen Gebieten, im Bergland, an kaum erreichbaren Küstengebieten und auf unbekannten Inseln. Bei dieser Relation kann eine unaufhaltsame Stadtflucht zur Katastrophe führen.

Touristen haben jedoch wenig Gelegenheit, sich mit diesen Konflikten auseinanderzusetzen. Sie sehen die Hauptstadt, wie sie langgezogen an mehr als zehn Kilometer Tropenstrand liegt — und können nicht anders, als sich zu freuen. Das *Nationalmuseum* bietet einen Eindruck von der Vielfalt an Stämmen und Kulturen. Die *Marien-Kathedrale* interessiert durch die architektonische Vermischung mit Sepik-Elementen. Einen Blick wirft man am besten vom *Burns Peak* oder *Paga Point* auf die Stadt. Fotomotive mit besonderem Flair warten im reizvollen *Pfahlbautendorf Hanubada* auf den Fremden. Und der *Koki Market,* ein Farben- und Geruchsrausch unter Palmen, darf in der bei Touristen beliebten Märkte-Sammlung nicht fehlen.

Die Stadt *Lae* liegt mit 40 000 Einwohnern größenmäßig an zweiter Stelle. Für botanisch interessierte Urlauber bietet der *Botanische Garten* einen frappierenden Querschnitt der Flora auf der Insel Neuguinea. In der Nähe sind Bergorte inmitten einer phantastischen Traumlandschaft verstreut, beispielsweise die Bergsiedlungen *Bulolo* und *Wau.*

Rabaul auf der Insel Neu-Britannien war zur Zeit der Kolonialisierung durch Deutschland das Verwaltungszentrum des gesamten Bismarck-Archipels. Die Lage am Fuße zweier Vulkane ist traumhaft, der Eindruck wird noch verstärkt durch die im Hafen verstreuten Lava-Inselchen. Dort — oder noch besser ein paar Meilen weiter, auf den *Duke of York-Inseln* — wartet ein Paradies für Fischer und Angler.

Zurück auf die Hauptinsel, zum Beispiel nach *Goroka.* Dieser Ort im Hochland ist Ausgangspunkt für Ausflüge in die Steinzeit. Der Stamm der Kukukuku führt im Dschungel ein sehr einfaches Leben. Nur die Waffen und wilden Tänze, die heute Touristen vorgeführt werden, erinnern an die Zeit grausamer Kriege. Auch die Lehmmänner und ihre Friedensfeste können von Goroka aus besucht werden.

Weiter westlich, mitten im dschungelreichen Hochland, liegt die kleine Stadt Mt. Hagen. Ein deutscher Angestellter, 1904 von den Papua getötet und verspeist, gab dieser Stadt den Namen. Von hier aus lassen sich erlebnisreiche Ausflüge in den tropischen Regenwald und zu Papua-Dörfern durchführen.

Mendi ist ein wichtiger Markt-Ort für die Eingeborenen. Touristen, die mit einem Guide kommen, haben hier relativ schnell Anschluß an das Markttreiben und können unwiederholbare Schnappschüsse in die Kamera bekommen, wenn sie vorher das notwendige Verhalten mit dem Reiseleiter abgesprochen haben.

In Mt. Hagen ist die Temperatur endlich etwas frischer, hier arbeitet das Denkvermögen der europäischen Reisenden wieder normal, kann man die Eindrücke der Papua-Rundreise verarbeiten. Hier, wo Kaffeeplantagen und Rinderzucht das Einkommen garantieren, fällt auf, daß es insgesamt im Land mehr Schweine gibt als Rinder — und das Hornvieh gehört fast ausschließlich den Europäern im Land. Schnell ist man geneigt, an eine neokolonialistische Maffia zu glauben. Doch das Problem stellt sich völlig anders. Die Eingeborenen sind es seit Jahrhunderten gewohnt, Schweine zu halten,

Die Stämme der Enge, Mogi, Roni, Gena, Kup und Dage haben von Menschenfleisch auf Schweinebraten umgestellt

das Borstenvieh ist Ausdruck von Macht und Ansehen. Für ein gutes Tauschgeschäft, für eine Braut, wird manchmal die ganze Herde weggegeben oder geschlachtet.

Dieses Verhalten zeigen die Eingeborenen auch Rindern gegenüber, die ihnen von der Regierung als ständige Verdienstquelle zur Verfügung gestellt werden sollten. Wenn dann — wie mehrfach vorgekommen — der ganze Rinderbestand anläßlich eines Festes geschlachtet und verzehrt wird, dann müssen sich die Verantwortlichen überlegen, ob sie die Eingeborenen richtig vorbereitet haben. Das alles kostet Zeit.

Weil die Zeit von der Staatsgründung (1973) bis heute zu kurz ist, um einen grundsätzlichen Wandel zum Besseren durchzusetzen, sind die Eingeborenen weiterhin ihren traditionellen Wirtschaftszweigen verhaftet. Das bedeutet, daß im Hochland vorwiegend Süßkartoffeln angebaut werden (relativ wenig Nährwert), in Küstengebieten noch die Brandrodung vorherrscht. Angebaut und verbraucht werden Taro (Wasserbrotwurzeln) und Yams, die Wurzelknolle der Yamsbohne. In den Tiefländern, die vorwiegend aus Sumpf bestehen, herrscht die Sago-Gewinnung (gekörntes Stärkemehl aus Palmenmark) vor, verbunden mit der Versorgung durch die Jagd. Sago stillt zwar den augenblicklichen Hunger, doch es hat keine Proteine und Vitamine.

Bei all diesen Systemen ist eine gewisse Einseitigkeit der Ernährung einerseits und Ausrottung von Pflanzen und Tieren andererseits zu beobachten. Diesen traditionellen und zerstörerischen Gewohnheiten zu begegnen, hat sich die vorwiegend von Australien subventionierte Papua-Regierung vorgenommen.

Von Mt. Hagen schließlich ist es für Touristen ein Sprung nach *Madang*. Ein Luftsprung. Für das moderne Papua-Neuguinea eine Selbstverständlichkeit, denn in diesem Land gibt es etwa 300 Flugplätze. Dafür viel zu wenig Straßen, die einzige, die erwähnenswert wäre, ist der Highland Highway mit knapp tausend Kilometer Länge.

Von der Papua-Stadt Madang (früher Friedrich-Wilhelm-Hafen) aus können erlebnisreiche Ausflüge zu Lande, zu Wasser und auf dem Luftweg durchgeführt werden. Reizvoll ist eine Bootsfahrt durch die Inselwelt, Schwimmer und Taucher sehen eine faszinierende Landschaft aus Korallengebilden. Für Landfahrer sind Dörfer zu besichtigen, die manche Seltenheit bergen. So zum Beispiel Töpfer, die ohne Gerät arbeiten, also die Gefäße nur mit den Händen formen. Wer einen Rundflug wählt, erlebt die Inselwelt und teils noch rauchende Vulkane in einer bizarren Landschaft.

Traum aller Reisenden im Südosten Asiens ist das Gebiet des Flusses *Sepik*. Erkundungen im Sepik-Gebiet können fast nur mit dem Boot durchgeführt werden. Die Eingeborenen-Stämme dieser Region sind als große Künstler bekannt. Ob Kult- oder Gebrauchsgegenstände, die Bearbeitung ist immer recht kunstvoll. Neben den Gegenständen aus Holz, Korb oder Bast interessieren den Touristen vor allem die verschiedenartigen Kult-Tänze, die jedoch nicht immer organisiert werden können. Hier spielt der Zufall mit.

Im Sepik-Gebiet gibt es auch noch traditionelle *Langhäuser,* eine Art Dorf unter einem Dach. Als das schönste Langhaus des Sepik-Gebietes gilt das *Haus Tambaran.* Es bleibt nur zu hoffen, daß das touristische Interesse dem Erhalt dieser Langhäuser dienen kann. Es muß mit Sorge beobachtet werden, wie in wenigen Jahren zu viele phantasielose Pfahl- oder Flachhäuser mit Wellblechdach beginnen, den Dorfcharakter der Papua-Siedlungen zu bestimmen — und damit zu zerstören. Unwiederbringlich, wenn nicht bald gehandelt wird. Es gibt auch Denkmalspflege.

Das Land in Stichworten

Geografische Lage: 12° südlicher Breite, 141—160° östlicher Länge.
Papua-Neuguinea besteht aus der östlichen Hälfte der Insel Neuguinea, dem Bismarck-Archipel mit New Britain, New Ireland und den Admiralitäts-Inseln, der Bougainville-Insel und der Buka-Insel (Salomonen-Gruppe), den Trobriand-Inseln, d'Entrecasteaux-Inseln, der Woodlark-Insel und dem Louisiadearchipel.
Entfernung von Frankfurt nach Port Moresby 15 802 km.

Größe: 461 700 qkm. Etwa zweimal die Bundesrepublik.
Beherrschend sind große Gebirgszüge mit bis zu 4 500 m Höhe, dazu Hochland von etwa 1 000 m Höhe und weite Täler. Einige noch tätige Vulkane im Gebirge.
Bevölkerung: Rund 3 Mill. Einwohner, nur etwa 13% städtisch, wirtschaftlich aktiv nur 31%.
Hauptsächlich Papuas mit etwa 750 sehr unterschiedlichen Stämmen. An den Küsten im Südwesten und Norden z.T. malaiische (indonesische) und an der Nordküste auch melanesische Gruppen. Rund 40 000 Weiße (hauptsächlich Australier) und eine kleine chinesische Minderheit.
Anhänger von Naturreligionen (Animisten und Totemisten), etwa 30% Katholiken und unter 10% Protestanten.

Sprachen: Staatssprache Englisch, wird aber in entlegenen Gebieten kaum verstanden. Umgangssprachen Pidgin-Englisch, Papua-Sprachen und Sprachen der verschiedenen Minoritäten.

Hauptstadt: Port Moresby (Hauptverwaltungssitz), 115 000 Einwohner.

Großstädte: Lae 40000, Rabaul 35000, Madang 16 000.

Staatsform: Seit September 1975 unabhängige parlamentarisch-demokratische Monarchie.

Wirtschaft: Nur ein Drittel der Bevölkerung nimmt teil an der wirtschaftlichen Aktivität, weil weite Gebiete des Landes noch unerschlossen sind. Wichtigste Ausfuhrgüter: Kaffee, Kakao, Kopra, Kokosnußöl und Kautschuk.

Flora: Vorwiegend tropische Urwälder, hauptsächlich an den Hängen und in den Tälern der Gebirge sowie an den Ufern der Flüsse. Viele Arten von tropischen Blumen.

Wichtiges von A bis Z

Ausweispapiere: Paß, Visum, bei Touristenreisen Bescheinigung der bezahlten Rück- und Weiterreisetickets, Impfpaß, internationaler Führerschein.

Devisen: Ausfuhr von Landeswährung beschränkt; Fremdwährung deklarieren.

Diplomatische Vertretungen: Deutsches Generalkonsulat in Australien 13, Trelawney Street, Woollahra Sidney, Tel. FM 10 41.

Einkäufe: Öffnungszeiten Mo.—Fr. 8—16.30, Sa. bis 12 Uhr; Banken: Mo.—Fr. 9—11.30 und 13.30—15 Uhr, Sa. 8.30—11 Uhr.
Schnitzereien, bemalte Masken, Trommeln, einheimischer Schmuck. Jedoch sind kaum noch wertvolle Originale erhältlich, höchstens noch entlang des

Sepik-Flusses. Es lohnt sich auch, zollfreie Elektrogeräte und Fotoapparate zu kaufen. Zahlreiche chinesische Geschäfte. In Port Moresby »Steamship Trading Co.« und »Pacific Arts & Crafts« in der Champion Parade.

Essen und Trinken: Die besten einheimischen Spezialitäten lernt man auf Eingeborenenfesten kennen, wie sie noch zahlreich stattfinden: Schwein am Spieß mit Süßkartoffeln, Reisgerichten, verschiedenem Gemüse und tropischen Früchten. Sonst internationale Küche und sehr gute chinesische Restaurants.

Feiertage: 20. September u. a. m.

Entfernungen, Gewichte und Maße: Englisch.

Geld: 1 Kina (K) = 100 Toea (t). 1 DM = 0,4 K.

Impfungen: Pocken, Cholera. Gelbfieber bei Einreise aus Infektionsgebieten. Malaria-Prophylaxe ratsam.

Klima: Beste Reisezeit ist April bis September. Trockenzeit Mai bis Dezember, Regenzeit des Nordwest-Monsuns Dezember bis März, sonst keine richtigen Jahreszeiten. Jahresdurchschnittstemperatur 24—32 °C. Im Flachland hohe Luftfeuchtigkeit, in den Bergen und auf den Hochplateaus angenehme und z. T. recht kühle Nächte.

Stromspannung: 240 V (Dreipolstecker).

Trinkgeld: Nicht üblich.

Trinkwasser: Leitungswasser einwandfrei.

Verkehr: Linienflüge nach Port Moresby (Flughafen Jackson Field 8 km zur Stadt, Taxi), 2mal wöchentlich ab Frankfurt via Manila bzw. Kirkwall.
Es gibt weder eine Eisenbahn noch Überlandbusverbindungen. Für weite Entfernungen kommt nur das Flugzeug in Frage, das zwar 1. Kl. führt, aber unserem Touristenklasse-Service entspricht. Gute Flugverbindungen zwischen mehr als 30 Flughäfen, z. B. Port Moresby-Wewak 1—2 mal täglich, 4 Stunden, rund 80 K.
Der Bootsverkehr ist wenig geregelt, doch sind die beiden Hauptflüsse Sepik und Fly etwa 800 km mit Raddampfern schiffbar.
Recht ordentliche Straßenverhältnisse in und um die Hafenstädte, sonst einfache Schotterstraßen. Viele Gebiete sind mit dem PKW nicht erreichbar.
Linksverkehr.
Nur wenig Taxis (Preis vorher vereinbaren). Mietwagen für Selbstfahrer nur in den größeren Städten zwischen 15—20 Kinas incl. 35 Meilen pro Tag.

Zollvorschriften: Persönliches Reisegut frei. 400 Zigaretten oder 50 Zigarren oder 450 g Tabak. 3 Flaschen alkoholische Getränke. Für Waffen Importgenehmigung notwendig.

30 Jahre deutsche Kolonie

Neuguinea, nördlich von Australien, ist nach Grönland die zweitgrößte Insel der Erde. Die Insel ist geteilt in das zu Indonesien gehörende West-Irian und das östliche Papua-Neuguinea. Der Staat wurde am 16. 9. 1975 unabhängig, vorher war es Treuhandgebiet Australiens. Viel Aufregung gab es vor der Unabhängigkeit durch die Sezessionsbestrebungen der zu Papua-Neuguinea gehörenden Insel Bougainville. Dort pochten die Rebellen auf ihre Kupfermine, eine der reichsten der Welt. Sie wollten nicht zulassen, daß die kleine Insel mehr als die Hälfte zum Nationaleinkommen des Staates Papua Niugini (das ist die heimische Bezeichnung für den Staat) beisteuerte. So riefen die Sezessionisten, um der Staatsgründung zuvorzukommen, schon am 1. 9. 1975 die Republik der »Nord-Salomonen« aus.

Später wurde es still um die Aufständischen, die von dem Geistlichen John Momis angeführt worden waren. Neuguinea ist weit weg. Manche Ereignisse in dem 16 000 Kilometer entfernten Teil der Welt dringen nie bis Europa vor.
Vor hundert Jahren sah der Kontakt zwischen Neuguinea und Deutschland etwas besser aus. Für junge Jahrgänge eine echte Überraschung: Der Südostteil der Insel und der Bismarck-Archipel waren vom 3. November 1884 bis zum 11. September 1914 deutsches Protektorat, eine Kolonie.

Papuas: Zwischen Show und Vergeltung

Den deutschen Touristen kommt auf der Insel Neuguinea manches etwas deutsch vor. Zum Beispiel das Bergstädtchen Mount Hagen. Im Jahre 1904, als Teile dieser Inselwelt deutsches Protektorat waren, wagte sich der deutsche Verwaltungsangestellte Hagen zu weit in das Landesinnere. Die Papuas schnappten, töteten und verzehrten den Verwegenen, in der guten Absicht, des Deutschen wunderbare Kräfte in sich aufzunehmen.
Knapp acht Jahrzehnte später haben sich die Stämme der Enge, Mogi, Roni, Gena, Kup, Pegau, Sikou und Dage glaubhaft auf Schweinefleisch konzentriert.
Inwieweit durch die etwas rauhe Umstellung von der Steinzeit auf das moderne Zeitalter psychische Verdauungsbeschwerden chronisch vorhanden sind, darüber streiten sich die Berichterstatter. Wahr aber ist, daß in den Dschungeln das Herz des Kriegers und der Sinn für Vergeltung noch ihre Gültigkeit haben, andererseits der Papua schnell seine Shorts mit einem grünen Blätterröckchen tauscht, um die Touristengruppe mit alten Stammestänzen zu erfreuen. Und für jedes Foto zu kassieren.
Wer diese weite Reise wagt, muß der Wahrheit ins Auge sehen: Nirgendwo auf der Welt wird es möglich sein, ohne Organisation die vielen Papuas mit grellbemalten Gesichtern, Muschelschmuck, Kopfputz aus den Federn der Paradiesvögel, mit Pfeil, Bogen und Speeren zu erleben als im neuguinesischen Hochland zwischen *Goroka* und *Mount Hagen.* Hier wird altes und neues Volksgut zusammengetragen und gegen Bezahlung den Touristen präsentiert. Ohne diese organisierten Shows wäre Papua-Neuguinea ein weißer Fleck auf der Touristen-Karte.
In der Zwischenzeit versuchen Regierungsbeauftragte und Entwicklungshelfer, in den Dörfern Stammeskriege durch Aufklärung zu verhindern. Der Diebstahl eines Schweines soll nicht mehr durch Tod und Brandschatzung vergolten werden. Eine Beleidigung darf nicht zur Folge haben, daß im Nachbardorf die Süßkartoffel-Felder verwüstet werden. . .

Geschichte in Kürze

1526 Der Portugiese Jorge de Meneses landet auf der Insel. Er nennt das Land Ilhas dos Papuas (malaiisch papuwah = Krauskopf).

1828 Das westliche Neuguinea (heute Irian Jaya) wird von Holland annektiert.

1883 Ost-Neuguinea mit Port Moresby wird von Australien für die britische Krone in Besitz genommen.

1884 Ost-Neuguinea und der Bismarck-Archipel werden deutsches Protektorat.

1914 Australier landen in Deutsch-Neu-Guinea. Kapitulation der deutschen Verwaltung.

1918 Australien erhält das Mandat.

1942 Japaner landen auf der Insel.

1949 Die Gebietsteile, die Australien in Besitz hatte oder verwaltete, werden vereinigt.

1973 Innere Autonomie.

1975 Papua-Neuguinea wird parlamentarische Monarchie innerhalb des Commonwealth.

PHILIPPINEN

Republika Ñg Pilipinas

(siehe Karte Seite 52)

Es fällt schwer, auf den Philippinen eine Beschwerde anzubringen. Ob das Wasser im Hotelzimmer ausbleibt, das Essen kalt serviert wird oder die Verkäuferin die verlangte Ware erst nach umständlichem Suchen findet — der Protest des Gastes zerbröckelt an der umwerfenden Freundlichkeit der Filipinos. Der Tourist nimmt bald ihm sonst fremde Gewohnheiten an: Er lächelt Passanten zu, grüßt die Straßenhändlerin, streichelt einem kleinen Lausejungen über das blauschwarze Haar.

Eine ansteckende Fröhlichkeit

Es scheint, daß aus der Vermischung der vor 25 000 Jahren eingewanderten Aetas mit indonesischen Rassen, malaiischen Völkern, dem Einfluß von Indern und Chinesen, der Besetzung durch Spanier und Amerikaner eine neue Rasse entstand, deren einzige Aufgabe es ist, mit Fröhlichkeit die Welt zu verbessern — und den Gast mit Schönheit zu verwöhnen; denn in kaum einem anderen Land begegnen dem Gast so viele schöne und grazile Menschen wie auf der philippinischen Inselwelt.
In dieser Harmonie ist wenig Platz für Hast und Hektik, kaum ein Ansatzpunkt für forsches Verlangen und barsches Befehlen. Die Stunden verrinnen etwas weniger organisiert und enden nicht immer zur gedachten Zeit oder am geplanten Ziel. Das regt bald niemanden mehr auf. Ein freundliches »mabuhay« für fast jede Gelegenheit (willkommen, leb'wohl, Prost usw.) verdeckt beinahe alle Pannen. Hervorzuheben ist auch, daß mindestens die Fotofreunde unter den Touristen voll auf ihre Kosten kommen: Hier gibt es keine aus anderen Ländern bekannte Einschränkungen. Die Studenten beim Picknick unter Palmen lächeln in die Linse, der Inhaber der Garküche füllt extra für den Fotoamateur Maisschrot in das hohe Bambusrohr über dem Dampfkessel. Diese Freundlichkeit, an die man nach dem Urlaubsende schon fast nicht mehr glaubt, wird wieder bewußt beim Betrachten der Foto-Motive: vorwiegend heiter.

Das Land in Stichworten

Geografische Lage: 5—20° nördlicher Breite, 117—126° östlicher Länge.
Die Inselwelt der Philippinen liegt etwa 970 km südöstlich des asiatischen Kontinents. Nördlich der Philippinen liegt Taiwan, südlich davon Borneo, im Osten der Pazifische Ozean und im Westen das Chinesische Meer.
Entfernung von Frankfurt nach Manila 11 534 km.

Größe: 300 000 qkm. So groß wie Italien.
Kleine Atolle und versprengte Korallenriffe, gebirgig, von Sandstränden umsäumt. Auf der Insel Mindanao bis auf 2 853 m ansteigend (Mount Apo). Insgesamt 7 107 Inseln. Die elf größten sind: Luzon, Mindanao, Samar, Negros, Palawan, Banay, Mindoro, Leyte, Cebu, Bohol und Masbate.

Bevölkerung: Rund 47 Mill. Einwohner, 35% städtisch.
Vorwiegend jungmalaiische Stämme, Chinesen, Mischlinge und Nordamerikaner als Minderheiten.
Überwiegend Katholiken, 10% Protestanten, Anhänger anderer christlicher Kirchen, 5% Moslems, 1% Buddhisten und etwa 500 Juden; zahlreiche Sekten.

Sprachen: Staatssprache Pilipino (Tagalog). Umgangssprache Englisch, Spanisch und zahlreiche Dialekte.

Hauptstadt: Manila mit 1,5 Mill. Einwohnern; 4,5 Mill. als Metropol-Gebiet mit eingemeindeten Städten.

Großstädte: Quezon City 1 Mill.; Davao 520 000; Cebu City 420 000; Caloocan 370 000; Iloilo 250 000; Pasay 245 000; Zamboanga 250 000.

Staatsform: Präsidiale Republik.

Wirtschaft: Landwirtschaft ist die wichtigste Lebensgrundlage: vorwiegend Mais, Reis, Zuckerrohr, Ananas, Tabak, Bataten, Sisal, Manilahanf, und Kokospalmen. Weniger bedeutende Viehzucht; Küstenfischerei.
Bodenschätze: Gold, Eisen, Chrom, Kupfer, Mangan, Uran, Silber, Blei, Zink und andere Erze in beträchtlichem Umfang, etwas Kohle.
Schnell wachsende Industrie, vor allem zur Verarbeitung der landwirtschaftlichen Produkte.
Ausfuhrgüter sind in der Hauptsache Holz, Kokosnüsse und -öl, Kopra, Zucker, Erze und Fasern.

Flora: Mehr als zur Hälfte mit dichtem Regenwald bedeckt, an den Westküsten lichte Wälder und Grassavannen, an den Ostküsten Mangrovendickichte.

Wichtiges von A bis Z

Ausweispapiere: Paß, Impfpaß, internationaler Führerschein (nach dem ein spezieller Führerschein ausgestellt wird).

Devisen: Ein- und Ausfuhr von Landeswährung bis 500 Peso. Fremdwährung deklarationspflichtig.

Diplomatische Vertretungen: Deutsche Botschaft, City Bank Central Building, Paseo de Roxas, Makati, Metro Manila, Tel. 86 49 06; Österreichisches Honorargeneralkonsulat, 6 760 Ayala Avenue, Makati, Rizal, Manila, Tel. 89 30 11. (Botschaft siehe Bali).

Einkäufe: Öffnungszeiten Mo.—Sa. 9—18 Uhr (zum Teil längere und kurze Mittagspause); Banken Mo.—Fr. 9—16, Sa. bis 12 Uhr.
Sehr preiswert sind Holzschnitzereien, Muschelarbeiten und Silberarbeiten. Etwas teurer als in Bangkok oder Hongkong ist Maßkleidung. Palmblätterschalen, Gewebe aus Ananasfasern, Perlen, Korallen, Perlmuttwaren. Weltberühmt sind die Zigarren.
Außer in Kaufhäusern: unbedingt handeln.

Essen und Trinken: »Chickenpork adobo« ist Schweinefleisch und Hühnchen, mit scharfer Sauce. »Pansit luglog« und »Pansit molo« sind Reisnudeln mit Fleisch und Eiern in Tomatensauce. »Lechon« ist gebratenes Schwein, »Sinigag« eine Fischsuppe, »Lumpia« Gemüserolle. Beliebt sind als Zwischensnacks die »Meriendas«.
Einheimische trinken »Tuba« und »Lamganog«, ein fermentiertes Getränk aus Palmspitzen bzw. ein noch stärkerer Kokosnußwein. Gutes einheimisches Bier ist das »San Miguel«. Alkoholische Getränke nur an Personen ab 21 Jahre.

Feiertage: 1. Januar, Gründonnerstag, Karfreitag, 9. April, 1. Mai, 12. Juni, 4. Juli, 1. November, 30. November, 25. und 30. Dezember.

Entfernungen, Gewichte und Maße: Metrisch.

Geld: 1 Philippinischer Peso (P) = 100 Centavos. 1 DM = 4 P.

Impfungen: Pocken und Cholera. Gelbfieber bei Einreise aus Infektionsgebieten. Malariaprophylaxe empfehlenswert.

Klima: Beste Reisezeit ist November bis März. Trotz tropischer Zone gutverträgliches Klima, mit kräftiger Abkühlung in höheren Lagen.
Zwei Jahreszeiten: Regenzeit Juni bis Oktober. Trockenzeit (mit Regenschauern) November bis Mai.
Wärmste Zeit März bis Mai (durchschnittlich 29 °C), kühlste Dezember bis Februar (20 °C). Manila hat eine mittlere Jahrestemperatur von 27°, zeitweise bis 36°, selten unter 15 °C.

Stromspannung: 220 V in Manila, in kleineren Städten meist abends nur Generatorstrom (amerikanischer Blattstecker).

Trinkgeld: In Restaurants und beim Taxifahrer 10%. Gepäckträger 0,20 bis 1 US$.

Trinkwasser: In Manila und den meisten Städten einwandfrei, auf dem Lande ist Vorsicht geboten!

Uhrzeit: MEZ +7 Stunden. Wenn es in Frankfurt 12 Uhr ist, ist es auf den Philippinen 19 Uhr.

Verkehr: Linienflüge nach Manila (Flughafen Manila International 12 km zur Stadt, Taxi). 3mal wöchentlich direkt ab Frankfurt, sonst via Singapore oder Bangkok fast täglich.
Linienflüge nach Zamboanga täglich via Manila. Linienflüge nach Cebu City (Flughafen auf der Nachbarinsel Mactan 8 km zur Stadt, über eine Brücke verbunden, Taxi), täglich 7mal ab Manila.
Das Flugzeug ist das wichtigste Verkehrsmittel zwischen 57 Flugplätzen, die zum Teil nur bei Bedarf angeflogen werden, z. B. Manila-Davao 9mal täglich, 1 1/2 Stunden, rund 90 Mark. Vorausbuchungen empfehlenswert (Vorsicht ist wegen der wechselnden Flugpläne geboten).
Busverbindungen sind wegen der Straßenverhältnisse zu zeitraubend.
2 Eisenbahnlinien auf Luzon nördlich und südlich von Manila mit klimatisierter 1. Klasse, z. B. nach Legazpi 3mal täglich, 10 bis 12 Stunden, ca. 20 Mark.
Schiffsverbindungen per Linie sehr langsam und preiswert, doch wenig komfortabel, auch Ausflugsverkehr von Manila aus.
Für den Nahverkehr Busse und Jeepneys (umgebaute Jeeps) für etwa 7 Pfennig pro Strecke. Rechtsverkehr.
Taxis sehr preiswert.

Zollvorschriften: Persönliches Reisegut frei. 300 Zigaretten oder 50 Zigarren oder 1000 g Tabak. 1 l Wein oder Spirituosen. Für Waffen Genehmigung der Polizei erforderlich.

Philippinische Geographie

Vor 25 000 Jahren gab es zwischen der philippinischen Inselwelt und dem asiatischen Kontinent Landbrücken, über die die Ureinwohner (*Negritos* oder *Aetas*) einwanderten. Heute liegt das asiatische Festland rund 1 000 Kilometer entfernt, nach Taiwan sind es in nördlicher Richtung rund 160 Kilometer, im Süden liegt die letzte Insel nur 25 Kilometer nordöstlich von Borneo (Provinz Sabah, Malaysia). Im Westen werden die philippinischen Inseln vom Südchinesischen Meer, im Osten vom Pazifik umspült.
Die Ausdehnung des philippinischen Inselreichs beträgt von Norden nach Süden rund 1 850 Kilometer. (Zum Vergleich: Das entspricht etwa der Luftlinie Hamburg-Südspitze Italien). Die Landfläche der 7 107 Inseln ist etwa

so groß wie Großbritannien und Irland zusammen (300 000 Quadratkilometer). Von den 7 107 Inseln tragen rund 2 770 einen Namen. Die meisten philippinischen Inseln sind kleiner als ein Quadratkilometer und unbewohnt.
Vom tiefsten Punkt am Sockel der Inselwelt (Philippinischer Graben mit rund 11 000 Meter) bis zur höchsten Bergspitze (Mount Apo auf Mindanao mit 1 965 Meter) sind es fast 14 Kilometer. Diese extremen Höhenunterschiede sowie die bizarren Landschaften über und unter dem Wasserspiegel sind in erster Linie die Ergebnisse gewaltiger Vulkanausbrüche und Erdbeben. Mindestens zehn Vulkane auf den Philippinen sind noch aktiv.
Die größten Inseln sind Luzon im Norden und Mindanao im Süden der Eiland-Kette. Dazwischen liegen die Visayas mit Cebu, Negros, Panay, Samar sowie vielen anderen kleineren und größeren Inseln. Palawan liegt etwas außerhalb der Kette westlich von Negros.
Zwei erwähnenswerte Seen sind auf Luzon die *Laguna de Bay* — von den Spaniern fälschlicherweise als Lagune angesehen — und der *Lanao-See* auf Mindanao.
Die Küstenlinien des Archipels betragen zusammen rund 23 000 Kilometer, das ist zweimal die Küstenstrecke der USA.

Die Bevölkerung

Die ethnische Herkunft der rund 47 Millionen Filipinos ist nicht klar zu definieren. Fest steht jedenfalls, daß bei dieser wohl schönsten aller Rassenmischungen die malaiischen Merkmale überwiegen.
Die Besiedlung des philippinischen Archipels begann vor etwa 25 000 Jahren, als die Inseln noch durch Landbrücken mit dem asiatischen Festland verbunden waren. Nachkommen dieser Ureinwohner, der Negritos oder Aetas, gibt es heute noch in Nordluzon sowie auf Palawan und einigen anderen Inseln. Wenige Stämme dieser kleinen, kraushaarigen und dunkelbraunen Rasse sind fast unvermischt.
Einige tausend Jahre nach den Negritos besiedelten Indonesier, eine kaukasisch-mongolische Mischung, die Inseln. Sie wurden in mehreren Wellen von malaiischen Völkern in das Innere der Inseln gedrängt. Stämme mit starkem indonesischen Einschlag sind heute noch in den Dschungeln von Nordluzon, Mindoro, Palawan und Mindanao zu finden.
Die Nachkommen der malaiischen Einwanderer, die Tagalogs, Visayans, Ilocanos und Pampangos, machen den größten Teil der heutigen Bevölkerung aus. Zu diesen Stämmen gehört auch die Moslem-Minderheit im Süden.
Zu verschiedenen Zeiten gab es auch Vermischungen mit Indern, Chinesen, Japanern, Arabern, Spaniern und Amerikanern. Die gelungensten Mischungen für die Schönheit sind jene aus malaiischem, chinesischem und spanischem Blut.
Seit 1380 breitete sich von Süden her der Islam über die Sulu-Inseln und Mindanao aus. Mit der Landung Magellans im Jahre 1521 begann die Chri-

stianisierung der Inseln durch Spanier. Die Spanier blieben bis 1898 Herren der Inseln. Mit Beginn der Besetzung durch die USA (1898 bis 1946) wirkten auf einigen Inseln auch protestantische Missionare.
Etwa 80 Prozent der Filipinos sind Katholiken, 10 Prozent Protestanten, 5 Prozent Moslems, der Rest verteilt sich auf verschiedene Sekten und Animisten. Übrigens sind die Philippinen das einzige katholische Land Asiens.
Auffallend ist das junge Durchschnittsalter der philippinischen Bevölkerung: die Philippinen haben mit 3,9 Prozent die höchste Bevölkerungs-Zuwachsrate, 75 Prozent der Filipinos sind jünger als 25 Jahre. Eine Tatsache, die das Bild der Städte und Dörfer auf angenehme Art und Weise prägt.
Sprachschwierigkeiten gibt es selten auf den philippinischen Inseln, denn fast überall wird das amerikanische Englisch gesprochen. Nationalsprache ist das vor allem im nördlichen Teil am weitesten verbreitete Tagalog, das die offizielle Bezeichnung »Pilipino« hat (ein F bzw. als F gesprochenes Ph gibt es im philippinischen Alphabet nicht). Im übrigen gibt es um die neunzig Dialekte mit vielen Einflüssen, die der bewegten Geschichte entsprechen: Indisch, Arabisch, Chinesisch und natürlich Spanisch und Englisch.
Außer dem bereits erwähnten Tagalog sind Bikol, Cebuano, Hiligaynon, Ilocano, Pampango und Waray wichtige Dialekte. Im Süden kommen als wichtige Dialekte noch Chabacano, Maguindanao und Tausug hinzu.

Von 7 107 Inseln die schönsten

Von allen Ländern in Amerika, Afrika, Ozeanien und Asien mußten die Philippinen die längste Kolonial-Beherrschung erdulden. Umso erstaunlicher ist, daß dem Touristen die befürchtete Fremdenfeindlichkeit hier nicht — wie häufig in anderen freigewordenen Ländern — begegnet.
Die Filipinos haben aus ihrer Situation das beste gemacht. Ihre Kultur schillert in verschiedenen Farben; es ist eine neue Kultur, die, aus malaiischen, chinesischen, spanischen und amerikanischen Elementen zusammengebaut, ein überraschendes nationales Selbstbewußtsein ausstrahlt.
Diese Größe, ein nur zu ahnender Stolz und unentwegte Freundlichkeit, begegnet dem Touristen auf allen Rundreisen, und wo das Wunder ewiger Freundlichkeit mit Naturwundern kombiniert ist, möchte man fast weinen: Das Touristenherz quillt über.
Beispielsweise im Norden der Hauptinsel *Luzon* mit den weltberühmten Reisterrassen bei *Banawe,* wo die Ifugaos schon vor 3 000 Jahren begonnen haben, ein Agrar-Wunderwerk zu schaffen, das auch heute noch funktioniert: die Reisterrassen. Start für das von Menschenhand geschaffene Naturwunder ist *Baguio,* eine Sommerfrische für die Reichen aus Manila, viele Ferienhäuser unter riesigen Pinien in blumengefüllten Gärten, in 1 500 Meter Höhe. Auf dem Markt werden hübsche Souvenirs gehandelt, Holzschnitzereien, Handgewebtes und Silberschmuck.
Eine Bereicherung im Stadtbild sind die bunten Trachten der Igoroten. Die-

ses Volk, dessen reizende Dörfer in der Umgebung von Baguio liegen, hat wenig von den spanischen und amerikanischen Kolonialherren angenommen, ihre eigene Kultur ist noch weitgehend intakt. Weniger allerdings ihre Gesundheit, was der einseitigen Ernährung zuzuschreiben ist. »Camote«, eine süße Kartoffel, ist fast die einzige Mahlzeit. Die Eintönigkeit wird bei den vielen armen Familien nur an Festtagen mit Reis unterbrochen. Reis oder auch hier wachsendes Kraut, Zwiebeln, Bohnen, Avocados und Tomaten werden zum Markt im — für manche Dörfer bis zu acht Stunden entfernten — Baguio gebracht. Zu kostbar, um sie selbst zu essen, einzige Einnahmequelle, um andere Bedürfnisse zu befriedigen. Das ist das tägliche Leben, das sich hinter der romantischen Kulisse Nord-Luzons verbirgt.

Das Zentrum der weltberühmten Reisterrassen ist *Banawe,* etwa neun Busstunden von Baguio entfernt. Eine Schütteltour, die sich lohnt, schon der Landschaft wegen: eine Berg-Szenerie von gewaltiger Schönheit, erfrischende Pinienwälder, am Straßenrand edle gelbe Orchideen.

Dann die Ifugaos, ein Bergvolk, das noch sehr zurückgezogen lebt, wenn auch die jungen Leute durch die Berührung mit Entwicklungshelfern und Touristen allmählich in moderne Kleidung steigen und schon viele sich den Traum erfüllten, in Manila zu arbeiten oder dahinzuvegetieren.

Die Ifugaos, früher als Kopfjäger verschrien, bauten im Laufe von 3 000 Jahren etwa 20 000 Kilometer Mauern, schufen damit an den steilen Berghängen unzählige Reisterrassen, die der Landschaft ein grafisches Aussehen geben und bei jedem Betrachter einen bleibenden Eindruck hinterlassen.

Nach zwei Autostunden kommt *Bontoc,* eine Ansammlung von Wellblechhütten. Auch in der Umgebung einige mit Reisterrassen bestückte Berge. Hierher kommt der Besucher vor allem wegen den *Sagada-Höhlen,* in denen die Bergstämme ihre mumifizierten Leichen beisetzen. Unterwegs sieht man halbnackte oder mit Lendenschurz und Pullover bekleidete Ifugaos, manche auch noch mit Speeren bewaffnet.

Bei etwas mehr Zeit in Nordluzon sollte unbedingt das Korallenparadies »Hundert Inseln« besucht werden. Etwa vierhundert Koralleninselchen und -riffe sind wie ein Heer von Schildkröten in den *Golf von Lingayen* gestreut. Höhlen, Grotten und kleine Strände versprechen ein traumhaftes Urlaubserlebnis. Vor allem Taucher und Schnorchler sind kaum aus dem klarblauen Wasser zu locken.

Landschaft und Traumstrände bietet auch der Süden Luzons. Ziel aller Naturfreunde ist das wunderhübsche Städtchen *Legaspi* und von dort aus »der Welt schönster Vulkan«, der 2 500 Meter hohe *Mayon.* Dieser symmetrische Bergkegel ist aber auch der aktivste Vulkan der philippinischen Inseln. Zuletzt spuckte er 1968, doch der spektakulärste Ausbruch fand 1814 statt, als die ganze Stadt Cagsawa unter Asche und Lava begraben wurde. Nur die Ruine des Kirchturms erinnert heute noch an die Naturkatastrophe. Pompeji auf dem philippinischen Archipel. . .

Als Abrundung des Ausflugs ist ein Bad in den Thermalquellen von *Tiwi* — 47 Kilometer nördlich von Legaspi — zu empfehlen. Oder der Stopp an ir-

Banawe ist das Zentrum der weltberühmten Reisterrassen im Norden der Philippinen: 20000 Kilometer Mauern rund um die Berge

gendeinem der vielen kleinen, teils schwarzen Strände, in deren Wasser die lustigen, kleinen Filipino-Kinder plantschen.
Eine Jet-Stunde von Manila entfernt liegt *Cebu City,* die Königin des Südens, Hauptstadt der Visayas, einer Inselgruppe, deren größtes Eiland *Cebu* ist (siehe auch Seite 231).
Der Flughafen liegt auf der Nachbarinsel *Mactan,* die inzwischen durch eine große Brücke mit Cebu verbunden ist. Auf Mactan wurde der Abenteurer und Weltumsegler Magellan von Lapu-Lapu umgebracht.
Das Zentrum von Cebu City hat inzwischen auch schon das Schicksal anderer großen Städte erlitten: Es ist laut und schmutzig, der Verkehr beherrscht die Stadt — aber die Filipinos lächeln. In den Vororten und Siedlungen rings um die Stadt findet das Auge hingegen reizvolle Abwechslung. Zwei Tips: der Blick von Beverly Hills auf Cebu City — und *Guadalupe* mit seinen prallen Obstgärten, sowie den prächtigen Rosen- und Nelkenbeeten.
Wer Fisch und Meeresfrüchte mag, frisch und lecker zubereitet, findet in *Talisay,* ein paar Kilometer südlich von Cebu City, die richtigen Restaurants und dazu noch einen schönen Strand. In der Nähe liegt das Fischerdorf

Tangko. Die Garküchen des kleinen Nestes sind bei den Einheimischen beliebt.
Zwei Fährstunden von Cebu entfernt liegt die Insel *Bohol,* berühmt wegen einer seltsamen geologischen Erscheinung, an deren Entstehung noch gerätselt wird: Mitten aus der Grasebene ragen kleine, runde und gleichmäßig geformte Hügelchen heraus. In der Trockenzeit sind sie alle braun gefärbt, lauter lustige Schokoladenberge, die »Chocolate Hills«.
Weit ausgedehnte Zuckerrohrfelder prägen das Bild der westlich von Cebu liegenden Insel *Negros,* deren Mitte bis zu 2 450 Meter hohe Berge einnehmen. Touristisch interessant ist *Dumaguete* im Süden, mit einem schönen Strand. Dumaguete ist das Zentrum der protestantischen Minderheit auf den Philippinen.
Wer mittwochs im Süden der Insel ist, muß unbedingt nach *Malatapay* fahren: Direkt am Strand, in einem riesigen Palmenwald, findet der Markt statt. Hier werden Gewürze, Gemüse, Obst, Töpfe, Schuhe und Wasserbüffel gehandelt. Sogar ungeöffnete Auslandsbriefe, angeblich ein einträgliches Geschäft: Die geklauten Postsendungen sind eine Art Wundertüten, jeder hofft, in seinem Kuvert eine Dollarnote zu finden.
Ein besonderes Erlebnis sind die Garküchen, ein Spaziergang durch die philippinische Speisekarte. Von den vielen Spezialitäten kann ich einige empfehlen. Verlangen Sie »Kilawin«, scharf gewürzten, rohen Fisch. Oder »Indangan«, den besten gegrillten Fisch der Visayas. An Stelle von Brot gibt es »sinakol«, einen Maiskuchen, der in einem bizepsdicken Bambusrohr über Kohlenfeuer gedämpft wird.
Die westlichste Visaya-Insel ist *Panay* mit der Hauptstadt *Iloilo.* Bekannt ist hier die Textilindustrie. Die bequemen und luftigen Filipino-Hemden, »Barong Tagalog«, und die spanisch beeinflußten Frauenkleider, die »Ternos«, werden hier aus Bananen- und Ananasfasern, Jusi und Pina, hergestellt.
Auf *Mindanao* und den anderen südlichen Inseln ist der Tourismus etwas eingeschränkt, da manche Gebiete wegen der immer noch aufständischen Moslems — wenn überhaupt, dann nur mit Genehmigung des Militärs — besucht werden können. Gesperrt sind zum Beispiel die Mindanao-Provinzen Lanao und Cotabato sowie die Insel Basilan.
Doch *Mindanao,* die zweitgrößte Insel der Philippinen, hat trotzdem so viel zu bieten, daß auch ein Dreiwochen-Urlaub nicht reicht, um alle landschaftlichen, kulturellen und folkloristischen Reichtümer zu entdecken. Wichtigstes Ziel für Touristen ist im äußersten Südwesten, Zamboanga eine der erfreulichsten und interessantesten Städte auf den Philippinen (siehe Seite 230).
Hauptstadt der südlich des Taifungürtels liegenden, vom Klima verwöhnten Insel ist *Davao.* Inmitten einer pittoresken Landschaft in einem fischreichen Golf liegt der bedeutende Handels- und Touristenplatz. Zwischen hier und Zamboanga breiten sich weite Gebiete aus, die von dem aufständischen, nach Autonomie strebenden Moslemstamm der Yakan beherrscht werden und von Touristen gemieden werden sollten.
Die Provinz Davao ist die Heimat zahlreicher Stämme mit teilweise unver-

fälschter Kultur, seltsamen Traditionen, fremden Gebräuchen sowie eigenen Sprachen. Dazu gehören die Bagobon, die Bilaan, Kulaman, Mandaya, Mangguagan, Manobo, Mansaka und Taga Kaolo.
Der wichtigste Hafen der Nordküste ist *Cagayan de Oro,* das Ananaszentrum der Philippinen, dessen Del Monte-Konserven auch in Deutschland angeboten werden. Von hier aus über die Industriestadt Iligan, durch Landschaften von einmaliger Schönheit, trifft man auf die eindrucksvollen, 150 Meter hohen *Maria-Cristina-Wasserfälle.*
Schon in der Gegend, ist ein Abstecher nach *Marawi* am *Lanao-See* unbedingt erforderlich. Noch weitgehend abgekapselt, lebt hier der Moslem-Stamm der Maranao in fotogenen Dörfern rund um den See. Die Eingeborenen verdienen ihr Geld mit Fischfang und der Anfertigung kunsthandwerklicher Gegenstände.
Die weiter südlich bis kurz vor Borneo reichenden hunderte von Inseln, begrenzt von der Inselgruppe Tawitawi (»weit, weit entfernt«), bieten zwar viele exotische Reize, doch sind sie für den Tourismus noch nicht erschlossen. Abgesehen davon, daß nur bestimmte Zonen in Militärbegleitung besucht werden dürfen, sind die derzeit gebotenen Unterkünfte schlichtweg unzumutbar.

Manila: Wolkenkratzer und Slums

Zunächst muß klargestellt werden, was eigentlich als Manila bezeichnet wird. Da ist einmal die City Manila, seit mehr als 300 Jahren Hauptstadt der Philippinen. Um diesen Kern herum gruppieren sich vier Städte — darunter auch Quezon-City, die zeitweilige Regierungsstadt — und 13 Gemeinden, die 1975 eingemeindet wurden und nun das 8 Millionen-Monster »Metropolitan Manila« darstellen. Gouverneur dieser »Großgemeinde« ist die Frau des Präsidenten, Mrs. Imelda R. Marcos, die First Lady, in Zeitungsberichten auch FL genannt.
Der Name der Stadt entstand aus dem malaiischen »may nilad«, hier gibt es Nilad (eine Sumpfpflanze). Manila liegt auf der größten philippinischen Insel, auf Luzon.
Das starke soziale Gefälle in dieser asiatischen Großstadt wird besonders deutlich, wenn der Tourist an einem Tag das supermoderne Kongreß- und Kulturzentrum oder das betonreiche Makati mit Hotels, Banken, Luxusvillen und Einkaufszentrum besucht, andererseits Tondo, die Slums, ein trostloses Hüttengewirr mit verschmutzten Kindern, Hunden, Schweinen und — als einzigem versöhnlichen Aspekt — den unermüdlich wäscheklopfenden und ständig lächelnden Pilipinas.
Hin und wieder sind Regierungsprojekte zu sehen, die allmählich die unhygienischen Zustände in den Slums, wo nach inoffiziellen Angaben immer noch 40 Prozent der Einwohner Manilas leben, ändern sollen.
Das wird noch Jahre dauern, doch ist Hoffnung gegeben. Schließlich hat es

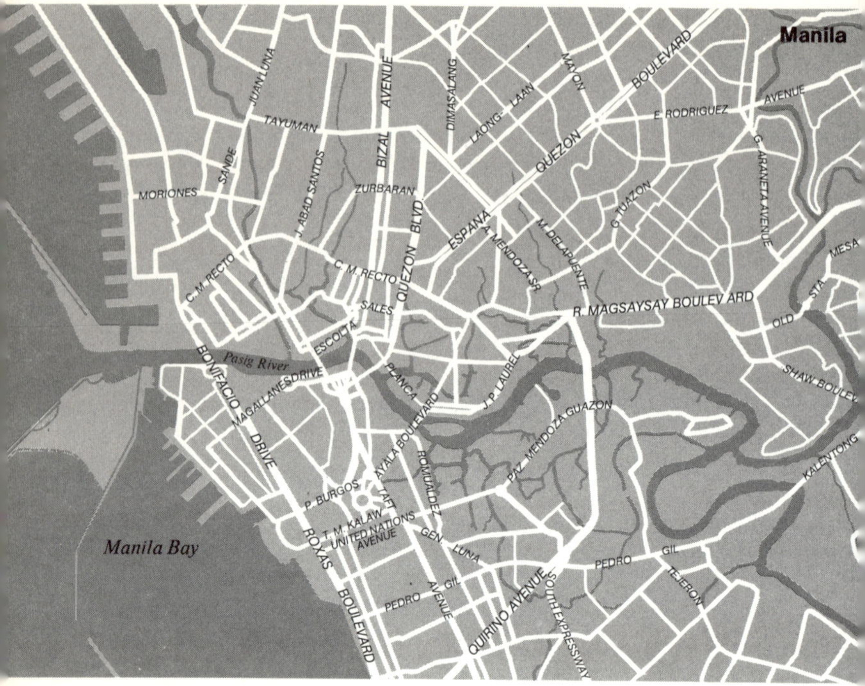

der Alleinherrscher Präsident Marcos auch geschafft, mit starker Hand die Kriminalität in Manila weitgehend auszurotten. Was 1972 mit ein Grund zu energischen Reformen war, die brutale Herrschaft der Colts und Fäuste, ist heute fast vergessen. Der Stadtbummel ist ebenso sicher wie in Frankfurt, Hamburg oder München. Die Polizisten, die in Banken die Türen öffnen, in Hotels und Supermärkten zwischen Regalstraßen und in Gängen stehen, sollen lediglich verhindern, daß die alten Zustände wiederkehren.

Zum Pflichtbesuch gehört das alte Manila der Kolonialherren, *Intramuros.* Vieles wurde im Krieg zerstört, und die Reste werden seit Jahren verschandelt, indem man sie als Großcontainer-Lagerplatz mißbraucht. Doch die Kirche *San Agustin,* die älteste Steinkirche des Landes, lohnt den Weg. Interessant ist das *Museum* für Bilder, Reliquien und historische Dokumente im 400 Jahre alten *Kloster.*

Wer sich mehr für die jüngere Geschichte interessiert, hat dazu Gelegenheit auf dem *US-Militär-Friedhof,* wo mehr als 17 000 gefallene Amerikaner des 2. Weltkrieges liegen. Eindrucksvoll die Mosaik-Landkarten, die den Ablauf des Pazifik-Krieges zeigen.

Lohnend ist ebenfalls ein Spaziergang durch den *Rizal-Park,* auch »Luneta« genannt, und durch den *Pako-Park,* einen ehemaligen spanischen Friedhof, heute ein botanischer Garten.

In zwei Tagen hat der eilige Tourist einen Überblick über den wichtigsten Teil der Metropole gewonnen. Wer tiefer in den Reiz der Stadt eindringen will, darf das bunte und geschäftige *Chinesenviertel* (Nähe Ongpin Street) nicht versäumen. Auch der Besuch der malerischen *Märkte* hilft, das Leben der Philippinos besser kennenzulernen: Auf dem *Quinto-Markt* an der Quezon-Brücke gibt es die preiswerten und hübschen Flechtwaren. Für Frühaufsteher: In der Nähe des Strandes, am Ende des Roxas Boulevard (Stadtteil Parañaque) findet von 6 bis 8.30 Uhr der *Fischmarkt* statt.
Einen schnellen und guten Überblick über die vielfältigen Kulturen des Inselstaates bietet das »Philippinische Dorf« (*Nayong Pilipino*). Landschaften und Siedlungen aus allen Teilen des Landes sind hier naturgetreu nachgebildet.

Manilas pittoreske Umgebung

Ein Urlaub in Manila, in einem der komfortablen Hotels, unterbrochen mit Tagesausflügen, das ist durchaus vorstellbar. Manilas Umgebung bietet viel Reizvolles.
So unvorstellbar es ist, Kairo zu besuchen und die Pyramiden nicht zu sehen, so unmöglich ist es, in Manila gewesen zu sein und den *Taal*-See nicht zu kennen. Dieses landschaftliche Kleinod liegt etwa eineinhalb Stunden südlich von Manila bei der Stadt *Tagaytay*.
Vorher, auf dem Weg nach Süden, passiert man *Las Piñas,* einen Vorort der Hauptstadt. Hier, in der Kirche, steht die weltberühmte *Bambusorgel,* die ein Pater im Jahre 1820 in Ermangelung anderer Materialien aus Bambusrohren baute. Die Klangqualität ist umwerfend, auf Wunsch spielt die Organistin ein paar Choräle.
In derselben Stadt findet man kleine Jeepney-Fabriken, die besichtigt werden können. Jeepneys sind auf den Philippinen das wichtigste Verkehrsmittel geworden. Manila ohne diese buntbemalten, mit Dutzenden von Rückspiegeln und Metall-Pferdchen (je mehr Pferdchen, desto mehr »Pferdestärke«) dekorierten Vehikel wäre nur halb so schön. Angefangen hatte die Jeepney-Welle, als die Amerikaner nach ihrem Abzug den Filipinos Jeeps aus Armeebeständen überließen.
Nun aber nach Tagaytay zum Taal-See, mit dem kleinsten aktiven Vulkan der Welt. Das besondere daran ist relativ kompliziert zu beschreiben: 1. Der Taal-See liegt im Krater eines erloschenen Vulkans. 2. Im Taal-See steht ein kleinerer Vulkan. 3. Dieser kleinere Vulkan hat wieder einen kleinen See in seinem Krater. 4. Aus diesem kleineren See erhebt sich ein kleiner Vulkan, der ständig qualmt.
Ein anderer, erlebnisreicher Ausflug führt in den Osten. Zunächst kommt der Wallfahrtsort *Antipolo,* in dessen Kirche ein von den katholischen Filipinos verehrtes wundertätiges Marienbildnis hängt.
Dann graben die Flüsse tiefe Täler in den Dschungel, die Landschaft wird

aufregend. Mittendrin, etwa 100 Kilometer von Manila entfernt, liegt der hübsche Ort *Pagsanjan,* Ziel aller Touristen. Entsprechend sind natürlich auch die Preise in den Restaurants.
Die eigentliche Attraktion liefert der Fluß Pagsanjan: Wasserfälle und Stromschnellen rauschen durch eine enge Schlucht. Mit Menschenkraft werden die Touristen in schmalen Booten nach oben geschoben, mit Geschick zurückgefahren. Ein nasses Vergnügen, das sich lohnt — trotz der Nepp-Zwischenstation: Kühne Filipino-Boys versuchen, den Besuchern die Bezahlung von Essen und Trinken für die Bootsmänner aufzuzwingen.
Eine Pause nach all diesen Anstrengungen an einem schönen Badestrand wäre jetzt angebracht. Zwei Stunden südlich der Hauptstadt liegt die von den Einheimischen bevorzugte *Matabungkay Beach,* eine natürlich gewachsene Szenerie, Fischerhütten, Boote, einfache Restaurants, einfache Unterkünfte — und viele lachende Filipinos, stets bereit zu einem Gespäch. Da die Flugpreise auf den Philippinen recht niedrig sind, ziehen es immer mehr Wasserratten aus Manila vor, lieber zwei Stunden zu fliegen: auf die kleine Urwald- und Palmstrand- Insel *Sicogon.* Acht Kilometer Sandbuchten, kristallklares Wasser, kleine Fischerdörfer, Korallenriffe für Taucher, Windsurfen und Segeln, Bergsteigen und Drachenfliegen, Tennis, Pelota und Wildschweinjagd. Eine Zwölf-Quadratkilometer-Insel mit traumhaftem Angebot, mit komfortablen Bungalows.
Wenn der Flug von Frankfurt nach Manila nicht fast 20 Stunden dauern würde, der Anschluß nach Sicogon zusammen mit dem zweistündigen Flug je nach Ankunft dann nicht auch noch einmal einen halben Tag in Anspruch nähme, und die gleiche Chose wieder zurück, dann. . .
Dann würde ich behaupten, daß es sich lohnt, seinen Strand-Traum-Urlaub auf der Viscaya-Insel Sicogon zu verbringen.

Zamboanga: Zigeuner und Schmuggler

Hauptstadt der zweitgrößten philippinischen Insel Mindanao ist die hübsche und wirtschaftlich sehr bedeutende Hafenstadt *Davao.* Doch touristisch gesehen ist Zamboanga, die »Stadt der Blumen« weit interessanter. Auch das Hotelangebot kann sich sehen lassen, gelegentlicher Wasser- oder Stromausfall darf nicht übelgenommen werden, das gehört dazu.
Bei der Berichterstattung über die Blumenstadt im Südwesten Mindanaos werden immer wieder zwei abenteuerlich-romantische Aspekte hervorgehoben: Die Schmuggler und die Seezigeuner.
Widmen wir uns zunächst den Moslems, die im Süden der Inselwelt immer einmal wieder für Unruhe sorgen. Die Muslim-Anführer und Präsident Marcos konnten im Laufe der Jahre noch nicht den richtigen Kompromiß für ein gewisses Maß an Autonomie finden. Doch friedliche Ruhe und eine allseits befriedigende Lösung sei in Sicht, versichern die offiziellen Militärs im südlichen Teil dcs Landes.

Zamboanga, Ziel fast jeder Philippinen-Rundreise, war schon vor der spanischen Besetzung der Inseln eine Moslem-Siedlung. Auch heute noch ist Zamboanga das Tor zum Moslem-Gebiet, dem *Sulu-Archipel* mit den Inseln *Basilan, Jolo* und *Tawi-tawi.*
In dieser Gegend hatten schon Spanier, Amerikaner und Japaner größte Schwierigkeiten, vor allem den freiheitsliebenden Tausog ihren Willen aufzuzwingen. Ließe man sie in Ruhe und gewährten die Militärs dem Moslem-Volk eigene Rechte, liefe vermutlich alles für lange Zeit ziemlich reibungslos.
Eines der alten Rechte führte dazu, daß die Südfilipinos häufig zu Schmugglern abgestempelt werden, ohne es wirklich zu sein. Fast jeder Tourist glaubt aber an diese abenteuerlich-verwerfliche Version, vor allem beim Besuch des »Barter Trade Market«. Die bunte Vielfalt des Angebots aus aller Herren Ländern und die manchmal abenteuerlichen Tiefstpreise. . . das könne doch nicht mit rechten Dingen zugehen! Doch handelt es sich hier um ein althergebrachtes Recht der Einwohner von Zamboanga: Ohne Zoll- und Einfuhrformalitäten dürfen die Händler dieser Gegend, vorwiegend Tausog, ihren Tauschhandel pflegen, den sie vor allem mit den per Schiff erreichbaren Staaten Malaysia, Indonesien und Singapur aufrechterhalten.
Die zweite wildromantische Komponente im philippinischen Süden sind die *Seezigeuner,* ebenfalls Moslems. Die friedlichen, fast schüchternen Seezigeuner werden auf Auslegerbooten geboren, dort oder im Wasser wachsen sie auf, das Boot ist Büro und Sterbeplatz.
Wenn Touristen das Ausflugsboot besteigen oder zur Lunch- beziehungsweise Dinnerzeit im Freiluft-Restaurant des Seehotels sitzen, verwandeln sich die Boote der Seezigeuner in bunte Läden. Muscheln, Korallen, Schmuck und Matten in ihrer frappierenden Farbenpracht werden freundlich und unaufdringlich angeboten. »Ssst«, locken die Seezigeuner, lächeln und wackeln aufmunternd mit dem Kopf.
Abends und frühmorgens ist das Boot Aktionsfeld der Fischer, die ihre Beute zwischen Klippen und Inseln mit allerlei Tricks in die Netze oder an den Haken locken. Bei Mondschein gefangen, nach Sonnenaufgang verkauft — die Seezigeuner können davon leben. Sie sind glücklich über ihre Wasserwelt. In und um Zamboanga werden Seezigeuner auf Ausflügen auch in festen Pfahldörfern »vorgeführt«.
Wer länger in Zamboanga bleibt, läßt sich häufig zur kleinen Insel *Santa Cruz* bringen. 20 Minuten dauert die Fahrt zu einem schönen Strand mit rosa schillerndem Sand und einer interessanten Unterwasserwelt.

Die Visayas: Magellans Triumph und Tod

Am 16. März 1521 landete Magellan auf der Insel *Homonhon,* nahe Samar im Osten der Visayas. Ein Triumph für den abenteuerlichen Weltumsegler, der erste Europäer auf philippinischem Boden zu sein.

Am 7. April desselben Jahres legte Magellan auf der Insel *Cebu* an. Der gebürtige Portugiese, Landentdecker in Spaniens Auftrag, schien in erster Linie Missionar zu sein — und ein erfolgreicher dazu. Schon eine Woche nach der Landung, am 14. April 1521, ließen sich in Cebu City, der »Königin des Südens«, 800 Eingeborene taufen.

An der Taufstelle ist heute noch ein Kreuz zu sehen, angeblich das von Magellan gestiftete. Auch der Herrscher über die Insel Cebu, Rajah Humabon, und seine Frau waren unter den Getauften. Magellan schenkte der Königin einen hölzernen Jesusknaben mit Juwelenkrone und edelsteinbestickten Kleidern. Das Kleinod ging in den nachfolgenden Wirren verloren. Erst 40 Jahre später tauchte es wieder auf, als der spanische Konquistador Legazpi schaffte, was Magellan nicht erreichte: die Visayas zu unterwerfen. Der leicht angekohlte Jesusknabe gilt seit dieser Zeit als das christliche Kleinod der Philippinen. Es ist heute noch in der *Santo-Niño-Basilika* in Cebu City zu sehen.

Magellan selbst brachte die heilige Puppe kein Glück. Schon zwei Wochen nach seiner sensationellen Taufveranstaltung, am 27. April 1521, wurde der Abenteurer auf *Mactan,* einer kleinen Insel bei Cebu, von dem legendären Häuptling Lapu-Lapu erschlagen. Lapu-Lapu wehrte sich gegen Magellans Missionierungsversuche und gilt heute als Staatsheld; er ist der erste Befreier der Philippinen von kolonialistischer Herrschaft. Lapu-Lapu heißt heute auch eine Stadt auf der Insel Mactan, Flughafen für Cebu, und ein vorzüglicher Fisch, der auf der Speisekarte jedes guten Philippinen-Restaurants zu finden ist.

Geschichte in Kürze

1521	Magellan entdeckt die Inselwelt.
1543	Nach Philipp II. von Spanien wird die Inselgruppe benannt.
1565	Spanische Kolonie. Christianisierung der Bevölkerung.
1870	Die Revolten gegen Spanien beginnen.
1898	Die USA besiegen Spanien und nehmen die Inseln in Besitz.
1899	Rebellionen gegen die neuen Herrscher.
1916	Beschränkte Selbstverwaltung.
1934	Die Philippinen werden amerikanisches Dominion. Unabhängigkeits-Versprechen für 1944.
1941	Besetzung durch Japan.
1945	Rückeroberung durch US-Truppen.
1946	Proklamation der Unabhängigkeit am 4. Juli.
1969	Innere Unruhen beginnen, vor allem im Süden, wo vorwiegend Moslems leben.
1973	Neue Verfassung sieht ein parlamentarisches Regierungssystem vor, wird jedoch nicht vollzogen.
1976	Präsident Marcos gründet den »Legislativrat«, die Mitglieder werden vom Präsidenten ernannt.
1978	Umstrittene Wahlen. Die von der Regierung gestützte Partei erhält alle Sitze.

SINGAPUR

Majulah Singapura

(siehe Karte Seite 52)

Der Geschäfts- und Wolkenkratzer-Inselstaat Singapur ist sogar bei der langmähnigen Generation bekannt: Sie meidet ihn; denn Haare, die über den Jackenkragen fallen, gelten bei Singapurs Regierungs-Chinesen als die Eisbergspitze eines schlampigen Charakters.
Es hat mich gejuckt, auf meine Platte eine Perücken-Mähne zu setzen, um zu testen, als wie schlampig man meine inneren Werte bewertet. Aus Angst, Singapur nicht sehen zu dürfen, unterließ ich den Gag. Dafür erkundigte ich mich gewissenhaft, mit welcher Strafe, wie langer Haft ein Hippie rechnen müsse.
Alles dummes Gerede. Es wird keiner eingesperrt, weil seine Haare wild wuchernd und wallend aus der Kopfhaut wachsen. Nur, der Löwenschopf wird in der Löwenstadt (Singha = Löwe, pur = Stadt) sehr schlecht bedient. Die Behörde läßt ihn warten, bei der Post gehen die Briefmarken aus, der Fähren-Kondukteur läßt die Gitter vorschieben — der Kahn ist besetzt.
Aber auch wer wenig Haare hat, kann in Singapur, will er in kurzer Zeit das Flair der Stadt genießen, ganz schön ins Schwitzen geraten. Das liegt einmal am Klima: das ganze Jahr Temperaturen zwischen 27 und 31 Grad. Celsius natürlich. Aber es liegt auch daran, daß man hetzt, sehen will, Angst hat, morgen werde ein Tempel geschlossen, weil der Staat Platz braucht für eine Straße oder ein Ministerium.

Rundgang: Exotik in der Löwenstadt

Ein hartes Programm, das auch Traditionen überrollt, doch es gibt noch genug zu sehen, und Premierminister Lee Kuan Yew sowie Vize Dr. Goh Keng Swee lassen durchblicken, daß ihre Saubermann-Aktionen nach 25 Jahren Herrschaft neu überdacht werden können: Die Slums sind weg, den Wohlstand kennen alle Singapurianer in gewissen Relationen, also könnte man das wohl eine Zeitlang so lassen.
Touristen, die neben dem Kennenlernen des heutigen Lebens auch geschichtliche Werte suchen, wüßten vieles, das Singapurs Gewaltige »so lassen« könnten.
So zum Beispiel von den vielen Tempeln einige, die gläubigen und ungläubigen Touristen eine erbauliche oder reizvolle Insel im hektischen Großstadtgetriebe sind:
Tian Hock Keng, der älteste chinesische Tempel der Stadt. *Sri Mariamman,* ein Hindutempel, dessen Hauptportal mit farbenprächtigen Götter-Skulptu-

ren geschmückt ist. Hier zeigen die Hindus an Feiertagen ihre religiösen Übungen, das Durchbohren der Haut, den Gang über glühende Kohlen (Thaipusam siehe Seite 182).
Im *Chettiar Hindu-Tempel* kann der Besucher sehr eindrucksvollen Gottesdiensten beiwohnen. Auch Ungläubige. Aber die Schuhe ausziehen! Der *Sing-Lim-Sian-Si-Tempel* ist ein Buddha-Gotteshaus, aber auch chinesische Schutzgötter sind hier zu finden. Sehr eindrucksvoll.
Im *Temple of Thousand Lights* liegt ein 15 Meter langer und 300 Tonnen schwerer Buddha. Vor allem abends, wenn »1 000 Lampen« brennen, ist der Tempel sehr stimmungsvoll.
Mitten in Singapur steht die erhabene *Sultan Moschee,* die größte der Stadt. Auch ein paar weltliche Höhepunkte wären erhaltens- und sehenswert: Gerne besucht wird die *China Town* mit ihrem faszinierenden Straßenleben. Doch muß man wissen — um Enttäuschungen zu vermeiden —, daß das Areal nur noch relativ klein ist. Auch die oft beschriebenen Leckerbissen wie Schlangen, Affen, Schildkröten und Fledermäuse sind nicht mehr zu finden. Wer Pflanzen liebt, darf den *Botanischen Garten* nicht versäumen. Die mehr als 30 Hektar große Anlage gehört zu den schönsten der Welt. Und sie ist der Stolz der Regierenden. Wer hätte das vor hundert Jahren gedacht, als hier noch der Dschungel herrschte?
Liebhaber der chinesischen Fabelwelt finden im Tiger Balm Garden ein reiches Betätigungsfeld. Stundenlange Spaziergänge zwischen Dämonen und Steintieren in grellsten Farben sind hier möglich.
Singapur ist, insgesamt gesehen, wohl eine der beachtenswertesten asiatischen Leistungen. Wenn der Stadtstaat nicht noch steriler wird — empfehlenswert.

Das Land in Stichworten

Geografische Lage: 1,5° nördlicher Breite und 104° östlicher Länge.
Nördlich von Singapur liegt Malaysia, mit dem es durch einen Damm von etwas mehr als 1 km Länge verbunden ist. Entfernung von Frankfurt nach Singapur 10 422 km.

Größe: 584,3 qkm.
Hügelige Hauptinsel. Der Mount Faber in der Stadt ragt rund 100 Meter über den Meeresspiegel.

Bevölkerung: 2,4 Mill. Einwohner, über 95% städtisch. 76% Chinesen, 15% Malaien, 7% Inder und Pakistani, 38 000 Europäer, 20 000 Eurasier u. a. m.
Die Chinesen sind Konfuzianer oder Buddhisten, Malaien und Pakistani sind Moslems, Inder sind Hindu; etwa 100 000 Katholiken und jüdische Minderheiten.

Sprachen: Staatssprache Malaiisch, Chinesisch und indische Sprachen. Amts-, Umgangs- und Bildungssprache Englisch.

Staatsform: Unabhängige Republik im Commonwealth.

Wirtschaft: Starke industrielle Entwicklung; in den letzten Jahren besonders in der Mineralölindustrie und im Schiffbau; Elektro- und Elektronikindustrie. Viertgrößter Hafen der Welt, der führende Hafen Südost-Asiens, Transithafen für Ausfuhr aus Malaysia.

Flora: Es werden Ananas, Kokospalmen und Kautschuk angebaut. Üppige tropische Flora in der Stadt, gepflegte Grünanlagen und Parks.

Wichtiges von A bis Z

Ausweispapiere: Paß, Impfpaß, internationaler Führerschein.

Devisen: Ein- und Ausfuhr der drei anerkannten Währungen für Singapur, Malaysia oder Brunei bis 100 000 S$, M$ oder BR$. Fremdwährung deklarationspflichtig.

Diplomatische Vertretungen: Deutsche Botschaft, F 1, International Building, 360 Orchard Road, Singapur 9, Tel. 37 13 55; Österreichisches Honorargeneralkonsulat, Third Floor, Mariline Building, Collyer Quay, Singapur 1, Tel. 9 41 52 (Botschaft siehe Thailand).

Einkäufe: Öffnungszeiten werktäglich 9.30—21 / 22 Uhr (bestimmte Einkaufszentren); Banken Mo.—Fr. 10—15, Sa. 9.30—11.30 Uhr. In kleineren Läden unbedingt handeln.
Günstige zollfreie Einkäufe (besonders japanische elektrische Geräte und Kameras, (25% billiger als in Europa). Edelsteine, Antiquitäten (vor allem Jade, Lackwaren und Porzellan), Batiken, Teppiche, Kleidung (in 24 Stunden maßgeschneidert), Lederwaren, Kunsthandwerk aus China, Indien und Indonesien. Nächtliche Märkte sind »Pasar Palam« an ständig wechselnden Orten (Auskunft im Hotel). Vorsicht vor »Shopping Guides«, die von unerfahrenen Touristen — sehr gut — leben!

Essen und Trinken: Lokale Spezialitäten genießt man am besten abends an offenen Imbißständen (Garküchen) und Satay-Clubs (Hygiene streng überwacht). Es gibt auch chinesische, indische (hauptsächlich Curry-Gerichte), indonesische, siamesische, malaiische und internationale Küche.
Das einheimische Bier Marke »Tiger«, »Anker« und »Gold Harp« ist gut. Kokosnußsaft und andere frisch ausgepreßte Fruchtsäfte. »Singapore Sling« aus Gin, Brandy und Benedictine mit Zitrone.

Feiertage: 1. Januar, 27. und 28. Januar, 6. Februar, Karfreitag, 1. Mai, 9. Mai, 9. August, 17. Oktober, 20. November, 25. Dezember, außerdem zahlreiche religiöse Feiertage, die jährlich wechseln.

Entfernungen, Gewichte und Maße: Engliscn.

Geld: 1 Singapore-Dollar (S$) = 100 Cents (Malaysische und Brunei-Dollars werden 1 / 1 anerkannt); 1 DM = 1,2 S$.

Impfungen: Pocken, Cholera und Gelbfieber bei Einreise aus Infektionsgebieten.

Klima: Reisezeit ganzjährig. Gleichmäßiges tropisches Klima. Durch die Meereslage allgemein gut verträglich mit Durchschnittstemperaturen von 30,6°, nachts 24°. Höchste Luftfeuchtigkeit nachts bis 95%, sonst bei 65%. Mit kurzen, aber heftigen Regenschauern ist immer zu rechnen, am meisten von November bis Januar. Juli ist der sonnigste Monat.

Stromspannung: 220—240 V, in großen Hotels auch 110 V (Rundstecker).

Trinkgeld: In größeren Hotels 10% Bedienungszuschlag, sonst gibt man auch in Restaurants 10% Trinkgeld, für besondere Dienstleistungen höchstens 2 S$, Gepäckträger bis 1S$. Friseure, Portiers und Taxifahrer erhalten kein Trinkgeld.

Trinkwasser: Einwandfrei.

Uhrzeit: MEZ +6 1/2 Stunden. Wenn es in Frankfurt 12 Uhr ist, ist es in Singapur 18.30 Uhr.

Verkehr: Linienflüge nach Singapur (Flughafen Paya Lebar International 11 km zur Stadt, Bustransfer zu allen wichtigen Hotels alle 20 bzw. 30 Minuten) täglich direkt ab Frankfurt, sonst auch via Zürich bzw. Bangkok, via London etwas teurer.
Wichtig sind die Verkehrsverbindungen zum Festland, Zufahrt über eine 3/4 Meile lange Straßen- und Eisenbahnbrücke. Der Straßenzustand in der Stadt ist gut.
Linksverkehr.
Neben Bussen sind Taxis die wichtigsten Verkehrsmittel, die es sehr zahlreich gibt (auf dem Nummernschild »SH«).

Darauf achten, daß die Uhr läuft, sonst Preis vorher aushandeln (Grundgebühr 0,80 S$, jede weitere Meile 0,20 S$, nachts 50% Zuschlag). Mietwagen für Selbstfahrer 33—65 S$ einschließlich 50 Meilen pro Tag, mit Chauffeur pro Stunde 10—40 S$. Die Omnibusse sind in gutem Zustand und englisch beschriftet, doch sollte man sie während der Hauptverkehrszeit meiden (pro Fahrt 0,20 — 0,60 S$). Fahrradrikshas (Treshaws): 1/4 Stunde ca. 0,50 S$.

Zollvorschriften: Persönliches Reisegut frei. 200 Zigaretten oder 50 Zigarren oder 225 g Tabak. Je 1 l Wein und Spirituosen.

Die sauberste Stadt Asiens

In Singapur, da scheiden sich die Geister. Selbst bei Touristen gibt es zwei Lager mit völlig konträrer Meinung: Ablehnung oder Zustimmung.

Unbestritten bleibt, daß der südostasiatische Stadtstaat eine Überraschung ist. Der Generalsekretär der »People's Action Party«, Lee Kuan Yew, der seit 20 Jahren ziemlich unangefochten Singapur »sauber und grün« machte, hat ganze Arbeit geleistet: Wenn nicht acht von zehn Passanten Schlitzaugen hätten, dann könnte das Zürich sein oder der saubere Teil Manhattans. Manchen Singapurianern — das sind Chinesen, Malaien, Inder und Eurasier — kommt der Staat zu sauber vor. Diese Meinung kommt keineswegs aus Slums, die es in Singapur nicht mehr gibt, sondern von jungen, gebildeten Menschen. Eine erfolgreiche Touristikerin meinte, als wir uns über die gefegten Straßen und Parks wunderten: »Sauber? Sagen sie lieber antiseptisch«. Für die Singapurianer haben die zwanzig Lee Kuan Yew-Jahre jedenfalls traumhafte Vorteile gebracht, Lebensstandard und Sicherheit. So hat der Regierungschef die sauberste Stadt Asiens kreiert:

Ein Zigarettenstummel, auf die Straße geworfen oder die Kippe im Fahrstuhl geraucht, das kann 500 Singapur-Dollar kosten (1 S$ = ca. 90 Pfennig).

Rauschgifthändler kommen an den Galgen. Die Todesstrafe beginnt schon ab 15 Gramm Heroin.

Mit der Aktion »Stop at two« (Zwei sind genug) konnte Singapur die Geburtenrate senken. Diese Maßnahmen waren erfolgreich: Ab dem 3. Kind entfällt die Steuervergünstigung; wer sich sterilisieren läßt, bekommt für seine Kinder bessere Bildungschancen; der Schwangerschaftsabbruch ist erlaubt und kostenlos. Parallel mit der geringen Geburtenrate wird an den Küsten durch Aufschüttung Land gewonnen — Platz für den Zuwachs.

Das andere Asien wird schon im Straßenverkehr deutlich. Brav warten die Passanten an der Ampel. Wer es eilig hat, riskiert 10 Singapur-Dollar Strafe. Die Motorrad-Fahrer tragen Helme, auch bei den oft schwülen Temperaturen. Die geringe Belästigung durch Abgase fällt auf. Der kluge Trick: Fahrzeuge, die älter als zehn Jahre sind, werden höher besteuert. Außerdem gibt es für die Neuanschaffung 4 000 bis 5 000 Singapur-Dollar Zuschuß.

Sauberkeit und Höflichkeit auch in den Hotels. Selbst in großen Häusern wird der Einzelne beachtet. »Welcome home« wurden wir beispielsweise im

»Marco Polo« empfangen, als wir zum zweiten Mal in Singapur Station machten.
Ja, das ist es: Nach Tagen im Dschungel und auf den Straßen Malaysias oder Indonesiens wirkt das saubere Singapur wie ein Zuhause. Hier kann man regenerieren, gepflegt speisen, in einem der vielen Parks spazierengehen.
Diese Sauberkeit verlangt natürlich auch ihre Opfer. Wolkenkratzer und Wohnsiedlungen verdrängen mehr und mehr die alten fotogenen Straßenzüge. *Chinatown* wird immer mehr angeknabbert, es bestehen Pläne, dieses beliebte Straßenviertel ganz zu entfernen. »Die Touristen sehen nur die Motive für ihre Kameras, vergessen aber, daß es in den alten Häusern kaum Wasser und Toiletten gibt«, so unser Guide.
Romantik adieu — und jedem Singapurianer mindestens eine Sozialwohnung mit Küche, Bad und Toilette. Dagegen ist nichts zu sagen.

Schlemmereien: Geheimnisvolle Soßen und Kräuter

Schlemmer sind in Singapur gut aufgehoben. Wer gern gut speist, kann in dieser Stadt manches kulinarische Abenteuer bestehen. Doch vergessen Sie die immer noch beschriebenen Spezialitäten, wie Krokodil-Steak, gegrillte Fledermäuse, gedünstete Schildkröten, Schlangenfleisch und neugeborene Mäuse. Selbst in Chinatown wird der Gast vergeblich nach diesen exotischen Menus fragen. Die Regierung sieht die ausgefallenen Speisen als geschmackliche Verirrung an. Wer es trotzdem nicht lassen kann, diese alten chinesischen Rezepte zu probieren, muß Bekanntschaften suchen. Nur Stammkunden und ihren Gästen servieren manche versteckte Lokale noch Reptilien und Amphibien.
Doch »Bakers Chicken« ist zu haben, ein ganzes Huhn, in vollem Federkleid in Lehm gehüllt und im Feuerloch gegart. Die Hotelrezeption kennt die Adressen. Aber: des Bäckers Huhn muß drei Tage vorher bestellt werden.
Eine reiche Auswahl chinesischer, indischer, malaiischer und indonesischer Gerichte werden in den »stalls« zu günstigen Preisen gereicht. Die »stalls«, kleine Garküchen, wurden in Singapur von den Straßenecken entfernt, man findet sie jetzt konzentriert an verschiedenen Stellen der Stadt: *Empress Food Centre, Boat Quay Food Centre* und der *Old Market*. Eine feine Einrichtung ist, daß sich die Kunden an jeden freien Tisch setzen können, auch wenn sie von dem gegenüber stehenden Stand nichts haben wollen. *Satay, Peking-Ente, Szechuan Chilli Huhn* oder einfach *Chicken-Curry*. . . man muß sich durchprobieren.
Liebhaber von Fisch und Meeresfrüchten sollten sich in die *East-Coast-Road,* die Straße der Fischgaststätten, fahren lassen. Wer nicht lang herumexperimentieren will, der gehe gleich ins »Kueng Luck«. Das offene Restaurant wird von der ständigen Meeresbrise gekühlt. Hier sitzen fast nur chinesische Familien. Sie wissen warum.

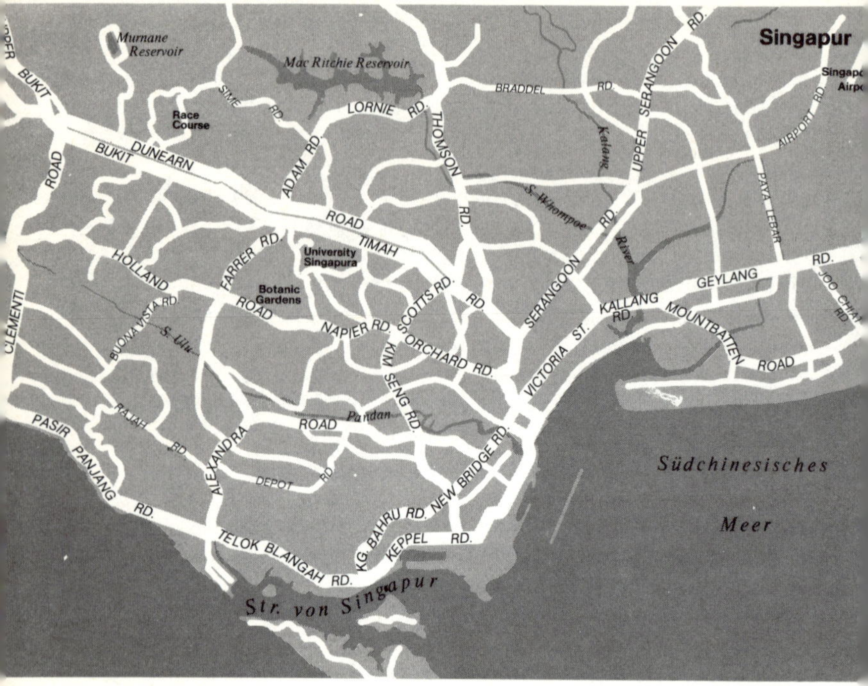

Ein spezieller Tip für den besonderen Geschmack, für einen gemütlichen, lukullischen Abend: Das indische Restaurant »Omar Khayyam« in der *Hill Street 55,* direkt neben der architektonisch reizvollen Chinesischen Handelskammer. Etwas teurer ist die »haute Cuisine à la Kashmir«. . . aber delikat und amüsant. So gibt es beispielsweise in der Abteilung »Aphrodisiacs for the harem« für zehn bis zwölf Singapur-Dollar »Hühnchen und Lamm in geheimnisvollen Soßen, mit speziellen Kräutern«.

Geschichte in Kürze

1285	Gründung der Stadt von Java aus. Fällt jedoch bald wieder in Bedeutungslosigkeit zurück.
1819	Besetzung der Stadt durch Großbritannien.
1826	Hauptstadt von Britisch-Malaya.
1867	Britische Kronkolonie.
1942—45	Besetzung durch Japan.
1946	Trennung von den Malaienstaaten. Britische Kronkolonie mit beschränkter Selbstregierung.
1959	Singapur wird unabhängig.
1963	Singapur tritt der Föderation Malaysia bei.
1965	Trennung von Malaysia. Proklamation der unabhängigen souveränen Republik Singapur am 22. Dezember.
1971	Aufgabe des britischen Stützpunktes in Singapur.

SRI LANKA

Ceylon

(siehe Karte Seite 28)

Der Tourist hat Scheu, die Insel »Ceylon« zu nennen. Ein Ausdruck der Kolonialisten und Beleidigung der Einheimischen? Wird von den seit 1948 Unabhängigen nur »Sri Lanka« akzeptiert? Bleiben Sie gelassen. Beide Begriffe sind sozusagen »einheimisch«. Zudem ein wunderbares Diskussionsthema, denn über die Entstehung der Begriffe gibt es widersprüchliche Meinungen. Eine gute Gelegenheit für den gebildeten Touristen, seine etymologische Fantasie wuchern zu lassen.
Sri Lanka heißt die Inselrepublik offiziell seit 1972. Doch der Name (= prächtiges Land, wundervolles, strahlend schönes Land etc.) ist alt, er kommt aus dem Sanskrit und wurde schon im Hindu-Epos, der »Ramayama«, erwähnt: Sitha, Ramas Gattin, wurde von einem Dämonenkönig in das prächtige Land, nach »Sri Lanka« entführt.
Der Name »Ceylon« hingegen läßt sich anhand der geschriebenen Geschichte erklären (jedenfalls ist dies die uns liebste Deutung): Nach der »Mahavamsa«, der ersten offiziellen Chronik der Insel, wurde Ceylon um das Jahr 544 v. Chr. von Vijaya, einem indischen Prinzen, besiedelt. Der Sage nach stammt Vijaya von einem Löwen = Sinho (Sanskrit) ab. Der Prinz und seine 700 Gefolgsleute — später auch deren Nachkömmlinge — waren die Löwensöhne = Sin(g)halesen. Die Insel, auf der die Löwensöhne herrschten, war die Löweninsel = Sinhaladipa.
Volkstümlich wurde aus Sinhaladipa der Name »Silan«. Die Portugiesen machten daraus — ihrer Zunge angepaßt — das Wort »Cilão«, die Holländer »Ceylan« und die Engländer schließlich »Ceylon«.

Das Land in Stichworten

Geografische Lage: 6—10° nördlicher Breite, 79,5—82° östlicher Länge. Die Republik Sri Lanka umfaßt die Insel Ceylon, die durch die Palkstraße und den Golf von Mannar vom indischen Subkontinent getrennt ist.
Entfernung von Frankfurt nach Colombo 8 029 km.

Größe: 65 610 qkm. Zweimal Belgien. Den größten Teil der Insel nimmt Flach-Hügelland ein, im Inneren mit Hochgebirge bis 2 524 m Höhe (Pidurutalagala).

Bevölkerung: 14 Mill. Einwohner, über 25% städtisch. Rund 70% Singhalesen, je 11% ceylonesische und indische Tamilen, 6% Mohren, kleine Gruppen von Europäern, Malaien, »Burghers« und Weddas.
Hauptsächlich südliche Buddhisten, 20% Hindus, 7% Christen, über 5% Moslems.

Sprachen: Staatssprache seit 1963 Singhalesisch; Geschäftssprache Englisch; wichtige Regionalsprache Tamil.

Hauptstadt: Colombo, ca. 650 000 Einwohner.

Großstädte: Dehiwala-Mt. Lavinia 150 000; Jaffna 120 000.

Staatsform: Seit 1978 demokratisch-sozialistische Republik.

Wirtschaft: Die tropische Pflanzungswirtschaft liefert Tee, Kautschuk, Kokosprodukte, Kakao, Kaffee, Baumwolle und Gewürze, die größtenteils exportiert werden. Reis und Hirse dagegen genügen nicht, um die Bevölkerung zu ernähren. Die Viehzucht hat geringe Bedeutung.
Bodenschätze: Grafit, Edelsteine und Kaolin. Rascher Ausbau der Industrie: Textilien, Chemie, Glas, Keramik, Metall, Holz, Papier, Leder und Nahrungsmittel.

Flora: Im Südwesten Regenwald und Palmenstrände. Im trockenen Norden und Osten Busch- und Dornsavannen.

Wichtiges von A bis Z

Ausweispapiere: Paß, Impfpaß, internationaler Führerschein. Im »Zweifelsfalle« wird bei der Einreise eine Garantie von 500 CR gefordert, die bei der Ausreise zurückgezahlt wird.

Devisen: Ein- und Ausfuhr von Landeswährung streng verboten; Fremdwährung (außer indischer und pakistanischer) darf in beliebiger Höhe eingeführt, muß aber deklariert werden.

Diplomatische Vertretungen: Deutsche Botschaft, 16, Barnes Place, Colombo, Tel. 9 58 14; Österreichisches Honorarkonsulat, 1 Park Drive, Colombo, -5, Tel. 8 48 90 (Botschaft siehe Indien).

Einkäufe: Öffnungszeiten Mo.—Fr. 10—18 Uhr, Sa. 10—14 Uhr; Banken Mo. 9—13, Di.—Fr. 9—13.30 Uhr.
Edelsteine, Handarbeiten, Batiken, Messing und Silberarbeiten und -schmuck, Elfenbein, Schildpatt, Holzschnitzereien, Töpferwaren und natürlich der berühmte ceylonesische Tee.
Gute Einkaufsmöglichkeiten in »Laksale« (von der Regierung gefördert) und im »Pettah« (Einkaufszentrum) in Colombo. Antiquitäten sind, wenn es sich um echte handelt, sehr teuer und lassen sich nicht oder kaum herunterhandeln.

Essen und Trinken: Viele frische tropische Früchte. Reis und Curry in allen Variationen (sehr scharf, Touristen sollten daher nach »White-Curry« fragen). »Lampari« ist Reis mit trockenen Curries und in Bananenblättern gebacken, »Hoppers« eine Art Keks. Man sollte die Köstlichkeiten der sogenannten »Boutiquen«, der kleinen Straßenläden, probieren.
»Thambili« ist der Saft der Kokosnuß, und Arrak so streng wie Wodka. Es gibt gute einheimische Biere.

Feiertage: Zahlreiche Feiertage, meist mit jährlich wechselnden Daten.

Entfernungen, Gewichte und Maße: Englisch.

Geld: 1 Sri Lanka-Rupie (CR) = 100 Cents. 1 DM = 8,3 CR

Impfungen: Pocken, Cholera und Gelbfieber bei der Einreise aus Infektionsgebieten. Malariaprophylaxe empfehlenswert.

Klima: Beste Reisezeit November bis März im Südwesten, April bis Oktober im Osten.
Tropisches Monsunklima, das durch den Indischen Ozean gemildert wird. Keine ausgesprochenen Jahreszeiten. Die Halbinsel Jaffna ist heiß und trocken, Küstengebiete und Flachland sind warm und feucht, das zentrale Bergland teils trocken, teils feucht, aber kühler. In Colombo und im Südwesten Regenzeit Mai bis August, im Nordosten November bis Februar, im Bergland Juli bis November.
Durchschnittstemperaturen: Ebene 29—35°, Berge 22° (nachts 10 bis 16 °C); März/April wärmste Zeit.

Stromspannung: 230 V (englischer Rundstecker). In abgelegenen Gegenden nur zu bestimmten Stunden Generatorstrom.

Trinkgeld: Falls kein Bedienungszuschlag im Rechnungsbetrag enthalten, 10%. Für den Zimmerboy rund 1 CR pro Nacht.

Trinkwasser: In Hotels und Restaurants wird auf Wunsch abgekochtes und gefiltertes Wasser gereicht. Sonst nicht trinken!

Uhrzeit: MEZ +4 1/2 Stunden. Wenn es in Frankfurt 12 Uhr ist, ist es in Sri Lanka 16.30 Uhr.

Verkehr: Linienflüge nach Colombo (Flughafen Katunayake, 32,2 km zur Stadt, Transfer zum Hotel Ceylon Intercontinental) 4mal wöchentlich direkt ab Frankfurt, 2mal wöchentlich via Zürich.
Gut ausgebautes, größtenteils asphaltiertes Straßennetz. Linksverkehr. Busverkehr zwischen den wichtigsten Orten in dichter Folge.
Eisenbahn 1. Klasse mit Klimaanlage und Schlafwagen, womit auch organisierte Tagesausflüge, Mahlzeiten inklusive, durchgeführt werden. Preisbeispiel: Colombo-Candy ca. 80 CR. Es werden auch mehrtägige Fahrten per Bus oder Bahn organisiert.
Taxis in den Städten mit Taxameter, jedoch muß man darauf achten, daß sie eingeschaltet werden (nach 22 Uhr Nachttarif).
Die innerstädtischen Omnibusse führen nur singhalesische Aufschriften. Mietwagen sehr teuer (ab 50 DM pro Tag), auch mit Fahrer.

Zollvorschriften: Persönliches Reisegut frei; 200 Zigaretten oder 50 Zigarren oder 340 g Tabak; je 2 Flaschen Wein und Spirituosen.

Insel Ceylon: Rundum voller Geschichte

435 Kilometer lang und 225 Kilometer breit ist die Insel Ceylon. Beileibe nicht groß — und doch jammert jeder Tourist, die organisierte Asien-Tour sei zu sehr gerafft. Das stimmt, doch meistens wollen Asienreisende mehrere Länder in kurzer Zeit erleben, da muß man radikale Abstriche machen.
Ceylon oder Sri Lanka wäre eben schon einen längeren Urlaub wert. Doch wer nicht die Chance hat, der »glücklichen Insel« länger zu gehören, muß jedenfalls folgende Städte und Stätten gesehen haben: In der nördlichen Hälfte der Insel die erregende Ruinenstadt *Anuradhapura,* die ausgedehnte alte Königstadt *Polonnaruwa,* in ihrer Nähe *Sigiriya,* die »Himmelsburg«, und, wenn es irgendwie geht, die größte Stadt im Norden, das Handelszentrum *Jaffna.*
Im südlichen Inselteil liegt die Hauptstadt Colombo, Ankunfts- und Abflugsziel für alle Touristen. »Besichtigungspflicht« besteht für die alte Königsstadt *Kandy,* für die Juwelenstadt *Ratnapura* und den in der Nähe liegenden *Adams Peak* sowie — falls die Zeit noch reicht — für die Hafenstadt *Galle,* bei der es sich um das biblische Tarsis handeln soll.
Anuradhapura war 1 300 Jahre lang die Residenz der buddhistischen Singhalesenkönige. Im Jahre 781 wurde die heftig umkämpfte Hauptstadt aufgegeben, der Dschungel stülpte sich über Gebäude und Straßen. Die 119 Könige, die hier regierten, waren vergessen. Bis zum Jahre 1845, als die Ruinen im Dschungel wiederentdeckt wurden. Heute ist Anuradhapura für die Singhalesen eine Heilige Stadt, vergleichbar mit dem Mekka der Moslems oder dem Christen und Juden gleichermaßen heiligen Jerusalem.
Ein wichtiger Anziehungspunkt in diesem religiösen Mittelpunkt der Budd-

histen ist der heilige Bo-Baum, 2 200 Jahre alt. Der heilige Baum heißt in voller Schreibweise *Sri-Maha-Bodhi-Baum.* Er soll aus einem Zweig gewachsen sein, den die Prinzessin Sanghamitta etwa 250 v. Chr. von dem Baum gebracht habe, unter dem Buddha die Grundsätze seiner Religion bewußt wurden.
Anuradhapura ist eine der interessantesten und größten Ruinenstätten Südasiens mit zahlreichen Tempeln und Pagoden, darunter *Thuparama Dagoba,* der älteste Tempelbau Ceylons.
Zwölf Kilometer östlich liegt die Ruinenstadt *Mihintale* mit Tempelruinen und Einsiedlerhöhlen. Wer die Zusammenhänge des Buddhismus sucht, findet hier einen wichtigen Eckstein: Mahinda, ein Jünger Buddhas, der auf Ceylon den Glauben seines Meisters einführte, lebte hier. Die Zelle, in der er wohnte, und sein aus dem Fels herausgemeißeltes »Bett« sind Anziehungspunkte der beliebten Pilgerstätte.
Nach dem Untergang von Anuradhapura wurde *Polonnaruwa* die neue Königsresidenz. Auch diese Stadt schlummerte Jahrhunderte unter den Wurzeln des Dschungels. Sie war der Lieblingsort von König Parakrama Bahu, der das »Goldene Zeitalter« Sri Lankas begründet hatte. Seine (vermutliche) Statue, eine bärtige »Hoheit«, steht gegenüber der architektonisch interessanten Bibliothek-Dagoba (Potgul Vehera).
Der *Lankatilaka-Tempel,* der größte Schrein im alten Ceylon, birgt einen Buddha-Koloß, der heute ohne Kopf, doch trotzdem eindrucksvoll ist.
Eine interessante Aufgabe ist es immer wieder, die Bedeutung der Mondsteine zu erforschen. Wer aber mehr für klare Darstellungen ist, sollte die Ruinen von *Gal Vihara* suchen. Dort beeindruckt der 14 Meter lange, liegende Buddha, der auch in Zusammenhang mit der sieben Meter hohen, stehenden Figur, vermutlich Buddhas Lieblingsschüler Ananda, betrachtet werden sollte.
Ob ein halber Tag oder ein ganzer — im Grunde genommen reicht das nicht aus, die historischen Zeugnisse intensiv in sich aufzunehmen, um sie später verarbeiten zu können.
Rund 65 Kilometer von Polonnaruwa entfernt liegt der Ort, dessen Name König Kasyapa im 5. Jahrhundert in einen Felsen schlagen ließ, um sich vor den rächenden Göttern zu schützen. Die Götter fürchtete Kasyapa, weil er vermutete, daß sie ihn bestrafen wollten: Er hatte seinen Vater beseitigt, indem er ihn lebend einmauern ließ. Geheimnisvoll wirken die heute noch erhaltenen, an Felswände gemalten »himmlischen Mädchen« (Seite 247).
Jaffna, ganz im Norden, birgt neben seinen historischen Sehenswürdigkeiten auch aktuelle Probleme. Jaffna war früher schon einmal Hauptstadt eines unabhängigen Tamilen-Reiches (bis 1591). Auch heute noch sind die meisten Einwohner der Stadt und der Umgebung Tamilen, kleiner und dunkler als die vorherrschenden Singhalesen, vor allem aber getrennt durch die Religion: Die Singhalesen gehören vorwiegend dem Buddhismus an, die mit den Südindern verwandten Tamilen sind Hindus.
Zu den wichtigsten Hindutempeln gehört der Kandaswamy-Kovil (auch

Die meisten der 14 Millionen Ceylonesen verehren Buddha. Die Religion trennt Sri Lanka von Indien

Nallur-Tempel). Beim Besuch ist es wichtig zu wissen, daß die Schuhe ausgezogen werden müssen — und das Hemd.
In Jaffna gehört der Besuch des *Marktes* zum Programm, hier gibt es die köstlichsten Mangos der Welt und die knackigsten Granatäpfel. Und in Jaffna gibt es den schönsten Gold-Filigran-Schmuck aus 22karätigem Gold. Adresse: die *Kannathiddy-Road.*
Zeit sollte in Jaffna noch sein, um *Kantharodai* zu besuchen, die Ausgrabungsstätte der Mini-Dagobas und der kleinen Buddha-Statuen. Irgendeiner Quelle habe ich entnommen, hier dürften auch Amateure nach historischen Schätzen graben. Ich habe es — leider — nicht ausprobiert. Vielleicht finden Sie die erforderliche Zeit — und eine Schaufel.
In der südlichen Hälfte Ceylons strömt alles nach *Kandy,* angeblich der Insel schönster Ort. Diese Landschaft, die rahmenden Hügel und Wälder, in ihrer Mitte die alte Königsstadt. . . es stimmt, ein Superlativ ist angebracht. »Se-

henswert«, würde ich sagen. Ein Kollege schrieb: »Die schönstgelegene Stadt der Welt«. Um das zu beurteilen, brauche ich noch eine Weile — und noch ein paar Stadtansichten.

Wer sich von einem erhöhten Standpunkt mit Blick auf die Umgebung losreißen kann, sollte noch ein paar Pflichtbesuche machen. Die wichtigste Sehenswürdigkeit ist *Dalada Maligawa,* der Tempel des Zahns, der am Kandy-See liegt.

Lassen Sie sich nicht vom Äußeren stören, der Dalada Maligawa birgt seine Werte im Inneren. Vor allem eine Reliquie, Buddhas linken oberen Eckzahn, der schon eine wahre Odyssee hinter sich hat.

Außerdem sind sehr sehenswert der alte *Königspalast* und der *Botanische Garten.* Unübertroffen in seiner Farbenpracht und Größe ist das *Perahera* im Juli oder August, ein religiöser Umzug mit den berühmten Kandy-Tänzern, geschmückten Elefanten, Fackelträgern und Pilgern. Das Fest dauert zehn Tage.

In der Edelsteinstadt *Ratnapura* kann der Besucher erleben, wie mühsam und unromantisch es ist, Edelsteine zu gewinnen. Die Arbeit in den Erdlöchern rund um die Stadt ist hart, macht nachdenklich: Müssen diese Menschen im Dreck wühlen, um irgendeinen Edelstein für irgendeinen schlanken Hals zu suchen?

So sehr man auch versucht, diese Diskrepanz plastisch zu machen, die Wahrheit klingt banal: Wollten wir dazu aufrufen, wegen der unwürdigen Buddelei aufzuhören, Saphire und Rubine, Berylle und Granat, Mondstein, Turmalin und Topas zu verschenken oder zu tragen? Viele hundert Ceylonesen aus Ratnapura wüßten dann nicht mehr, wie sie sich und ihre Familien ernähren sollten.

Doch rund um Ratnapura sind es nicht so sehr die Edelsteine, die Touristen und Pilger zu einem Besuch reizen. Sie kommen hierher wegen des heiligen Berges, des *Adam's Peak* oder Samanalakanda. Verehrt wird von Buddhisten, Hindus und Moslems eine Vertiefung im Fels, angeblich die Fußspur Buddhas.

Die Hafenstadt *Galle* löst als erstes eine kleine Diskussion aus: Sagt man »Galle«? Nein, Galle heißt, richtig ausgesprochen, »Gohl«.

Galle oder Gohl soll zur Zeit des biblischen Königs Salomon den Namen Tarsis getragen haben. Ein Gerücht ist diese Phrase sicher nicht mehr lange. Spuren sind schon in Sicht.

Galle war vor den künstlich geschaffenen Hafenrinnen der Hauptstadt Colombo der wichtigste Hafen auf Ceylon. Weil damals für Seefahrer so gut zu beankern, haben dann auch die holländischen und portugiesischen, militanten Händler dieser Stadt den architektonischen Stempel aufgedrückt.

Ein eigenartiges Gefühl: Jenseits des Indischen Ozeans, mitten unter Singhalesen, auf der Gabel eine köstliche Curry-Speise, Lamprai vielleicht oder Buriyani, glaubt man, man säße in Utrecht oder in Faro. Wirklich ein ganz seltsames Gefühl. Es wird den aufmerksamen Beobachter sehr lange begleiten. Monatelang. Und dann greift man nach Lexika und vorher hoffnungslos verstaubten Geschichtsbüchern und bekommt Verständnis für die Zusammenhänge. Aha! Der zweite Besuch in Galle basierte dann schon auf schier optimaler Allgemeinbildung. Ist Tourismus vielleicht doch so etwas wie Blickfeld-Erweiterung? Eine Art Bildung?

Geduld und Gebete

Von Sri Lanka, dem »prächtigen Land«, ist schon in der Legende die Rede, der Dämonenkönig Ravana nämlich entführte die hübsche Sitha auf diese Insel. Sitha soll nicht nur hübsch, sondern auch sehr liebenswürdig gewesen sein. Ist sie die Mutter dieses lachenden Volkes? Hat Sitha diesen braunhäutigen Ceylonesen beigebracht, immer zu lächeln, stets gelassen zu sein — auch wenn sie nichts zu lachen haben?

Wer den Lebensstandard dieser Menschen kennt, bekommt Achtung vor ihrer Freundlichkeit. Auch wenn ein Tourist die Bitte nach einer Zigarette oder dem immer noch begehrten Kugelschreiber barsch ablehnt — weil er gerade kein Geschenk bei sich hat —, das freundliche Lächeln bleibt auf dem Gesicht des Bittenden.

Sicher ist es der Buddhismus — 70 Prozent der Einwohner Sri Lankas gehören diesem Glauben an —, der den Menschen dieser Insel Hoffnung auf ein besseres Leben gibt und sie vor allem Geduld lehrt. Geduld und Gebete haben dieses Volk geprägt. Am einprägsamsten begegnen Fremde diesem Volkscharakter auch heute noch auf dem Weg zum Adam's Peak, dem rund 2 250 Meter hohen Berg im südlichen Zentrum der Insel, von vier Religionen als Heiligtum geschätzt. Genauer gesagt: wegen »Sri Pada«, der Fußspur der Glückseligkeit, einer anderthalb Meter langen Vertiefung auf dem *Adamsberg.* Für die Buddhisten stammt dieser Abdruck von Buddha, für die Hindus (20 Prozent der Einwohner) von Shiwa, die Moslems meinen, Adam habe hier verweilt, und die Christen gaben der Spur eine vierte Deutung — sie stamme vom heiligen Thomas.

Das innigste Verhältnis zur Fußspur haben die buddhistischen Pilger. Mitten in der Nacht wandern sie los, beginnen in *Dalhousie,* der ersten Sprosse des heiligen Berges, den stundenlangen Aufstieg, um dann jubelnd und strahlend, begleitet von Flöten, Glocken und Trommeln, den Sonnenaufgang zu erleben.

Sri Pada, die Fußspur, ist bedeckt mit Lotosblüten, jedes Blütenblatt ein inniger Wunsch, den Buddha noch in diesem Leben erfüllen möge. Kaum ist der glühende Ball dem Nebel entstiegen, wechseln die Pilger zur anderen Seite, um den mächtigen Schatten des Berges fröstelnd und ehrfürchtig zu bewundern.

Wer als Tourist sich aufmacht, zusammen mit Einheimischen auf die Fußspur der Glückseligkeit eine Lotosblüte zu legen, er wird Sri Lanka nicht nur der Landschaft wegen bewundern und lieben.

Colombo: In seinen Gassen Asien erleben

In der *Pettah* riecht es nach Zimt und Fisch. Halbnackte, braune Männer und Frauen in knöchellangen Gewändern schieben sich durch die engen Gassen. Freundliche Kinder stellen sich dem Fremden in den Weg und fragen nach dem Woher.

Die Pettah ist für Colombos Einwohner das Krimskrams-Zentrum, hier gibt es alles zu kaufen. Touristen müssen in diesem Marktviertel ein paar Stunden verbringen, um Asien zu erleben. Am besten ist es, sich einen Sitzplatz zu organisieren und dann nur zu gucken und zu staunen. Manchmal vergißt man sogar, erdrückt von diesen farbig-quirlenden Eindrücken, ein Erinnerungsfoto zu schießen.

Das Völkergemisch Colombos ist schon an den Reklameschildern zu erkennen, die in Singhalesisch, Tamilisch und Englisch beschriftet sind. Quietschende, holpernde und ächzende Karren werden zwischen den Waren auf Tischen und Gehwegen durchgezerrt und durchgeboxt, beladen mit Kokosnüssen und Melonen.

Nach einiger Zeit ist das Auge geschult, man sieht die verschiedenen Rassen, lernt sie zu unterscheiden: die Singhalesen, Angehörige eines arischen Stammes, der vom indischen Festland auf die Insel kam; die dunklen Tamilen, deren Verwandte in Südindien leben; die Moors, Nachkommen der Araber, die seit dem 8. Jahrhundert nach Ceylon einwanderten; zwischendurch ein paar Burgher, hellhäutig und mit blauen Augen, eine Mischung aus Holländern und Einheimischen, Erinnerungen an holländische Kolonialbeamte, die der Zauber dieser Insel nicht mehr losließ.

In der Pettah gibt es alles zu kaufen. Auch Antiquitäten, in deren Innerem sich allerdings häufig neues Material von gestern verbirgt. Handeln ist hier auf jeden Fall Pflicht, bieten Sie zunächst ein Drittel des verlangten Preises. So fängt man hier an.

Manche Händler bieten auch Edelsteine an, quasi unter vorgehaltener Hand. Keine Experimente machen, die Qualität kann ein Laie nicht beurteilen. Wenn Edelsteine — sie sind günstig auf der Insel —, dann nur in Fachgeschäften. Lassen Sie sich beim Touristenbüro (*Ceylon Tourist Board*) beraten beziehungsweise dort Adressen geben.

Natürlich gibt es auch in Colombo einige sehenswerte Bauwerke, doch wenn wenig Zeit zur Verfügung steht, sind geschichtliche Stätten wie Anuradhapura, Polonnaruwa oder Sigiriya weit wichtiger.

Der *Clock Tower* wäre in der Hauptstadt ein Tip, weil von der Plattform des früheren Leuchtturms die Stadt Colombo übersehen werden kann. Oder das *House of Representatives,* das Parlament, Wahrzeichen der Stadt. Im Nordteil der Stadt steht der sehenswerte *Alte Hindutempel.* Wer im Juli beziehungsweise August auf Ceylon weilt, sollte sich unbedingt nach dem beweglichen »Vel-Fest« erkundigen, das mit viel Pomp und Trara am Hindutempel seinen Anfang nimmt.

Touristen, die an der über 2 000 Jahre alten Geschichte der Insel interessiert

sind, bekommen einen sehr guten Überblick im *Colombo-Museum,* das aber nach letzten Informationen am Freitag und Samstag geschlossen ist. Sehr wichtig wäre ein Ausflug zur rund zehn Kilometer im Nordosten von Colombo liegenden Stadt *Kelaniya.* Hier steht Ceylons berühmtester Buddhatempel, der *Raja Maha Vihare.* Hier soll sogar Buddha höchstpersönlich gewesen sein. Die Anlage fasziniert, vor allem durch das pulsierende Leben, das buddhistische Mönche und einfache Pilger mit ihren feierlichen Zeremonien in den Tempel tragen.
Die besten Strände rund um Colombo gibt es in *Mount Lavinia,* ein paar Kilometer südlich der Hauptstadt. Noch etwas weiter trifft man auf den Ort *Kalutara,* vor allem bekannt durch seinen Palmwein, den Toddy.

Sigiriya: Romantik und wohllüstiges Schaudern

Die Erinnerung hält lange vor, Sigiriya, die Festung in den Wolken, ist aus den Gedanken nicht mehr zu vertreiben.
Zuerst sieht es nur wie ein Pflichtbesuch aus: eine der singhalesischen Königsstädte, 18 Jahre (473 bis 491 n. Chr.) Sitz von Kasyapa, einem König, der sich für einen Gott hielt.
Wer in kurzer Zeit 26 Jahrhunderte Geschichte auf Sri Lanka durchstreift, registriert, streicht ab: dagewesen und gesehen.
Doch Sigiriya wächst langsam und verwurzelnd in das Gedächtnis. Die erste Überraschung kommt nach der eindösenden Fahrt durch den Dschungel: Plötzlich ist die monotone grüne Wand zu Ende, und — fast hört man den Klang eines gigantischen Gongs — da ragt der rote Felsen in den blauen Himmel.
Auf dem Weg zu den Ruinen durch den »Schlund des Löwen« (Sigiriya) kommt wieder das geschäftige und registrierende »Dagewesen«: Sehr interessant, beeindruckend, abgehakt.
Dann: Ein paar Wendeltreppen, die sich nach oben ranken, vertreiben die Dumpfheit. Zuerst ist es der Hauch von Schwindel, eine leise Störung im Gleichgewichtsorgan. Dann machen die Fresken wach: 21 junge Damen, hüftaufwärts in verschiedenen Posen mit Blumen und prallen Brüsten, geheimnisvollen Gesichtern, eindeutig manchmal, dann wieder rätselhaft.
Irgendwann, nach Wochen, kommt plötzlich das Wort »Sigiriya« in den Sinn. Sigiriya? Wo war's doch? Ach ja, der Löwenfelsen im nördlichen Teil von Sri Lanka. Ein König, der sich für einen Gott hielt, Kasyapa. Und nur über eine Wendeltreppe erreichbar: die »Wolkenmädchen«, prall und geheimnisvoll. Plötzlich liegt Literatur auf dem Tisch, Nachschlagewerke, Prospekte und Notizen der Reise. Ein zweiter Urlaub, zu Hause auf der Couch. Kasyapa, man kann sich ihn so richtig vorstellen, wie er tobt, die Festung baut, sich ängstigt, sich bewaffnet und sich versteckt. Ja, solche Größen sind grausam: den Vater lebend eingemauert, die Schwiegermutter ermordet, den Halbbruder, in Wahrheit der echte Thronanwärter, vertrieben.

Hier oben hält er sich 18 Jahre lang. Es entstehen Fresken. Ein Rest, die 21 Mädchen, reizt die Fantasie: Waren es Freudenmädchen, hier oben dicht unter den Wolken in Gefangenschaft gehalten? Oder Göttinnen, die sich dem König im Traume näherten? Etwas übersinnlich scheinen die Farben zu sein, denn sie können nicht klar bezeichnet werden: rostfarbiges, kupferiges Grünrot und goldgelbes Rot.
Die Art der Darstellung läßt Zweifel aufkommen: Prallbusige Göttinnen, Blumen reichend? Wohl doch eher irdische Gestalten. Zur Freude des Königs. Fantasie, Vermutungen, Rührung . . . dieses Stück Sri Lanka bleibt im Gedächtnis haften.

Tee und Tamilen: Zukunft und Problem

Ohne den Tee wäre Sri Lanka heute eine völlig verarmte Insel. Doch der Tee ist hier erst 100 Jahre alt. Vorher war Ceylon eine Kaffeeinsel. Dann kam die Katastrophe: Die Kaffeeratte Golunda Eiliot und der Rostpilz Hemileia Vastatrix vernichteten die Plantagen.
Im Jahre 1867 brachte der Schotte James Taylor Tee-Schößlinge aus Kalkutta. Der Versuch gelang, die Pflänzchen gediehen. Heute ist Sri Lanka nach Indien der bedeutendste Tee-Exporteur. 60 Prozent des Exports wird mit Tee bestritten, 30 Prozent der Einheimischen finden Arbeit im Tee-Anbau.
Zentrum eines der wichtigsten Tee-Anbaugebiete auf Ceylon ist *Nuwara Eiliya* am Fuße des 2 528 Meter hohen *Pidurutalagalla.* Wir hatten diesem romantischen Gebirgsort Adieu gesagt, um in Hakgala den Botanischen Garten zu besichtigen. Unterwegs genossen wir die samtgrünen Teppiche der mit Teesträuchern bepflanzten Hänge. Dazwischen wippende Körbe, von schlanken Frauen auf dem Rücken getragen. Dunkelhäutige Frauen mit geknotetem, blauschwarzem Haar.
Ich erinnere mich an den Abend vorher. Cyril, unser Reiseleiter, erzählte an der Bar, daß er früher Aufseher in einer Teeplantage gewesen wäre. Es hätte ihn viel Nerven gekostet, den »dummen Pflückerinnen« die Formel »two leaves and the bud« (zwei Blätter und die Spitze) beizubringen. Eine wichtige Formel, denn nur die jüngsten Blättchen geben das berühmte Tee-Aroma.
Was wohl die Pflückerinnen dazu sagen würden? Was sie wohl denken; warum sie diese stupide Arbeit verrichten? Ich bitte Cyril, den Bus zu stoppen. Der Singhalese ist nicht begeistert, daß wir mit den Frauen reden wollen. Schon unsere erste Frage ist ihm peinlich: »Das sind wohl alles Tamilen?« Gestern noch hatte Cyril stolz erzählt, daß es in seinem Land keine Klassenunterschiede und keine benachteiligten Minderheiten gäbe. Doch dies hier ist der Alltag: Die harte Arbeit auf den Teeplantagen wird vorwiegend von Tamilen (etwa 22 Prozent der Bevölkerung) getan. Die Singhalesen (rund 70 Prozent) seien für »höhere« Arbeiten prädestiniert, zum Beispiel als Aufseher, hörten wir gelegentlich.

Gedanken in Sigiriya: Sind es Freudenmädchen oder prallbusige Göttinnen?

Als der Bus hält, machen die Tamilen-Frauen gerade Pause. Ein glücklicher Zufall. Sheila schaut uns kess und freundlich an, während sie ihren wuchtigen Haarknoten in Ordnung bringt. Cyril muß den Übersetzer spielen, denn Sheila spricht nur Tamil.

Rund zwanzig Kilo pflückt Sheila pro Tag. Damit sei sie guter Durchschnitt. Seit sieben Uhr ist sie »zwischen den Blättern«. Dreimal drei Stunden jeden Tag.

Ist das nicht zuviel? Nein, das sei ganz normal und erträglich. Die Tamilin wischt sich versehentlich über die Stirn und der blutrote Punkt, das Hinduzeichen, verliert seine Konturen. Sheila ist verheiratet. Sie lacht und läßt ihr weißes Gebiß leuchten. »Baboo arbeitet dort drüben in der Teefabrik.« Sheila zeigt mit dem Kopf in Richtung Nuwara Eliya. Das Goldblättchen im linken Nasenflügel reflektiert dabei die Strahlen der Sonne.

Baboo kommt aus dem Norden, von der Halbinsel Jaffna, wo die meisten Tamilen wohnen. Baboo und Sheila wollen wieder zurück zu ihren Glaubensgenossen, den Hindus. Sobald sie genügend Geld gespart haben. Und dann? Vielleicht ein Ruderboot kaufen. So wie Baboo's Freund, der jeden

Tag Touristen zur Insel Hammenhiel rudert und sich demnächst schon einen Außenbordmotor verdient haben wird.
Wann Sheila und Baboo genügend Geld haben werden, will ich wissen. Drei, vier Jahre wird es schon noch dauern.
Habt Ihr eine schöne Wohnung? Schau sie Dir an. Sheila erklärt Cyril, wo die Tamilen-Siedlung steht. Der Singhalese ist nicht sehr begeistert und erklärt, daß die Tamilen hier sehr ungemütlich wohnen, weil sie alles Geld für die Heimreise sparen.
Die Besichtigung dauert nur kurze Zeit, die Lehmhütten gleichen sich wie ein Ei dem anderen: Ein Raum, in einer Ecke, dem Schlafplatz, ein paar leichte Decken auf dem Boden. In einer Nische Messinggeschirr, Tontöpfe und viele leere Konservendosen, Geschirr für Essen und Trinken.
Nicht viel Ballast für einen Umzug nach Jaffna. . .

Auch das ist sehenswert

Dambulla: Geographische Mitte der Insel. Sehenswerter *Buddhatempel* in Felshöhlen mit Statuen sowie religiösen und historischen Fresken. Prachtvolle Landschaft.

Nuwara Eliya: Der Name dieser höchstgelegenen Stadt Ceylons (1 900 Meter) bedeutet »über den Wolken gelegen«. Dieser Höhenluftkurort eignet sich für Wanderungen und Bergtouren.

Ruhuna-Nationalpark: Der rund 230 Quadratkilometer große Park liegt im Südosten, nahe der Stadt Tissamaharama. Hier sind Bären, Büffel, Elefanten, Leoparden und viele tropische Vögel zu sehen.

Wilpattu-Nationalpark: Der 550 Quadratkilometer große Park liegt zwischen Anuradhapura und Ceylons Westküste. Zu besichtigen sind Bären, Elefanten, Leoparden, Albino-Rehe und tropische Vögel.

Mehr über Ceylon und die Malediven können Sie im LN-Touristikführer »*Ceylon kennen und lieben*« studieren, mit dem Bernd Schiller Ihnen ein guter Begleiter sein wird.

Geschichte in Kürze

1000 v. Chr. Die Drawida verdrängen die Ureinwohner, die dunkelhäutigen Wedda.

500 v. Chr. Prinz Widschaja, indoarischer Singhalese, gründet auf der Insel Ceylon ein Reich.

246 v. Chr. Mahinda, der Sohn Aschokas, bekehrt die Einwohner zum Buddhismus.

200 v.Chr. Südindische Tamilen fallen ein und bringen den Hinduismus. Die Singhalesen weichen nach Süden aus.

1005 Der Cholakönig Radscharadscha I. besiegt die Insel.

1065—1120 König Widschaja Bahu I. stellt die Unabhängigkeit wieder her.

1153—86 Parakrama Bahu I. erobert Teile Indiens und Hinterindiens.

14. Jahrh. Das Land beginnt, in Kleinstaaten zu zerfallen.

1408—38 Ceylon wird Vasallenstaat Chinas.

1500 Die Singhalesen gründen das Kandy-Reich.

1505 Die Portugiesen erobern dic Insel.

1602—58 Eroberung durch die Niederländer.

1795 Die Briten verdrängen die Niederländer.

1802 Die Insel wird britische Kronkolonie.

1931 Beschränkte Selbstverwaltung.

1948 Volle Unabhängigkeit am 4. Februar.

1972 Proklamation der »Souveränen Republik Sri Lanka« am 22. Mai.

1977 Die Partei des Premierministers Frau Sirimavo Bandaranaike verliert die Wahlen. Die Regierung wird von der Vereinigten Nationalpartei gebildet.

THAILAND

Muang Thai

(siehe Karte Seite 52)

Eine Thailand-Rundreise müßte im Norden beginnen, weil dort die Geschichte des Landes ihren Anfang nahm. Genau genommen beginnt die Geschichte der Thais in Südchina, wo auch heute noch eine bedeutende Thai-Minorität lebt.

Ausflug in eine erregende Geschichte

In dieser Gegend hatten die Thais ihr eigenes, unabhängiges Königreich gegründet: *Nantschao.* Ab 800 n. Chr. aber drängte es viele Thais nach Süden, sie siedelten sich in den Tälern des heutigen Nordthailand an, mitten im bergigen Dschungel mit seiner tropischen Vegetation.

Dort trafen sie auf die Khmer, die ihrerseits vor rund 2 000 Jahren die negroiden Ureinwohner vernichtet oder in die Wälder Südostasiens vertrieben hatten. Außer der Hauptstadt Angkor im heutigen Kambodscha waren Pimai und Lopburi wichtige Khmer-Städte.

Pimai liegt etwa 250 Kilometer nordöstlich von Bangkok und wurde von Jayavarman VII., dem Erbauer Angkor Wats gegründet. Die alte Khmer-Hauptstadt war auch Vorbild für Pimai. An der Gesamtanlage läßt sich die funktionelle Bauweise der Khmer studieren, die durch den reichhaltigen Reliefschmuck und die vielen Ornamente teilweise einen verspielten Charakter annimmt. Pimai ist ein würdiger Ersatz für das dem Tourismus noch immer verschlossene Angkor Wat in Kampuchea.

Die andere Khmer-Stadt, *Lopburi,* liegt 100 Kilometer nördlich von Bangkok. Der Einfluß der Kambodschaner ist im »Heiligen dreitürmigen Tempel«, dem *Prang Sam Yot,* und im *Wat Sri Ratana Mahathat* deutlich zu spüren.

Die Thais drängten die Khmer allmählich nach Kambodscha (Kampuchea) ab. In dieser Zeit bekam das Land starke Zuwanderung, da Kublai Khan, der Mongolenfürst, im Jahre 1253 das Thai-Königreich Nantschao in Südchina erobert hatte.

Um 1250 gründeten die Thais in ihrer neuen Heimat das erste Großreich, das auch Teile von Kambodscha und Burma umfaßte. Erste Hauptstadt war *Sukhothai,* 400 Kilometer nördlich von Bangkok. Die »Wiege der Thai-Kultur« zeigt auch heute noch, trotz starker Zerstörungen, manches von ihrer Würde, die vorwiegend von Rama Kamhaeng geprägt wurde.

Der Herrscher siedelte in seinem Reich auch chinesische Handwerker an, um

deren Fertigkeiten zu nutzen. So entstand beispielsweise die auch heute noch so begehrte *Sukhothai-Keramik,* nach der Schwesterstadt auch Sawankalok-Keramik benannt.
Sehenswert ist das *Kamhaeng-Museum,* das manche Schätze aus dem Goldenen Zeitalter der Thai-Kultur zeigt. Auch einige Tempel gehören unbedingt zum Programm, darunter der *Wat Mahathat,* das Vorbild für den berühmten Wat PhraKeo in Bangkok.
In der Schwesterstadt *Sawankalok,* rund 70 Kilometer nördlich von Sukhothai, beeindruckt der neun Meter hohe Buddha im *Wat Mahathat,* der aus Ziegeln und vergoldetem Stuck gebaut wurde.
Ebenfalls zum Sukhothai-Staat gehörte *Pitsanulok,* rund 60 Kilometer östlich der alten Hauptstadt. Eine Erinnerung an den hohen Stand thailändischer Sakral-Kunst ist die um 1300 gegossene Bronzestatue *Phra Buddha Jinnaraj.* Sie steht in einem der schönsten Thai-Tempel, im *Wat Phra Si Ratana Mahathat.*
Etwa zur gleichen Zeit, als das Sukhothai-Reich gegründet wurde, verdrängten im Norden die wandernden Thais die bis dahin in den Tälern des Mekong, Yom, Ngao, Wang und Ping lebenden Stämme der Mon, Lawa und Karen. Vor allem der 1238 in Chiang Saen an der laotischen Grenze geborene König Mengrai zeigte sich sehr rührig, seinem Volk die neuen Siedlungsplätze zu sichern. Er gründete das nordthailändische Königreich »Lanna Thai«, baute im Jahre 1261 die Stadt *Chieng Rai,* um 1268 den strategisch wichtigen Bergort *Fang,* überlistete im Jahre 1281 das Mon-Fürstentum und nahm Haripoonchai, das heutige *Lampoon,* ein.
Erst 1296 wurde dann die neue Hauptstadt *Chiang Mai* (siehe auch Seite 265) in nur vier Monaten auf einer Waldlichtung hochgezogen. Fast 100 000 Kriegsgefangene wurden angetrieben, Tag und Nacht die in Form eines Rechtecks geplante Stadt zu bauen.
In Sukhothai bahnte sich allmählich der Zerfall an, ständige Zwistigkeiten mit benachbarten Fürstenstaaten zehrten an der Kraft des Staates. Weiter südlich machte sich der spätere Rama Thibodi daran, ein starkes Reich zu gründen. Mit *Ayuthya* (rund 80 Kilometer nördlich von Bangkok) als Hauptstadt, gründet er im Jahre 1350 den Staat Siam.
400 Jahre lang blieb Ayuthya die Hauptstadt, Sukhothai wurde dem neuen Reich einverleibt, die kambodschanische Hauptstadt Angkor erobert, das Königreich Lanna Thai (Chiang Mai) mehrmals bekämpft. Der größte Gegner aber war das expansive Burma, das 1556 Lanna Thai eroberte, dann Laos und schließlich auch Siam für einige Jahre besetzte. In den Friedensphasen entwickelte sich Ayuthya (auch Ayutthaya geschrieben) zu einer prachtvollen Metropole mit erheblichem Reichtum.
Im 18. Jahrhundert begannen die Burmanen unter den Konbaung wieder, Siam zu erobern. Nach zweijähriger Belagerung wurde Ayuthya dann am 3. April 1767 eingenommen und vollkommen zerstört. Mit der Restaurierung der kläglichen Reste der Tempel und Paläste wurde erst 1956 begonnen.
Unter den Ausgrabungen gibt es heute einige beeindruckende Ruinen. Um

die Architektur der nach den Himmelsrichtungen orientierten Stadt und die kulturhistorischen Leistungen von 400 Jahren (1350 bis 1767) zu begreifen, ist ein Besuch des *Chao Sam Phraya-Museums* zu empfehlen.
Zu den Höhepunkten für Freunde buddhistischer Bauwerke und Figuren gehört der größte sitzende Buddha Thailands, *Phra Mongkol Borpit;* der wiederaufgebaute Tempel *Na-Phra-Meru* mit zwei wertvollen Buddha-Statuen und *Wat Phu Kao Thong,* eine von den Burmanen gebaute Pagode, die nach deren Vertreibung zu einem »Chedi« nach Thai-Art umgebaut wurde.
Nach der wandalischen Zerstörung der Stadt Ayuthya konnte sich der Thai-Offizier Taksin mit 500 Soldaten nach Süden retten. Er mobilisierte ein Heer, vertrieb die Burmanen aus Siam, befreite 1775 auch Chiang Mai von Birmas Herrschaft und machte das Nordreich zu einem von Siam abhängigen Fürstentum. Der neue König Taksin bestimmte *Thonburi,* heute ein Teil Bangkoks am Westufer des Menam, zur Hauptstadt.
Um den durch den Erfolg größenwahnsinnig gewordenen König zu stürzen, revoltieren 1782 die Offiziere unter der Führung General Chakris. Taksin wird getötet, Chakri besteigt als Rama I. den Thron Siams, der bis heute von der Chakri-Dynastie beherrscht wird. Im gleichen Jahr wird das heutige *Bangkok* zur Hauptstadt ernannt: »Phra Nakhon Krung Thep«, in der Übersetzung »Große, mächtige Stadt der Götter«, vereinfacht auch oft »Stadt der Engel« genannt.
Sie werden gelegentlich auch mit anderen Schreibweisen konfrontiert werden und müssen annehmen, daß auch diese richtig sind. Denn jeder holt sich die Teile, die ihm am besten gefallen, aus dem offiziellen Namen für Bangkok: »Krungtepmahana-kornbewornratanakosinmahintarayudhayamahadilokpopnoparatanarajthaniburiromudomrajniwesmahasatarnamornprimanavatarsatitsakatattiyavisanukamprasit«.
Damit beginnt die moderne Geschichte Thailands, das sich mit Stolz »Land der Freien« nennt, denn dem diplomatischen Geschick seiner Staatsmänner ist es zu verdanken, daß Thailand niemals von einer Kolonialmacht beherrscht wurde.

Das Land in Stichworten

Geografische Lage: 6—20,5° nördlicher Beite, 97—106° östlicher Länge.
Thailand grenzt im Westen an Burma und an den Golf von Bengalen, im Nordwesten an Burma, im Nordosten an Laos, im Osten an den Golf von Siam, im Südosten an Kambodscha, im Süden an Malaysia.
Entfernung von Frankfurt nach Bangkok rund 9 500 km.

Größe: 514 000 qkm. Etwas größer als Spanien.
Fruchtbare und feuchte Zentralebenen in Mittelthailand. Im Norden Plateauland und Ausläufer der hinterindischen Kettengebirge bis 3 000 m Höhe. 1 000 km lange Küstenregion zwischen dem Golf von Bengalen und dem Golf von Siam.

Bevölkerung: 45 Mill. Einwohner, 20% städtisch. Überwiegend (85%) Thaivölker (vor allem Siamesen), außerdem der Herkunft nach bis 10% Chinesen und über 3% Malaien. Die Chinesen beherrschen weithin Handel und Wirtschaft.

93% Buddhisten, über 3% islamische Malaien und weniger als 1% Christen.

Sprachen: Staatssprache Thai (Siamesisch), Handelssprache Englisch.

Hauptstadt: Doppelstadt Bangkok mit Thon Buri, über 4,5 Mill. Einwohner.

Großstädte: Chiang Mai 90 000; Nakhon Ratchasima 65 000; Udon Thani 60 000.

Staatsform: Konstitutionelle Monarchie.

Wirtschaft: Der Tourismus gewinnt immer mehr an Bedeutung. Die meisten Thais leben von der Landwirtschaft, vor allem vom Reisanbau (Thailand und Burma sind die größten Reisexporteure der Welt), außerdem Tabak, Baumwolle, Zuckerrohr, Sesam, Pfeffer und Kautschuk. Viehzucht (Büffel und Rinder) für Tragtiere.
Die Waldwirtschaft liefert dem Weltmarkt Teakholz (Einsatz von Elefanten als Arbeitstiere).
Bodenschätze: Zinn, Wolfram, Blei, Zink, Eisen, Antimon, Kupfer, Gold und Erdöl. Hauptexportgüter: Reis, Kautschuk, Mais, Zinn, Jute, Tapioka (Stärkemehl aus Maniok-Wurzelknollen) und Holz.

Flora: Steppenhaftes, von Baumsavannen und Trockenwäldern bestandenes Plateau. In den Kettengebirgen Regenwald; dicht bewaldet ist auch der thailändische Anteil an der Halbinsel Malakka. Viele tropische Blumen.

Wichtiges von A bis Z

Ausweispapiere: Paß. Mit bestätigtem Rück- oder Weiterreiseticket dürfen Bundesdeutsche bis 15 Tage im Land bleiben, wenn sie — pro Familie — den Gegenwert von 10 000 Baht in bar oder Reiseschecks nachweisen. Impfpaß, internationaler Führerschein.

Devisen: Ein- und Ausfuhr von Landeswährung bis 500 Baht; Fremdwährung deklarieren.

Diplomatische Vertretungen: Deutsche Botschaft, 9 Sathorn Tai-Road, Bangkok, Tel. 2 86 42 23—27; Österreichische Botschaft, 518 Ploenchit Road, Maneeya Building, Bangkok, Tel. 2 52 83 27.

Einkäufe: Öffnungszeiten Mo.—Sa. 8/9—20 Uhr, kleine Läden auch bis Mitternacht; Banken Mo.—Fr. 9—15 Uhr.
Thaiseide (weltberühmt), viele Arten von Edelsteinen (vor allem blaue Saphire), Bronzebestecke, lackierte Holzwaren und Holzschnitzereien, jadegrünes Porzellan, Thaipuppen; Silberschmuck und Sonnenschirme aus Chiang Mai.
Jede Ausfuhr von Antiquitäten und Buddha-Statuen ist verboten; in Ausnahmefällen können Genehmigungen vom Fine Art Department und vom Handelsministerium erteilt werden.
Lohnend sind maßgeschneiderte Anzüge, Kleider und Seidenhemden, in 24 Stunden angefertigt.
Außer in großen Kaufhäusern und vornehmen Läden handeln unbedingt notwendig.

Essen und Trinken: Thailändisches Essen beginnt mit einer schmackhaften Suppe, es folgen verschiedene Gemüse und ein pikantes Fischgericht sowie mit Curry scharf gewürztes Fleisch. Auch Knoblauch und Chili-Sauce werden gerne zum Würzen genommen. Zum Nachtisch gibt es Süßigkeiten oder tropische Früchte. Geflügel und Fleisch sind in mundgerechte Stücke geschnitten und werden mit Löffel und Gabel gegessen (nicht mit Stäbchen). Zu allem wird Reis serviert. Spezialitäten sind u.a.: »Pla too«, gesalzene und gebratene Makrele. »Mcc krob«, süße knusprige Nudeln mit Shrimps und einer Art Bananenmehlfäden. »Dun yam« heißt eine scharfe Suppe. Hühnercurry gibt es in mildernder Kokosmilch. Getrunken wird das Thai-Bier, Cola oder Mineralwasser.

Feiertage: 1. Januar, 17. Februar, 6. und 13. April, 5., 7. und 16. Mai, 15./16. Juli, 12. August, 13. Oktober, 5., 10. und 31. Dezember, verschiedene religiöse Feiertage.

Entfernungen/Gewichte/Maße: Metrisch.

Klima: Beste Reisezeit ist November bis Februar, in Bangkok Dezember bis März. Tropisches Monsunklima, nur in den Bergen etwas gemäßigt. In Nord- und Zentralthailand größere Temperaturschwankungen zwischen Tag und Nacht (Abkühlung auf 15 °C). Luftfeuchtigkeit morgens ca. 90%, nachmittags 45—70%.
Drei Jahreszeiten: November bis Februar »kühl« bei 22 °C, mäßiger Luftfeuchtigkeit und gelegentlichem Regen. März bis Mai heiße Zeit über 30 °C und ohne Niederschläge. Ende Mai bis Oktober Regenzeit mit Temperaturen bis 35, abends 24 °C, Regen meist spät nachmittags, morgens meist sehr schön, aber schwül.

Stromspannung: 220 V im ganzen Land (Rundstecker).

Trinkgeld: Kein Trinkgeld in thailändischen und chinesischen Restaurants. In Hotels und deren Restaurants 10% Bedienungszuschlag, meistens schon inbegriffen. Taxifahrer erhalten nur Trinkgeld, wenn sie beim Gepäcktragen geholfen haben. Gepäckträger am Flughafen 2 Baht, am Bahnhof 0,50 pro Stück. Man gibt, wenn überhaupt, kein Trinkgeld unter 2 Baht.

Trinkwasser: Nur Mineralwasser!

Ortszeit: MEZ +6 Stunden. Wenn es in Frankfurt 12 Uhr ist, ist es in Thailand 18 Uhr.

Geld: 1 Baht (B) = 100 Satang; 1 DM = 10 B.

Impfungen: Pocken und Cholera, Gelbfieber bei Einreise aus Infektionsgebieten. Malariaschutz und Choleraschutz angeraten.

Verkehr: Linienflüge nach Bangkok (Flughafen Don Muang 25 km zur Stadt, Minibus und Taxi, Flughafensteuer bei der Ausreise 40 Baht) täglich direkt ab Frankfurt mit verschiedenen Fluggesellschaften, sonst via Wien oder Zürich bzw. Delhi. Linienflüge nach Phuket täglich via Bangkok. Linienflüge nach Chiang Mai (Flughafen International) 5mal wöchentlich via Bangkok.
Gute Flugverbindungen von Bangkok zu 13 inländischen Flugplätzen, z.B. nach Khon Kaen, 1 Stunde, ca. 40 Mark.
Eisenbahnnetz von rund 3 700 km mit vier Hauptlinien von Bangkok aus, z.B. nach Chiang Mai, ca. 800 km, 16 1/2 Stunden, 1. Kl. 30 Mark. Auch klimatisierte und Schlafwagen gegen Aufschlag.
Das Straßennetz umfaßt rund 17 000 km Allwetterstraßen, gut ausgebaut und gekennzeichnet.
Linksverkehr.
Gute und sehr billige Überlandbusverbindungen (100 km für 1.50 Mark). In den Städten Busverkehr, sehr volle Busse, 1 Baht.
Taxis ohne Taxameter, daher Preis vorher aushandeln (3 km kosten etwa 15 Baht). Unbedingt Hotelvisitenkarte mitnehmen, um sie den Fahrern vorzeigen zu können, und Kleingeld, weil selten Rest herausgegeben wird. 3-rädrige Taxis für Kurzstrecken 5 Baht. Mietwagen (der Verkehr ist jedoch mehr als abenteuerlich!) für Selbstfahrer pro Tag ab 300 Baht, mit Chauffeur ab 400.

Zoll: Persönliches Reisegut frei. 200 Zigaretten oder 250 g Zigarren oder Tabak; 1 l Spirituosen: Einfuhrverbot für Waffen, Pornographie, Drogen. Begrenzung für Kameras und Filme.

Thais: Religiös, höflich und tolerant

Urlaub in Bangkok geht schon über die Zunge wie Ferien auf Mallorca. Zwei oder drei Wochen in Thailand gewesen zu sein, so viel Aufsehen erzeugt das nicht mehr. Schon wieder ein verlorenes Paradies, weil sich Chiang Mai und Hamburg kaum mehr unterscheiden?

Bangkok ohne einen Besuch der farben- und formenreichen Tempel wäre unvollkommen. Aber nicht immer ist das Fotografieren erlaubt

Weit gefehlt! Wer unter Thailand-Urlaub mehr versteht als den Wildwechsel zwischen Hotel und Massagesalon, wird sich vieles merken müssen, um nicht durch fehlerhaftes Betragen bei den freundlichen Thais unangenehm aufzufallen.
Touristische Vertretungen haben es oft an sich, einen Aufenthalt in dem von ihnen repräsentierten Land als völlig problemlos darzustellen. Ehrlicher ist das Thailändische Fremdenverkehrsbüro, aus dessen Thailand-Knigge wir die wichtigsten Regeln entnehmen. Allgemein sollte jeder Besucher wissen: Eine entscheidende Rolle spielt die Religion im täglichen Leben der Thais. Auch heute noch erwartet man von jungen Männern, daß sie, ungeachtet ihres sozialen Standes, drei Monate ihres Lebens als Mönche dienen. Das thailändische Recht sieht empfindliche Strafen für religiöse Vergehen vor und schützt neben dem Buddhismus, der Hauptreligion Thailands, auch alle anderen im Lande vertretenen Religionsgemeinschaften. So ist es z. B. ungesetzlich, ein Objekt oder einen Ort religiöser Verehrung zu verunglimpfen oder religiöse Zeremonien zu stören.

Daraus ergeben sich für den *Besuch von religiösen Stätten* ein paar Regeln: Besucher sollten korrekt bekleidet sein, T-Shirts, kurze Hosen, Hot pants und ähnliches wären unpassend.
Schuhe dürfen nur auf dem äußeren Gelände eines Buddhisten-Tempels getragen werden, nicht aber im Innenraum, in dem sich das Hauptbildnis des Buddha befindet.
In einer islamischen Moschee sollten Männer Kopfbedeckungen tragen und Frauen mit Hose oder langem Rock, hochgeschlossener Bluse und Kopftuch bekleidet sein. Schuhe müssen vor der Moschee abgestellt werden. Ein Besuch ist nur möglich, wenn keine Andacht stattfindet.
Buddhistischen Priestern ist es verboten, mit Frauen in unmittelbare Berührung zu kommen. Will eine Frau einem Priester oder Novizen ein Geschenk überreichen, so muß sie dies durch einen Mann übergeben lassen oder es auf ein zu diesem Zweck vor dem Priester ausgebreitetes Tuch legen.
Alle Buddha-Statuen, ob groß, klein, vollständig oder unvollständig, werden als heilig angesehen. Es wäre daher unangebracht, auf ihnen herumzuklettern oder etwas zu tun, was Respekt vermissen läßt.
Auch auf dem Lande haben sich manche schätzenswerte Traditionen erhalten. Urlauber, die Wert darauf legen, daß die Vielfalt der Sitten und Gebräuche erhalten bleibt, sind gewiss an diesen grundsätzlichen Verhaltenshinweisen interessiert:
Thailänder schütteln sich nicht die Hand zur Begrüßung, sondern legen statt dessen die Hände wie im Gebet zusammen. Junge Leute grüßen auf diese Weise die älteren zuerst.
Für Thailänder ist der Kopf der höchste Teil des Körpers, im optischen wie im geistigen Sinn. Man tätschelt daher niemals den Kopf eines Menschen. Desgleichen gilt der Fuß als niedriges Körperglied, und es ist ungehörig, damit auf jemanden zu zeigen. Junge Leute beugen den Kopf vor älteren, um nicht den Eindruck des »Herunterschauens« zu erwecken.
Öffentliche Liebesbezeugungen zwischen Mann und Frau sind verpönt. Man kann zuweilen junge, westlich beeinflußte Thai-Paare sehen, die sich an den Händen halten, — die äußerste Grenze guten Geschmacks. Küsse in der Öffentlichkeit sind unvorstellbar.
Die Beherrschung zu verlieren, noch dazu in der Öffentlichkeit, ist für Thailänder ein Zeichen schlechten Benehmens. Bei Verhandlungen erreicht man damit viel weniger als durch ein ruhiges Gespräch.
In Thailand redet man sich gewöhnlich mit dem Vornamen an, allerdings mit dem Zusatz Herr oder Frau.

Mandelaugen: Dieses geheimnisvolle Lächeln

Sicher hat dieser tief ins Herz gehende Charme, dieses geheimnisvolle Lächeln der mandeläugigen Thai-Mädchen so viele Europäer, Amerikaner und Japaner verwirrt. Wer aus einem Lande kommt, in dem so viele mürrisch

zur Arbeit oder zum Einkauf hasten, der fühlt sich hier ins Paradies versetzt. Das, was Thais an der Oberfläche mit Mimik und Gestik zeigen, muß der Grund dafür sein, daß herbe und manchmal grobschlächtige Typen sich tausende von Kilometern fliegen lassen, um hier Zärtlichkeit zu kaufen.
Seltsam, so stellt der Beobachter fest, die Herben und Groben geben sich hier, in einem Tempelpark Bangkoks oder an der Strandpromenade Pattayas, wie feinfühlige Liebhaber. Sie halten Händchen, streicheln verstohlen über das blauschwarze Haar, und wenn sie sprechen, klingen die Sätze zart und melodisch.
Es ist schwierig, Thema Nummer Eins im Thailand-Tourismus noch objektiv zu sehen. Die groben Empfehlungen, »einige der Mädchen, die Sie probieren sollten, sind Nr. 4, 11, 15, 17. . .«, hängen einem allmählich zum Halse heraus.
Auch die Moralpredigten, »nirgendwo manifestiert sich kapitalistische Ausbeutung brutaler als in den Vergnügungstempeln des thailändischen Königreiches«, greifen nicht, ändern nichts an der Tatsache, daß Hunderttausende nach Thailand reisen, um Zärtlichkeit zu finden.

Doch jeder Tourist mit eindeutigen Urlaubsabsichten sollte ein paar Tatsachen wissen, vielleicht hilft's, die bestehenden Zustände zu verbessern:

- Wenn Thais lächeln, kann es auch Verschämtheit sein oder Verlegenheit oder die Bitte, eine Unachtsamkeit zu verzeihen.
- Thailänder lächeln auch in größter Not, im schlimmsten Streß.
- Die Kultur der Thais hat ihnen auferlegt, Verständnis zu schenken, sich in die Situation der Anderen hineinzudenken. Wo wir zehn Mark spenden, um unser Gewissen zu erleichtern, spendet der Thailänder sein strahlendes Lächeln und Zärtlichkeit.
- Manche Thai-Mädchen lächeln, weil sie mit dem lockeren Geld des liebeshungrigen Touristen die im Dorf bei den Eltern zurückgelassenen, vaterlosen Kinder ernähren können.
- Andere Mädchen lächeln, obwohl sie abends mit ihrem »Manager« abrechnen müssen. Gegenleistung für die Hilfe, sie aus dörflicher Armut erlöst zu haben.

Nach den ersten Jahren, die den Sex-Kolonialherren gehörten, wird vielleicht eine andere Generation nach Thailand fliegen: Touristen, die vorher ein paar Bücher über das »Land der Freien« gelesen haben. Zum Beispiel über ihre Geschichte und ihre Religion.

Tempel und Klongs: Augenschmaus in Bangkok

Vom »Venedig des Ostens«, wie Bangkok — neben vielen anderen Beinamen — auch genannt wird, ist nicht mehr viel übriggeblieben. Die meisten Wasserstraßen, die »Klongs«, wurden zugeschüttet, Platz für Personenwagen, Busse und Laster. Daß der Verkehr trotzdem nicht fließt, trägt dazu bei, dieser Stadt manche häßlichen Adjektive zu geben. Es wäre nur zu hoffen, daß das übelriechende Verkehrsproblem bald bewältigt wird, denn Zorn hätte Thailands Hauptstadt eigentlich nicht verdient.

Dem Auspuff-Gestank entfliehen kann man beim Besuch eines *Floating-Market,* eines sogenannten schwimmenden Marktes, bei dessen Anblick nicht nur dem Fotografen das Herz überquillt: Hunderte von schmalen Booten tummeln sich auf den Kanälen, vorwiegend Frauen und Mädchen sind es, die ihre Kähne mit einem Paddel geschickt durch das Bootsdickicht steuern. An den Ufern stehen Pfahlhäuser, verbunden durch Holzwege und Brücken. Die Boote sind mit Früchten und Gemüse beladen aber auch mit Hähnchen und Schweinefleisch. Alles was die thailändische Hausfrau für den Kochtopf braucht, passiert hier in einer farbenfrohen Prozession den Beobachter.

Die meisten Klong-Dörfer haben außerdem eine oder mehrere Zeilen mit Souvenirläden, die das ohnehin prächtige Bild noch farbenfroher machen. Handeln macht hier viel Spaß. Wenn sich Hunger einstellt, rufen Sie eines der Boote, die mit Mini-Küchen ausgestattet sind, auf denen Thai-Köche leckere fernöstliche Menüs auf den Teller zaubern.

Die meisten *Klongs* liegen auf der *Thonburi*-Seite. Wer ein individuelles Erlebnis schätzt, miete eines der schmalen Motorboote, die mit der verlängerten Welle der Schiffsschraube gelenkt werden. Interessante Märkte befinden sich auf den Klongs *Dao-Chanong, Natchet Na, Bangkok Yai* und *Bangkok Noi.* Etwas umständlicher, aber umso reizvoller, ist der Besuch des *Klong Damnoen Saduak* in der Provinz *Ratchaburi.*

Bangkok ohne den Besuch einiger Tempel — das ist schlichtweg nicht möglich. Wer zum erstenmal vor dieser Farben- und Formen-Symphonie steht, glaubt, ein längst vergessener Kindheitstraum von Märchenland sei in Erfüllung gegangen. Golden, blau, rot und grün schillern Firste, Dächer und Portale durch das Geäst von Palmen und Kasuarien. Kahlgeschorene Mönche, eingehüllt in ihren safrangelben Umhang, wandeln gemessenen Schrittes durch die Gärten und Hallen. Vor den Buddha-Figuren knien gläubige Thais, verbeugen sich fünfmal, wobei jedesmal Ellbogen und Stirn den Boden berühren. Wer Verständnis für thailändische Kultur, Mentalität und Religion sucht, sollte seine Rundfahrt im *Nationalmuseum,* das nördlich des Königspalastes liegt, beginnen.

Vom Königspalast selbst ist der größte Teil dem Publikum verschlossen, doch was zu besichtigen bleibt, reicht vollkommen aus, um von der Architektur, die aus westlichen und fernöstlichen Stilelementen besteht, beeindruckt zu werden. Vom Palast aus erreicht man den *Wat Phra Keo,* in dem auf einem elf Meter hohen Altar der weltberühmte *Smaragd-Buddha,* Thailands Nationalheiligtum, steht. Die 76 Zentimeter hohe Jaspis-Figur bekommt dreimal im Jahr ein der Jahreszeit entsprechendes Gewand, das vom König oder vom Prinzregenten umgehängt wird. — Fotografieren ist hier verboten, die Kleidung sollte nicht zu salopp sein.

Der bekannteste unter Bangkoks 300 Tempeln ist der *Wat Arun,* das Wahrzeichen der Stadt, auch »Tempel der Morgenröte« genannt. Furchterregend und daher auch meistfotografiertes Motiv sind die dämonischen, zähnefletschenden Torhüter, die riesigen Jaks.
Je nachdem, wieviel Zeit zur Verfügung steht, gibt es noch eine unendliche Reihe imposanter und pittoresker Sehenswürdigkeiten. Eine kleine Auswahl:
Wat Po mit dem 49 Meter langen »Liegenden Buddha« und dem berühmten Arkadengang mit 394 verschiedenen Buddhafiguren.
Wat Sutat mit vielen eindrucksvollen Darstellungen aus dem Leben Buddhas.
Wat Sraket auf Bangkoks höchster Erhebung, einem Mitte des 19. Jahrhunderts künstlich aufgeschütteten Berg.
Wat Benchamabopit, der aus weißem Carrara-Marmor erbaute Tempel mit vielen kostbaren Buddhastatuen.
Wat Treimir, berühmt durch die goldene Buddhastatue. Sie war bis 1953 mit Gips bedeckt; das wurde erst entdeckt, als beim Transport ein Seil riß, worauf sich durch den in der Nacht fallenden Regen ein Teil des durch den Fall gesprungenen Gipses löste.
Nach dem betörenden Eindruck der bunten Tempel ist ein Blick in das Alltagsleben der Thais anzuraten, beispielsweise zum Wochenendmarkt auf dem Platz *Phramane,* wo mit großem Spaß gehandelt wird. Auch ein Spaziergang auf der *Jarawad Road* quer durch *Chinatown* bringt willkommene Abwechslung, vorausgesetzt, die Ohren sind auf das laute Stimmengewirr und Grammophongeplärr geeicht.

Klongs: Buntes Leben auf dem Wasser

Sechs Uhr früh: Samai, unser Guide, wird gemeldet. Wir rennen in die Halle, das letzte Stück Brötchen klebt noch zwischen den Zähnen. Wir zucken mit unserer rechten Hand in Richtung des schmächtigen, dunkeläugigen Thailänders. Doch Samai hat schon die Handflächen zusammengelegt, hält die Hände vor Nase und Stirn und verbeugt sich ehrerbietig. Wir erinnern uns: Hier gibt man sich nicht die Hand.
Wir haben Samai bestellt, um an diesem Tag einen Klong, wie er wirklich lebt, zu erleben. Wir fahren auf der Nationalstraße Nummer 4 Richtung Ratchaburi. Ziel ist der *Floating Market Damnoen Saduak,* knappe 70 Kilometer von Bangkok entfernt. Unterwegs gibt es ein freundliches Gerangel um die Fahrtrichtung. Der Fahrer setzt sich durch und fährt falsch. Ich bin verärgert, als Fahrer müßte man doch die Strecke kennen. Samai aber lächelt und sagt »mai pen arai«. Es macht nichts, ist ja nicht so schlimm. Wozu aufregen? Typisch thailändisch.
Dann steigen wir in ein Boot um, das tief im Wasser hängt und mit der verlängerten Welle gesteuert wird. Unterwegs schaukeln die Klong-Wellen die

rudernden Marktweiber zur Seite. Ich erwarte, daß sie uns eine Drohung entgegenschleudern. Doch da ist keine einzige Thai-Frau, die meine Erwartungen erfüllt. Sie rudern einfach weiter; manche tun so, als hätten sie uns überhaupt nicht bemerkt. Und wenn auch das sprühende Bugwasser das Gemüse im Nachbarboot und das Gesicht der Steuerfrau benetzt, es gibt keinen Ärger. Mai pen arai.

Bald wird der Verkehr immer dichter, bis dann vor lauter Booten das Wasser kaum mehr zu sehen ist. Wir sind in Damnoen Saduak, dem schönsten Klong, den ich in Thailand kenne.

Die Kamera läuft heiß, die Motive werden immer schöner und interessanter. Links und rechts der Kanäle stehen die Holzhäuser, manche von antikem Charme. In den Booten sitzen fast nur Frauen. Sie fahren ihre Ware der Hausfrau direkt vor die Küchentür:Tapioka, Ananas, Gurken, Bohnen, Zwiebeln, Lemonen, Melonen, in Blätter verpackten Reis, Fische und Meeresfrüchte — und natürlich Betelnüsse. Die meisten dieser Kaunüsse scheinen die Marktweiber selbst zu genießen. Sie halten den Fremden die Ware entgegen und grinsen aufmunternd: tiefrot bis schwarz hängen die von Betelnüssen verfärbten Zähne im Mund.

In anderen Booten rudern junge Mädchen, ihre schüsselförmigen Strohhüte sitzen so hoch auf dem Kopf, daß die Luft unter der Kopfbedeckung zirkulieren kann. Mit sanfter Gebärde und einem freundlichen Lächeln bieten sie Blumensträuße an, Orchideen, Bougainvilleas, Hibiskus und Rosen.

Ein Metzger hat seine Ware auf der Ufertreppe ausgebreitet. Eine Bootsfrau tauscht einen Schweinebraten gegen Tomaten und Zuckerrohr. Ein kleines Thai-Mädchen rudert heran, zeigt auf ihren dampfenden Kessel und öffnet den Deckel, als sie unser Interesse sieht. Wir kaufen für 50 Pfennig eine Schüssel Reis mit Huhn und Pepperoni. Das Besteck wird im Fluß gespült.

Eine Holzbrücke verbindet beide Häuserzeilen miteinander. Hier oben hat man den besten Überblick. Zwei Jungen sind ins Wasser gesprungen und raufen um einen Ball. Daneben wäscht ihre Mutter ein paar Laken. Hühnerfedern zeichnen eine weiße Spur in den braunen Fluß. Die Spur beginnt bei der motorgetriebenen Rupfmaschine.

Im Obergeschoß der Pfahlbautenstadt werden Souvenirs und Gebrauchsgegenstände verkauft. Ein buntes Bild. Lange Kleider aus Batik erregen unser Interesse. 300 Baht will der Händler haben. Wir lachen. Ob er glaube, wir

Auf den Klongs, den Wasserstraßen, spielt sich das Alltagsleben der Thailänder ab. Touristen sind hier nur zufällige Gäste

seien Kapitalisten? Der Händler lacht auch, er ist heute gut aufgelegt. »OK. 150 Baht. Phob gkan may«. Auf Wiedersehen. Wir sind in Hochstimmung. Die Rückfahrt führt durch Palmenwälder und Orangenhaine. Wir wollen noch nach *Nakhon Pathom.* Schon von weitem sehen wir den goldenen Chedi leuchten. Der *Phra Pathom Chedi* ist Thailands ältestes buddhistisches Heiligtum und mit 127 Meter Höhe das höchste in der Welt.
Vor dem Heiligtum stehen Buden. Fast alle verkaufen »Kao Larm«: Die Hohlräume dicker Bambusrohre werden mit einer Mischung aus Reis, Kokos und Zucker gefüllt, verstopft und dann gegrillt. Der Inhalt schmeckt süß und ist klebrig. Fast übertrieben süß wie jeder Thai-Nachtisch. Für kalorienbewußte Touristen wahre Joule-Bomben. Samai, unser Führer, verdrückt gleich zwei Portionen. Er hat, wie die meisten Thais, keine Probleme mit der Figur.

Bangkok: Dichter Verkehr und dicke Luft

Der erste Eindruck, den Bangkok macht, ist schlecht. Als Fußgänger ist der Fremde in diesem Verkehrschaos verloren. Wenn er nicht von einem Taxi, einem Laster oder einem Samlor (motorisierte Dreirad-Taxis) gerammt wird, schwinden ihm vielleicht von den auf der schwülen Luft liegenden Auspuffgasen die Sinne.
Der Erfahrene fackelt in der »Stadt der Engel« nicht lange, will er eine Bar oder einen Tempel besuchen: Er bestellt bei der Hotelrezeption ein Taxi mit Klimaanlage. Das ist etwas teurer, aber auf der Straße gestoppte Taxis haben keine funktionierenden Taxameter, sucht man, zu weit herunterzuhandeln, tippen die Fahrer an die Stirn und dampfen ab. Sie wissen, daß an der nächsten Ecke ein Dummer steht, der bereitwillig bezahlt. Die Reue kommt erst dann, wenn der Passagier im Stau bei heruntergedrehten Fenstern die nach Benzin und Ruß schmeckende Luft einatmet.
Allen Taxifahrern gemeinsam ist, daß sie versuchen, noch ein Extrageld zu verdienen. Entweder wollen sie für einen Umweg bezahlt werden oder warten unaufgefordert, um dann dickes Wartegeld zu kassieren. Rufen Sie in solchen Fällen Ihr Hotel an oder wenden Sie sich an die Touristen-Polizei. Schon die Absicht wirkt bei den Thai-Drivern oft Wunder.
Das beste Geschäft aber machen Bangkoks Taxifahrer mit sogenannten »günstigen Einkaufsquellen«. Der Tourist kann sicher sein, daß kein Fahrer ihm eine Adresse nennt, ohne daß der Rat teuer bezahlt werden muß. Die Schlepper bekommen immer ihre Prozente, und der Geneppte hätte ein paar Häuser weiter den Schmuck oder die Seide um 30 Prozent günstiger haben können.

Phuket: Stille Strände und Seezigeuner

Immer wieder neue Paradiese. Phuket, die Insel im südlichen Thailand, ist eines. Rundum Strände, breite und stille, palmenumsäumte, solche mit

Holzhütten, andere mit Chalets, einige mit komfortablen Hotels. Hier staunt auch der verwöhnte Tourist. Die ganz Schlauen mieten sich ein Motorrad oder einen Roller für billiges Geld, umrunden die Insel, halten je nach Stimmungslage. Am Vormittag an der *Karon Beach,* allein zu zweit, nur Wasser und Sand und braune Haut. Zum Essen an den *Surin* Strand, Fleischspießchen mit scharfer Erdnußsoße von einer Garküche direkt am Meer. Abends vielleicht an der *Rawai Beach* den berühmten Phuket-Hummer für 20 Mark das Kilo. Oder Fischgerichte im Restaurant an der *Chalang-Bucht,* vier Kilometer nördlich vom Phuket Island Resort.
Höhepunkt eines geruhsamen und paradiesischen Phuket-Urlaubs ist ein Ausflug nach *Phang Nga.* Mit dem Boot, vorbei an Mangroven und Salzwasser-Palmen, erlebt der Urlauber eine fremdartige Welt, bis zu 200 Meter hohe Felshügel, die unvermittelt aus dem Wasser ragen, durchweg Muscheln und Korallen, die im Laufe von Jahrmillionen diese bizarren Türme häuften. Hier war auch James Bond auf Verbrecherjagd (»Der Mann mit dem goldenen Colt«).
Plötzlich landet in dieser Felsenlandschaft das Boot an einem Pfahlbaudorf. Das Festland, ein fast unbesteigbarer Kalkfelsen, bietet gerade Platz für den Friedhof und eine Moschee. Daran kleben die vielen Fischerhütten, Souvenirshops, ein Freiluft-Restaurant und sogar eine Schule mit Basketball-Platz. *Koa Pannyi* heißt das Seezigeuner-Dorf, das seit 300 Jahren von Moslems bewohnt wird, die eine eigene Sprache sprechen.
Zwei Schilder weisen darauf hin, daß deutsche Reiseveranstalter schon ihren Fuß auf den wackeligen Bootssteg gesetzt haben. Deshalb das große Ausflugslokal, wo gebackener Fisch, Langusten, Krabben und Reis pro Person knapp fünf Mark kosten.
Ein paar Seezigeuner haben sich auf Souvenirs umgestellt, viele gehen aber noch ihrem traditionellen Gewerbe, der Fischerei, nach. Männer sitzen vor den Hütten und flicken Netze, Kinder lümmeln sich auf Öltonnen und nehmen mit der Hand Reis und Fisch aus einer Schüssel. Boote rattern vorbei, in Käfigen vor den Hütten dösen farbige Vögel mit langen Schwänzen. Ein Fischer hievt mit einem primitiven Flaschenzug radgroße Quallen per Korb nach oben. Dort reinigt seine Frau die qualligen Massen und wirft sie mit lautem Schwapp in Fässer, wo sie gesalzen werden. Quallen für Japans Gaststätten. In Koa Pannyi hat jeder Arbeit.

Chiang Mai: Paradies am »Goldenen Dreieck«

Die Stewardess legte sanft ihre Hand auf meine Schulter. Ich war eingenickt. »Sa wa dii«, flüsterte die mit einem langen Orchideen-Gewand bekleidete Mandelblume, »Sie wollten Berge sehen, dort unten. . .«
Ich brauchte ein paar Sekunden, dann war wieder alles klar: Wir befanden uns auf dem Flug von Don Muang (Bangkoks internationaler Flughafen) nach Chiang Mai, der Hauptstadt des Nordens. Die rund 750 Kilometer fliegt Thai Airways mit seiner Turboprop in gut zwei Stunden.

In einer Stunde mußten wir also in der Stadt der Rosen und Orchideen landen. Unter uns waren schon die Berge zu sehen, über und über bedeckt mit dunkelgrünem Dschungel. Weiter vorne schimmerte der Zusammenfluß der Ströme Wang und Ping. Dort unten sollen Teakholzwälder noch mit Hilfe von Arbeitselefanten abgebaut werden.

In Chiang Mai hatte ich während der ganzen Zeit meines Aufenthaltes das Gefühl, in einem größeren Dorf zu leben: ruhig, blumig, frisch und friedlich. Wir schlenderten durch die Gäßchen, plauderten über Preise von Holzschnitzereien, Seidenstoffen und Lackschatullen, begeisterten uns schon zum dritten Mal an einem silbernen Kerzenleuchter, den ein Geschäft in der Chom Tong Road, im Silberviertel, ausgestellt hatte — und kauften eine Trachtenpuppe, die mit den Gewändern des Yao-Stammes geschmückt war. Im Dorf der Schirmmacher erstanden wir dann spaßeshalber für nur ein paar Pfennige einen bunten Bambus-Sonnenschirm.

Von den zahlreichen Tempeln hätten wir vielleicht mehr sehen müssen, wir aber zogen es vor, lieber über Hügel und durch Tälchen zu wandern. Doch den Tempeln *Che Di Luang* und *Phra Sing* (dieser mit Nordthailands heiligster Buddhastatue und wunderschönen Wandmalereien) erwiesen wir auf jeden Fall unsere Reverenz. Ein unvergeßliches Erlebnis aber waren Rundblick und Besichtigung des Klosters *Wat Phra Dhat Doi Suthep* in 1 050 Meter Höhe, rund elf Kilometer nördlich von Chiang Mai. Ein halber Tag sollte eingeplant werden, um den Aufstieg über die 300 Stufen, das Panorama und vielleicht einen Spaziergang zur Sommerresidenz des Königs Bhumipol Adulyadej zu genießen.

Wer es irgendwie einrichten kann, müßte noch weiter in den Norden vordringen, in die Berge, dorthin, wo die von den Thais verdrängten Stämme der Meo, Karen, Musser, Lawa und Yao leben und bis heute ihre eigenen Kulturen bewahrten. Einige clevere Meo-Dörfer haben sich schon auf Touristen eingestellt. Die einfachen Häuser zu besichtigen, ist recht einfach, beim Fotografieren aber wird kassiert. Zehn Pfennig pro Klick war der Tarif. Es bleibt zu hoffen, daß die Preise nicht inzwischen durch wohlhabende Touristen nach oben gejubelt wurden.

In anderen Dörfern des »Goldenen Dreiecks«, dort, wo Burma, Thailand und Laos zusammenstoßen, rund um Chiangrai und Chiangkhong, dort fließen die Touristengroschen noch spärlicher. Hier wird Geld mit Mohnanbau verdient, mit der Todesblume, aus deren Kapselsaft die Grundsubstanz für Heroin gewonnen wird. Der Kampf der UNO, nur teilweise von den betroffenen Regierungen unterstützt, scheint vergeblich zu sein. Die Mohnfelder blühen weiter.

Unvergeßlich nach 300 Stufen: das Kloster Wat Phra Dhat Doi Suthep in der nordthailändischen Stadt Chiang Mai

Erschwert wird die Aufsicht durch die teils schwer zugängliche Gebirgsgegend. Hinzu kommt, daß der Norden Thailands und Burmas von Separatisten und Kommunisten beherrscht wird. Teilgebiete und dort auch die Kontrolle über den Opium-Handel haben sogar rund 8 000 Kuomintang in der Hand. Es sind Reste der Tschiangkaischeck-Armee, die immer noch darauf warten, die kommunistische Regierung in Peking zu stürzen und den Nationalchinesen auf Formosa wieder zur Macht über Gesamtchina zu verhelfen. In der Zwischenzeit verdienen sie viel schmutziges Geld, von manchen Regierungsbeamten sogar unterstützt, da es gegen den Kommunismus keinen besseren Schutz als die Nationalchinesen gäbe.

Wir haben die Wasserfälle von *Mae Sa* besucht und *Doi Chiengdao,* eine riesige Tropfsteinhöhle mit einem marmornen »Liegenden Buddha«. Ein Stück weiter, in dem kleinen Nest *Chai Prakan,* scheint das ganze Dorf auf der Straße zu sein. Wir wollten schauen, ob es irgendwo einen Kaffee oder einen Tee zu trinken gibt.

Kaum ausgestiegen, sind wir von ein paar jungen Leuten umringt. Sie reden auf unsere Begleiter, den Fahrer und Reiseführer, aufgeregt ein. Es ist zu spüren, daß diese Unterhaltung nicht normal ist: Laute Thais, das trifft man selten.

Es dauert lange, bis die Dörfler von uns ablassen und Surat, unser Führer, erzählen kann. Ein Kind sei nicht nach Hause gekommen. Das passiert immer wieder einmal, verirrt oder verunglückt. Doch seit einem Monat sind die Menschen im Norden nervös, weil die Opiumschmuggler mehrere Kinder getötet hatten, um ihren Stoff über die Grenze zu bringen. Ein schlafendes Kind in den Armen der »Mutter«, das ist unverdächtig, die Kontrolle ist freundlich und schnell. Doch — so konnte später festgestellt werden — die Kinder schliefen den ewigen Schlaf. Sie waren Stunden vorher getötet worden, so berechnet, daß beim Grenzübertritt die Leichenblässe noch nicht eingetreten ist. Das kleine Kind aber wurde völlig ausgeweidet und mit Rauschgift gefüllt. Wohl die makabersten Transportbehälter, die man sich je vorstellen kann.

Hintergrund solch scheußlicher Verbrechen sind ein paar nackte Zahlen und Tatsachen: 1 000 Tonnen Opium werden pro Jahr im Goldenen Dreieck gewonnen. Zwei Drittel davon sind für den Schmuggel in westliche Länder bestimmt. Rund 450 Kilogramm Heroin und Marihuana im Wert von acht Millionen Mark wurden in Halbjahresfrist (1979) auf dem Flughafen Bangkoks gefunden. Die Schmugglertricks werden immer ausgefeilter; erwischt zu werden, kann tödlich sein: In Thailand, Malaysia und Singapur droht Heroinhändlern die Todesstrafe.

Auch das ist sehenswert

Hua Hin: Auf dem Weg zum südlichen Teil Thailands, 232 Kilometer von Bangkok entfernt, am Anfang der malaiischen Halbinsel, liegt dieser, bei den Einheimischen beliebteste Badeort. Golfplatz.

Khao-Yai-Nationalpark: Etwa 200 km östlich von Bangkok. Ein Erholungspark mit dichtem Dschungel, wilden Bächen und Tälern, Wasserfällen und Hängebrücken. Wer Zeit hat, sollte mindestens einen halben Tag dort verweilen.

Pattaya: Turbulentes Seebad am Golf von Siam, 140 km südöstlich von Bangkok. Viele Restaurants, deutsche Biergärten, auch noch zahlreiche einheimische Garküchen und chinesische Restaurants. Reichhaltiges Nachtleben, Massagesalons, Wassersport aller Art. Das Torremolinos von Thailand.

Petburi (auch *Petchburi*): Diese sehenswerte Stadt liegt inmitten von Kalksteinhügeln. Viele Höhlen sind buddhistische Tempel und Einsiedeleien. 16 Kilometer entfernt der feinsandige Strand *Haad Chao Samran.*

Pitsanulok: Zwischen Bangkok und Chiang Mai. Berühmtes Pilgerzentrum mit der heiligen Statue des Phra Buddha Jinaraj in *Wat Phra Sri Ratana Maha Dhat.*

River Kwai-Brücke: Die berühmte Brücke über den Fluß Kwai liegt im westlichen Thailand, in der Nähe des Ortes *Kanchanaburi.* Was in dem berühmten Film nicht zu sehen war: 9 000 Grabsteine von Kriegsgefangenen, die auf der berüchtigten Todesbahn durch den Dschungel, über die Japan Burma erobern wollte, starben.

Songkhla: Schöne Hafen- und Badestadt mit kilometerlangem Strand. Berühmt als Obstgarten und Feinschmecker-Ort für Liebhaber von Fisch und Meeresfrüchten.

Geschichte in Kürze

650 Chinesische Quellen erwähnen das Thai-Königreich Nantschao (Jünnan).

1253 Die Mongolen erobern das Königreich, die Thais weichen nach Hinterindien aus.

13. Jahrh. Am oberen Menam entsteht ein siamesisches Fürstentum.

1563 Invasion der Birmanen.

1568 Erneutes Vordringen der Birmanen.

1590—1605 Naresuen stellt die Unabhängigkeit wieder her.

1760 Zerstörung der Hauptstadt Ajuthia durch die Birmanen. Thailand wird in fünf Teilstaaten aufgelöst.

1770 Wiedervereinigung. Annexion von Laos.

1782 Gründung der heute noch herrschenden Dynastie durch (Tschakri) Rama I. Bangkok wird Hauptstadt.

1851—1868 Beginn der Europäisierung durch Maha Mongkut (Rama IV.).

1893 Abtretung von Laos an Frankreich.

1909 Verzicht auf die Oberhoheit über vier Südprovinzen (Malaienstaaten) zugunsten Großbritanniens. Dadurch erreicht Thailand als einziges Land in Südost-Asien, keine europäische Kolonie zu werden.

1917 Eintritt in den 1. Weltkrieg auf alliierter Seite.

1932 Militärputsch. Einführung der konstitutionellen Monarchie.

1940 Bündnis mit Japan.

1942 Kriegserklärung an Großbritannien und die USA.

1945 Thailand bezeichnet die Kriegserklärung für null und nichtig.

1946 König Bhumibol Adulyadej ist Staatsoberhaupt.

1957/58 Marschall Sarit Thanarat übernimmt die Macht durch einen Staatsstreich. Autoritäres Regime.

1968 Neue Verfassung und Wiederzulassung der Parteien.

1971 Staatsstreich unter Marschall Thanom Kittikachorn. Die Verfassung wird außer Kraft gesetzt.

1973 Studentenrevolte. Die Militärregierung tritt zurück. König Bhumibol ernennt die Mitglieder der Nationalversammlung.

1974 Neue Verfassung. Thailand ist eine konstitutionelle Monarchie.

1975 Erste demokratische Wahlen.

1976 Auflösung des Parlaments.
Neuwahlen mit Sieg der Demokratischen Partei.
Militärputsch am 6. Oktober. Aufhebung der alten, Proklamation einer neuen Verfassung: 12jähriger Stufenplan zur Entwicklung einer demokratischen Regierungsform.

TAIWAN

Ta Chung-Hwa Min-Kuo

(siehe Karte Seite 134)

Sonn- und feiertags spielen die Taiwanesen verrückt. Es sieht fast so aus, als suchten alle 17 Millionen die letzte Gelegenheit, ihre Insel kennenzulernen. Eine Aufgabe jedenfalls scheint sich jeder Insel-Chinese gestellt zu haben: Mehrmals in seinem Autofahrerleben muß er die etwa 350 Kilometer lange Gebirgsstraße, die *East West Cross Island Highway* gefahren sein. So ist es schon besser, als Fremder im Bus zu sitzen oder einen Wagen mit Chauffeur zu mieten. Selbst zu fahren wäre auch aus einem anderen Grund gefährlich: Die Landschaft lenkt jede Sekunde ab, spielt mit den Augen des Zuschauers, zieht ihn hinab in die Schluchten, blufft mit dem Schwarz eines Tunnels, lockt mit einer hingepinselten Hängebrücke, betäubt mit dem Rauschen eines Wasserfalls.

Schluchten, Tempel und erfüllte Träume

An einem dieser radikalen Einschnitte durch bewaldete Felsen liegt die wilde, aufregende *Taroko-Schlucht.* Sie gilt als Naturwunder und gehört unbedingt zu einem Taiwan-Besuch. Rundum wohnen Ami, ein Eingeborenen-Stamm, von dem es heißt, es seien die schönsten Menschen auf Taiwan.
Südlich der Stadt *Hualien* an der Ostküstenstraße liegen die einzigartigen *Pahsientung*-Höhlen. Mehrere Höhlen mit buddhistischen Tempeln und Altären gehören zu dem Komplex. In der *Chao Yin-Höhle* gibt es vegetarische Speisen für Pilger und Touristen. Archäologische Ausgrabungen in den Höhlen erbrachten Beweise, daß schon vor 15 000 Jahren Menschen hier lebten. Über ihre Identität ist allerdings nichts bekannt.
Ein beliebtes Ausflugsziel ist der *Sonne-Mond-See,* direkt am geografischen Mittelpunkt der Insel Formosa. Von einem über 365 Stufen erreichbaren *Buddhatempel* kann man das Naturwunder des Sees beobachten: Er wechselt ständig seine Farbe. Im Dorf *Hua Fan Sheh* am Ostufer ist es interessant, den Volkstänzen der Eingeborenen zuzusehen, für Fotografen: motivreich.
Ebenfalls im Zentrum der Insel, wenn auch nicht so »mittig«, liegt in 2 274 Meter Höhe der Ort *Alishan,* höchstgelegene Bahnstation im Fernen Osten. Alishan, benannt nach den Ureinwohnern der Insel, den Ali, heißt auch das ganze Touristengebiet der Umgebung, 18 Berge über und unter dem Wolkenmeer. Ein Paradies für Naturfreunde.
Im abwechslungsreichen Süden der Insel reizt der *Kenting-Tropenpark* zu einem Besuch. Ein Spaziergänger-Paradies am südlichen Zipfel der Insel:

exotische Pflanzen und Schmetterlinge, wilde Affen, traumhafte Aussicht vom Beobachtungsturm und vor allem *Hsien-Tung,* die Märchengrotte. Zurück in die Hauptstadt und noch etwas Zeit? Dann auf zum *Chin-Nan-Tempel;* wenn der Besuch dieser Anlage nicht gleich am Anfang der Taiwan-Reise liegt. Wer sich für chinesische Religiosität interessiert, sollte sich in diesem eindrucksvollen Tempel genügend Zeit lassen. Die Tempelanlage steht etwa 14 Kilometer südlich von *Taipeh.* Sportlich Veranlagte können den »Tempel der acht Unsterblichen« über 1 000 Treppenstufen erreichen. Das sechsstöckige Heiligtum wird von Buddhisten und Taoisten (Lehre Lao Tses) besucht. Hier werden die Orakel befragt, die Steine so lange geworfen, bis sie richtig liegen, hier werden Lebensmittel-Opfer gebracht und Räucherstäbchen entzündet. Im nahegelegenen *Ling-Hsiao-Pavillon* schlafen Chinesen, die hier, in der Nähe der Götter und Dämonen, sich Träume wünschen, die dann, sind sie einmal geträumt, auch in Erfüllung gehen sollen.

Das Land in Stichworten

Geografische Lage: 22—25° nördlicher Breite, 120—122° östlicher Länge. Die Insel Formosa (Taiwan) liegt etwa 180 km vom chinesischen Festland entfernt im Südchinesischen Meer.
Entfernung von Frankfurt nach Taipeh 11 590 km.

Größe: 35 966 qkm, mit den Inseln 36 182 qkm. Etwas größer als Belgien. Zentralgebirge mit Bergen bis 3 950 m Höhe. Im Osten schmaler Küstenstreifen, im Westen breite und fruchtbare Küstenebene.
»Ilha Formosa«, wunderschöne Insel, nannten die Portugiesen das heutige Taiwan. »Taiwan« bedeutet »Terrasse über der Bucht« — wegen der teilweise steil ins Meer abfallenden Berge. Taiwan besteht aus der Insel Formosa, den Pescadoren-Inseln, den Quemoy- und Matsu-Inseln.

Bevölkerung: 17 Mill. Einwohner, 65% städtisch. Chinesen, davon 3,5 Mill. Festland-Flüchtlinge; 200 000 Ureinwohner (malaio-polynesische Gaoschan). Konfuzianer, nördlicher Buddhismus, jeweils über 300000 Protestanten und Katholiken; 40 000 Moslems.

Sprachen: Staatssprache Mandarin (Chinesisch) mit vielen Dialekten als Umgangssprachen. In Touristengebieten wird auch Englisch verstanden.

Hauptstadt: Taipeh, 2,2 Mill. Einwohner.

Großstädte: Kaohsiung 1 Mill.; Taitschung 600 000 und Tainan 550 000.

Staatsform: Parlamentarische Republik.

Wirtschaft: Taiwan ist wohlhabender und moderner als die VR China. Hochentwickelte tropische Plantagenwirtschaft mit Anbau von Reis, Tee, Zuckerrohr, Bananen, Ananas, Jute für den Export. Für den Eigenbedarf Süßkartoffeln, Erdnüsse und Hülsenfrüchte. Kampfer aus den Wäldern. Die Küstenfischerei ist bedeutend.
Ansehnliche Bodenschätze: Gold, Kohle und Silber, Kupfer und etwas Erdöl. Die Industrie verarbeitet Agrarprodukte und stellt Fertigwaren vieler Art her: Textilien, chemische Produkte, elektronische Erzeugnisse.

Flora: Tropischer Regenwald an den westlichen Ausläufern des Zentralgebirges (3/4 der Insel sind bewaldete Berge), in Reisfelder und Teeplantagen übergehend.

Wichtiges von A bis Z

Ausweispapiere: Paß (keine Einreise mit dem — seltenen — China-Visum möglich). Visum bei der Einreise gegen »Letter of Introduction« (beim Tourism Bureau oder über den Reiseveranstalter erhältlich), Rück- bzw. Weiterreisepapiere, Impfpaß.

Devisen: Ein- und Ausfuhr von Landeswährung bis 1 000 MT$; Fremdwährung deklarieren.

Diplomatische Vertretungen: Deutsche Vertretung beim Generalkonsulat Hongkong, Reality Building, 71 des Voeux Road, Tel. 22 10 31.

Einkäufe: Öffnungszeiten Mo.—Sa. 10—21 Uhr; Banken Mo.—Fr. 9—15, Sa. bis 12 Uhr.
Pelzgefütterte Jacken, Seidenblusen, Herrenanzüge, Jadefiguren, Schmuck, Antiquitäten und Raubdrucke vergriffener Bücher sowie Kunsthandwerk (Bambusarbeiten, Holzschnitzereien, chinesisches Porzellan, Bronzefiguren), chinesische Teppiche, Lackwaren.

Essen und Trinken: Beste chinesische Küche der Geschmacksrichtungen Shanghai, Kanton, Setsuan, Hunan und Mongolei. Man sollte sich auf Abenteuer bezüglich der Auswahl einlassen — und wird positiv überrascht sein. Z. B. Flußkrebse in Rotwein, zum Nachtisch dünne Crepés mit süßer Füllung; oder mongolisches Barbecue, wobei man selber alle Zutaten aussucht und vom Koch zubereiten läßt.

Feiertage: 1. Januar, Lunarneujahr (zwischen Januar und Februar), 29. März, 5. April, 28. September, 10. und 25. Oktober, 12. November, 25. Dezember, außerdem noch verschiedene bewegliche Feiertage.

Entfernungen, Maße und Gewichte: Metrisches und chinesisches System.

Geld: 1 Taiwan Dollar (NT$) = 100 Cents. 1 DM = 20 NT$.

Impfungen: Pocken und Cholera bei Einreise aus Infektionsgebieten.

Klima: Beste Reisezeit März bis Mai und September bis November (aber immer Regenschutz notwendig). Subtropisch mit Regenschauern das ganze Jahr über, feucht-heiß. Langer Sommer von April bis November, kurzer Winter Januar/Februar. Temperaturen im Jahresdurchschnitt 21,6 in Taipeh und 24,3 °C im Süden, in den Bergen entsprechend der Höhenlage kühler.

Stromspannung: 110 V (amerikanischer Blattstecker).

Trinkgeld: Nur für spezielle Dienstleistungen 10%.

Trinkwasser: Nur abgekocht trinken. In großen Hotels ist das Leitungswasser einwandfrei.

Uhrzeit: MEZ +7 Stunden. Wenn es in Frankfurt 12 Uhr ist, ist es in Taipeh 19 Uhr.

Verkehr: Flüge innerhalb des Landes zahlreich, z. B. Taipeh-Hualien 9mal täglich 3/4 Stunden, ca. 25 Mark.
Eisenbahn ca. 4 000 km mit pünktlichem Zugverkehr in dichter Folge, Expreßzüge mit Klimaanlage, Schlaf- und Speisewagen und reservierten Plätzen. Preisbeispiel: Taipeh-Kaohsiung, 6 Stunden, ca. 15 Mark.
Die meisten Straßen sind gut und das ganze Jahr über befahrbar. Rechtsverkehr. Beschilderungen allerdings nur chinesisch. Gute Überlandbusverbindungen. Ausflugsfahrten in Kombination Flug/Bahn/Bus. Stadtbusse und Taxis sehr billig. Mietwagen.

Zollvorschriften: Persönliches Reisegut frei; 200 Zigaretten oder 50 Zigarren oder 225 g Tabak; 1 geöffnete Flasche Spirituosen.

Taipeh: Peking-Ente und Schlangensaft

Wenn Feinschmecker von Taiwan schwärmen, dann vergessen sie die prächtige Landschaft, die pittoresken Fischerdörfer und sogar Peitou, den Vorort

Taipehs, bekannt durch seine heißen Schwefelquellen und scharfen Mädchen.

Feinschmecker unter sich sprechen das Menü »Gai Yau For Toi Choi Sum« so aus, als wollten sie eine Liebeserklärung für eine chinesische Oper üben. Und dann kommt das berühmte »Weißt — Du — noch. . .«

Klar, daß nicht von »chinesischen« Gerichten gesprochen wird. »Chinesisch«, das ist so, als würde ein taiwanesischer Tourist drüben erzählen, bei uns habe er wundervoll »mitteleuropäisch« gegessen. Der Kenner also hat beispielsweise die Szechuan-Küche probiert: scharf und würzig, viel Knoblauch, Pfeffer und Chilies; Ingwer und Sesamöl geben die besondere Note am geschnetzelten Hühnerfleisch oder an der so unbeschreiblich schmackhaften Räucher-Ente.

Oder man speist taiwanesisch, sehr verwandt mit der Fukien-Küche, der Festlandprovinz, die Taiwan gegenüberliegt: Fisch, Muscheln und Krabben sowie Huhn und Schwein sind die Grundlage; viel Soja und Knoblauch bestimmen den Geschmack der Soße.

Als sehr kultiviert gilt die Peking-Küche (Peiping). Viel Brot, gebraten oder gekocht, ist die Beilage, auch Mehlklöße und Nudeln. Die Peking-Ente ist rund um die Welt bekannt. Doch die Zubereitung, vor allem der Haut, findet in einem guten Restaurant in Taipeh ihren Höhepunkt. Der Enten-Koch ist ein Künstler, die Vorbereitung eine wahre Zeremonie. Zuerst wird zwischen Oberhaut und Fettschicht Luft geblasen, die Haut mit Malzsirup eingerieben, getrocknet und dann gebraten. In einem guten Restaurant löst der Meister die Haut vom Fleisch, rollt sie mit Zwiebelchen und dicker Sojasoße in dünne Pfannkuchen und beweist seinen Gästen, daß es große Unterschiede in der Rasse der Peking-Enten gibt.

Nach solchen Exkursionen ist es schwierig, die Küchen aus Shanghai, Kanton und Hunan vorzustellen, obwohl sie für die verschiedenen Zungen ganz spezielle Vorzüge haben.

Beschrieben werden muß aber noch das *Mongolische Barbecue,* dessen Zelebrierung gerade in Taiwans Hauptstadt besondere Erwähnung verdient. Der Gast bedient sich selbst, nimmt in seine Schale verschiedene Fleischsorten wie Huhn, Rind, Schwein und Hammel sowie Gemüse, Soßen und Gewürze — ganz nach dem persönlichen Geschmack. Diese individuelle Mischung brät der Koch auf einer Platte, die auf einem Holzkohlen-Grill liegt. Übertreiben Sie nicht, tasten Sie sich vorsichtig an die Variationen heran. Es ist sowieso üblich, daß für das ganze Barbecue ein Festpreis genommen wird. Kenner schlürfen zu dieser mongolischen Schlemmerei Shao Shing, warmen Reiswein.

Trotz aller Köstlichkeiten in besten Restaurants braucht der Mensch zwischendurch seinen Ausflug in folkloristische Umgebungen, in Gassen mit Menschengedränge, Buden und Garküchen, die nur die Möglichkeit haben, mit köstlichen Düften zu werben, über die Nase den Besucher zu dirigieren. In Taipeh geben die Nachtmärkte das Flair, das Touristen manchmal suchen, um sich so richtig in der exotischen Fremde zu wissen. Der berühmte-

ste Nachtmarkt Taipehs liegt zwischen dem *Lungshan-Tempel* und dem *Tamsui-Fluß*. Hier findet man alle asiatischen Köstlichkeiten in offenen Restaurants und in den Töpfen kleiner Garküchen, die nach Feierabend — das ist erst am späten Morgen — zur Seite gerollt werden.
Sie werden bestimmt auch einen *Schlangenstand* finden: Eben kippt ein Chinese mit listigen Augen ein Schnapsglas voll Saft hinunter. Die Farbe ist nicht genau zu definieren, zwischen tomatenrot und auberginenblau.
»Was ist das?« — Schlangenblut. »Wozu?« — Nun, für die Gesundheit allgemein — und für den Mann überhaupt. »Aha, ein Potenzmittel, hilft es auch?« — Probieren Sie es. . . Mehr war nicht herauszubringen.
Der Eigentest wird von westlichen Besuchern häufig auf den nächsten Tag oder bis zum nächsten Aufenthalt auf der Insel verschoben. Das liegt am Gewinnungsprozeß des Wundersaftes, eben nicht jedermanns Geschmack, wenn auch naturrein und ohne jeden chemischen Zusatz:
Der Händler greift sich eine der grünen, daumendicken Nattern, er hält sie sicher im Genick und drückt sie so gegen das Schnapsglas, daß sie beim Reinbeißen in den Rand ihr milchiges Gift in das Gläschen spritzt. Hat die Schlange genug Gift verspritzt, dreht ihr der Händler den Hals mit einer Schlinge zu, schlitzt mit einer Schere den Körper des Tieres auf und streift von oben nach unten mit Daumen und Zeigefinger das Blut aus dem Körper. Dann noch ein violettblauer Tropfen Gallensaft aus den Eingeweiden in das Glas und der Zaubertrank ist fertig. Macht runde 8 Mark. Prost!
So vorbereitet, suchen viele Formosa-Chinesen eine Tanzhalle auf. Den Europäer mutet der Ablauf dort etwas chinesisch an, und er kommt sich zunächst reichlich deplaziert vor. Die halbdunkle Halle, das große Orchester, das Gedränge und der kostenlos servierte Tee — das ist ja alles recht lustig. Die sich beim Tanze schlängelnden, gern hauteng und in glitzernden Stoff gekleideten Schönheiten aus Taipehs »Orchideengarten« — auch da schlägt das Herz höher. Und dann hat man endlich den Mut gefaßt, legt den Arm um die Taille eines aufreizend blickenden Schmetterlings — ein Tänzchen bitte —, da will sie Geld dafür haben.
»Ich glaub', ich krieg die Tür nicht zu.« »Mi-tsu, mi-tsu« oder so ähnlich kichert der Schmetterling zurück. »Mädchen, tanzen will ich. Tan-zen, verstehen, tan-zen.« Das klingt ja schon ganz schön chinesisch. Aber die Schöne versteht mich schon wieder nicht, sagt »Tan-tsien, we-sten, tan-tsien.« Ich verlasse das »Singapore« in der *Chang An West Road* leicht wütend und schnattere in die große Halle zurück »Blö-tsinn dieses Syst-em.« Ein paar junge Amerikaner stürmen an mir vorbei, grinsen, fragen »how much?«, ich sage »five Dollar«, die sagen »o. k.«. Am nächsten Tag erfahre ich, daß der Preis ungefähr richtig war — für eine Viertelstunde Tango-Takt.
Der nächste Tag gehört der Bildung. Die ist hier preiswert, und Möglichkeiten sind zahlreich geboten. Zunächst sind es die Gegensätze, die in Taipeh nebeneinander leben, ohne sich gegenseitig zu stören.
In der Hauptstadt der Insel Formosa begegnen moderne Architektur und dichter Verkehr vielen alten, chinesischen Traditionen, ohne daß es deshalb

Disharmonien gäbe. Hier lebt noch die unverfälschte *chinesische Oper,* und im neuen Vergnügungszentrum lassen sich Familien und Pärchen oft von nachmittags bis Mitternacht von Gauklern, Seiltänzern, Akrobaten, Schauspielern und Musikern die Zeit vertreiben.
Für geschichts- und kunstinteressierte Besucher gehört an erster Stelle das *National Palace Museum* zu den größten Sehenswürdigkeiten. Die meisten Schätze stammen aus dem Palastmuseum in Peking, von den Kuomintang beim Verlassen des Festlands auf die Insel gebracht. Der Bau ist erdbebensicher, im Inneren herrschen immer gleichbleibende Temperaturen, Luftfeuchtigkeit und Beleuchtung, eine ideale Voraussetzung für die oft empfindlichen Kunstgegenstände.
Der älteste und schönste buddhistische Tempel Taiwans, der *Lungshan-Tempel,* steht in der Altstadt. Wertvolle Schnitzereien, sich windende, dunkle Drachen sind an Altären, Wänden und Säulen zu sehen. Vor allem Seeleute besuchen den prachtvollen Tempel, da hier ihre Schutzgöttin Matsu, die von den Göttern Verstoßene, ihre Heimat hat. Ein Tempel, der lebt. Hier nur sitzen und schauen — ein großes Erlebnis.
Wer mehr Zeit hat, sollte noch folgende Sehenswürdigkeiten besuchen: Spaziergänger den geschmackvollen *Taipeh-New-Park* oder den Stadtteil *Peitou* mit schönen Erholungsparks. Oder etwas außerhalb der Stadt *Yangmingshan,* das idyllische Ausflugszentrum. Touristen, die am Kunsthandwerk der Eingeborenen interessiert sind, das *Taiwan Provincial Museum.* Interessenten archäologischer Ausgrabungen das *National Museum of History.* Liebhaber der klassischen chinesischen Architektur den *Konfuziustempel* oder das dem Kaiserpalast in Peking nachempfundene Grand Hotel.
Egal, welche Auswahl der Besucher trifft, er wird es nicht schaffen, alle Sehenswürdigkeiten zu besichtigen. Ein Grund, vom nächsten Wiedersehen zu träumen.

Taiwan: Chiang, ein Revolutionär

Manchmal spürt der Besucher der Insel die Disziplin der Formosa-Chinesen: Sie ist fast militärisch. Je nachdem, aus welchem asiatischen Land der Tourist kommt, fällt ihm mehr oder weniger stark auf, daß die Gründlichkeit bei der Einreise und bei der Abfertigung im Hotel, die Festpreise aller Waren, das Fehlen von Feilschern und Bettlern sehr preußisch anmuten, um einen verständlichen sprichwörtlichen Begriff zu wählen. Das ist — insgesamt gesehen — schon ein Wert für den Besucher aus dem Westen, eine Atmosphäre von gewissem Bekanntheitsgrad, die ihm so etwas wie Sicherheit gibt.
Ausgleich für die Unsicherheit, die den Europäer beispielsweise befällt, wenn er durch die Straßen und Gassen schlendert. Die Stimmung spricht zwar an, man möchte auch etwas Schönes, Lustiges, Angenehmes tun. Zum Beispiel sich die Haare schneiden lassen, Tauben füttern oder in ungezwungener Umgebung einen Tee schlürfen. Doch der westliche Tourist glotzt auf die chinesischen Transparente und Geschäftsbeschriftungen, sieht Striche,

Taiwan, die chinesische Insel mit einer politisch ungewissen Zukunft hat ein fast unbeschreibliches Landschafts-Angebot

Dächer, Quadrate und Girlanden — und versteht allmählich, wie es einem Analphabeten, der es wagt, seine Hütte zu verlassen, zumute sein muß: Dumm kommt man sich vor.

Das ändert sich dann im *Nationalen Palast-Museum*. Diese Schätze chinesischer Kunst brauchen wenig Erklärung. Ruhe ist nötig und der Museumsführer — und viel Zeit. Die Ausstellung wechselt alle drei Monate, neue alte Schätze werden im Turnus aus den Felsen-Depots geholt, um allmählich alles zu zeigen, was die nationalchinesischen Truppen vom Festland auf die Insel brachten. Wollte ein Besucher die 300 000 Exponate, dem Dreimonats-Turnus folgend, alle sehen, so müßte er 40 Jahre lang das Museum besuchen. Die Schätze des chinesischen Festlandes, die Beweise mehrerer tausend Jahre, schlummern hier auf dieser Insel.

Spätestens jetzt fragt sich der Tourist aus dem Abendland, wie es möglich sein konnte, daß ein Vertriebener so viele Figuren, Dosen, Vasen, Reliefs aus Elfenbein, Porzellan, Bambus und Jade auf eine Insel bringen konnte. Die Älteren erinnern sich noch, wie Chiang Kai-shek bis zu seinem Tod am

5. April 1975 gegen alle Widerstände sein Reich, das kleine China auf Taiwan, zu einem achtenswerten Industriestaat ausbaute. Ein geschickter Staatsmann mußte er wohl sein. Wie hätte er es sonst schaffen können, daß heute sein Sohn, Chiang Ching-Kuo, auf Taiwan das Sagen hat?
Etwas Rückblick auf die Geschichte dieses Jahrhunderts erweitert den Horizont. Und plötzlich versteht man, warum es heute zwei chinesische Staaten — mal diplomatisch anerkannt, mal nicht — gibt.
Chiang Kai-shek war eben nicht der faschistische Reaktionär, der er nach manchen Berichten sein sollte. Sein politisches Bewußtsein begann spätestens 1911, damals war er 24 Jahre alt. Er schloß sich Sun Yat-sen, dem Gegner der chinesischen Monarchie an. Nach dem Tode Sun Yat-sens begann im revolutionären Lager der übliche Machtkampf. 1921 wurde die Kommunistische Partei Chinas gegründet. Der gemäßigte Chiang setzte sich gegen die Kommunisten durch, in einer sehr blutigen Auseinandersetzung. 1927 wurde dann in Nanking die Nationalregierung ernannt, Chiang trennte sich von den Kommunisten. Doch die Unzufriedenheit im Volk blieb, die dringend notwendige Bodenreform wurde verschleppt. Neuer Nährboden für die Kommunisten. Hinzu kam 1932 die japanische Invasion im Nordosten Chinas (Mandschukuo), die von 1937 bis 1945 zu einem chinesisch-japanischen Krieg führte.
Am 1. Oktober 1949 ruft Mao Tse-tung die Volksrepublik China aus, nachdem er vorher in einem Bürgerkrieg die nationalchinesischen Truppen Chiang Kai-sheks immer mehr nach Süden gedrängt hatte. Im Sommer 1950 hatten dann alle Anhänger Chiangs das Festland verlassen. Auf nach Formosa (alter Name), auf nach Taiwan (neuer Name)!
30 Jahre später ist die Zukunft der Inselrepublik wieder ungeklärt. Der Abbruch der diplomatischen Beziehungen durch die USA zugunsten von Festland-China hat zunächst einen Schock ausgelöst. Doch die Nationalchinesen sind zuversichtlich. Sie lächeln schon wieder.

Geschichte in Kürze

6. Jahrh. Malaien verdrängen die mongolide Bevölkerung.
13. Jahrh. Chinesen bevölkern die Insel.
17. Jahrh. Holländer und Spanier besetzen wechselweise die Insel.
1683 Die Mandschu erobern Taiwan.
1895 Nach dem japanisch-chinesischen Krieg wird die Insel Japan zugewiesen.
1945 Japan muß die Insel an China zurückgeben.
1949 Die Nationalregierung (Kuomintang) muß sich vom Festland zurückziehen, nachdem sie den Kommunisten unterlegen ist.
1950 Proklamation eines unabhängigen Nationalchina.
1955 Bündnis- und Verteidigungsvertrag mit den USA.
1965 Die USA beenden ihre Wirtschaftshilfe.
1975 Der bisherige Herrscher, Präsident Chiang Kai-shek, stirbt.
1979 Die diplomatischen Beziehungen werden von den USA zugunsten Festland-Chinas eingestellt.

Immer nur lächeln

Irgendwann im Leben eines Touristen kommt der Zeitpunkt, wo er sich fragt, warum er denn so gern in die Ferne schweife. Oder bei einem ernsthaften Gespräch ist plötzlich unklar, ob sich die Mühe, den Körper mit Zeitverschiebung und Klimaveränderungen zu strapazieren, überhaupt lohne. Nach langem Nachdenken weiß ich, daß es sich lohnt.

Es sind nicht die alten Tempel und Paläste, die bizarren Felsen und die rauschenden Wasserfälle, die kasteienden Riten und fanatischen Gebete. Diese Beobachtungen wollen wir natürlich nicht missen. Sie weiten den Horizont, zeigen die Vielfalt des Lebens, bringen Leben in forschende Gespräche im Freundeskreis.

Doch solche Stationen werden allmählich mehr Gegenstände des extrovertierten Vergnügens; man weiß etwas, hat einiges gesehen. Zeigt es, sagt es. Für mich haben diese Reisen, gerade in die asiatischen Länder, aber andere Werte gebracht: Ich habe Geduld gelernt, bemerkt, wie erfolgreich man mit Lächeln sein kann, denke manchmal in Situationen, die Durchsetzungsvermögen verlangen, entkrampft an eine buddhistische Weisheit — und setze mich durch, weil meine Partner verkrampft ermüden.

Während meiner letzten Reise erntete ich die Früchte meiner asiatischen Erfahrung. Ein nur kleines Beispiel, doch persönlich ein Erfolg: In Singapur lief alles schief. Vertreter in Deutschland, die das vertretene Land nicht kannten, schickten mich ausgerechnet zum chinesischen Neujahrsfest dorthin. Das aber ist, als ob man in Deutschland am Heiligen Abend Geschäftsbesuch mache. Ein Fiasko, das vier verlorene Tage bedeutete, bahnte sich an.

Ich lachte am Telefon beim Gespräch mit den touristisch Verantwortlichen. Ich fand es lustig, was alles so passieren kann. Bedauerlich zwar die verlorene Zeit, doch was soll's? Nein, keine Sorge, genießen Sie die Familienfeier, vergessen sie mich, ich melde mich wieder.

Die Familie beschloß daraufhin, daß mein geplantes Programm durchgezogen wird, und ich hatte noch nie solch eine eifrige Reiseführerin wie damals in Singapur — beim chinesischen Neujahrsfest.

Immer nur lächeln.

Register

Hinter den Seitenangaben bedeuten: F = Foto, K = Kartenskizze

Die Buchstaben hinter den Stichwörtern geben das Land an:
AFG = Afghanistan, VB = Bangla Desh, KB = Bhutan, BRU = Brunei, BUR = Birma, TJ = Chinesische Volksrepublik, RC = Taiwan, HK = Hongkong, IND = Indien, RI = Indonesien, IR = Iran, J = Japan, ROK = Korea, MAL = Malaysia, RM = Malediven, MV = Mongolische Volksrepublik, MC = Macao, KN = Nepal, PAK = Pakistan, PN = Papua-Neuguinea, RP = Philippinen, SGP = Singapur, CL = Sri Lanka (Ceylon), THA = Thailand